탈초 국역

吾家寶帖

誠齋先生家藏

탈초 국역 초서를 연구하는 모임[究草會]

학자원

'초서를 연구하는 모임[究草會, https://band.us/band/68767667]'은 7여 년 전부터 매주 토요일마다 한주도 빠짐없이 5~6시간씩 초서 자료를 읽고 연구해온 학술모임이다. 처음 초서에 관심 있던 서너 명이 구일헌九一軒으로 찾아오면서부터 모임이 결성되어, 어느덧 6권의 초서간찰자료집을 출간할 정도로 성장하였다. 향후 초서를 공부하려는 초학자들을 위해 초서자형의 원리를 연구한 자료를 발표할 계획이다.

탈초 국역 吾家寶帖 ―誠齋先生家藏

2020년 9월 25일 초판 발행

탈초국역 : 초서를 연구하는 모임[究草會]
발행인 : 김병환
발행처 : 학자원
주소 : 서울 강동구 천호대로 1121
전화 : 02 6403-1000
팩스 : 02 6338-1001
E-mail : hakjaone@daum.net
등 록 : 2011년 3월 24일 제2011-14호

ISBN 979-11-6247-186-9 93810
값 35,000원

발간사

아! 어언 세월이 흘렀다. 선생이시여.

남기신 향을 찾아 흩어져있는 글을 모으는 작업을 하는데 우선 선생과 교유한 명유제현名儒諸賢들의 간찰과 또 선생이 소중하게 보관하고 계시던 집안의 초간찰古簡札을 엮어 탈초하고 번역을 하여 출간하게 되었다. 이는 선생의 차자次子 인경仁卿이 구일헌九一軒에서 이암耳巖 박상수朴相水 선생에게 초서를 공부하며 함께 작업하였다.

성재誠齋 선생께서도 들으시면 기뻐하실 일이다. 후학으로서 간찰이 비록 사적인 말들이 오간 것이라고는 하지만 응도凝道의 학學과 개세蓋世의 기氣를 배우고 채울 수 있으리라 생각한다. 이로 인해 선생께서 품으셨던 학문이 이어지고 미속美俗이 이루어지며 대동大同의 세계가 열리는 데 도움이 되기를 간절히 바란다. 무지한 부끄러움을 무릅쓰고 일언一言함은 구일헌九一軒의 동학들께 감사함에서이다.

사단법인 전학창달회장(佺學暢達會長) 양문규(梁文奎) 쓰다.

일러두기

1. 원본이 결락되어 판독이 되지 않는 글자는 글자 수대로 □로 표시한다.
2. 원본이 결락되어 판독이 불가능한 글자의 수를 알 수 없는 경우 다음과 같이 표시한다.

   예) □…□

3. 원본이 결락되었지만 문맥상으로 추정되는 글자에 [ ]로 표시한다.
4. 원주原註는 【 】로 표시한다.
5. 원문에서 생략한 글자는 ■로 표시한다.

차례

【부록】

《오가보첩吾家寶帖》 해제

1. 자료의 출처

성재(誠齋) 봉기종(奉奇鍾, 1918~2013) 선생은 간재(艮齋) 전우(田愚)의 제자 현곡(玄谷) 유영선(柳永善)을 사사한 학자로, 평생 주역(周易)을 비롯한 사서삼경(四書三經)과 천부경(天符經)·도덕경(道德經) 등 유교와 도교에 얽매임 없이 자유롭게 넘나들며 강의했던 정통유학자였다. 만년에는 계룡시 엄사리(嚴師里)에 계룡정사(鷄龍精舍)를 짓고 수많은 후학을 양성하였다.

본 간찰첩(簡札帖)은 선생의 집안에 전해오는 것 중 선별한 것으로, 크게 선대로부터 전해오던 것과 선생께서 생전에 받은 것으로 구성되어 있다. 이전 선대로부터 전해오던 편지들의 일부가 화재로 상당수 소실된 것이 안타깝다. 남아 있는 것 중 일부는 성첩(成帖)으로 보관된 것도 있고 최근에 주고받은 것들은 낱장으로 보관되어 있어 이번 작업을 통해 한 권으로 성책하였다. 간찰첩의 제목 역시 봉씨(奉氏) 선조의 뜻에 따른 것임을 밝히며 그 내용은 다음 간찰에 자세하다.

> 우리 집안은 선대로부터 어진 대부들과 교유하여 볼만한 편지가 매우 많았다. 그런데 불행히도 입촌(笠村)의 화재로 모두 소실되었는데, 문곡(文谷) 선생의 편지만은 다행스럽게도 잿더미 속에서 수습할 수 있었다. 그 나머지 편지 10여 장은 마침 너의 집에 두어 몽땅 불타버리는 것은 면하였다. 이 연폭(聯幅)의 뒤에 너에게 보내온 여러 어진 사람들의 편지를 붙이면 '우리집안의 보첩[吾家寶帖]'으로 삼을만하겠다. 앞으로 얻은 것을 차례대로 폭의 뒤에 이어 훼손되거나 버려지지 않도록 하는 것이 좋겠다.[吾家 自先世 從遊賢士大夫 可觀翰札 甚多矣 不幸笠村之火災 沒數見失 文谷先生之一札 幸而收得於灰燼中 其餘簡十餘丈 幸在於汝家 得免全焚 而此聯幅尾之以來汝諸賢之札 可謂吾家寶帖也 後日所得 仍復次次連幅 無爲毁棄 可也] -108번 간찰-

화재가 소실된 것이 정확히 언제인지는 모르지만 상당수 자료가 이때 사라진 것으로 추정된다. 그나마 남아 있은 것들을 금곡(琴谷)의 집안에서 잘 수습하여 오늘날 그들의 친필을 볼 수 있어 매우 다행이다.

2. 내용

《오가보첩(吾家寶帖)》은 멀게는 1683년 문곡(文谷) 김수항(金壽恒)에서부터 가깝게는 2005년 성재(誠齋) 선생께서 둘째 아드님 인경(仁卿)에게 독서의 중요성을 강조하며 보낸 편지까지 121편의 편지와 7편의 부록을 포함, 총 128편으로 구성되어 있다.

보첩(寶帖)에 실린 절반 이상은 불과 몇 십 년까지도 생존했던 이 시대 마지막 전통한문교육을 받았던 분들인 경당(絅堂) 신사범(愼思範)・석계(石溪) 유태석(柳泰錫)・서암(瑞巖) 김희진(金熙鎭)・산암(汕巖) 변시연(邊時淵)・송담(松潭) 이백순(李栢淳)・강암(剛菴) 송성용(宋成鏞) 등의 편지다. 이분들의 고민이 낯설게 느껴지지 않은 것은 집안 어른들에게 늘 들어왔던 문제들이기 때문이다. 그중 몇 편만 살펴보겠다.

첫째, 말단에 힘쓰고 근본이 되는 타락해가는 윤리와 도덕을 도외시하는 현실을 개탄한 내용.

> 민요와 속악(俗樂)과 곡예와 같은 중요하지도 않고 가벼운 말단적인 작은 재주를 개발하는 데 급급하여 오히려 잃어버릴까 걱정을 하면서 윤리와 같은 큰 법도는 크게 근본이 되는 중요한 것으로 이것이 아니면 민족과 국가를 다스릴 수 없다.[今人之不揣本末輕重如是耶 如民謠俗樂曲藝 小技之末不重 而輕者 汲汲開發 猶恐失墜 而至若倫理大經 大本之重 靡此不得爲民族國家者] -87번 간찰-

둘째, 동신대학교 강의에 참석하고 학교강당에 걸린 나체그림을 보고 다음과 같이 격분한 내용.

> 학교건물이 장관이기는 했지만 강당 안에 크게 그려진 여인의 나체는 어찌나 추하던지, 그것을 즉시 떼어내게 하십시오.[校舍壯觀 而但講堂內 大畵女人裸體 是何陋醜 使之卽去] -73번 간찰-

셋째, 학문적 교유.

[물음]《중용(中庸)》의 "군자는 보지 않아도 조심하는 것이요, 듣지 않아도 두려워하는 것이다."라고 하였다. 보지 않고 듣기 전에는 어떻게 경계하고 삼가며 두려워하는 공부를 할 수 있단 말입니까?[[問] 中庸之戒愼乎其所不睹 恐懼乎其所不聞也 抑不睹不聞之前 何以施戒愼恐懼之工哉]
[답] 보지 않고 듣기 전에는 다만 경(敬)을 주장할 뿐이니, 어찌 공부를 할 수 있겠습니까? 경계하고 삼가며 두려워하는 것은 미발의 기상을 함양하는 것입니다.[[答] 不睹不聞之前 只主敬而已矣 有何所施之工耶 戒愼恐懼 所以養其未發也] -55번 간찰-

넷째, 백두산을 기행하며 보낸 편지에 대한 답장.

백두산에서 바위를 보니 형의 굳건함이 상상하고 천지의 계곡을 보니 형의 맑은 기상을 상상합니다. 한국과 중국의 뭇 영재들의 환대는 받으니 형과 함께 하지 못하는 것이 한스럽습니다.[至於登白頭山 見其石之巖巖 則想兄之志堅也 見天池之溪 則想兄之氣淸也 得韓華群英之款待 則恨未與兄偕之也云云] -99번 간찰-

이외에도 영남 기호학자였던 화재(華齋) 이우섭(李雨燮) 선생의 편지와 인암(忍菴) 박효수(朴孝秀) 선생의 장례식이 TV에 방송되자 이를 가례(家禮)를 들어 비판한 경당(絅堂) 신사범(愼思範)의 편지 등은 하나같이 사랑방에 앉아서 듣는 옛 이야기처럼 다정하다.

부록 1~7에는 '문안(問安)'이나 '존문(存問)'이란 두 글자와 함께 동봉한 물목(物目)이 기재되어 있다. 이를 '문안단자(問安單子)'라고 하는데, 이렇게 짧게 보내는 편지는 그리 흔한 경우는 아니다. 그렇다고 예에 벗어나지도 않았다. 이러한 사례는《조선왕조실록(朝鮮王朝實錄)》숙종 20년 3월 29일 기사에 "윤희의 편지에는 모두 '근복문안(謹伏問安)'이라는 4글자만 썼으며……[憘書 皆只書謹伏問安四字……]"라는 구절에서도 살펴 볼 수 있다.

이러한 '문안단자'는 오늘날 엽서나 연하장의 형식과 비슷해서 연원을 따지자면 한참을 거슬러 올라간다. 새해가 되면 임금이나 웃어른에게 명함(名銜)세배와 '문안단자'를 올렸다. 궁중에서는 임금의 생신, 동짓날, 경삿날, 그리고 설날에 관료들이 임금에게 '문안단자'를 올렸다. 이러한 풍속이 조선말까지 이어졌다.

흔히 세상에서 가장 짧은 편지를 빅토르 위고가 레미제라블의 출판과 관련하여 주고받은 편지로 알려져 있다. 그가 출판사에

레미제라블의 출판이 순조롭게 진행이 되는지 궁금한 나머지 '물음표[?]'를 보내자, 출판사에서는 순조롭게 진행되고 있다는 의미로 '느낌표[!]'만 적어 보냈다. 또 일본 헤이안시대에, 어떤 사람이 밤에 만나자는 의미를 담아 '月' 자만 적어 여류 시인 고시키부노나이시(小式部內侍)에게 보내자 그녀도 허락의 의미로 'を' 자만 적어 보냈다고 한다. 그러나 이것이 장난에 가까운 편지였다면, 위에서 살펴본 '문안단자'는 분명한 격식과 형식을 갖춘 일상의 편지라는 것에서 매우 차이를 보인다. 확언컨대 이처럼 두 글자만으로도 전혀 예의에 어긋나지 않은 공식적인 편지로 인정받으며 주고받던 것은 '문안단자'밖에 없을 것이다.

3. 결론

앞서도 언급했듯이 본 간찰첩(簡札帖)은 성재(誠齋) 선생의 집안에서 대대로 전해오는 귀중한 자료로, 선생의 둘째 아드님인 금곡(琴谷)과 여러 해를 함께 간찰을 읽다가 우연히 집안에 전해오는 간찰이 있다는 말에 함께 읽어보자는 생각이 일치하였다. 본 간찰첩은 한 집안에 전해오는 것이기도 하거니와 성재 선생과 막역한 분들이 대부분이라 금곡을 통해 학문적 성향과 교유한 흔적들을 소상히 알 수 있어 매우 다행이었다.

마지막으로 《오가보첩(吾家寶帖)》은 매주 오재일(吳在鎰), 봉원동(奉源東), 박한(朴韓), 김송자(金松子), 박황희(朴煌熙), 안종률(安鍾律), 최웅(崔雄) 선생님들과 초서를 연구하는 모임[究草會]에서 공부하면서 정리된 자료임을 밝혀둔다. 특히 처음부터 끝까지 교정과 교열을 보아주신 김송자(金松子) 선생님과 박황희(朴煌熙) 선생님, 그리고 적지 않은 출판비용을 아낌없이 후원해주신 사단법인 전학창달회(佺學暢達會) 양문규(梁文奎) 회장님과 회원분들께도 깊은 감사를 드린다.

구일헌(九一軒)에서 박상수 씀

吾家寶帖

1. 김수항金壽恒의 간찰

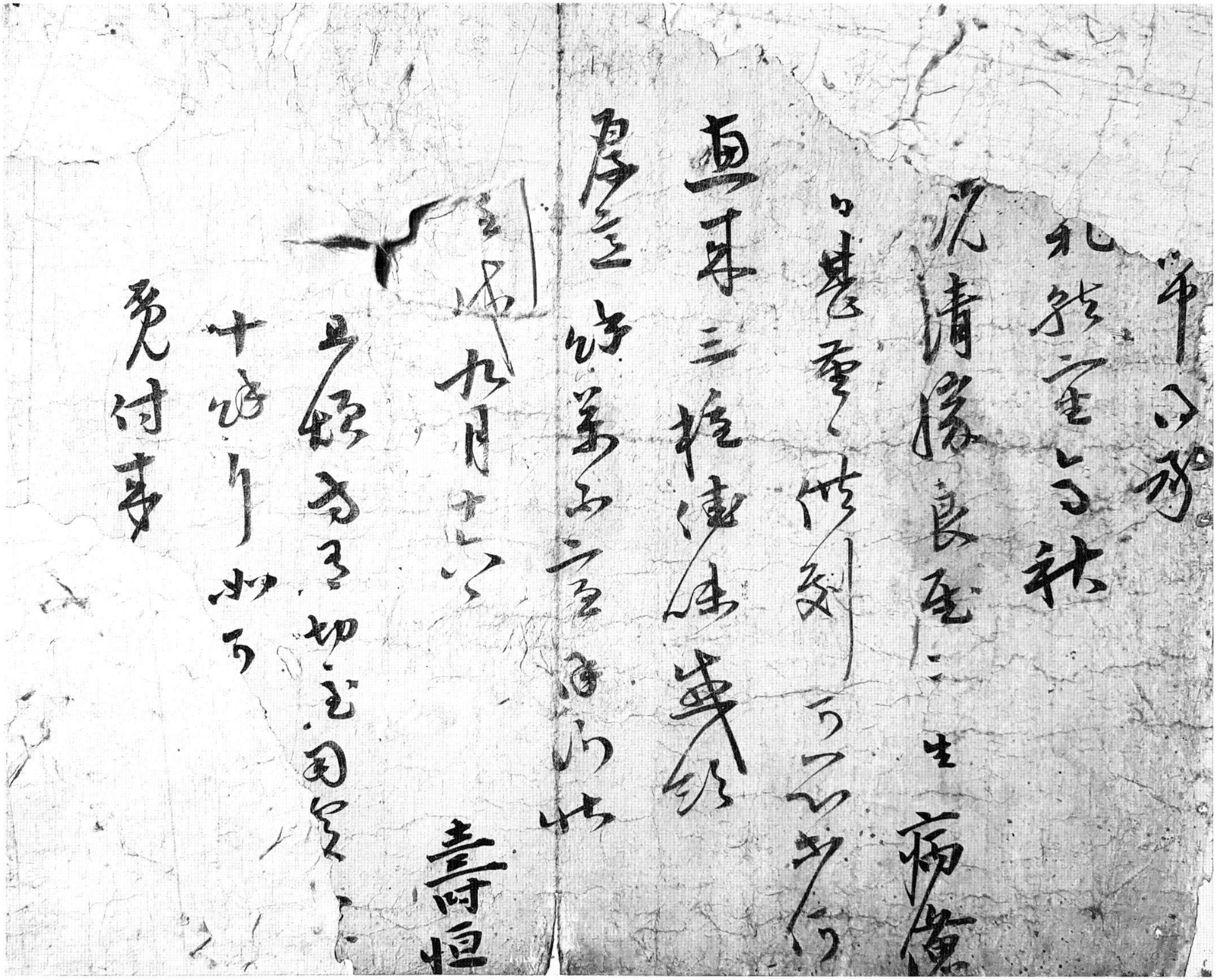

【탈초】

〔寂〕中得承

〔惠〕札 就審 高秋

〔侍〕況淸勝 良慰良慰 生 病憊

日甚 堇堇供劇 可悶奈何

惠來三種佳味 感領

厚意 餘萬不宣 謹謝狀

任戌九月十六日 壽恒

【추신】

且煩 方有切急用處 送

十餘斤 如何 □…□

覓付來□…□

【번역】

적막하던 중에 그대의 편지를 받고, 9월[1]에 부모님 모시고 잘 지내신다니 매우 위안이 되었습니다.

저는 병이 날로 심해 겨우 바쁘게 공무만 보고 있으니 민망함을 어찌 하겠습니까? 보내주신 세 가지 맛있는 음식은 잘 받았으니 후의에 감사드립니다. 나머지는 이만 줄입니다. 삼가 답장을 드립니다.

임술년[1682] 9월 16일, 수항(壽恒)[2]

【추신】

또 번거로움을 드리니 바야흐로 절실히 쓸 곳이 있어서입니다. 10여 근을 보내주시면 어떻겠습니까? □…□는 오는 사람 편에 구해 보내겠습니다.

1 9월 : 원문은 '高秋'. 음력 9월을 달리 이르는 말로, 계상(季商) · 국월(菊月) · 국추(菊秋) · 궁추(窮秋) · 노추(老秋) · 만추(晩秋) · 모상(暮商) · 모추(暮秋) · 무역(無射) · 박월(剝月) · 상랭(霜冷) · 상신(霜辰) · 수의(授衣) · 술월(戌月) · 영월(詠月) · 잔추(殘秋) · 중양(重陽) · 초추(杪秋) · 추계(秋季) · 추말(秋末) · 추상(秋霜) · 추심(秋深) · 풍신(楓辰) · 현월(玄月) 등으로도 쓴다.

2 수항(壽恒) : 김수항(金壽恒, 1629~1689)을 이른다. 자는 구지(久之)고, 호는 문곡(文谷)이며, 시호는 문충(文忠)이다. 영의정(領議政) 등을 지냈다. 저서로 《문곡집(文谷集)》이 있다.

2. 윤일복尹一復의 간찰

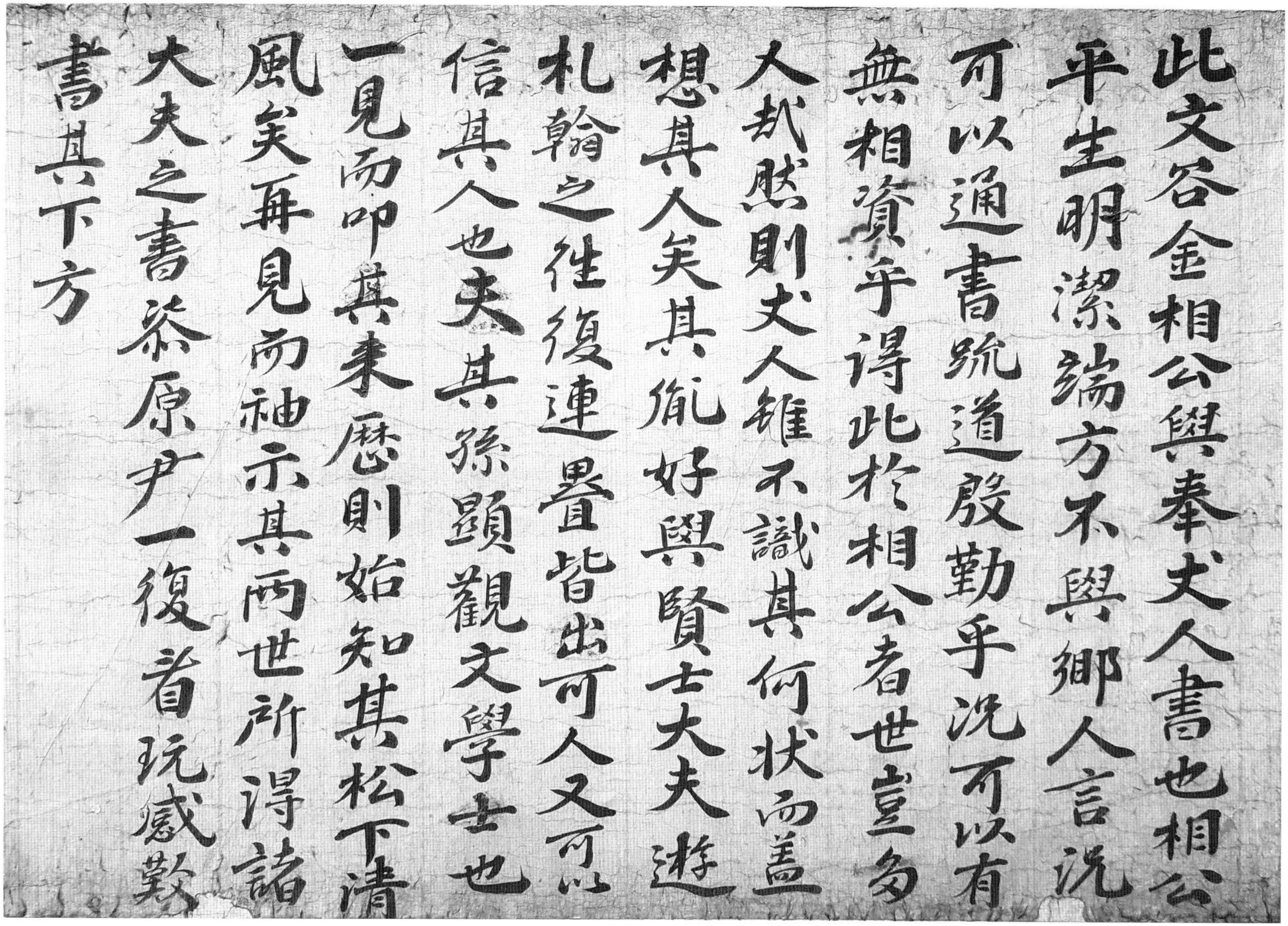

此文谷金相公與奉丈人書也相公
平生明潔端方不與鄉人言況
可以通書疏道殷勤乎況可以有
無相資乎得此於相公者世豈多
人哉然則丈人雖不識其何狀而蓋
想其人矣其倜好與賢士大夫遊
札翰之往復連疊皆出可人又可以
信其人也夫其孫顯觀文學士也
一見而叩其來歷則始知其松下清
風矣再見而袖示其兩世所得諸
大夫之書叅原尹一復首玩感歎
書其下方

【탈초】

此文谷金相公 與奉丈人書也 相公
平生 明潔端方 不與鄕人言 況
可以通書疏 道殷勤乎 況可以有
無相資乎 得此於相公者 世豈多
人哉 然則丈人 雖不識其何狀 而盖
想其人矣 其胤 好與賢士大夫 遊
札翰之往復 連疊 皆出可人 又可以
信其人也 夫其孫 顯觀文學士也
一見 而叩其來歷 則始知其松下淸
風矣 再見 而袖示其兩世所得諸
大夫之書 漆原尹一復 看玩感歎
書其下方

【번역】

이 편지는 상공(相公) 문곡(文谷) 김수항(金壽恒)께서 봉씨(奉氏) 어른께 보낸 것이다. 상공은 평소 성품이 깨끗하고 단정하여 시골사람들과 함부로 말도 섞지 않았는데 하물며 편지를 주고받으며 은근한 정을 말하거나, 있고 없는 것으로 서로 도왔겠는가? 이러하니 상공께 인정을 받은 사람이 세상에 어찌 많았겠는가? 그렇다면 봉장(奉丈)이 비록 어떤 분인지는 모르지만 그의 사람됨을 상상할 수 있다. 그의 아들이 어진 사대부들과 노닐며 주고받았던 쌓인 편지들도 모두 가인(可人)[3]들에게서 나온 것이니 또한 그의 사람됨을 믿을 만하다. 그의 손자 현관(顯觀)도 문학사(文學士)로, 처음 만났을 때 내력을 물어보고 비로소 '소나무 아래 맑은 바람[松下淸風]'과 같았음을 알았고, 두 번째 만났을 때 두 세대에서 얻은 여러 대부들의 편지를 소매에서 꺼내 보여주었다. 그래서 칠원(漆原) 윤일복(尹一復)[4]은 이를 보고서 완미하고 감탄하여 그 아래에 쓴다.

3 가인(可人) : 재주와 덕을 겸비한 사람으로 마음과 뜻에 맞는 사랑스러운 사람을 말한다. 《예기(禮記)》 〈잡기 하(雜記下)〉에, "그가 교유한 사람이 잘못된 것이지 이 사람은 가인이다.[其所與遊辟也 可人也]"라고 하였는데, 공영달(孔穎達)의 소(疏)에 "가인은 성품과 행실이 올바른 사람이다."라고 하였다.

4 윤일복(尹一復, 1715~?) : 자는 현심(見心)이다. 도사(都事)를 지냈다.

3. 윤일복尹一復의 간찰

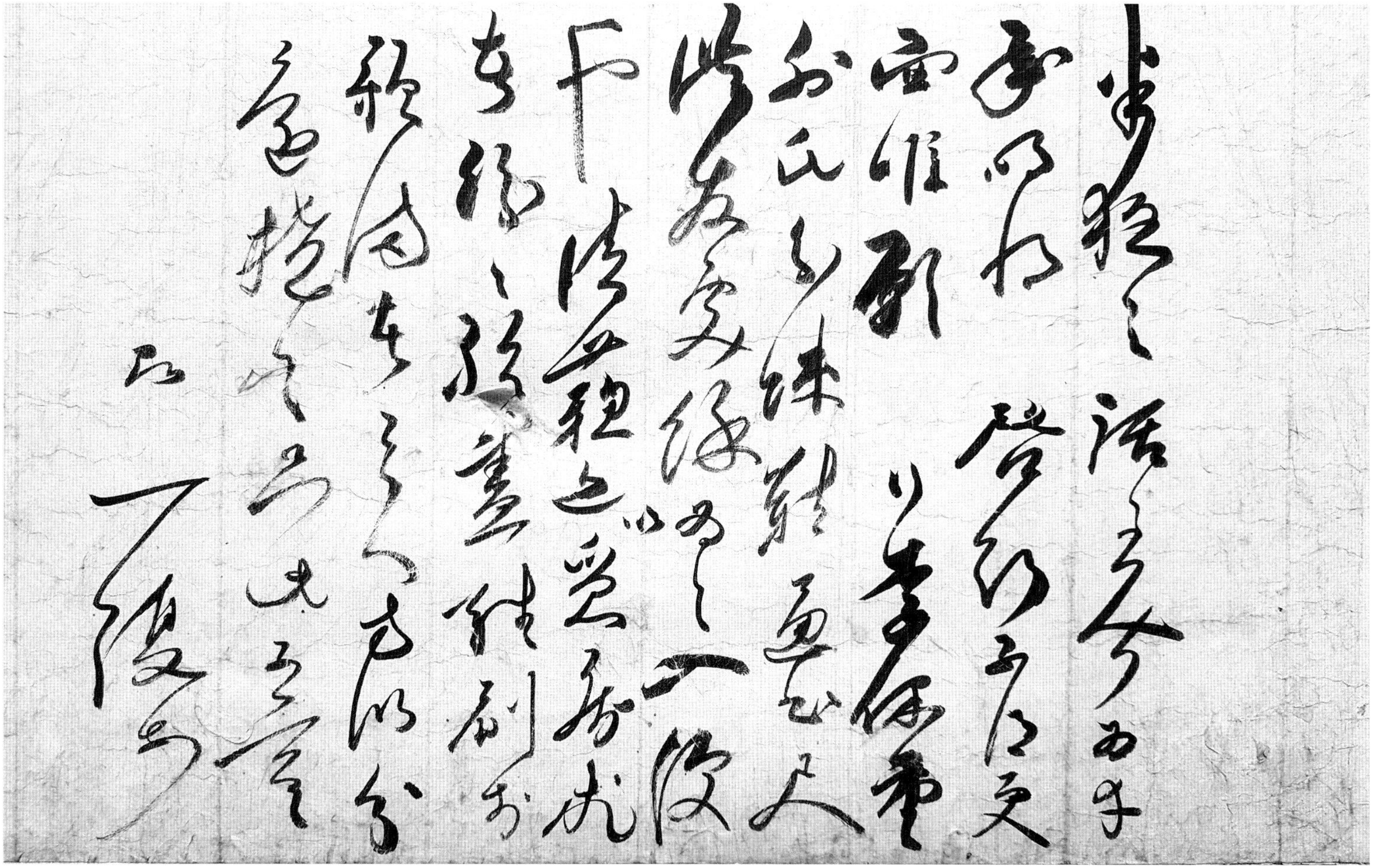

【탈초】

半夜之話 至今爲幸
承明將啓行 不得更
面 惟願行李保重
外氏分疎 難通書尺
洪友處 餘爲之入便
也 淸蘇 近以急病 求
者紛紛 殆盡 難副於
預備者矣 方以分
還撓撓 只此不宣
卽 一復 頓

【번역】

한 밤중 대화는 지금까지 행복합니다. 내일 길을 나선다는 소식을 듣고도 다시 만나지 못하니 몸조심하며 여행 잘하시기를 기원합니다.
외가와 교분이 소원하여 편지를 소통하기가 어렵습니다. 친구인 홍(洪)에게 나머지를 들여보내겠습니다.
청심환(淸心丸)과 소합환(蘇合丸)[5]은 요사이 급한 병으로 구하는 사람들이 많아 거의 다 떨어져 미리 준비해두라는 말씀에 부응하기가 어렵습니다. 지금은 환곡(還穀)을 나누는 일로 번요하여 이만 줄입니다.
당일 일복(一復)[6]은 머리를 조아립니다.

---

5 청심환(淸心丸)과 소합환(蘇合丸) : 청심환(淸心丸)은 심장의 열을 풀어주고 마음을 안정시키는 데 사용하는 처방이고, 소합환(蘇合丸)은 위장병을 치료하는 처방이다.

6 일복(一復) : 윤일복(尹一復, 1715~1767)을 이른다. 본관은 칠원(漆原)이다. 자는 견심(見心)이고, 호는 대건자(大蹇子)다. 영광군수(靈光郡守)를 지냈다.

4. 유영선柳永善의 간찰

【탈초】

題文谷金文忠公尺牘後

奉君弼煥 奇鍾 齎示文谷金文忠公 答其 / 先祖南湖公諱瑞玉書一幅 蒼古勁健 眞有德 / 者之心畫 而但未免蠹蝕毁損 亦歷數百載之勢 / 然也 其他名碩書翰亦多 後孫世傳 而寶藏之 / 卽此 而亦可見其文獻古家也 南湖公之 / 孫 芰軒公秀學 得從賢士大夫遊 相與往 / 復 而見優禮甚重 豈無其析荷實德 而乃 / 爾哉 吾爲其後人 紹述先業 于前有光 而 / 書此以給之 其宜欽念哉 公之後孫 多從 / 余遊 而有志爲學 天之永錫爾類者 儘不 / 誣矣 / 時己丑 仲春日 高興後人 柳永善 / 謹書于白雲山房

【번역】

문곡(文谷) 김문충공(金文忠公)[7]공의 편지 뒤에 쓰다.

봉필환(奉弼煥)군과 봉기종(奉奇鍾)[8]이 문곡(文谷) 김문충공(金文忠公)께서 그의 선조 남호공(南湖公) 봉서옥(奉瑞玉)에게 답한 편지 한 폭을 가져와 나에게 보여주니 고색창연하면서도 필력에 힘이 넘쳐 참으로 덕 있는 자의 심획(心劃)이었다. 다만 좀이 쓸고 훼손된 부분이 있었는데 이는 수 백 년이 지나 그러한 것이었다. 나머지 다른 명현들의 편지도 많았는데 후손들이 대대로 전해 잘 보관하고 있으니 이를 통해서도 문헌이 있는 오랜 집안임을 알 수 있다.

남호공의 손자 지헌공(芰軒公) 수학(秀學)은 어진 대부들과 교유하며 서로 글을 주고받았으니 매우 특별히 우대하였음을 알 수 있으니, 어찌 가업을 계승[9]한 실제적인 덕이 없이 그러할 수 있겠는가?

내가 그 후손이 선조의 가업을 이어 선대를 더욱 빛나도록 하기 위해 글을 지어 주니 의당 공경해야 할 것이다. 많은 공의 후손이 나를 따라 학문에 뜻을 두었으니, '하늘이 너에게 복을 주리라.[10]'는 말이 거짓이 아니었다.

기축년[1949] 2월, 고흥(高興) 후인 유영선(柳永善)[11]은 삼가 백운산방(白雲山房)에서 쓰다.

---

7 김문충공(金文忠公) : '文忠'은 김수항(金壽恒)의 시호다.

8 봉기종(奉奇鍾, 1918~2013) : 간재(艮齋) 전우(田愚)의 제자인 현곡(玄谷) 유영선(柳永善)에게 수학했다. 30여 년간 윤리연구원에서 《주역(周易)》을 비롯한 사서삼경(四書三經)과 천부경(天符經)·도덕경(道德經) 등을 강의하였다. 이후 계룡시 엄사리(嚴師里)에 계룡정사(鷄龍精舍)를 짓고 후학을 양성하며 여생을 보냈다.

9 가업을 계승 : 원문은 '析荷'. '負荷'라고도 하며 선조의 가업을 계승함을 이른다. 《춘추좌전(春秋左傳)》 〈소공(昭公) 7년〉에, "그 아비가 장작을 쪼개 놓았는데, 그 아들이 능히 짊지지 못한다.[其父析薪 其子弗克負荷]"라는 구절에서 유래한다.

10 하늘이……주리라 : 《시경(詩經)》 〈대아(大雅)·기취(旣醉)〉에, "효자의 효가 끊이지 않으니 길이 너에게 복을 주리로다.[孝子不匱 永錫爾類]"라는 구절이 있다.

11 유영선(柳永善, 1893~1961) : 본관은 고흥(高興)이다. 자는 희경(禧卿)이고, 호는 현곡(玄谷)이다. 전우(田愚)의 문인이다. 저서로 《현곡집(玄谷集)》이 있다.

5. 유영선柳永善의 간찰

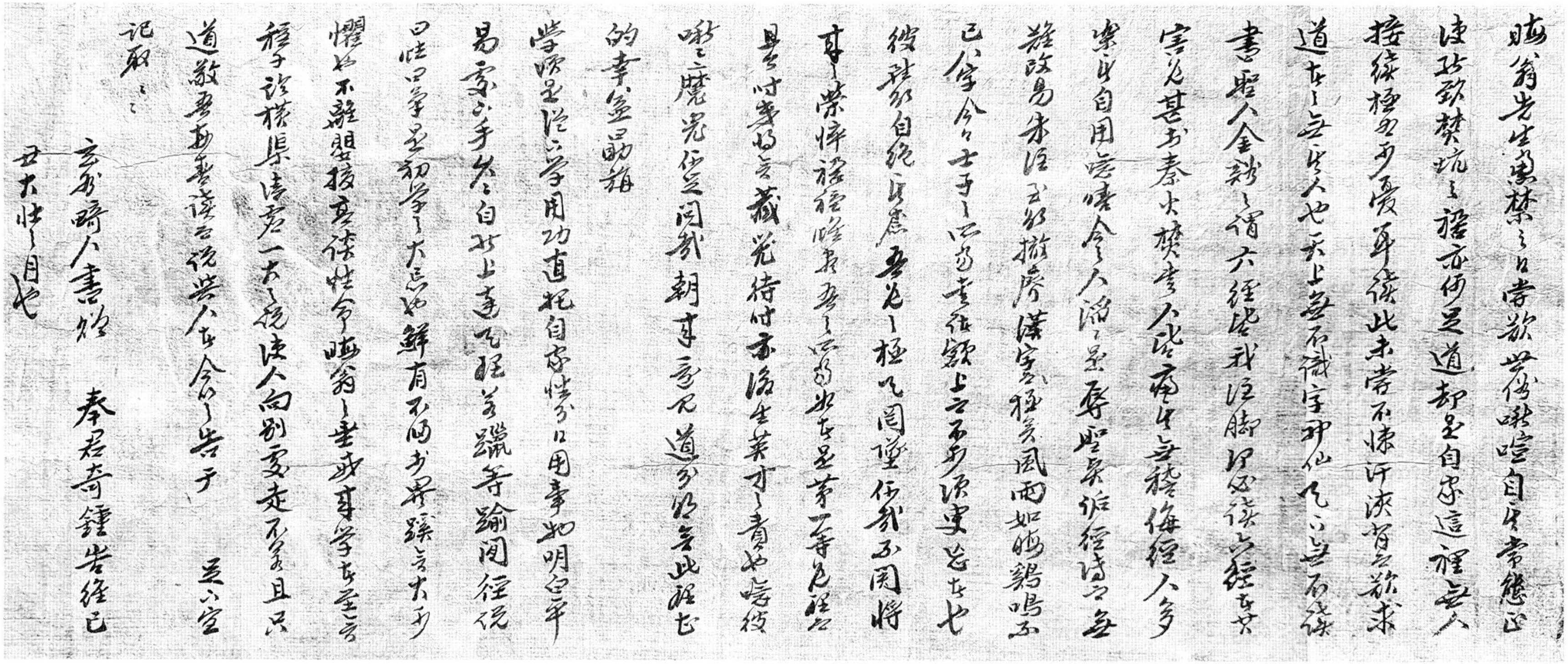

【탈초】

晦翁先生 黨禁之日 嘗歎世俗啾喧 自其常態 正 / 使能致焚坑之禍 亦何足道 却是自家這裏 無人 / 接續 極爲可憂耳 讀此 未嘗不 悚汗浹背 而欲求 / 道者之 無其人也 天上無不識字神仙 天下無不讀 / 書聖人 金谿之謂 六經皆我註脚 何必讀六經者 其 / 害道 甚於秦火焚書 人皆痛其無稽侮經 人多 / 樂其自用 噫嘻 今之人 滔滔 是辱聖賢 詬經傳 而無 / 難改易朱註 至欲撤廢漢字而極矣 風雨如晦 鷄鳴不 / 已八字 今日士子之所當書諸額上 而不可須臾忘者也 / 彼雖欲自絶其奈 吾道之極天罔墜 何哉 不關將 / 來之 榮悴禍福 唯盡吾之所當爲者 是第一等道理 而 / 且今時幾將矣 藏器待時 亦後生英才之責也 噫彼 / 啾啾魔鬼 何足問哉 朝來還 見道分明矣 此理甚 / 的幸 益勗旃 / 學 須是從下學用工 直把自家性分 日用事物 明白平 / 易處 下手久久 自能上達天理 若躐等 踰閒 徑說 / 曰性 曰氣 是初學之大忌也 鮮有不歸於異蹊矣 大可 / 懼也 不離嬰孩 高談性命 晦翁之垂戒來學者 至矣 / 程子論橫 渠淸虛一大之說 使人向別處走 不若且只 / 道敬 吾每喜讀而說與人者 今以之告于足下 宜 / 記取記取 / 玄谷 畸人書贈奉君奇鍾 時維 己 / 丑 大壯之月也

【번역】

주자(朱子)께서 "당금(黨禁)[12]의 날에 세속의 소란스러움이 일상적인 상태로부터 시작되어 분서갱유와 같은 재앙을 불러온다하더라도 무슨 말이 필요하겠습니까? 도리어 우리들 중에 이 일로 인해 계속 이어서 공부할 사람이 없어질까 그것이 매우 걱정일 뿐입니다[13]."라고 하였는데, 이를 읽고는 두려워 등줄기에 땀이 젖지 않은 적이 없었으니 도를 구하고 싶지만 적임자가 없습니다. 천상에 글자를 모르는 신선이 없고[14] 천하에 책을 읽지 않은 성인이 없습니다. 금계(金谿)[15]가, "육경은 모두 나를 위한 각주에 불과할 뿐이니, 어찌 반드시 육경을 읽어야만 하겠는가?"라고 하였으니, 도를 해치는 것이 진 나라가 책을 불살랐던 것보다 심합니다. 사람들은 모두 황당무계한 말로 경서를 욕되게 하는 것을 애통하게 여기면서 사람들은 제 맘대로 하는 것을 즐거워합니다.[16]

아! 지금 사람들은 거침없이 성현과 경전을 욕보여 아무런 거리낌도 없이 주자의 주석을 고치고 한자(漢字)를 폐지하는 극단에 까지 이르려고 합니다. '비바람 몰아쳐 어두울 때에도, 닭 울음소리는 그치지 않도다.[風雨如晦 鷄鳴不已]'[17]라는 여덟 글자를 오늘날 선비들은 액자에 써놓고 잠시도 잊어서는 안 됩니다. 저들이 비록 우리의 대응을 끊어 버리려고 해도 우리 도는 하늘이 다하도록 실추되지 않을 것이니 이는 무엇 때문이겠습니까? 장래의 영욕과 화복에 관계되지 않아도 우리들이 마땅히 해야 할 것을 하는 것이 첫 번째 도리인데, 지금은 어느 때입니까? 물건을 몸에 감추고 때를 기다리는 것[18]도 뒤에 태어난 영재들의 책임입니다.

아! 저 망령스럽게 울어대는 마귀들에게 무엇을 묻겠습니까? 아침이 오면 도는 분명히 드러날 것이고 이 이치는 매우 분명해질 것이니 더욱 학문에 힘써 하학(下學)을 쫓아 공부하여 곧바로 자신의 본성을 잡고 일상사물의 명백하고 평이한 곳에 지속적으로 착수한다면 저절로 위로 천리를 통달할 수 있을 것입니다. 만약 등급을 과정이나 한계를 뛰어넘어서 미리 이를 '성(性)'이라고 하고 '기(氣)'라고

12 당금(黨禁) : 주희(朱熹)의 학문을 위학(僞學)이라 하여 금단(禁斷)한 이른바 '경원 당금(慶元黨禁)'의 사건을 말한다. 영종(寧宗) 경원 연간에 한탁주(韓侂胄)와 조여우(趙汝愚)가 권력 쟁탈전을 벌일 적에 주희 등이 조여우의 편을 들었는데, 한탁주가 득세한 뒤에 승상 조여우 이하 59인을 모조리 몰아내는 한편, 도학(道學)을 위학이라고 규정하고 일절 금지하도록 하였다. 위학이란 거짓된 학문이라는 뜻으로, 욕망에 따라 자기 뜻대로 살려고 하는 것이야말로 인간의 진정한 속성인 만큼, 이를 단속하여 굳이 수양하게 하려는 주희의 학문은 허위라고 한탁주가 주장하면서 도학을 배척하는 명분으로 삼았다.

13 당금(黨禁)의 날에……뿐입니다 : 《주자전서(朱子全書)》〈답유자징(答劉子澄)〉에 나오는 구절이다.

14 천상에……없고 : 《주자전서(朱子全書)》〈답반숙창(答潘叔昌)〉에 나오는 구절이다.

15 금계(金谿) : 그 곳에 살았던 육상산(陸象山, 1139~1192)을 이른다. 중국 남송(南宋)의 유학자로, 호 존재(存齋)·상산(象山)이다. 시호 문안(文安)이고, 이름은 구연(九淵)이다. 주자와 대립하여 중국 전체를 양분하는 학문적 세력을 형성하였다. 주자는 객관적 유심론을 주장한 반면, 상산은 주관적 유심론을 주장하였다. 상산의 학문은 양자호 등에 의해 계승되었다. 저서로 《상산선생전집(商山先生文集)》이 있다.

16 천상에……즐거워합니다 : 《간재집(艮齋集)》〈김군형조벽첩(金君炯祖壁貼)〉에 나오는 구절이다.

17 비바람……않도다 : 《시경(詩經)》〈정풍(鄭風)〉에, 난세(亂世)에도 절조를 변하지 않는 군자를 그리워하는 시인데, 그중에 "비바람 몰아쳐 어둑한 때에, 닭 울음소리 그치지 않도다. 이미 군자를 만났으니, 어찌 기쁘지 않으리오.[風雨如晦 雞鳴不已 旣見君子 云胡不喜]"라는 구절에서 온 말이다.

18 《주역(周易)》 〈계사전 하(繫辭傳下)〉에, "군자가 앞으로 자기가 크게 쓸 물건을 몸에 간직했다가 때를 기다려서 움직인다면, 어찌 이롭지 않은 일이 있겠는가.[君子藏器於身 待時而動 何不利之有]"라는 구절에서 유래한다.

한다면 이는 초학자들의 큰 금기사항입니다. 이렇게 한다면 이단으로 돌아가지 않는 사람이 드물 것이니 크게 두렵습니다. 아직 아이티도 벗지도 못했으면서 성명(性命)에 대한 수준 높은 이야기를 하니 주자(朱子)께서 후학들에게 경계시킨 것이 지극합니다.

정자(程子)께서 장횡거(張橫渠)의 맑고 텅 빈 하나의 것[淸虛一大]의 학설을 논하면서, '사람들로 하여금 엉뚱한 곳을 향하여 달려가게 하니 우선 경(敬)만 말하는 것만 못하다.'[19]고 하였는데, 내가 매번 기쁘게 읽고 남들에게 말해주는 것을 지금 그대들에게 말해주는 것이니 마땅히 기억하십시오.

현곡(玄谷) 기인(畸人)이 써서 봉기종(奉奇鍾)에게 보냅니다.

기축년 2월

19 맑고……못하다 : 《주자서절요(朱子書節要)》 〈여장흠부별지(與張欽夫書別紙)〉에, "〈동견록(東見錄)〉을 보니, 횡거의 청허일대의 설을 논하여, 사람들로 하여금 엉뚱한 곳을 향하여 달려가게 하니 우선 경(敬)만 말하는 것만 못하다고 하였는데, 은미한 뜻을 알 수 있습니다.[及東見錄中 論橫渠淸虛一大之說 使人向別處走 不若且只道敬 則其微意 亦可見矣]"라는 구절이 있다.

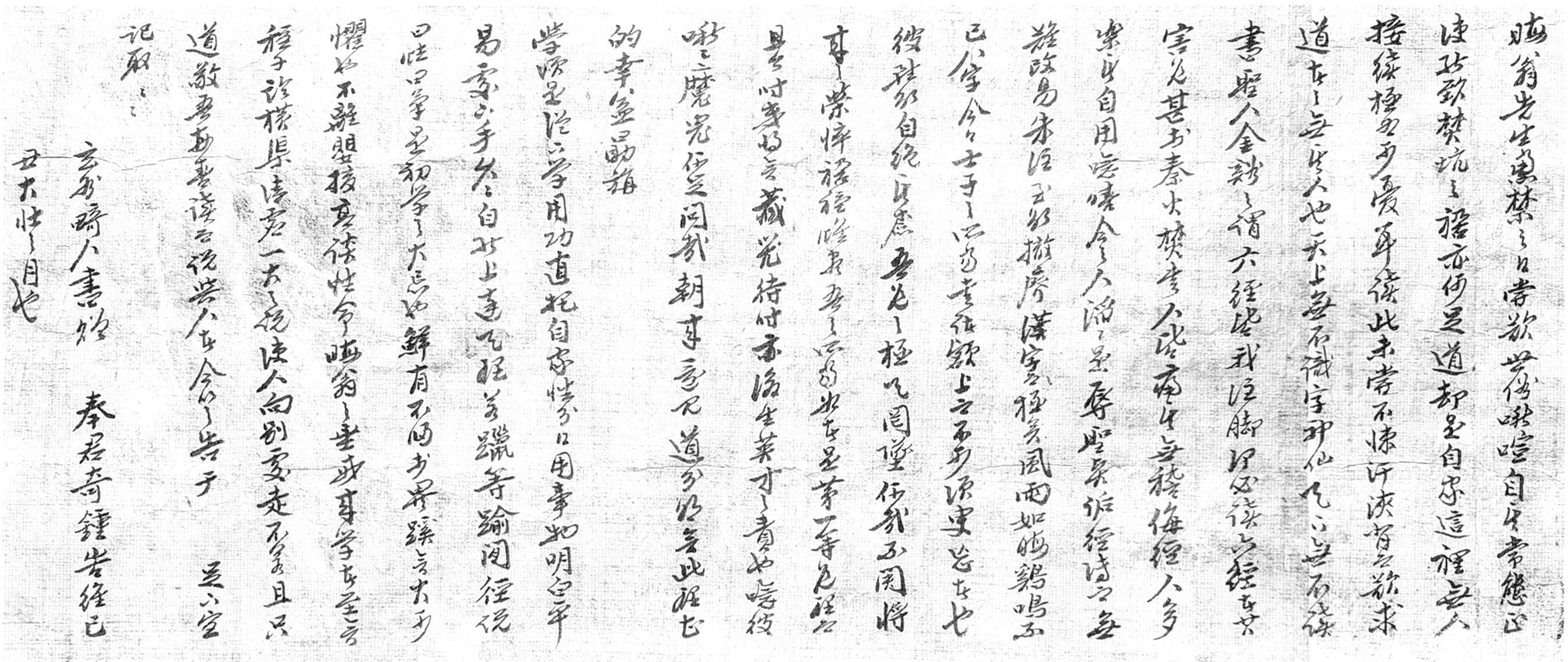

6. 장한張翰의 간찰

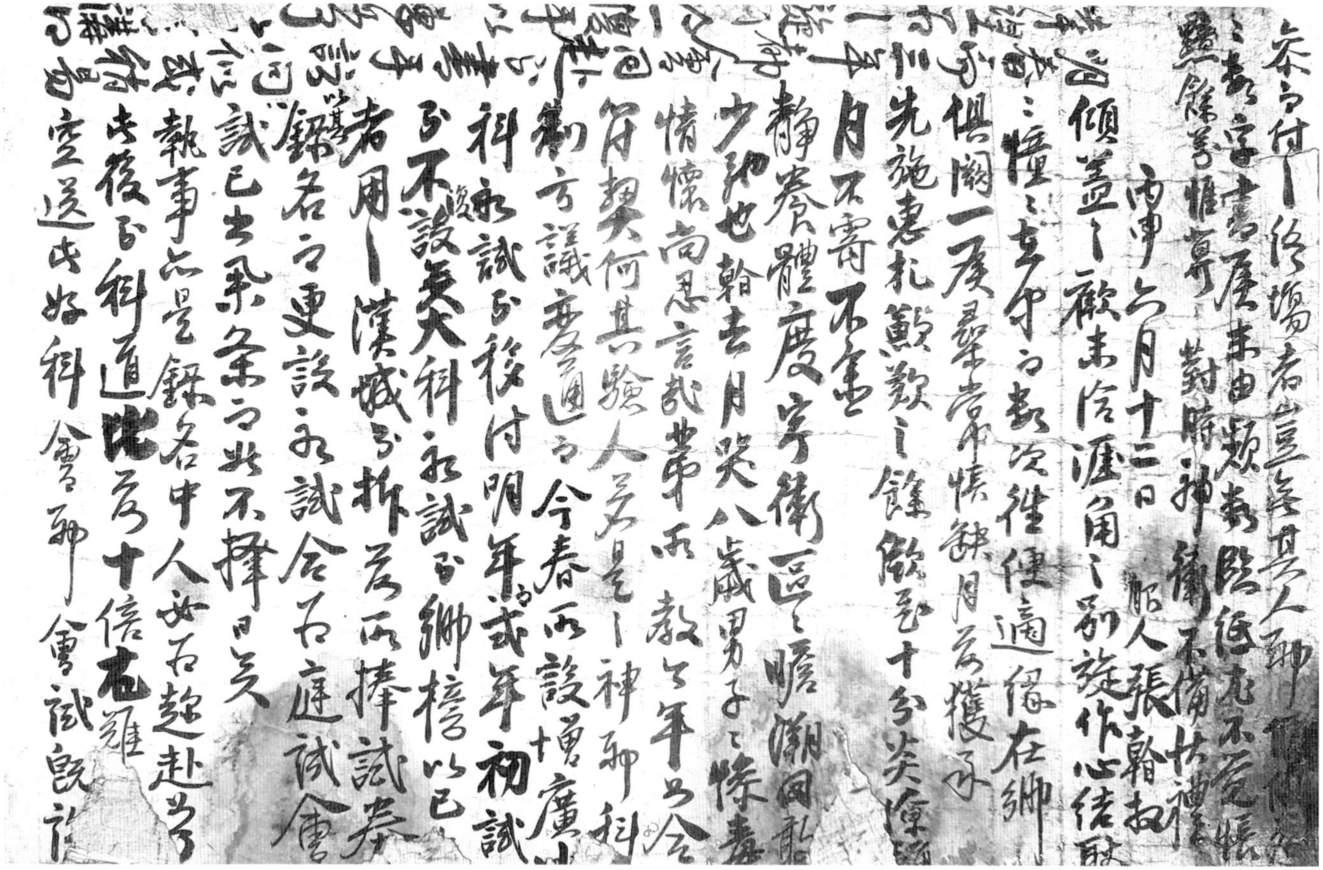

【탈초】

傾蓋之歡未洽 涯角之別 旋作心結耿 / 耿 憧憧在中 而數次往便 適緣在鄕 / 俱闕一候 尋常悵缺 月前獲承 / 先施惠札 歎歎之餘欣慰十分 炎潦彌 / 月不霽 不審 / 靜養體度寧衛 區區瞻溯 罔敢 / 少弛也 翰 去月 哭八歲男子子 慘毒 / 情懷 尙忍言哉 第所教 今年如合 / 符契 何其驗人若是之神耶 科 / 制 方議變通 而今春所設增廣〔大〕/ 科初試 則移付明年 而式年初試 / 則不復設矣 大科初試 則鄕榜以已〔合〕/ 者用之 漢城 則折落所捧試券 / 以其錄名 而更設初試 合爲庭試會 / 試 已出擧條 而姑不擇日矣 / 執事 亦是錄名中人 必爲趁赴如何 / 此後 則科道 比前十倍尤難□□ / 空送此好科會耶 會試 旣議 / 明春 而三年都會同赴則書手訪問 似或稍易 / 幸望爲之 旋之得一換手 以惠如何□□□ 講得 / 參而付之終場者 豈無其人耶□…□ / □數字書候 未有

候 未有頻數 臨紙尤不覺悵 / 黯 餘萬惟冀對時神衛 不備狀禮 / 丙申 六月 十二日 服人 張翰 拜

【번역】

길에서 잠깐 만난[20] 기쁨이 흡족하지 않았는데 멀리 헤어지고 나니 그리움이 마음에 맺혀 잊지 못하겠습니다. 몇 번이고 인편을 보내셨는데 마침 제가 시골에 가 있어서 다 안부를 드리지 못해 늘 서운하였습니다. 달포 전에 먼저 보내신 편지를 받고 미안한 끝에 매우 기쁘고 위안이 되었습니다.

장마 더위는 한 달 남짓 계속되어 개지도 않는데, 정양(靜養)하시는 안부는 좋으신지요? 그리운 마음만 간절합니다. 저는 지난달 여덟 살 아들을 잃었으니 자식을 잃은 참혹한 심정을 어떻게 차마 말로 하겠습니까? 말씀하신 것이 부절을 합친 것처럼 딱 맞으니 어쩌면 사람에게 이처럼 신기하게 증험하게 하시는지요?

지금 과거제도에 대한 변통을 논의하니 올 봄에 시행될 증광시(增廣試)와 대과초시(大科初試)를 내년으로 옮겨졌고, 식년초시(式年初試)는 다시 시행되지 않습니다. 대과초시는 향시에서 이미 합격한 자를 쓰고, 한성(漢城)에서는 바친 시권(試券)을 떼어버리고 녹명(錄名)[21]을 해서 다시 초시를 시행하되, 이를 합쳐서 정시(庭試)와 회시(會試)로 삼습니다. 이미 임금님께 보고하는 조항[22]을 제출은 했지만 아직 날짜는 정하지 않았습니다.

집사께서도 녹명에 있는 사람이니 반드시 과거에 참여하는 것이 어떻습니까? 이후로는 과거를 보는 길이 전에 비해 열 배는 더 어려울 것입니다. 이 좋은 과거 기회를 그냥 놓치지 마십시오. 회시는 이미 내년 봄으로 의논하였으니 삼년 도회(都會)[23]에 함께 오신다면 서수(書手)가 방문하기에 조금은 쉬울듯합니다. 바라건대 그를 위해 곧바로 환수(換手)[24]를 얻어서 은혜를 베푸시는 것이 어떻습니까? …… 과거에 합격한 사람가운데 종장을 맡길 만한 적임자가 어찌 없겠습니까?

몇 글자 안부도 자주 보내지 못하고 편지를 마주하니 더욱 서글픈 마음만 듭니다. 나머지 많은 사연들은 절서에 따라 더욱 잘 지내시기를 빌며 편지의 예를 갖추지 않습니다.

병신년 6월 12일, 복인(服人) 장한(張翰)은 절합니다.

20 길에서……만난 : 원문은 '傾蓋'. 수레를 멈추고 일산을 기울인다는 뜻으로, 길에서 잠깐 만난 것을 이른다. 《사기(史記) 83》〈추양열전(鄒陽列傳)〉에, "세속의 말에 '백발이 되도록 오래 사귀어도 처음 사귄 듯하고, 수레를 멈추고 잠깐 만났어도 오래 사귄 듯하다.'라고 하였으니, 그 까닭은 무엇인가? 서로를 아느냐 모르느냐에 달려 있다.[諺曰 白頭如新 傾蓋如故 何則 知與不知也]"라는 구절에서 유래한다.

21 녹명(錄名) : 과거 응시자가 원서(願書)를 내고서 성명을 등록하는 것을 이른다.

22 임금님께……조항 : 원문은 '擧條'. 임금의 재가를 얻기 위해 보고하는 조항을 이른다.

23 도회(都會) : 지방에서 치르는 향시(鄕試)를 이른다.

24 환수(換手) : 능한 솜씨를 바꾼다는 뜻이다. 과거시험장에 글씨를 잘 쓰는 사람을 데리고 가서 자신의 답안지를 그에게 부탁하는 등의 일을 이른다.

7. 장한張翰의 간찰

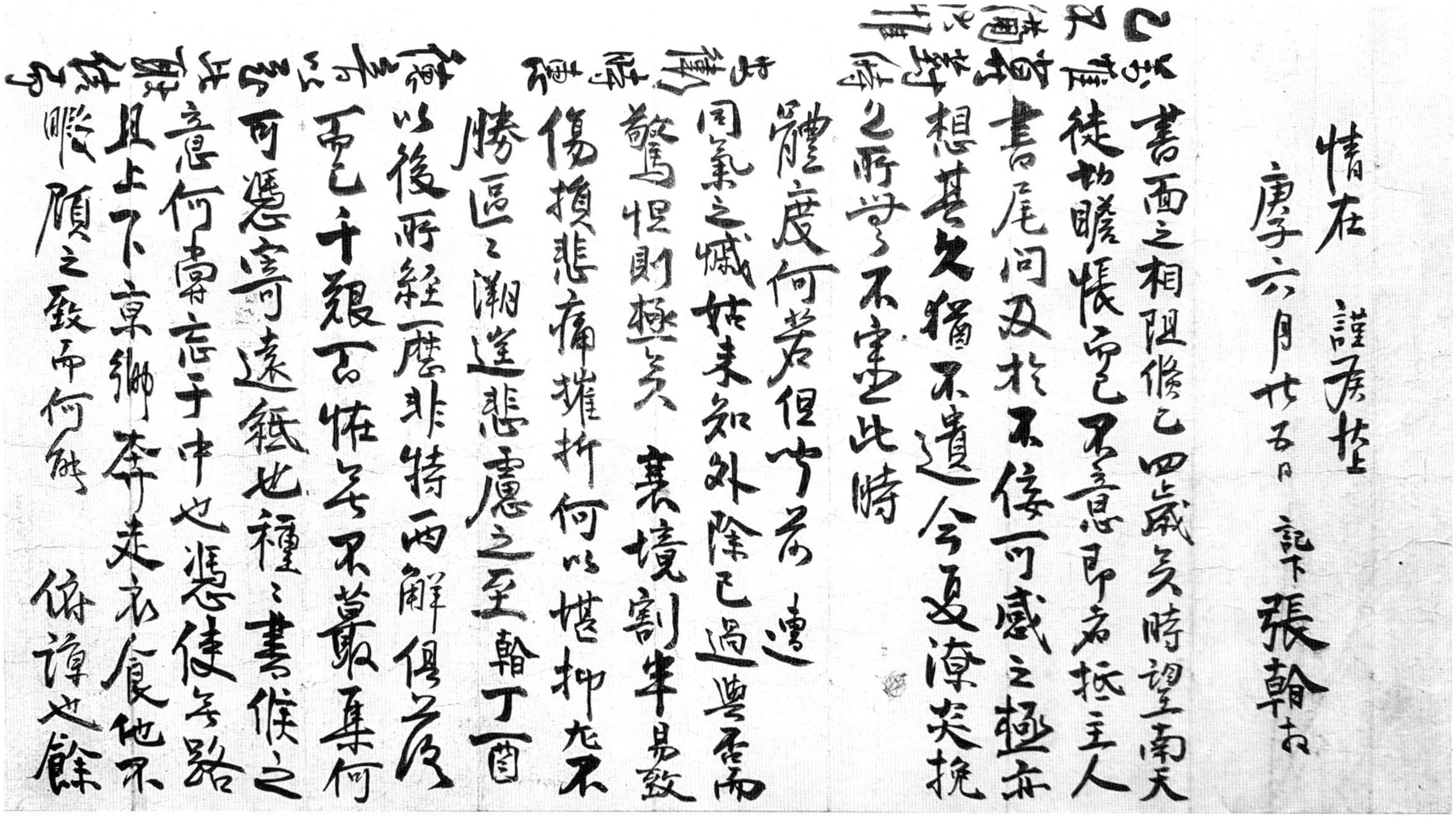

【탈초】

書面之相阻 倏已四歲矣 時望南天 / 徒切瞻悵而已 不意卽者 抵主人 / 書尾 問及於不佞 可感之極 亦 / 想其久猶不遺 今夏潦炎挽 / 近所無 不審此時 / 體度何若 但聞前遭 / 同氣之慽 姑未知外除 已過與否 而 / 驚怛則極矣 衰境割半 易致 / 傷損 悲痛摧折何以堪抑 尤不 / 勝區區溯迬 悲慮之至 翰 丁酉 / 以後 所經歷 非特兩解俱落 / 而已 千艱百怪 無不蕞集 何 / 可憑寄遠紙也種種書候之 / 意 何嘗忘于中也 憑使無路 / 且上下京鄕 奔走衣食 他不 / 暇顧之致 而何能俯諒也 餘 / 萬 惟冀對時安衛 時惠德音 以慰此耿結而 / 已 不備伏惟 / 情在 謹候狀上 / 庚子 六月 卄五日 記下 張翰 拜

【번역】

편지도 만남도 막힌 지 어느덧 4년이나 되었습니다. 때때로 남쪽하늘을 바라보며 간절히 그리워할 뿐이었는데, 뜻밖에 오늘 주인에게 도착한 편지 끝에 저에 관해서 안부해주시니 매우 감사합니다. 또한 오랜 시간이 지났는데도 오히려 저를 잊지 않으셨군요. 올 여름 무더위는 요사이 없던 것인데 안부는 어떠하신지요? 지난번 형제가 세상을 떠났다는 소식을 들었는데 외제(外除)[25]는 이미 지났는지요? 매우 놀랍고 슬픕니다. 나이가 들어 형제를 잃는 것은 쉽사리 몸이 손상되고 비통하여 마음이 꺾일 것인데 어떻게 견디시는지요? 더욱 간절히 보고싶고 염려되는 지극한 마음을 이길 수 없습니다.

저는 정유년 이후로 경험한 것은 두 번의 과거에서 다 떨어졌을 뿐만 아닙니다. 수많은 어려움과 괴이함이 다 몰려드니 어떻게 멀리 편지를 부칠 수 있었겠습니까? 종종 안부를 여쭐 생각을 어찌 잊었겠습니까? 심부름꾼을 구할 길이 없고 또 서울과 고향을 오르내리며 먹고사는데 바빠 다른 것은 돌아볼 겨를이 없었기 때문인데 어떻게 헤아릴 수 있겠습니까?

나머지는 사연이 많지만 늘 편안하시고 때때로 편지를 보내 저의 보고픔에 위안되게 하십시오. 이만 줄이니 정으로 살펴주시기를 바랍니다. 안부 편지를 드립니다. 경자년 6월 25일, 기하생(記下生) 장한(張翰)은 절합니다.

25 외제(外除) : 상복을 입고 있는 사람이 상기(喪期)가 다 되어 상복을 벗었더라도 마음속으로는 슬픔을 간직하고 있는 것을 말한다.

8. 장한張翰의 간찰과 시

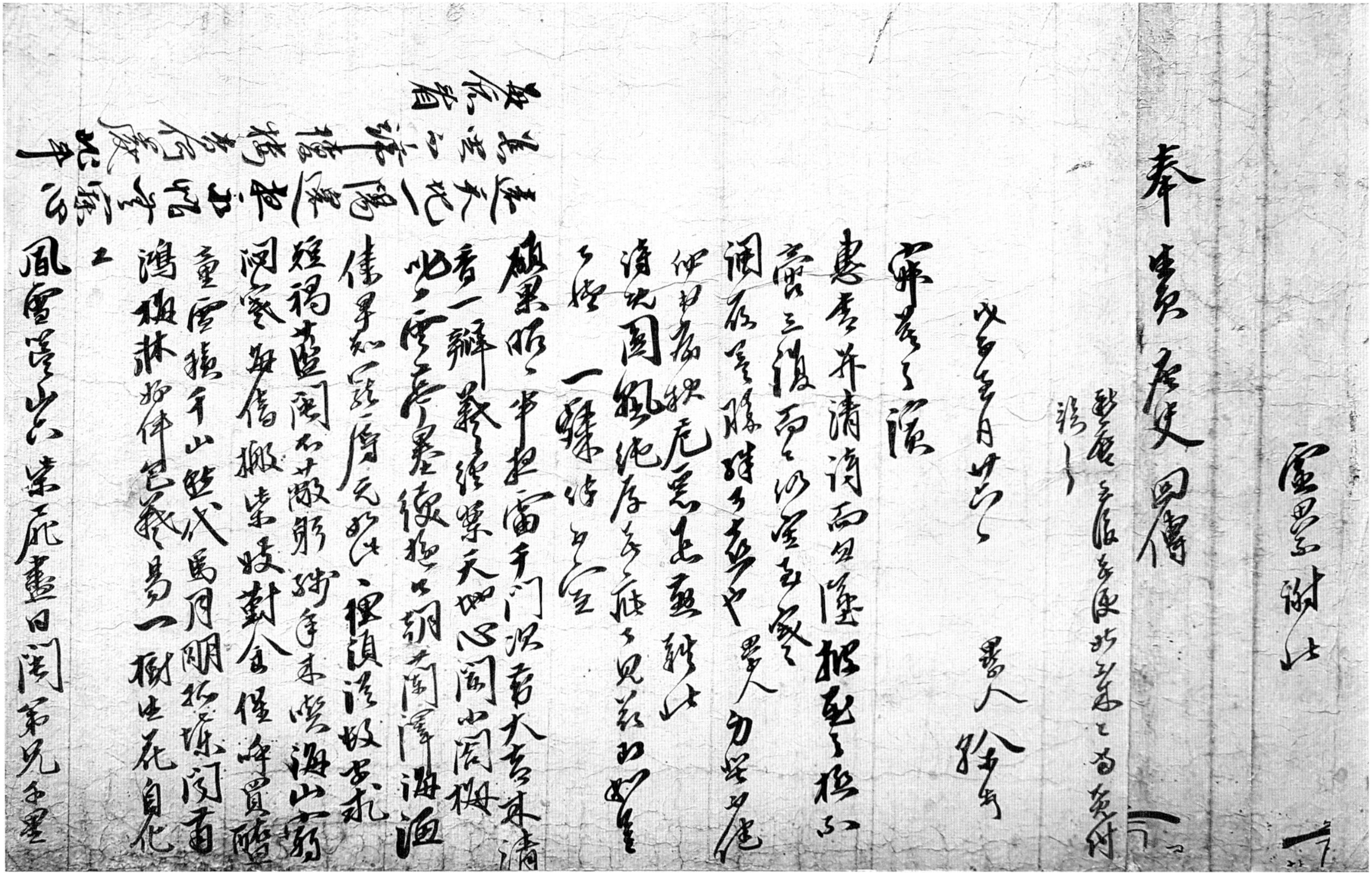

【피봉】靈纍謝狀 / 奉生員座史回傳

【탈초】

寂莫之濱/ 惠書幷淸詩 而忽墜 披慰之極 不 / 啻三復而已 仍審至寒 / 調履益勝 殊可喜也 纍人 身苦不健 / 仲弟 病報危惡 焦煎難狀 / 詩旣圓熟純厚 無疵可見 玆即和呈 / 可博一粲 餘不宣 / 碩果昭昭半夜雷 千門次第大音來 淸 / 香一瓣羲經案 天地心開小閣梅 / 昨日雲亭墨綬遊 今朝蘭澤海漁 / 儔 早知寵辱元如此 此裏須從數字求 / 短褐藍關不蔽躬 殘年來喫海山窮 / 悶寒每借搬柴妓 對食催呼買鹽 / 童 雪積千山愁代馬 月明孤堞聞南 / 鴻 梅牀好伴包羲易 一樹生花自化 / 工 / 風雪箕山下 柴扉盡日關 弟兄千里 / 遠 天地一陽邊 夜永悄無寐 心 / 焦坐不端 瓊樓杳何處 北斗 / 每依看 / 戊子 至月 廿六日 纍人 翰 頓

【추신】新曆 至後無便 姑不來 來當 覓付 / 竢之

【피봉】영광 죄인[纍人]의 답장 / 봉생원 좌사(座史)[26]께 회답함

【번역】

적막한 물가에서 그대의 편지와 시가 문득 도착하여 마음이 놓이고 위안되어 반복하여 읽어볼 뿐만이 아니었습니다. 동지 추위에 조섭하시는 안부가 더욱 좋으시다니 사뭇 기뻤습니다.

저[纍人]는 몸이 고단하고 건강하지 못한데, 둘째 아우가 병상에서 위급하여 애타는 마음을 말로 할 수 없습니다. 시는 이미 원숙하고 순후해서 흠이라고는 찾아볼 수가 없었습니다. 이에 화답시를 보내니 한번 웃으십시오. 나머지는 이만 줄입니다.

석과(碩果) 반짝이는 한밤 우레가 울리고[27]
수많은 집에는 차례로 큰소리[28] 들리네.

26 좌사(座史) : 좌우(座右)라고도 하는데, 편지 봉투에 공경하는 뜻으로 받는 사람의 이름 아래에 쓰는 말이다. 직접 상대에게 받으라고는 못하고 옆에서 모시고 있는 사람이 받아서 전해달라는 의미이다.

27 한밤……울리고 : 순음(純陰)의 달인 10월을 지나 동지가 되면 밑에서 일양(一陽)이 시생(始生)하는 지뢰복괘(地雷復卦䷗)를 이루게 되는데, 이는 땅속에서 우레가 울리는 것을 상징한다. 그리고《주역(周易)》〈산지박괘(山地剝卦)·상구(上九)〉에 "큰 과일은 먹히지 않는다.[碩果不食]"라고 하였는데, 이는 다섯 개의 효(爻)가 모두 음(陰)인 상태에서 맨 위의 효 하나만 양(陽)인 것을 석과로 비유한 것으로, 하나 남은 양의 기운이 외로운 것처럼 보이지만 결코 끊어지지 않고 계속 이어진다는 뜻을 보인 것이다. 이 박괘를 거꾸로 뒤집으면 바로 복괘(復卦)가 되기 때문에 이렇게 말한 것이다.

28 큰소리 : 원문은 '大音'. 우주가 운행하는 소리로, 너무 커서 들리지 않는다.《노자(老子) 41》에, "큰 방은 모서리가 없고, 큰 기물은 늦게 이루어지고, 큰 소리는 들리지 않고, 큰 상은 형체가 없다.[大方無隅 大器晩成 大音希聲 大象無形]"라고 하였다. 송나라 소옹(邵雍)의 시〈동지음(冬至吟)〉에, "동짓날 자정, 하늘 중심 정지하네. 일양이 막 일어나고, 만물이 아직 생기기 전. 현주는 맛이 바야흐로 담담하고, 대음은 소리가 정히 고요해라. 이 말을 믿지 못하겠거든, 다시 복희씨에게 물어보오.[冬至子之半 天心無改移 一陽初起處 萬物未生時 玄酒味方淡 大音聲正希 此言如不信 更請問包羲]"라는 구절이 있다.

《주역(周易)》 읽는 책상 위에 맑은 향 피우니
천지의 마음[29]은 작은 합매(閤梅)[30]에서 열렸네.

지난날 운정(雲亭)에서 벼슬아치들과 노닐더니
오늘 아침에는 난택(蘭澤)에서 어부들과 짝하네.
일찍이 영화와 욕됨이 원래 이런 줄 알았으니
이 속에서 모름지기 몇 글자 쫓아 구하네.

짧은 옷 남루한 집은 몸조차 가리지 못하고
늙어 먹는 것이라곤 바다와 산의 궁핍한 것뿐이라네.
추위가 겁이나 땔감은 나무하는 종[柴奴][31]에게 빌리고
밥상을 마주하고는 소금 파는 아이를 급히 부르네.
눈이 쌓인 모든 산에서 대마(代馬)[32]를 근심하고
달 밝은 외로운 성루에는 남쪽으로 나는 기러기소리 들리네.
매화 핀 책상에서 《주역(周易)》과 짝하기 좋은데
한 그루 나무에서 핀 꽃도 조물주의 조화라네.

바람 불고 눈 오는 오산(筽山)[33] 아래
사립문은 종일 닫혀 열리지도 않네.
형제는 천리 멀리 떨어져 있는데

29 천지의 마음 : 원나라 옹삼(翁森)의 〈사시독서락(四時讀書樂)〉에, "독서의 즐거움을 어디에서 찾을까, 몇 송이 매화가 천지의 마음일세.[讀書之樂何處尋 數點梅花天地心]"라는 구절이 있다.

30 합매(閤梅) : '각매(閣梅)'라고도 하며, 지방 관아에 핀 매화를 이른다. 양나라 하손(何遜)이 건안왕(建安王)의 수조관(水曹官)으로 양주(楊州)에 있을 적에 관청 뜰에 매화 한 그루가 있으므로 매일 그 나무 아래에서 시를 읊곤 하였는데, 뒤에 낙양(洛陽)에 돌아갔다가 그 매화가 그리워서 다시 양주로 발령해주길 청하여 양주에 당도하니, 매화가 한창 피었기에 매화나무 아래서 종일토록 서성거렸다. 두보(杜甫)는 이 고사를 인용하여 "동각의 관매가 시흥을 돋우니 또한 하손이 양주에 있을 때와 같구나.[東閣官梅動詩興 還如何遜在楊州]"라는 시를 지어 이 말이 유명하여졌다.

31 나무하는 종[柴奴] : 원문의 '柴妓'를 바로잡는다.

32 대마(代馬) : 대군(代郡)의 말[馬]을 이른다. 《한시외전(韓詩外傳)》에, "《시경(詩經)》에 이르기를, 대군(代郡)에서 태어난 말은 늘 북풍을 그리워하며, 나는 새도 옛 둥지로 찾아가누나.[詩曰 代馬依北風 飛鳥棲故巢]"라는 구절이 있다.

33 오산(筽山) : 전라남도 영광군(靈光郡)에 무령리(武靈里) 일대의 산 이름이다.

천지간에 일양(一陽)[34]이 태동하네.
한 밤 내내 근심하며 잠 못 들고
초조한 마음에 앉는 것도 단정하지 않네.
경루(瓊樓)[35]는 아득히 어디에 있나?
북두성만 매번 아련히 바라보네.

무자년 11월 26일, 죄인 한(翰)은 머리를 조아립니다.

【추신】새 달력은 동지 이후로 인편이 없어 아직 보내지 못했습니다. 인편이 오면 보내드릴 것이니 기다려 주십시오.

34 일양(一陽) : 위의 주석 '한밤……울리고' 참조.

35 경루(瓊樓) : '경루옥우(瓊樓玉宇)'의 준말로, 신화 속에 나오는 월궁(月宮) 속의 누각을 말한다. 소식이 황주(黃州)로 귀양 가서 지은 〈병진중추작겸회자유(丙辰中秋作兼懷子由)〉에, "내가 바람 타고 돌아가고 싶나니, 경루옥우 높은 곳이 추위를 이기지 못할까 또 걱정일세.[我欲乘風歸去 又恐瓊樓玉宇 高處不勝寒]"라는 구절이 있다.

9. 장한張翰의 간찰

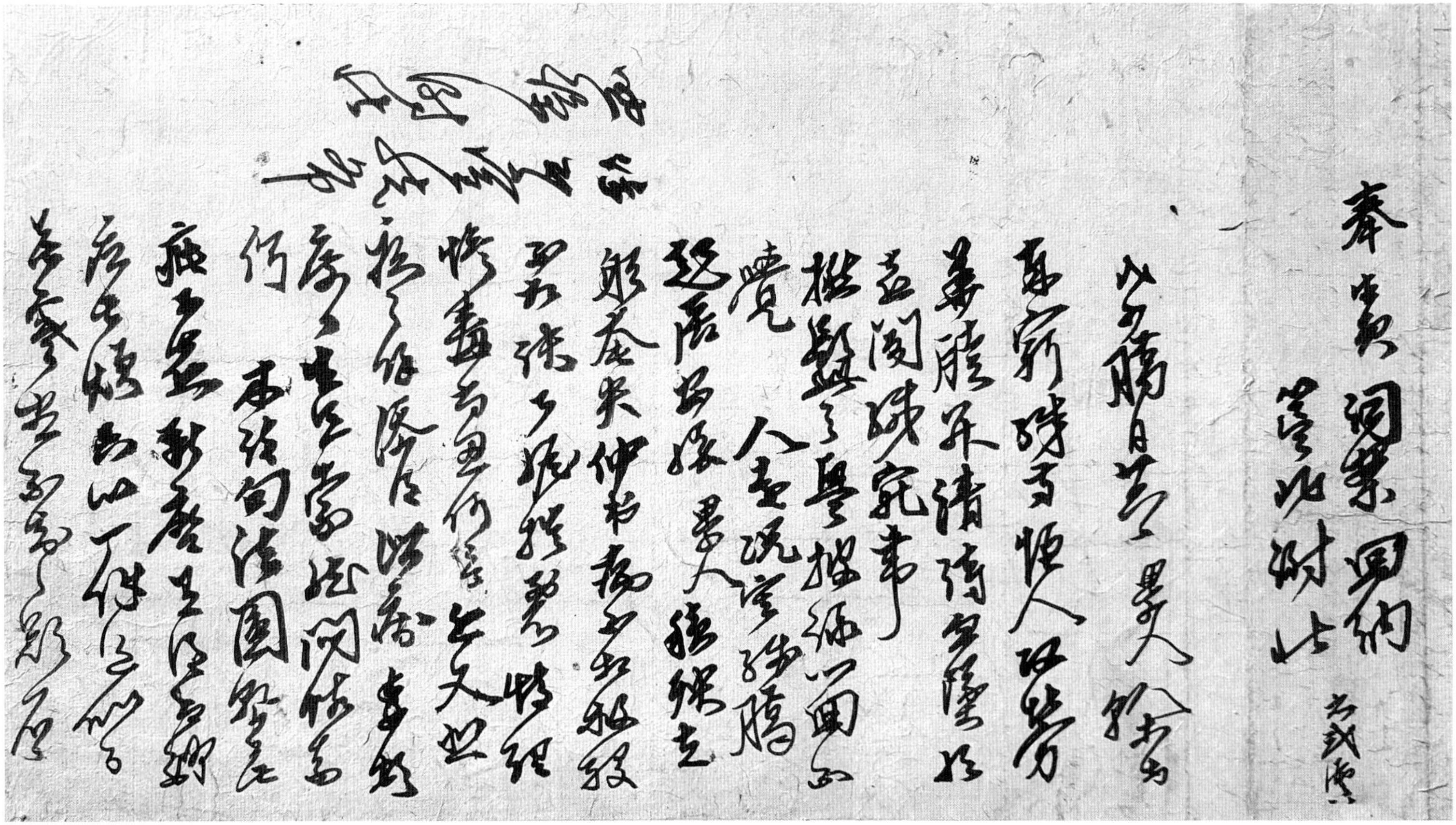

【피봉】

奉生員詞案回納

箕北謝狀　　省式謹封

【탈초】

歲窮殊方 懷人政勞 / 華牘幷淸詩 忽墜 忙 / 喜開緘 宛帶 / 撚髭之興 披詠一回 不 / 覺人遠 況審殘臘 / 起居安勝 纍人 積殃在 / 躬 奄哭仲弟 病不相救 歿 / 不爲訣 心懷摧裂 情理 / 慘毒 尙忍何言 近又悲 / 疚之餘 添得泄病 委頓 / 度日 生意索然 悶憐奈 / 何 來詩句法 圓熟無 / 疵 可喜 新曆有得 而酬 / 應甚煩 只以一件送似 而 / 無寒盡不知之歎否 / 餘不宣 統希 / 照諒 謝狀 / 戊子 臘月 廿六日 纍人 翰 頓

【피봉】

봉생원 사안(詞案)으로 화답함

오북(箕北)에서 보내는 답장　　생식근봉(省式謹封)

【번역】

객지에서 한 해가 저무니 그대를 향한 그리움이 더욱 간절했었는데, 편지와 맑은 시가 홀연히 도착하여 급한 마음으로 기쁘게 봉투를 뜯어보니 완연히 수염을 꼬는 흥을 띠고 있었습니다. 한 번 읽어보니 당신께서 멀리 떨어져 있다는 것조차 모르겠습니다. 더구나 섣달에도 잘 지내신다는 것을 알았습니다.

저는 몸에 쌓인 재앙으로 문득 둘째 아우가 죽고 말았습니다. 병이 들었는데도 구하지 못하고, 죽었는데도 영결(永訣)도 못해 마음이 찢어질듯하니 참혹한 마음을 어떻게 말씀드리겠습니까? 요사이 슬픔에 잠겨있던 가운데 설사병마저 더해 자리를 보존하고 날을 보내고 있어 살고 싶은 마음도 다 사라졌으니 이러한 가련함을 어찌해야 하겠습니까? 보내주신 시의 구법(句法)은 원숙하고 흠이 없어 기뻤습니다.

새 달력은 얻었지만 수응하기에 너무 바빠 한 건만 보내니 추위가 다했는데 해를 모르는 탄식[36]은 없겠지요? 나머지는 이만 줄이니 모두 살펴주십시오. 답장 드립니다.

무자년 12월 26일, 죄인 한(翰)은 머리를 조아립니다.

---

36 추위가……탄식 : 원문은 '寒盡不知之歎'. 당나라 시인 태상은자(太上隱者)의 〈답인(答人)〉에, "우연히 소나무 아래에 와서, 높이 바위 베고 편안하게 잠을 자네. 산속에는 달력이 없어, 추위가 다해도 해 바뀌는 줄 모르네.[偶來松樹下 高枕石頭眠 山中無曆日 寒盡不知年]"라는 구절에서 유래한다.

10. 범석範錫의 간찰

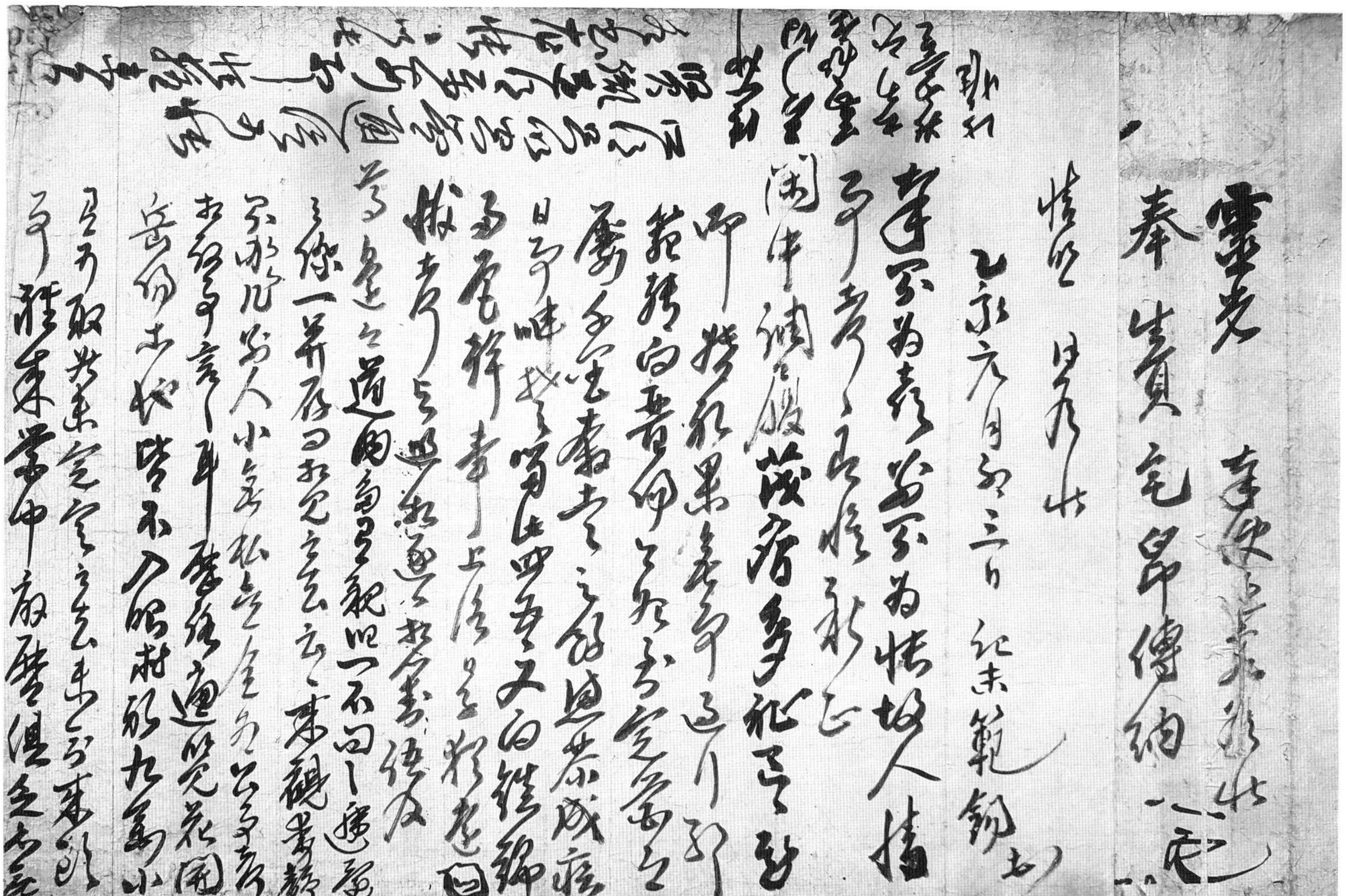

【피봉】靈光 奉生員宅 卽傳納/ 奉便過客候狀

【탈초】

奉則爲喜 別則爲悵 故人情 / 事 奈何奈何 卽惟新正 / 閑中調履 茂膺多祉 區區慰 / 仰 婚禮 果無事過行耶 / 範 轉向晉陽今始到完營 而 / 屢千里 奔走之餘 憊苶成疾 / 日事呻楚 留此四五日 又向鎭錦 / 兩邑幹事 上洛日子 猶遠 悶 / 憐奈何 與巡相逐日相對 語及 / 尊邊 而道內多有親舊 一不問之 遞還 / 之際 一幷存問 相見而去云云 來觀動靜 / 則辨作別人 小無私意 全爲公事 奈何 / 相議事言之耳 歷路遍覽 花開 / 岳陽等地 皆不入眼 求禮九萬 小 / 有可取 姑未完定而去 未知來頭 / 事 雖來營中扇曆俱乏 亦無 / 所得 只以空簡通信 可悵 / 賢胤 連得平安耶 忙擾未有 / 各書 尤悵尤悵 以此 / 傳布 / 如何 餘 / 萬 非遠 / 書可旣 / 姑不宣 / 伏惟 / 情照 謹候狀 / 乙亥 元月 初三日 記末 範錫 頓

【피봉】영광(靈光) 봉생원 댁에 즉일 드림 / 인편을 만난 나그네의 안부편지

【번역】

만나면 기쁘고 헤어지면 서운한 것이 친구의 정이니 어찌하겠습니까? 새해에 한가히 지내시며 조섭하시는 안부는 많은 복을 누리실 것이라 생각하니 매우 위안이 됩니다. 혼례는 잘 치렀습니까?

석범(範錫)은 진주(晉州)에 갔다가 이제 전주병영(全州兵營)에 도착하였습니다. 수 천리 길을 바삐 내달린 나머지 피곤함이 병이 되어 날마다 신음하며 이곳에서 4,5일을 머물렀다가, 또 진안(鎭安)과 금산(錦山)으로 가서 두 고을 일을 주간하여야 합니다. 서울 갈 날짜가 아직 요원하기만 하니 가련함을 어찌하겠습니까?

순찰사와 매일 만나 그대에 관해 말을 합니다. 도내(道內)에 친구들이 많은데 한 사람에게도 안부하지 않고 있다가, 체직되어 돌아갈 때 한꺼번에 안부하고 서로 만나고서 떠날 계획이라고 하였습니다. 와서 동정을 살펴보면 별스런 사람이라고 생각하시겠지만 조금도 사사로운 감정이 없이 오로지 공무를 위한 것이니 어찌하겠습니까? 서로 의논하여 말씀드리는 것일 뿐입니다. 지나는 길에 두루 살펴보니 화개(花開)[37]와 악양(岳陽)[38] 등은 모두 눈에 차지 않고 구례(求禮)와 구만(九萬)은 볼 만한 것이 있었습니다. 아직은 아주 확정하지 못하고 떠나니 앞으로의 일은 모르겠습니다. 비록 관영(官營)에 왔지만 부채와 달력이 모두 떨어져 구할 수 없어 다만 편지만 보내니 서운합니다.

아드님은 잘 지냅니까? 바빠서 따로 편지를 보내지 못해 더욱 서운하니 이 편지를 전해주시면 어떻겠습니까? 나머지 할 말은 많지만 멀리서 글로는 다 하지 못하고 이만 줄입니다. 정으로 살펴주시기를 바라며 안부편지 올립니다.

을해년 1월 3일, 기말(記末)[39] 범석(範錫)은 머리를 조아립니다.

37 화개(花開) : 경상남도 하동지역의 옛 지명이다.

38 악양(岳陽) : 경상남도 하동 지역의 옛 지명이다.

39 기말(記末) : 편지에서 자기보다 지위가 낮은 사람에게 대하여 자신을 낮추어 이르는 말이다.

11. 민봇의 간찰

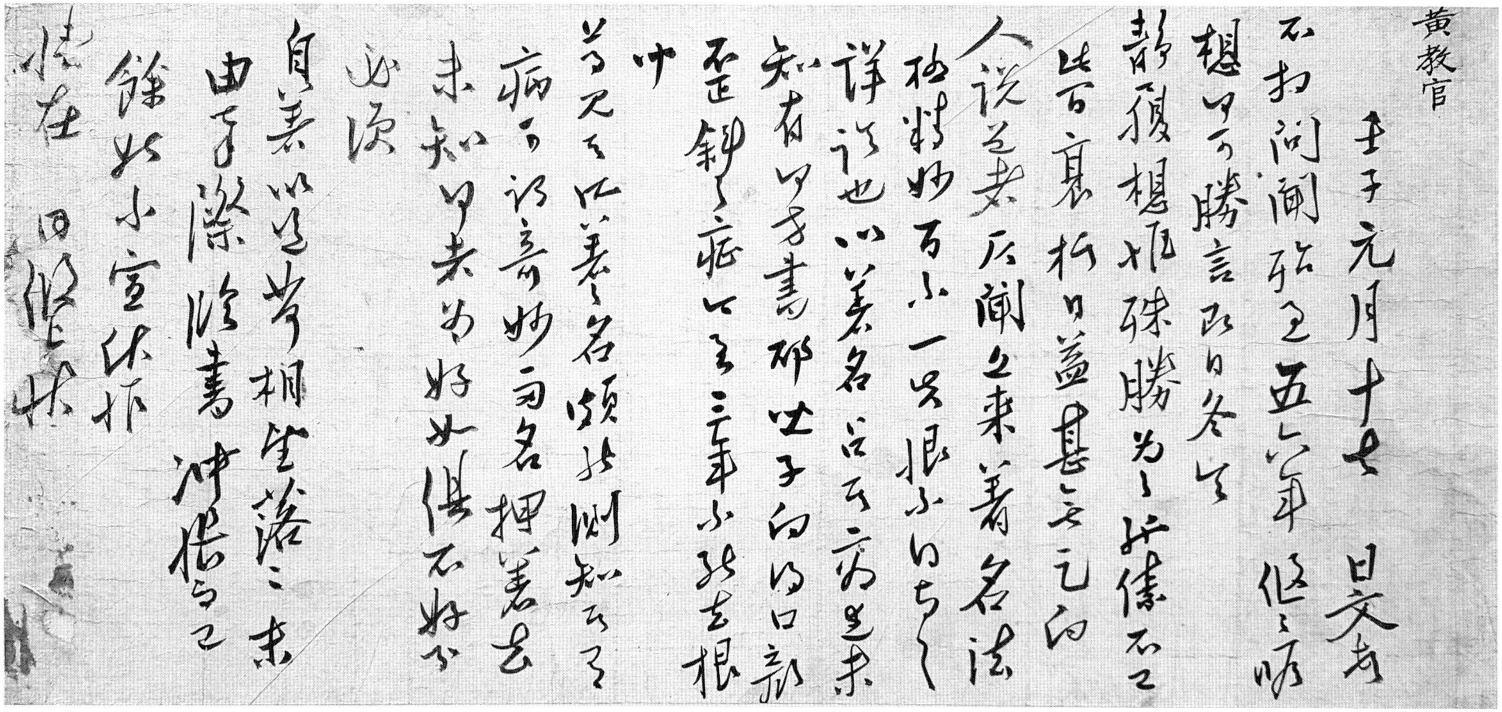

【탈초】

不相問聞 殆過五六年 悠悠瞻 / 想 何可勝言 卽日冬令 / 靜履 想惟殊勝 爲之馳溸不已 / 此間 衰朽日益甚 無足向 / 人說道者 仄聞 近來着名法 / 極精妙 百不一失 恨不得與之 / 詳論也 以着名 占其窮達 未 / 知有何方書耶 兒子 向得口顔 / 歪斜之症 今過三年 不能去根 / 聞 / 尊見其所着之名 頗能測知其有 / 病 可謂奇妙 兩名押着去 / 未知何者爲好 如俱不好 則 / 必須 / 自着以送如何 相望落落 末 / 由奉際 臨書冲悵而已 / 餘姑不宣 伏惟 / 情在 謹候上狀 / 壬子 元月 十七 旻 頓

【번역】

서로 소식을 전하지 못한지 자못 5,6년은 되었으니 아득한 그리움을 어떻게 말로 하겠습니까? 요즘 같은 겨울 날씨에 정양하시며 잘 지내시리라 생각하니 그립기 그지없습니다.

저는 쇠약함이 날로 심해져만 가니 남들에게 말할 것이라고는 없습니다. 언뜻 듣기에 근래 이름을 짓는 방법이 지극히 정묘하여 백에 하나도 실수가 없다고 하는데, 함께 자세히 의논하지 못하는 것이 한탄스럽습니다. 이름을 짓는 것만으로 궁달을 점친다니 어떤 방술책(方術策)이 있는지 모르겠습니다.

제 아이가 지난번에 구안괘사(口眼喎斜)[40]에 걸려 지금 3년이 지나도록 병의 뿌리를 제거하지 못하고 있습니다. 들으니 그대께서는 지어놓은 이름만 보면 병을 예측할 수 있다고 하니 기묘하다 하겠습니다.

두 개의 이름을 지어 보내니 어떤 것이 좋을지 모르겠습니다. 만약 모두 좋지 않다면 반드시 직접 지어서 보내주시는 것이 어떻습니까? 서로 멀리 떨어져 만날 수도 없어 편지를 마주하니 허전하고 서운할 따름입니다. 나머지는 이만 줄입니다. 정으로 살펴 주시기 바라며 절하고 편지를 올립니다.

임자년 1월 17일, 민(旻)은 머리를 조아립니다.

40 구안괘사(口眼喎斜) : 구안와사(口眼喎斜)라고도 발음하고, 구안편사(口眼偏斜) · 구안괘벽(口眼喎僻)이라고도 한다. 입과 눈이 한쪽으로 틀어지는 증세를 보이는 병이다.

12. 상덕相德의 간찰

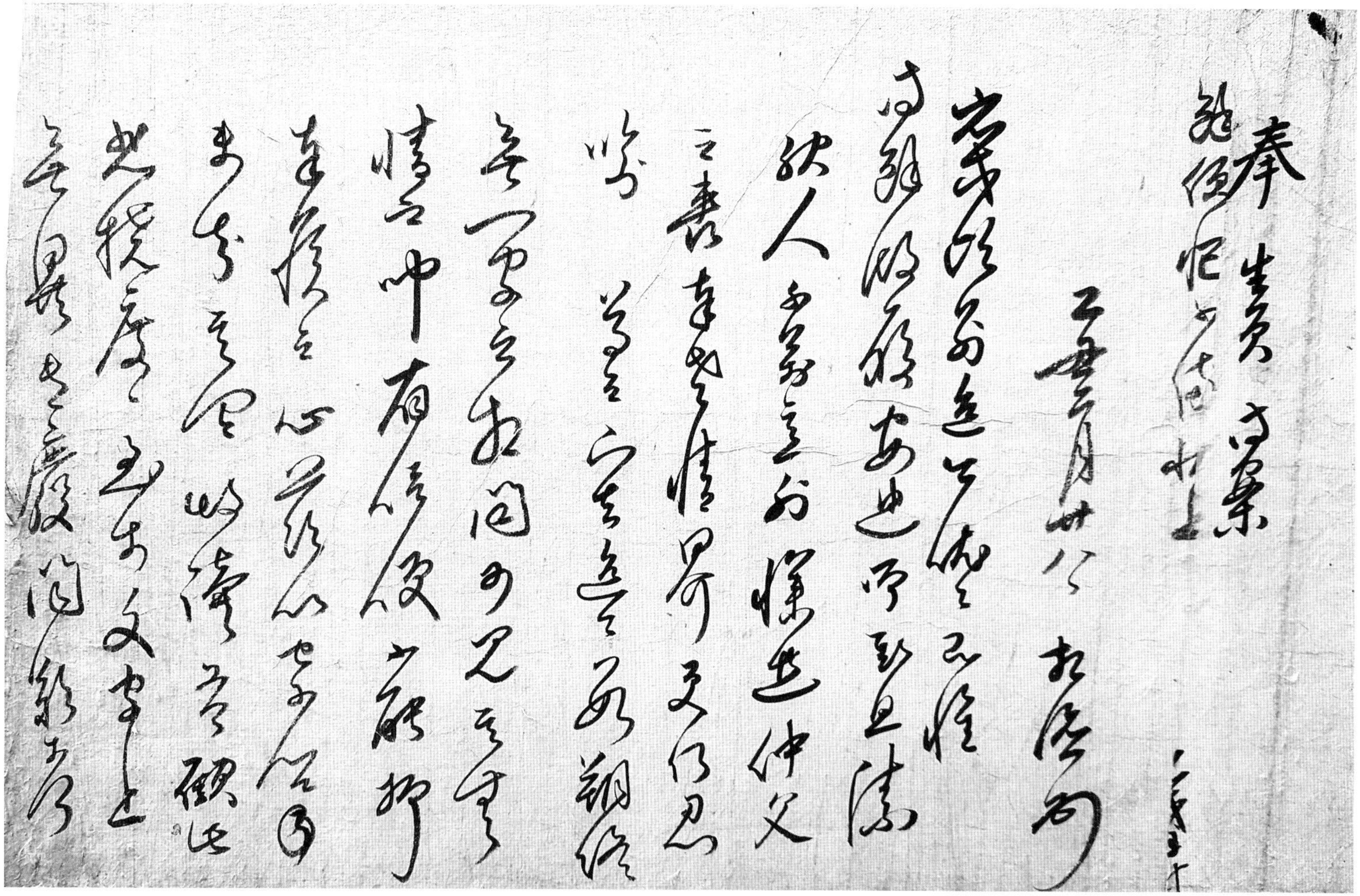

【피봉】

奉生員 侍案

【탈초】

省式 頃別迨今依依 卽惟 / 侍餘 做履安廸 仰慰且溸 / 服人 千萬意外 慘遭仲父 / 之喪 奉老情界 更何忍 / 喩 尊之下去 迨今數朔 終 / 無一字之相問 可見其無 / 情 而聞有信便 不能抑 / 奉候之心 玆以寄簡■ / 未知其間做讀如何 顧此 / 悲撓度日 至於文字上 / 無異專廢 悶歎奈何 / 餘便忙 不備狀上 / 乙丑 二月 卄八日 相德 頓

【피봉】

봉생원 시안(侍案)에

【번역】

인사를 생략합니다. 지난번 이별이 아직도 생각납니다. 부모님 모시고 공부하시는 안부는 좋으시리라 생각하니 위안이 되고 그립습니다. 저는 천만 뜻밖에 작은 아버님의 초상을 만났으니 연로하신 부모님을 모시고 있는 정경을 어떻게 차마 말로 하겠습니까?
그대가 내려가신 지 지금 여러 달이나 되었는데 한 글자 소식도 없으니 무정함을 알만한데, 편지를 전해줄 인편이 있다는 말을 듣고 안부를 드리고 싶은 마음을 억누를 수 없어 이렇게 편지를 보냅니다. 그사이 독서는 하시는지요? 저는 슬픔과 번요히 날을 보내느라 공부는 완전히 그만둔 것이나 다름없으니 탄식을 어찌하겠습니까? 나머지는 인편이 바빠 이만 줄이고 편지를 드립니다.
을축년[1745] 2월 28일, 상덕(相德)은 머리를 조아립니다.

13. 상덕相德의 간찰

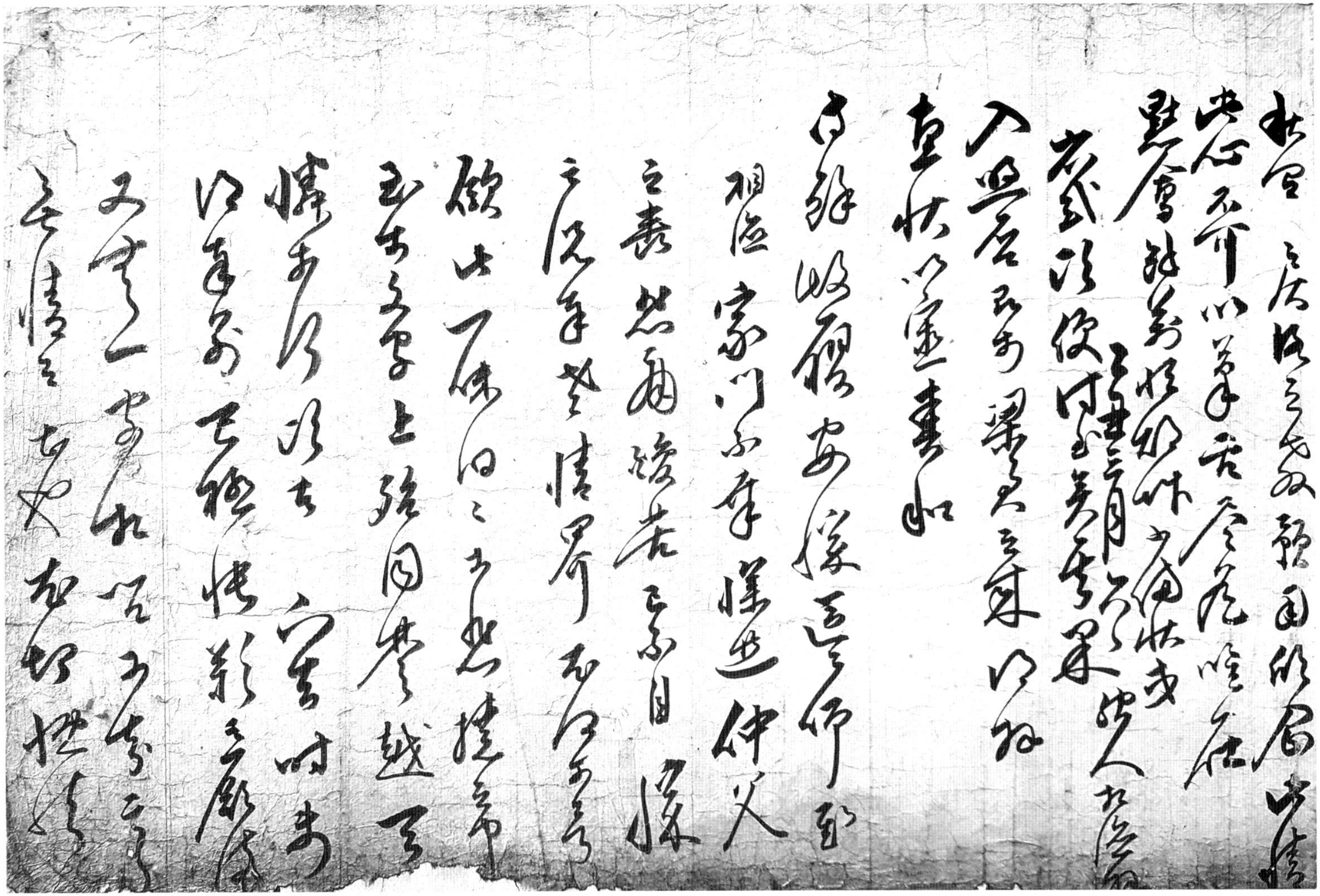

【탈초】

省式 頃便付書矣 其果 / 入照否 卽於梁君之來 得拜 / 惠狀 以審春和 / 侍餘 做履安勝 區區仰慰 / 相德 家門不幸 慘遭仲父 / 之喪 悲痛酸苦 已不自勝 / 而況奉老情界 尤何可言 / 顧此 一味汨汨於悲撓之中 / 至於文字上 殆同楚越 悶 / 憐奈何 頃者 下去時 未 / 得奉別 已極悵歎 而厥後 / 又無一字相問 可知其 / 無情之甚也 尤切慨然 / 秋間 戾洛之敎 預用欣企 此情 / 此心 不可以筆舌盡道 惟在 / 默會 餘萬忙煩 草不備狀式 / 乙丑 三月 六日 服人 相德 拜

【번역】

인사말씀은 생략합니다. 지난 번 인편을 통해 보내드린 편지는 과연 받아보셨는지요? 양군(梁君)이 올 때 보내신 편지를 받고 화창한 봄 날씨에 부모님 모시며 공부하시는 안부가 좋으시다니 매우 위안이 되었습니다.

저는 집안이 불행하여 둘째아버지가 돌아가시어 비통하고 쓰라린 고통을 스스로 이길 길 없습니다. 더구나 연로하신 어버이를 모시고 있는 정경을 어떻게 말로 하겠습니까? 돌아보면 줄곧 슬픔에 빠져 문자를 주고받는 것이 초나라와 월나라[41]나 마찬가지이니 민망하고 가련함을 어찌하겠습니까?

지난번 내려갈 때 만나서 이별도 못해 매우 서운하였습니다. 이후로 한 글자 문안도 없어 너무 무정하니 더욱 서운하기만 합니다.

가을 사이에 서울에 오신다는 말씀에 미리부터 기쁜 마음으로 기다리니 이 마음과 심정을 글로 다할 수 없습니다.

오직 묵묵히 이해하시기를 바라며 나머지는 할 말은 많지만 바쁘고 번거로워 이만 줄입니다.

을축년[1745] 3월 6일, 복인(服人) 상덕(相德)은 절합니다.

41 초나라와 월나라 : 서로 멀리 떨어져 있어 아무런 상관이 없음을 이르는 말이다.

14. 상덕相德의 간찰

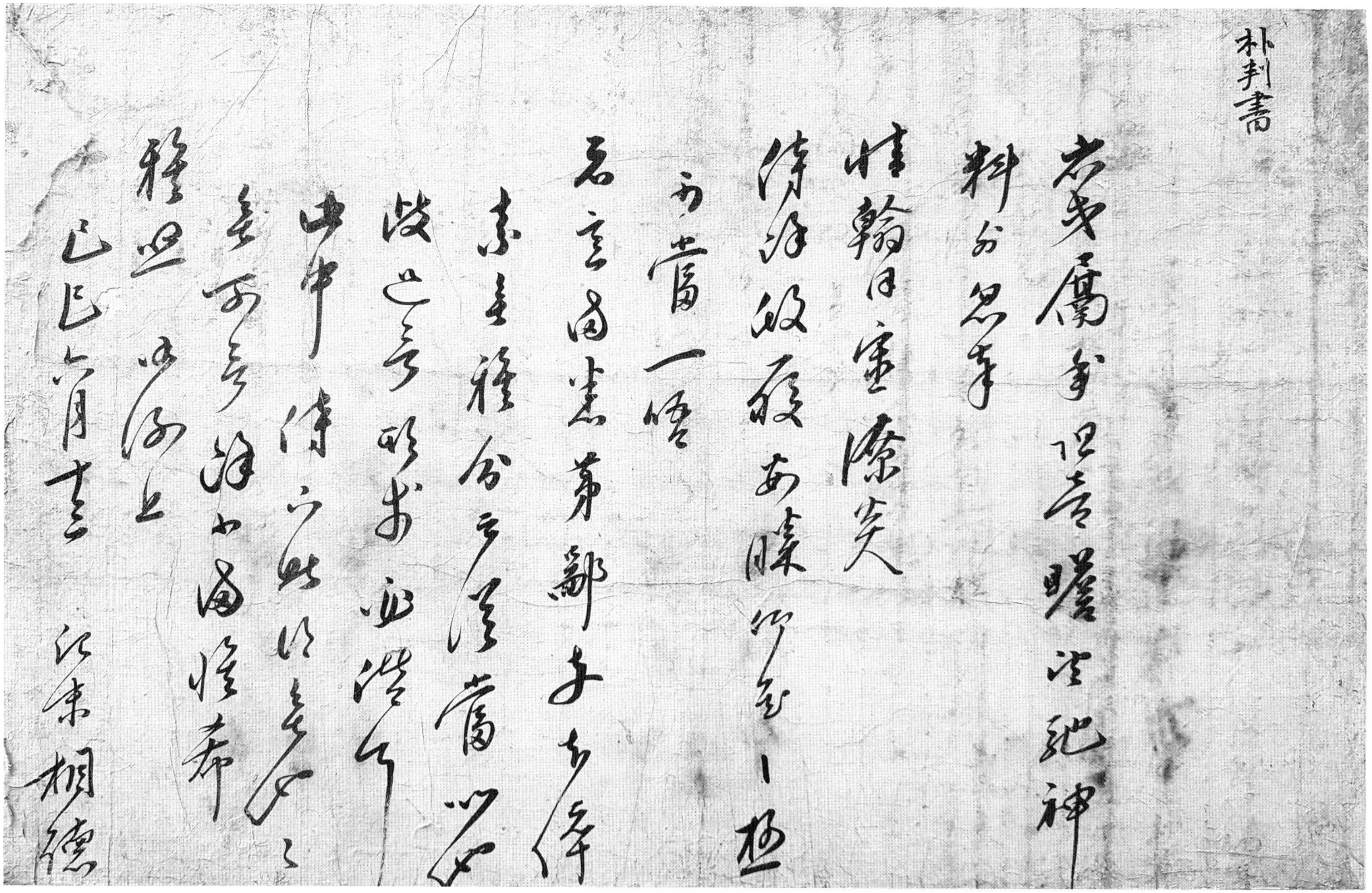

【탈초】

省式 隔年阻音 瞻望馳神 / 料外忽奉 / 情翰 謹審潦炎 / 侍餘 做履安勝 仰慰之極 / 可當一晤 / 示意備悉 第 鄙與本倅 / 素無雅分 而從當 以他 / 岐送言 期於必偕耳 / 此中 侍下 姑得無他 他 / 無可言 餘不備 惟希 / 雅照 謹謝上 / 己巳 六月 十三日 記末 相德

【번역】

인사말은 생략합니다.[42]

한 해를 거르도록 소식이 막혀 그리움이 지극합니다. 뜻밖에 편지를 받고 장마더위에 부모님 모시고 공부하며 잘 지내신다니 위안되는 지극한 마음은 만나 이야기를 나누는 것이나 진배없었습니다.

말씀하신 것은 자세히 다 알았습니다. 다만 제가 이곳 수령과 평소 친분이 없어서 다른 길을 통해 말을 전달은 하겠지만 꼭 일이 생각대로 잘되기를 기대하겠습니다.

저는 어버이를 모시고 우선은 다른 탈 없이 지내고 있어 달리 드릴 말씀이 없습니다. 나머지는 이만 줄입니다. 잘 살펴주시기 바랍니다. 삼가 답장을 올립니다.

기사년[1749] 6월 13일, 기말(記末) 상덕(相德)[43]

---

42 인사말은 생략합니다 : 원문은 '省式'. 자신이나 상대가 상중(喪中)에 있을 때 인사를 생략하는 편지의 투식이다.

43 상덕(相德) : 박종덕(朴宗德, 1724~1779)을 이른다. 상덕(相德)은 그의 초명으로, 본관은 반남(潘南)이다. 자는 여수(汝壽)고, 시호는 효헌(孝憲)이다. 전라도 관찰사(全羅道觀察使)·대사헌(大司憲)·이조판서(吏曹判書) 등을 지냈다.

15. 이현중李顯重의 간찰

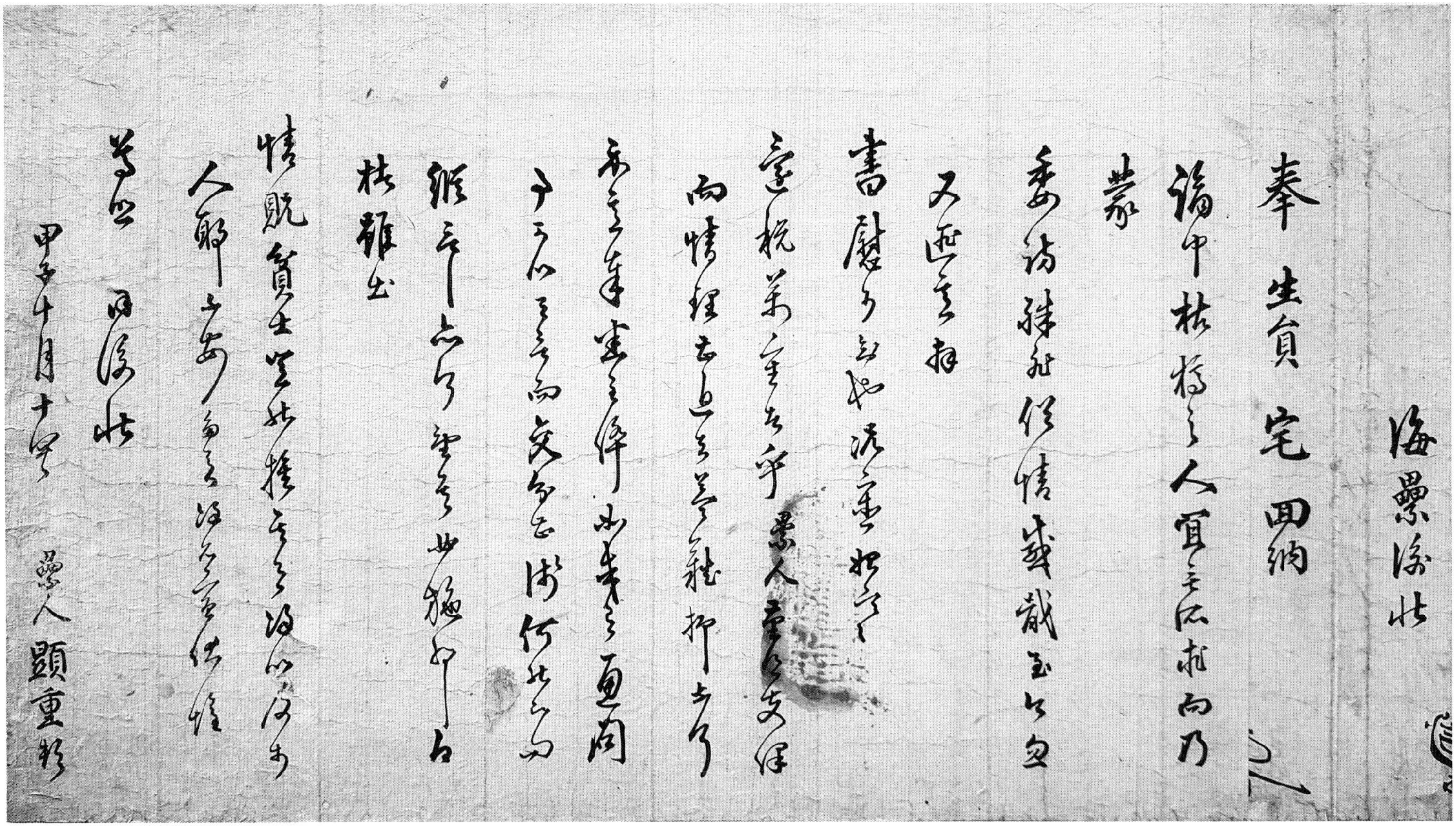

【피봉】

海纍 謝狀

奉生員宅 回納

【탈초】

謫中 枯槁之人 宜無所求 而乃 / 蒙 / 委訪 殊非從情感戢 至今忽 / 又匪意 拜 / 書慰可知也 況審始寒 / 還稅萬重者乎 纍人 堇得支保 / 而情理甚迫 去益難抑 奈何 / 示意奉悉 主倅 如或有通問 / 事 可以有言 而交分甚淺 何能卽問 / 縱言之 亦何望其必施耶 白 / 楮 雖出 / 情貺 貧士 豈能推其有餘 以及於 / 人耶 不安多矣 餘不宣 伏惟 / 尊照 謹候狀 / 甲子 十月 十四日 纍人 顯重 頓

【피봉】

바닷가 죄인의 답장

봉생원댁에 회답함

【번역】

저는 귀양 중 초췌한 사람으로, 요구한 적도 없는데 방문해주시니 상종하시는 정의에 감사할 뿐만이 아닙니다. 지금 문득 뜻밖에 편지를 받고 위안되었습니다. 시한(始寒)[44]에 편히 집으로 잘 돌아가셨는지요?

죄인인 저는 겨우 몸만 보존하고 지내고는 있지만 정리가 매우 절박해서 갈수록 억누르기 어려우니 어찌합니까? 말씀하신 뜻은 잘 알겠습니다. 고을 수령과 만약 왕래할 일이 있다면 말이야 해보겠지만 교분이 깊지 않아 어떻게 곧바로 물어보겠습니까? 비록 말을 한다고 해도 어떻게 반드시 이행되기를 바라겠습니까? 닥종이는 아무리 정으로 주셨다지만 가난한 선비가 무슨 여유가 있어서 남에게까지 보내주시는지요? 마음이 매우 편치가 않습니다. 나머지는 이만 줄입니다. 살펴주시기를 바라며 안부편지를 드립니다.

갑자년[1744] 10월 14일, 죄인 현중(顯重)은 머리를 조아립니다.

44 시한(始寒) : 10월을 달리 이르는 말이다.

16. 이현중李顯重의 간찰

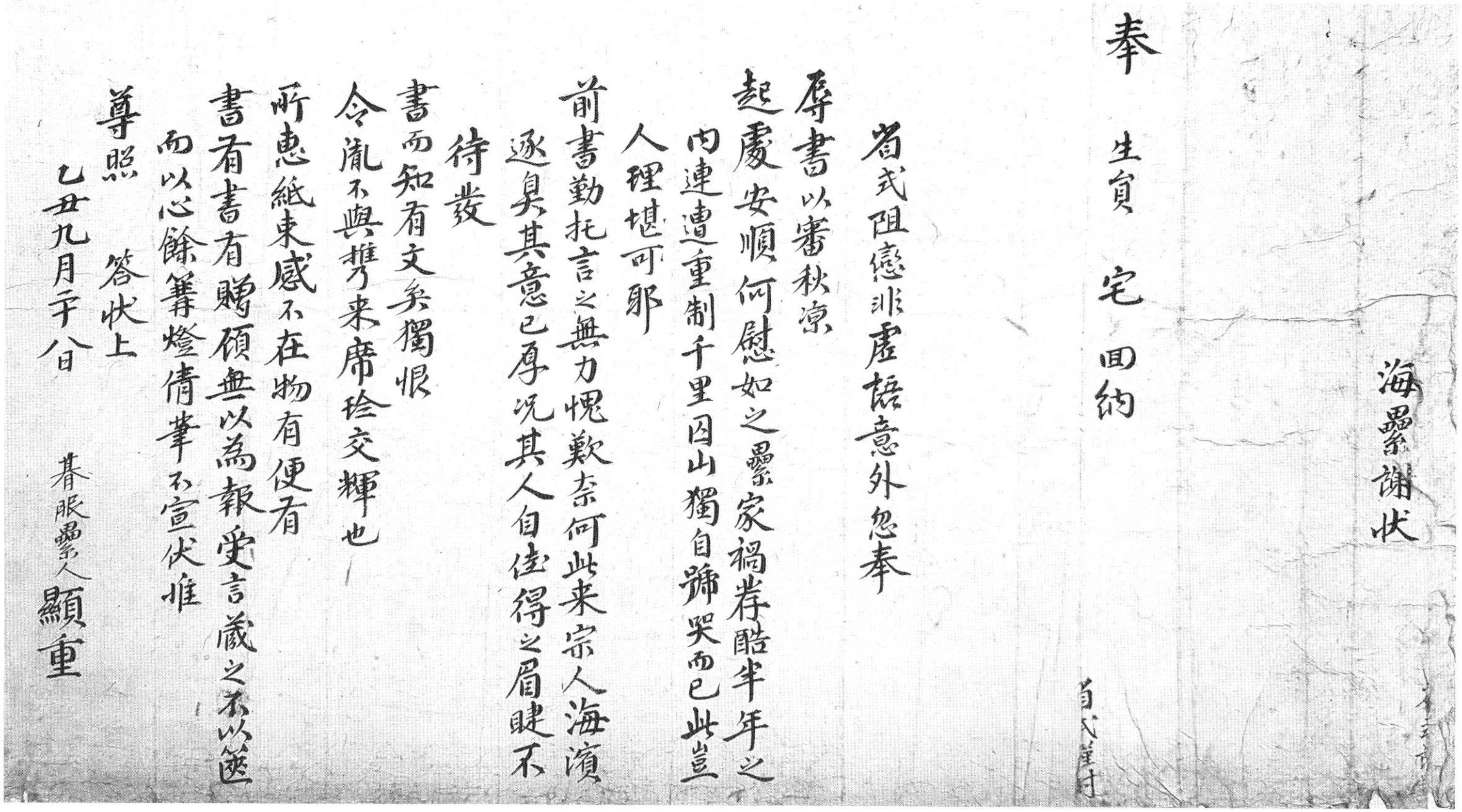

【피봉】

奉生員宅 回納

海纍謝狀　　省式謹封

【탈초】

省式 阻戀非虛語 意外忽奉 / 辱書 以審秋涼 / 起處安順 何慰如之 纍 家禍荐酷 半年之 / 內 連遭重制 千里囚山 獨自號哭而已 此豈 / 人理可堪[45]耶 / 前書 勤托言之 無力愧歎 奈何 此來宗人 海濱 / 逐臭 其意已厚 况其人自佳 得之眉睫 不 / 待發 / 書 而知有文矣 獨恨 / 令胤不與携來席珍交輝也 / 所惠紙束 感不在物 有便有 / 書 有書有贈 顧無以爲報 受言藏之不以篋

而以心 餘篝燈倩筆 不宣 伏惟 / 尊照 答狀上 / 乙丑 九月 二十八日 朞服 纍人 顯重

【피봉】

봉생원댁에 답장을 드림

강진 죄인 답장　　생식근봉(省式謹封)

【번역】

인사는 생략합니다. '소식이 막히니 그립다.'는 말이 헛된 말이 아니었습니다. 뜻밖에 편지를 받고 서늘한 가을 날씨에 잘 지내신다니 얼마나 위안이 되던지요. 저는 집안의 재앙이 거듭 혹독하여 반 년 사이 줄초상을 만나 천리 산 속에 갇힌 신세[46]로 홀로 통곡할 뿐이니, 어찌 사람의 정리로 견딜 수 있겠습니까?

이전 편지에서 간절히 부탁하신 말씀에는 제가 힘이 없어 부끄럽고 한탄스러우니 어찌 하겠습니까? 여기에 온 종인(宗人)이 해변 가에 귀양 와 있는 저를[47] 찾아오니 그 뜻이 매우 후덕하다 할 것입니다. 더구나 그 사람은 절로 아름다워 미첩(眉睫)[48]을 간파해보니 글을 쓰지 않아도 그가 문장을 가지고 있다는 것을 알았습니다. 다만 당신의 아드님이 함께 와서 자리를 빛내주지 못하는 것이 한스러웠습니다. 보내신 종이묶음은 감사드리는 마음이 물건에 있지 않습니다. 인편이 있으면 편지가 있고 편지가 있으면 보내시니 돌아보면 갚을 길이 없습니다. 받은 말씀은 상자에 보관하지 않고 마음에 보관하겠습니다. 나머지는 구등(篝燈)[49] 불 아래에서 대필하고 이만 줄입니다. 살펴주시기를 바라며 답장을 올립니다.

을축년[1745] 9월 28일, 기복인 죄인[纍人] 현중(顯重)[50]

---

45 可堪 : 원문에는 '堪可'으로 쓰고 오른쪽에 교정부호를 찍어 수정하였다.

46 산 속에 갇힌 신세 : 원문은 '囚山'. 당나라 유종원(柳宗元)이 예부원외랑(禮部員外郎)을 지내다가 왕숙문(王叔文)의 당(黨)에 연좌되어 영주사마(永州司馬)로 좇겨났는데, 그곳에 있으면서 자신을 산에 갇힌 신세라 여겨 〈수산부(囚山賦)〉를 지었다. 그 후 고달픈 유배생활을 뜻하는 말로 쓰였다.

47 저를 : 원문은 '逐臭'. 《여씨춘추(呂氏春秋) 14》〈우합(遇合)〉에, "몸에서 대단한 악취가 나는 사람이 있어 친척·형제·아내·친지 등 그 누구도 그와 함께 거처할 수가 없게 되자, 스스로 고민 끝에 홀로 바닷가에 가서 살았는데, 그 바닷가에 사는 한 사람이 유독 그 냄새를 좋아하여 밤낮으로 그를 따라다녀서, 그의 곁을 떠나지 않았다.[人有大臭者 其親戚兄弟妻妾知識無能與居者 自苦而居海上 海上人有說其臭者 晝夜隨之而不能去]"라고 한 데서 온 말이다. 전하여 기호가 아주 괴벽함을 비유하는 말로 쓰이는데, 여기서는 편지를 보낸 현중(顯重) 자신을 이른다.

48 미첩(眉睫) : 《열자(列子)》〈설부(說符)〉에, "춘추 시대에 진(晉)나라가 도적 때문에 고통을 겪었다. 극옹(郄雍)이란 사람이 있었는데 도적의 얼굴을 보고 그 눈썹 사이를 살펴서 마음까지 알아차렸다고 한다.[晉國苦盜 有郄雍者 能視盜之貌 察其眉睫之間而得其情]"라고 하였다. 여기에서는 상대방의 학문적 성취 정도를 알 수 있음을 뜻한다.

49 구등(篝燈) : 바람이나 불티가 나는 것을 방지하기 위해 덮개를 씌운 등을 이른다.

50 현중(顯重) : 이현중(李顯重, 1708~1764)을 이른다. 본관은 한산(韓山)이다. 자는 현도(顯道)다. 겸사서(兼司書)와 수찬(修撰)을 수행하면서 영조의 언로 차단을 비판하였다. 1761년(영조 37)에는 승지를 지냈으며, 1762년(영조 38)에는 강진(康津)으로 유배 갔다가 풀려났다.

17. 이현중李顯重의 간찰

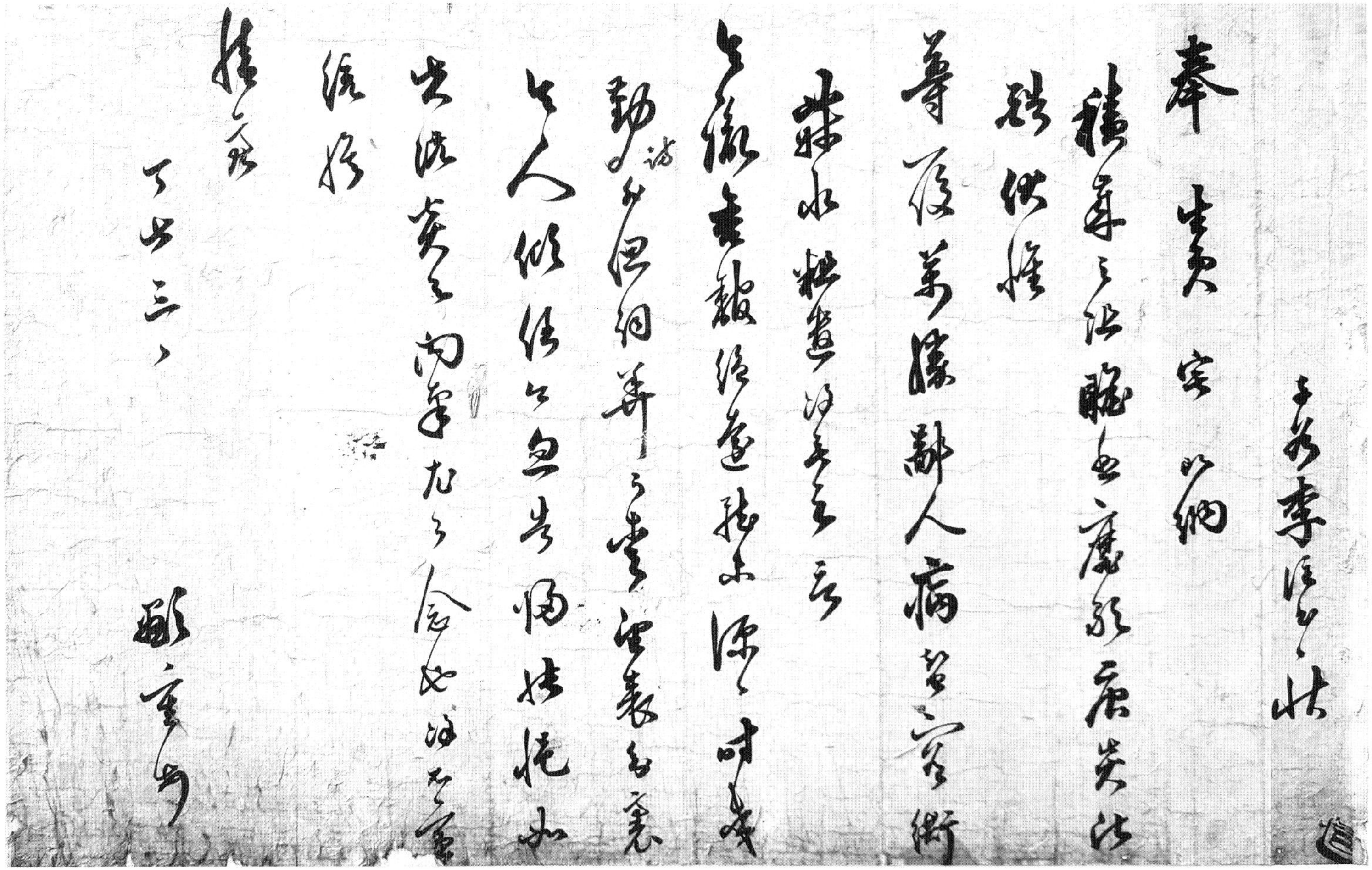

【피봉】

奉生員宅 卽納

東谷 李注書 書狀

【탈초】

積歲之阻 瞻懸靡歇 庚炎比 / 酷 伏惟 / 尊履萬勝 鄙人 病蟄窮衖 / 菽水粗遣 餘無足言 / 令胤舍館絶遠 雖未源源 時或勤訪 非但詞華可愛 望表知裏 / 令人傾倒 今忽告歸 悵悒如 / 失 況炎天向南 尤可念也 餘不宣 / 統惟 / 情亮 / 丁 七 三日

顯重 頓

【피봉】

봉생원댁으로 즉일 드림.

동곡(東谷) 이주서(李注書)의 편지

【번역】

여러 해 동안 소식이 막혀 그리움이 마지않습니다. 혹독한 삼복더위에 잘 지내시는지요? 저는 병으로 궁벽한 시골에 칩거하며 숙수(菽水)[51]를 하며 그럭저럭 지내고 있어 달리 드릴 말씀이 없습니다.

아드님의 객사가 매우 멀어 비록 자주는 아니지만 간혹 정성스럽게 찾아주니 비단 문장만 사랑스러울 뿐만이 아닙니다. 겉모습을 보면 속을 알 수 있으니 사람의 마음을 기울게 하였습니다. 그런데 지금 문득 돌아간다 하니 마치 무언가를 잃어버린 듯 서운한 마음이 듭니다. 무더위에 남쪽으로 가는 발걸음은 더욱 염려가 됩니다. 나머지는 이만 줄이니 헤아려주시기를 바랍니다.

정○년 7월 3일, 이현중(李顯重)은 머리를 조아립니다.

51 숙수(菽水) : 콩죽과 물이라는 뜻으로, 가난하지만 어버이를 극진하게 봉양하는 것을 비유할 때 쓰는 말이다. 《예기(禮記)》〈단궁 하(檀弓下)〉에, 공자의 제자 자로(子路)가 집안이 가난해서 효도를 제대로 하지 못한다고 탄식을 하자, 공자가 "콩죽을 끓여 먹고 물을 마시더라도 기쁘게 해 드리는 일을 극진히 행한다면, 그것이 바로 효이다.[啜菽飮水盡其歡 斯之謂孝]"라고 위로했던 고사에서 유래한다.

18. 홍배한洪配漢의 간찰

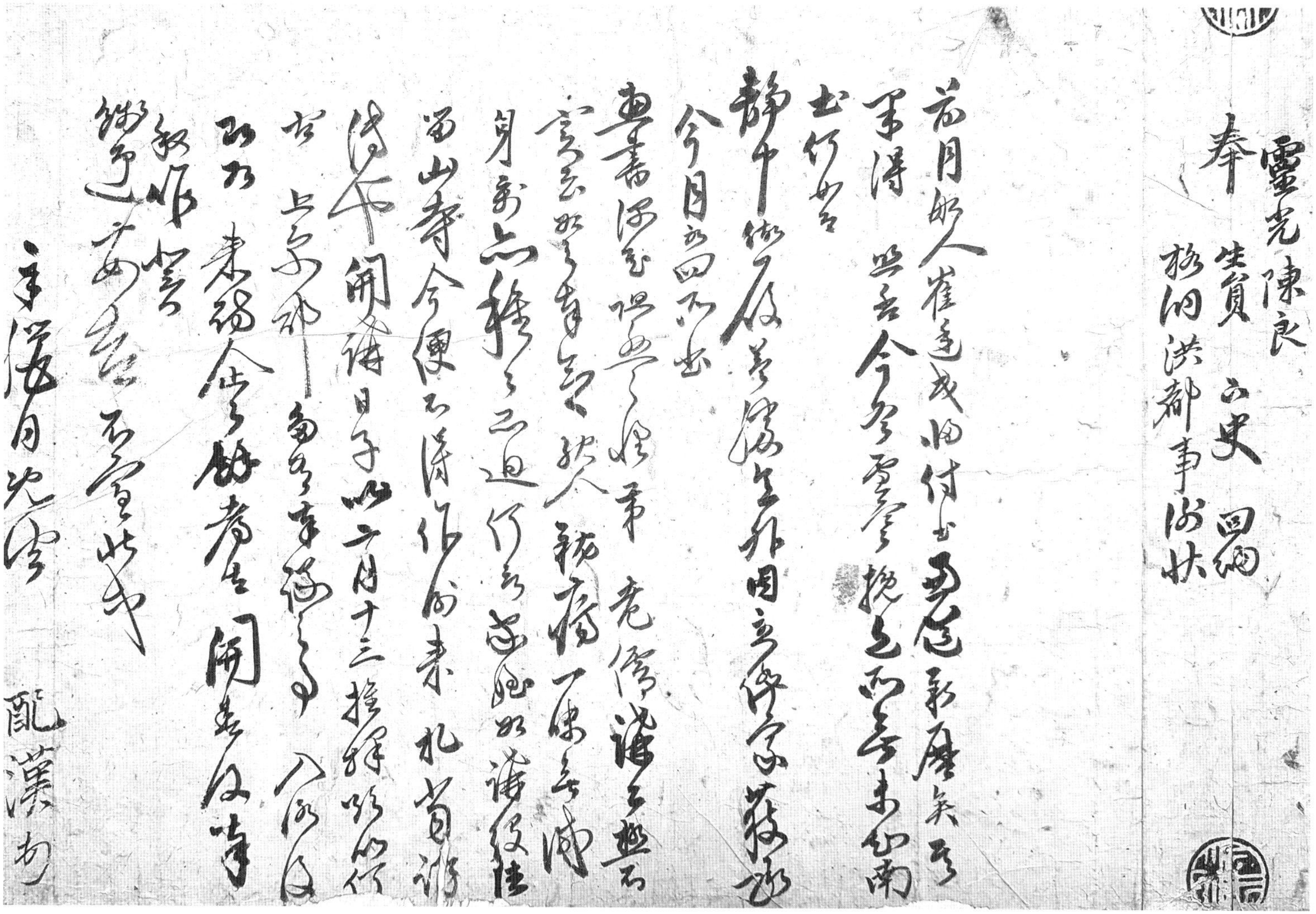

【피봉】

靈光 陳良 奉生員 下史 回納
格洞 洪都事 謝狀

【탈초】

前月 船人崔廷民歸付書 兼送新曆矣 其 / 果得照否 今冬雪寒 挽近所無 未知南 / 土何如 而 / 靜中做履益勝 意外 因主倅家獲承 / 今月初四 所出 / 惠書 深慰阻戀之懷 第 老儒講講 極不 / 實云 爲之奉念 服人 親癠一味無減 / 身病 亦種種 悶迫何言 家姪爲講役 住 / 留山寺 今便 不得作謝 來札 當詳 / 傳也 開講日子 以二月十三推擇 欲以何 / 間上京耶 多有奉議之事 入洛後 卽爲來訪 企企 餘都在開春後 奉 / 敍 惟冀 / 餞迎安吉 不宣狀式 / 辛 臘月 旣望 配漢 頓

【피봉】

영광(靈光) 진량(陳良)[52] 봉생원 하사(下史)께 드리는 회답
격동(格洞)[53] 홍도사(洪都事) 답장

【번역】

지난 달 뱃사람 최정민(崔廷民)이 돌아갈 때 편지를 부치고 아울러 새 달력도 보냈는데 받아보셨는지요? 올겨울 같은 눈 추위는 요사이 없었는데 남쪽지방은 어떤지요? 정양(靜養)하시는 가운데 공부하시는 안부는 더욱 좋으신지요? 뜻밖에 고을 수령을 통해 이번 달 4일날 보내신 편지를 받고 소식이 막혀 그립던 마음에 매우 위안이 되었습니다.
드릴 말씀은 노유(老儒)들의 강의가 매우 부실하다니 걱정입니다. 저는[服人] 어버이 병이 줄곧 낫지 않고 저도 갖가지 병에 시달려 민망하고 급박함을 어떻게 말로 다하겠습니까? 저의 조카는 강역(講役)으로 산사에 머물러 있어서 이번 인편에 답장을 하지 못합니다. 보내신 편지의 내용을 자세히 전하겠습니다. 개강하는 날짜는 2월 13일로 잡았습니다. 언제 서울에 오시렵니까? 여러 가지 의논할 일이 있는데 서울에 오시는 즉시 방문해주시기를 바랍니다. 간절히 기다리겠습니다. 나머지는 모두 봄이 시작된 이후에 만나 뵙고 말씀드리겠습니다. 묵을 해를 보내고 새해를 맞아 잘 지내시기를 빌며 이만 줄입니다.
신○년 12월 16일, 홍배한(洪配漢)[54]은 머리를 조아립니다.

52 진량(陳良) : 지금의 전라남도 영광군 법성면(法聖面)의 옛 이름이다.
53 격동(格洞) : 지금의 서울 종로구 소격동(昭格洞)을 이른다.
54 홍배한(洪配漢, 1725~?) : 본관은 풍산(豊山)이고, 자는 중직(仲直)이다. 1759년 식년시(式年試)에 합격하였다.

19. 구병훈具秉勳의 간찰

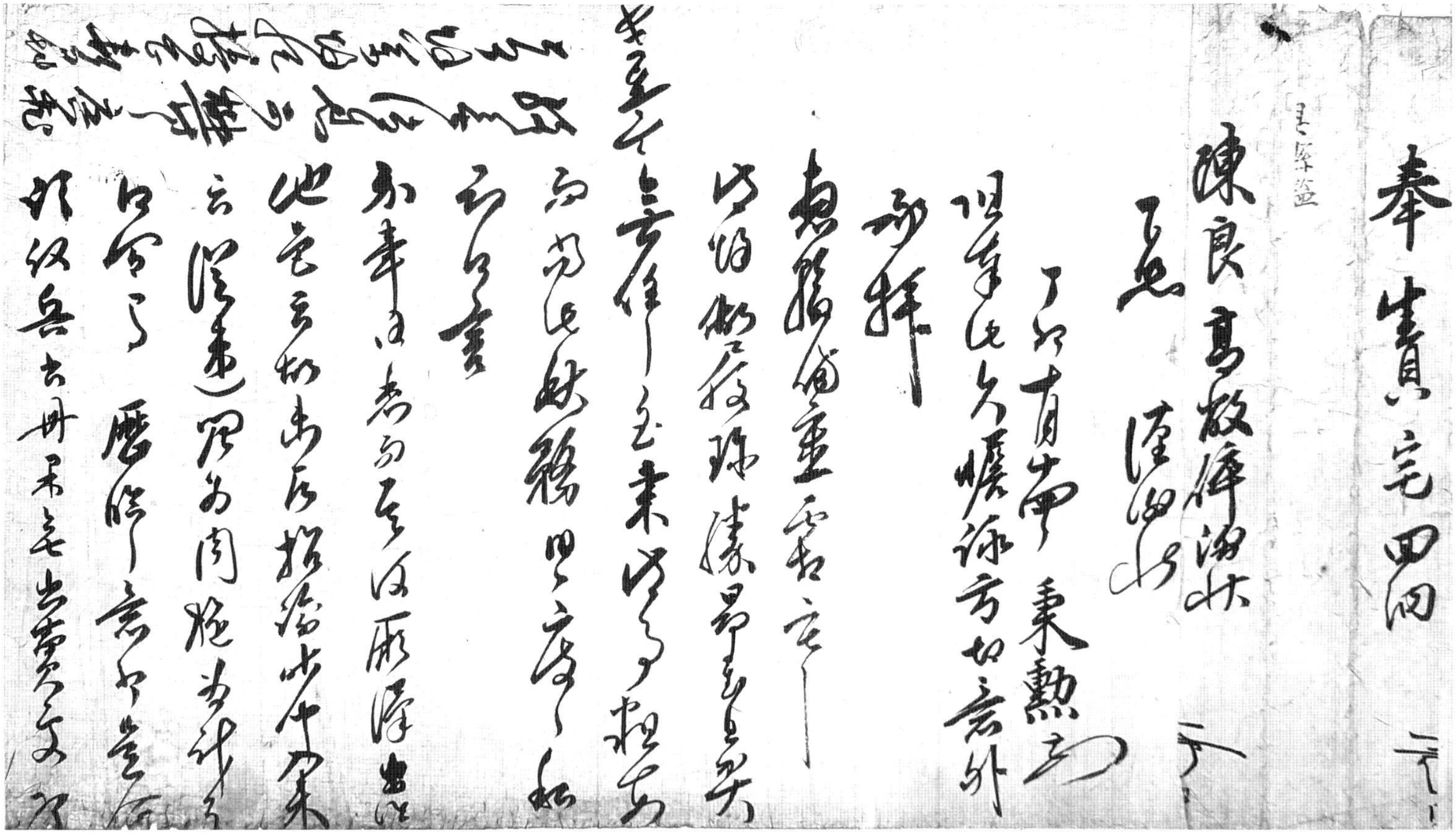

【피봉】

陳良 奉生員宅 回納

高敞倅 謝狀

【탈초】

阻奉此久 瞻詠方切 意外 / 拜承 / 惠翰 備審霜寒 / 侍餘 做履珍勝 昻慰且賀 / 無任之至 秉 侍事粗安 / 而當此秋務 汩汩度日私 / 悶何言 / 示事謹悉 而其後 厥漢出往 / 他邑云 故未卽招諭 昨聞入來 / 云 從速善爲周旋爲計耳 / 何間 有歷臨之意耶是企 / 頃議兵書冊 果無出賣處耶 / 終無消息 可鬱鬱 廣求 / 如何 餘萬餘忙擾甚 暫艸 / 不宣式 / 下照 謹謝狀 / 丁卯 十月十四日 秉勳 頓

【피봉】

진량(陳良) 봉생원댁께 회답

고창(高敞) 수령 답장

【번역】

이렇게 오랫동안 소식이 막혀 그리움이 간절하더니, 뜻밖에 편지를 받고 서리 내리는 추위에 부모님 모시고 공부하시며 잘 지내신다니 위안이 되고 또 축하드리는 간절한 마음 이길 길 없습니다.

저는 어버이 모시고 그럭저럭 지내고 별 탈 없이 지내고 있고, 농사에 골몰하며 날을 보내고 있으니 민망함을 어떻게 말씀드리겠습니까? 말씀하신 일은 다 알았습니다. 이후에 그 놈이 다른 고을로 외출했다고 하여 아직 곧바로 불러서 일러두지 못하였습니다. 그런데 어제 들어 왔다하다고 하니 서둘러 잘 주선할 계획입니다. 언제 들릴 생각이신지요? 기다리고 있겠습니다.

지난번 의논한 병법(兵法)에 관한 책은 파는 곳이 없는지요? 소식이 없어 답답합니다. 널리 구해보시는 것이 어떻습니까? 나머지 할 말이 많지만 바쁘고 번요함이 심해 잠시 거칠게 쓰고 이만 줄입니다. 살펴주시기를 바라며 답장 드립니다.

정묘년 10월 24일, 구병훈(具秉勳)은 머리를 조아립니다.

20. 구병훈具秉勳의 간찰

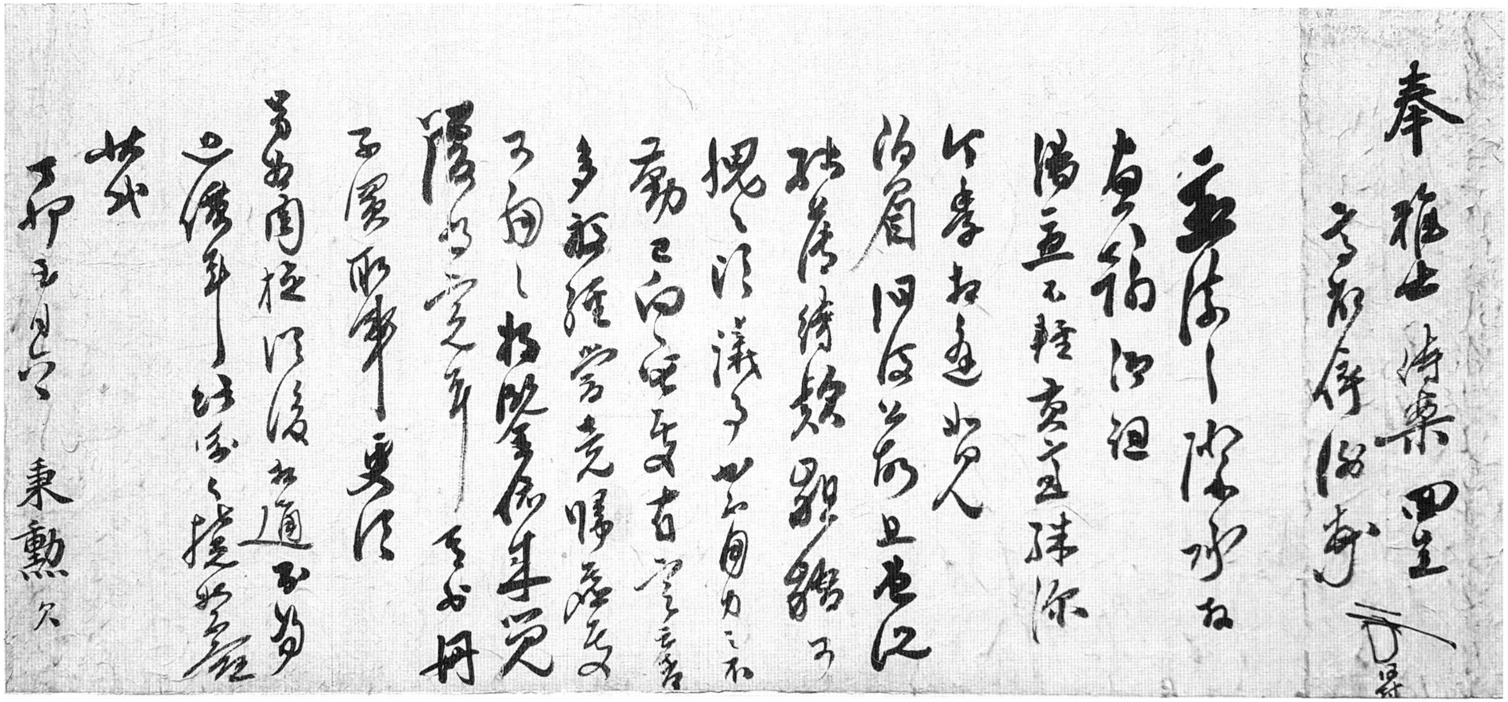

【피봉】

奉雅士 侍案 回呈
高敞倅 謝 頓

【탈초】

戀溸之際 承拜 / 惠翰 仰認 / 湯憂不輕 貢慮殊深 / 令季相逢 如見伯眉 / 汨沒公故 且邑況 / 殘薄 待款齟齬 可 / 愧可愧 頃議事 非不用力 用力不 / 勤 已向它處有定 而都 / 多般經營 竟歸盧處 / 可痛可痛 相鑒 依來覽 / 後 當完耳 其外冊 / 子 買取事 更須 / 另爲周旋 從後相通 則當 / 送價耳 餘萬萬 撓姑不宣 / 狀式 / 丁卯 至月 六日 秉勳 欠

【피봉】

봉 아사(奉雅士) 시안(侍案)에 회답함
고창(高敞) 수령 답장

【번역】

그립던 즈음에 편지를 받고 부모님의 병환이 가볍지 않다는 것을 알고 매우 염려되었습니다. 당신의 막내아우를 만났었는데 마치 당신을 만난 듯하였습니다. 그러나 관청의 일에 골몰하고 또 고을 근황이 쇠잔하고 가난하여 제대로 대접하지도 못하였으니 부끄럽습니다. 지난번 의논했던 일은 힘을 쓰지 않을 수 없는데 부지런히 힘을 쓰지 않으니 이미 다른 곳으로 정하였는지요? 여러 가지 경영하던 것들이 끝내 수포로 돌아갔으니 통탄스럽습니다. 《상감(相鑒)》은 보내주신 대로 본 뒤에 돌려드리겠습니다. 나머지 책을 사는 일은 다시 모쪼록 특별히 주선해서 이후로 서로 소식을 전하게 되면 곧바로 값은 보내드리겠습니다. 나머지 할 말이 많지만 번요하여 이만 줄입니다.

정묘년 11월 6일, 병훈(秉勳)은 결례를 하였습니다.

21. 심추沈錘의 간찰

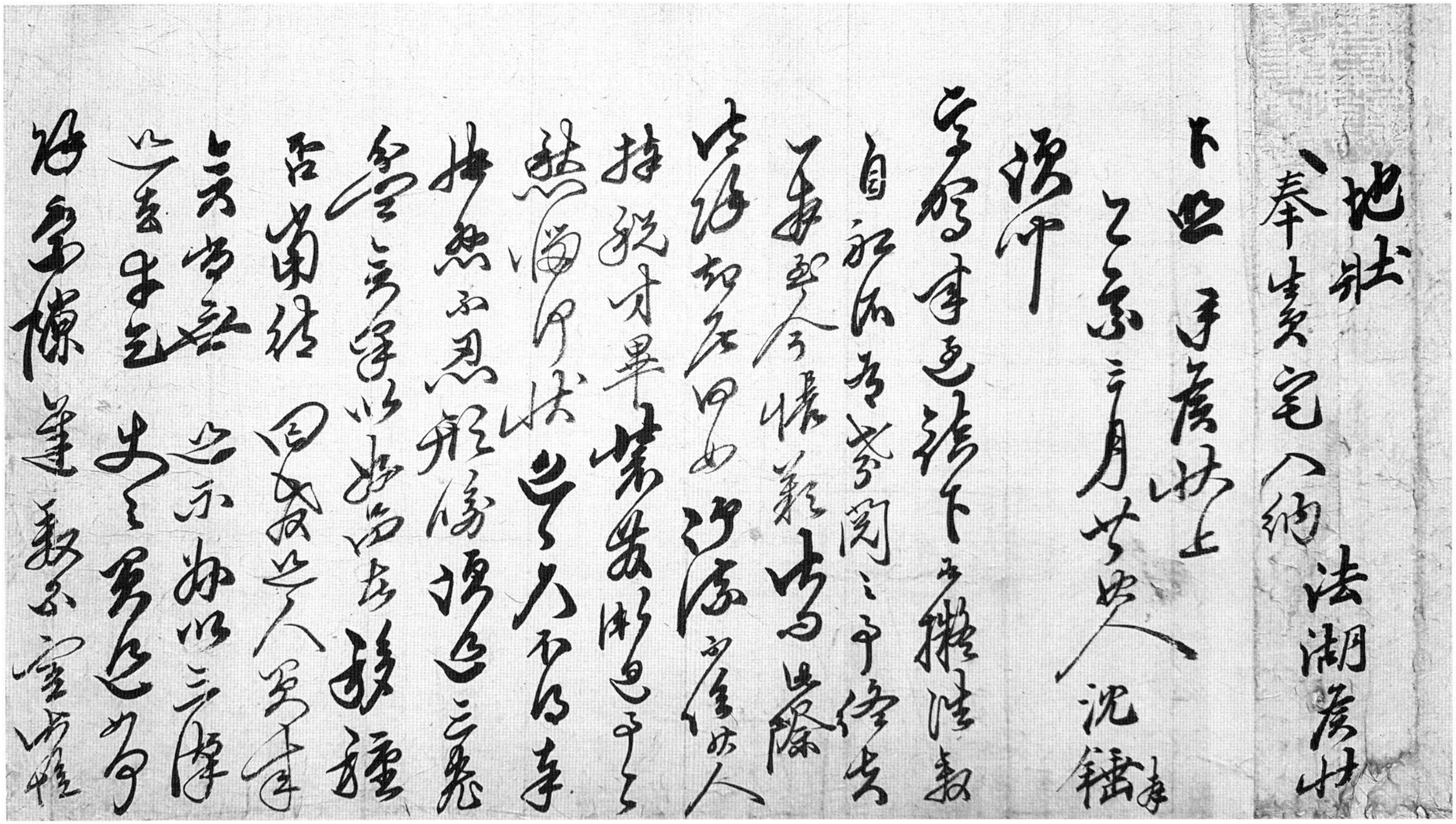

【피봉】

地壯 奉生員宅 入納

法湖 候狀

【탈초】

頃聞 / 尊駕 來過鎭下 卽擬往敍 / 自船所有考閱之事 終失 / 一拜 至今悵歎 伏問此際 / 侍餘 起居何如 仰溸不任 服人 / 捧稅才畢 裝發漸迫 事事 / 愁惱何狀 近日久不得奉 / 悵戀 不忍形喩 頃送三器 / 盆矣 果以好品者 移種 / 否 當待回教 送人負來 / 矣 尙無送示 玆以三漢 / 送去 幸乞使之 負送如何 / 餘乘隙進敍 不宣 伏惟 / 下照 謹候狀上 / 乙亥 三月 卄日 服人 沈鍾 拜

【피봉】

지장(地壯)[55] 봉생원댁에 드림

법호(法湖)[56]에서 안부편지

【번역】

지난번에 그대가 진하(鎭下)에 들렀다는 말을 듣고 곧바로 찾아뵙고 싶었지만 선소(船所)[57]에서 살펴보아야 할 일이 있어 끝내 만나지 못해 지금까지 서운합니다. 그동안 부모님 모시는 안부는 어떻습니까? 그리운 마음이 그지없습니다.

상복을 입은 저는 세금 걷는 일을 겨우 끝내고 길을 나설 날이 점점 닥쳐오니, 일마다 골치 아픈 것들을 어떻게 말씀드리겠습니까? 요사이 오랫동안 뵙지 못한 그리움을 차마 말로 할 수 없습니다.

지난번 보내드린 세 개의 화분에는 좋은 품종의 꽃을 옮겨 심었는지요? 회답을 기다렸다가 사람을 보내서 짊어지고 오도록 하는 것이 당연하지만 아직까지 보내주신다는 말씀이 없어 이렇게 세 놈을 보내니 그들에게 지워 보내주시면 어떻겠습니까?

나머지는 틈을 내어 나아가 말씀드리기로 하고 이만 줄입니다. 살펴주시기를 바라며 안부편지를 올립니다.

을해년 3월 20일, 상주(喪主) 심추(沈鍾)는 절합니다.

55 지장(地壯) : 오늘날 전라남도 영광군 법성면 덕흥리에 있는 지명이다.

56 법호(法湖) : 오늘날 전라남도 영광군 법성면 법성리의 옛 이름으로 추정된다.

57 선소(船所) : 배를 만들거나 만들었던 곳을 이르는 말로, 광양시 진월면 선소리 선소마을을 비롯해 순천, 흥양, 보성, 낙안 등지에서 배를 제작하였다. 이곳은 해안선이 내륙 쪽으로 깊숙이 만입되어 파도와 바람의 영향을 적게 받는 곳으로 섬진강을 끼고 있어 내륙으로 연결되는 교통로와 가까울 뿐만 아니라 주변에 산이 많아 배를 만들기 위한 목재를 구하기가 쉬워 선소로서 적합한 곳이라는 지역적 편리성을 동반하는 공통점이 있다.

22. 심추沈錘의 간찰

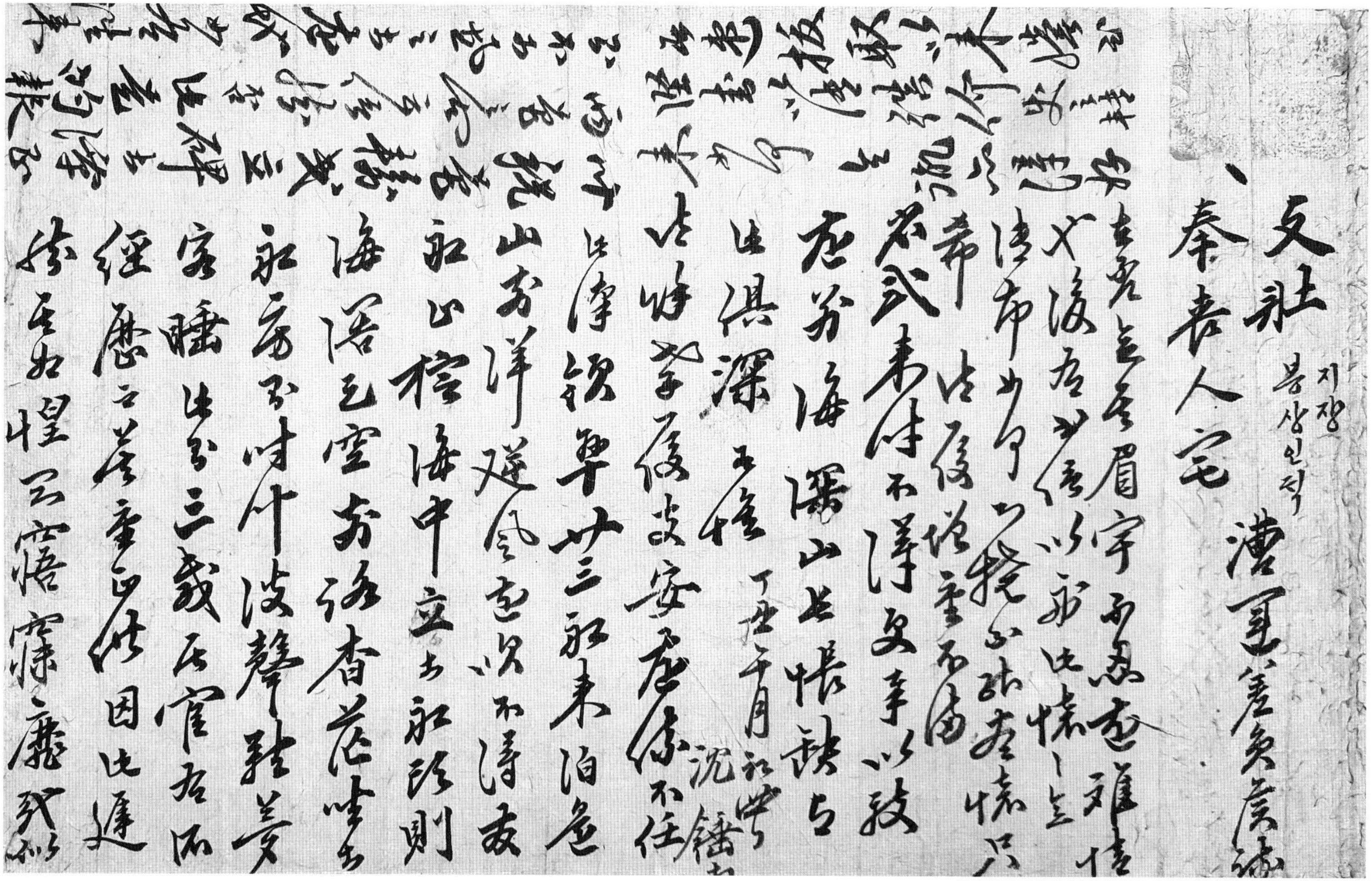

【피봉】

支壯 奉喪人宅 지장 봉상인덕

漕運差員候疏

【탈초】

省式 來時 不得更奉 以致 / 遠別 海深山長 悵缺與 / 此俱深 卽惟 / 侍餘 孝履支安 遠溸不任 / 此漢 領率廿三船 來泊邊 / 山前洋 逆風連吹 不得發 / 船 止椗海中 立於船頭 則 / 海濶天空 前路杳茫 坐於 / 船房 則時聞波聲 難夢 / 客睡 此則三載 居官有所 / 經歷 而莫重正供 因此遲 / 然 其爲惶悶 寤寐靡弛 似 / 聞 稅邑輸民 立碑於潭昌 / 兩邑之間云 信然否 此是的報 / 則不可置之於遠地 如有往來 / 卽速拔取 以來謄書 / 堅封 以傳鎭价使之轉 / 來如何 令胤 亦得好 / 在否 念其眉宇 不忍遠離 情 / 也 後爲書信 以副此懷之意 / 傳布如何 心撓不能盡懷 只 / 希侍履增重 不備 / 丁丑 午月 初四日 沈鍾 頓

【피봉】

지장 봉(奉) 상가에 보냄【지장 봉상인덕】

조운(漕運)의 임무를 맡은 차사원(差使員)의 위문장(慰問狀)

【번역】

인사는 생략합니다. 찾아 오셨을 때 만나지도 못하고 멀리 이별하니 바다가 깊고 산이 높아 서운한 마음 이와 함께 깊어만 갑니다. 부모님 모시는 상주의 안부는 좋으신지 멀리서 그리운 마음 그지없습니다.

저는 23척 배를 끌고 변산(邊山) 앞바다에 정박하고 있는데 끝없이 역풍이 불어와 출항도 못하고 바다에 닻을 내리고 있습니다. 뱃머리에 서면 바다는 아득히 넓고 하늘은 공허하여 앞길이 아득하고, 선방에 앉으면 때때로 파도소리가 들려와 객지에서 잠들기도 쉽지 않습니다. 저는 3년 동안 벼슬살이를 하며 겪어보니 정공(正供)[58]보다 중요한 것이 없었습니다. 이렇게 일이 지체되니 두렵고 민망해서 자나 깨나 긴장이 됩니다. 언뜻 듣기에 세금을 걷는 고을 백성들을 보내 담양(潭陽)과 창평(昌平) 두 고을에 비석을 세운다고 하는데 정말인지요? 이것이 확실한 소식이라면 먼 곳에 두는 것은 맞지 않으니 만일 왕래하는 인편이 있으면 빨리 그 비석의 구절을 가려 뽑아서 베껴 쓰고 단단하게 봉해 고을 전령을 통해 전해주시는 것이 어떻겠습니까?

아드님도 잘 지내는지요? 그 모습을 생각하니 멀리 헤어져있는 심정을 참기 어렵습니다. 뒷날 편지로 이 서운한 뜻에 부응하도록 하겠으니 전해주시는 것이 어떻겠습니까? 마음이 어지러워 심회를 다 펴지 못합니다. 부모님 모시며 더욱 건강하시기를 빌며 이만 줄입니다.

정축년 5월 4일, 심추(沈鍾)는 절합니다.

58 정공(正供) : 세금이나 특산물에 대한 세금을 정당하게 부과하는 것을 이른다.

23. 홍윤중洪允中의 간찰

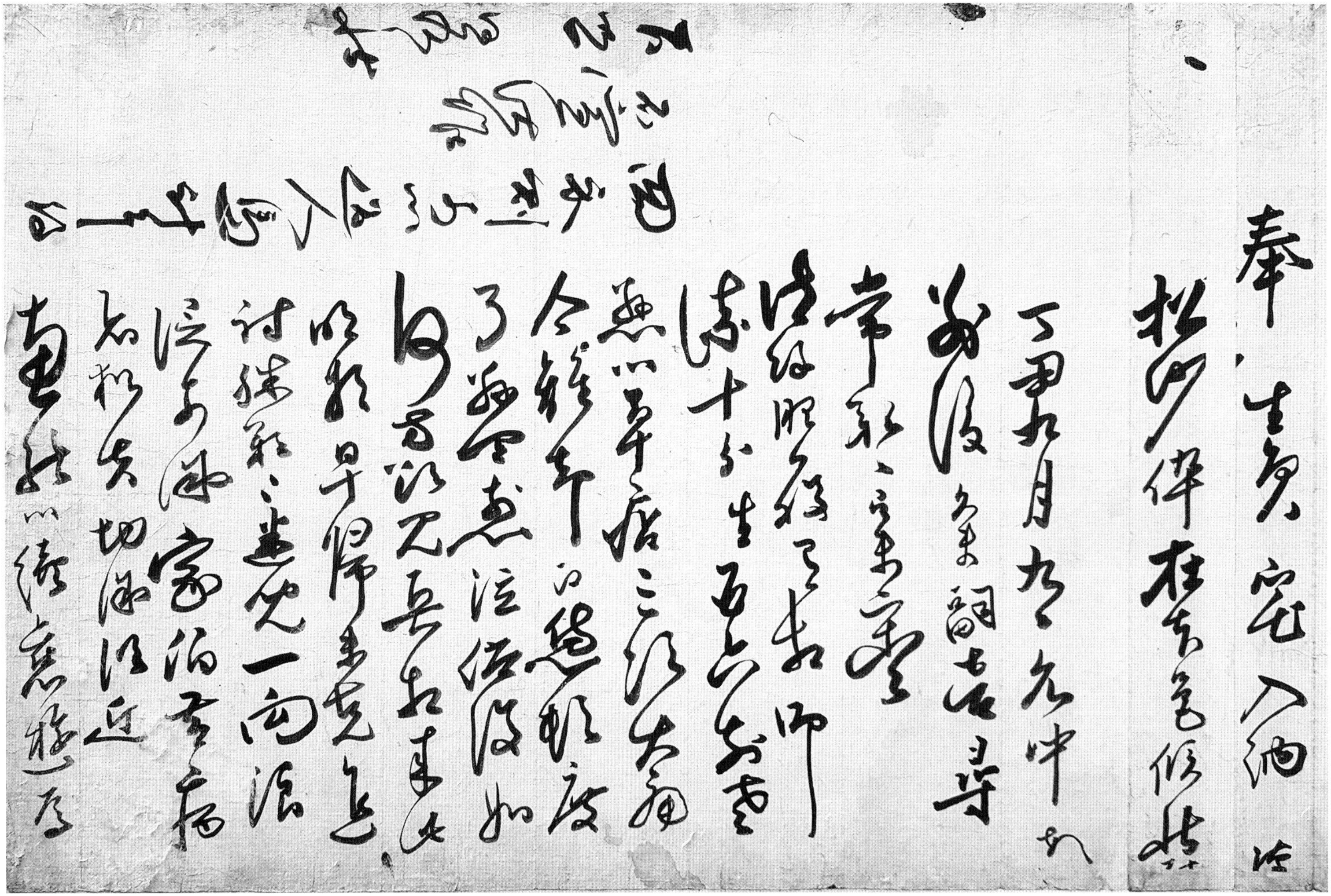

【피봉】

奉生員宅 入納

松沙倅 在本邑 候狀

【탈초】

別後 久未嗣音 尋 / 常歎歎 卽未審 / 侍餘 服履有相 仰 / 溸十分 生 五六前 老 / 慈以草痁 三次大痛 / 今離却 而憊頓度 / 了 玆間煎泣 倘復如 / 何 方欲見兵相來此 / 明將早歸 未克進 / 討 殊歎殊歎 迷兒 一向浪 / 泛 可悶 家伯 昔病 / 亦猶失 切悶 從近 / 惠然 以續舊遊焉 / 回示 則可以送人馬計耳 餘 / 不宣 伏惟 / 下照 謹候狀 / 丁丑 九月 九日 允中 頓

【피봉】

봉생원댁(奉生員宅)에 드림

송사(松沙)[59] 수령이 본 고을에 있으면서 보내는 안부편지

【번역】

헤어지고 오랫동안 소식을 듣지 못해 늘 안타까웠습니다. 부모님 모시며 상을 치르시는 안부는 어떠하신지요? 무척 그립습니다. 저는 5,6일 전 어머니께서 학질로 세 차례 크게 앓다가 지금은 병이 물러났지만 피곤하여 쓰러져 날을 보내시니 그동안 저의 애달파 훌쩍이던 상황이 다시 어떠하였겠습니까? 이제 막 병조판서를 만나러 이곳에 왔지만 내일 일찍 돌아가야 해서 찾아뵙지 못하니 매우 한탄스럽습니다.

저의 아이는 줄곧 놀기만 하니 걱정입니다. 형님의 숙환은 또한 오히려 실망스러우니 걱정입니다. 가까운 날 찾아주시어 오랜 교분을 잇도록 해주십시오. 알려주시면 종과 말을 보낼 생각입니다. 나머지는 이만 줄입니다. 살펴주시기를 바라며 안부편지를 드립니다. 정축년[1757] 9월 9일, 홍윤중(洪允中)[60]은 머리를 조아립니다.

59 송사(松沙) : 전라남도 고창(高敞)의 고려 때 이름인 무송(茂松)과 신라 때 이름인 장사(長沙)에서 한 글자씩 따와 '송사(松沙)'라고 하였다.

60 홍윤중(洪允中, 1714~?) : 본관은 남양(南陽)으로, 1750년 식년시(式年試) 무과(武科)에 합격하였다.

24. 홍윤중洪允中의 간찰

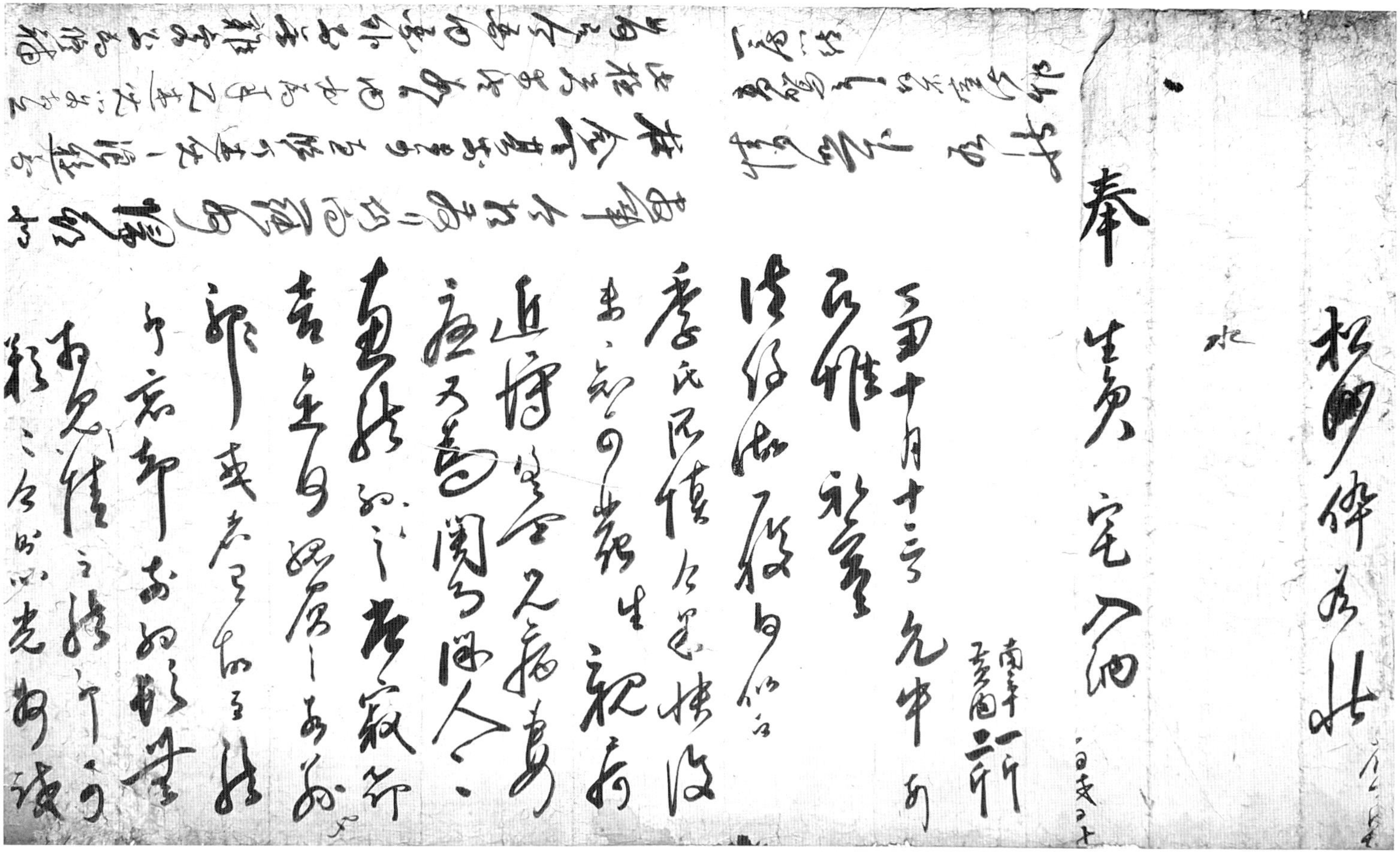

【피봉】

奉生員宅 入納

松沙倅 候狀

【탈초】

卽惟初寒 / 侍餘 做履何似 而 / 季氏所愼 今果快復 / 未知可鬱 生 親疴 / 近得差間 兄病妻 / 憂 又爲關心 悶人悶人 / 惠然之約 尙寂篰 / 音 是何孤負之若玆也 / 或者 有故而然 / 耶 忘却前約 頓無 / 相見之情而然耶 可 / 歎可歎 今則 以光州試 / 官事 今將發行 仍向羅州 歸期似 / 在念間 其前 未可惠臨耶 迷兒之浪遊 到 / 此極矣 幸望數日內 必爲來見迷兒 以爲相工 / 如何 卽今 衙內衙外 無雜客 別爲修補 / 一房 以待 / 高駕耳 餘不宣 伏惟 / 情照下 候狀 / 丁丑 十月 十三日 允中 頓

南草 一斤 / 黃肉 二斤

【피봉】

봉생원댁 드림

송사(松沙) 수령 안부편지

【번역】

요사이 첫추위에 부모님 모시고 공부하며 지내시는 안부는 어떠하신지, 막내아우의 병은 이제 다 나았는지 몰라 답답합니다. 저는 부모님의 병은 요사이 차도가 있지만 형님의 병과 아내의 근심에 또한 마음이 쓰여 사람을 걱정하게 합니다.

왕림하시겠다는 약속은 아직 소식조차 없으니 어찌 이토록 저의 바람을 저버리시는지요? 혹시라도 까닭이 있어서 그러한 것입니까? 아니면 지난 약속을 잊어버리고 문득 서로 만날 정이 없어서 그러한지요? 탄식스럽습니다. 지금 광주시관(光州試官)의 일로 오늘 출발해서 나주(羅州)로 향하려고 합니다. 돌아올 기일이 20일쯤에나 있을 듯하니, 그전에 왕림해주실는지요?

저의 아이가 빈둥대며 놀기만 하는 것이 이렇게 심합니다. 수일 안으로 와서 저의 아이를 만나 공부를 도와주시는 것이 어떻겠습니까? 바로 지금 관아 안팎으로 잡객들이 없으니 따로 방 하나를 꾸며놓고 당신을 기다리겠습니다. 나머지는 이만 줄입니다. 정으로 살펴주시기를 바라며 안부편지 올립니다.

정축년[1757] 10월 13일, 홍윤중(洪允中)은 머리를 조아립니다.

【물목】

담배 1근

쇠고기 2근

25. 홍윤명洪允明의 간찰

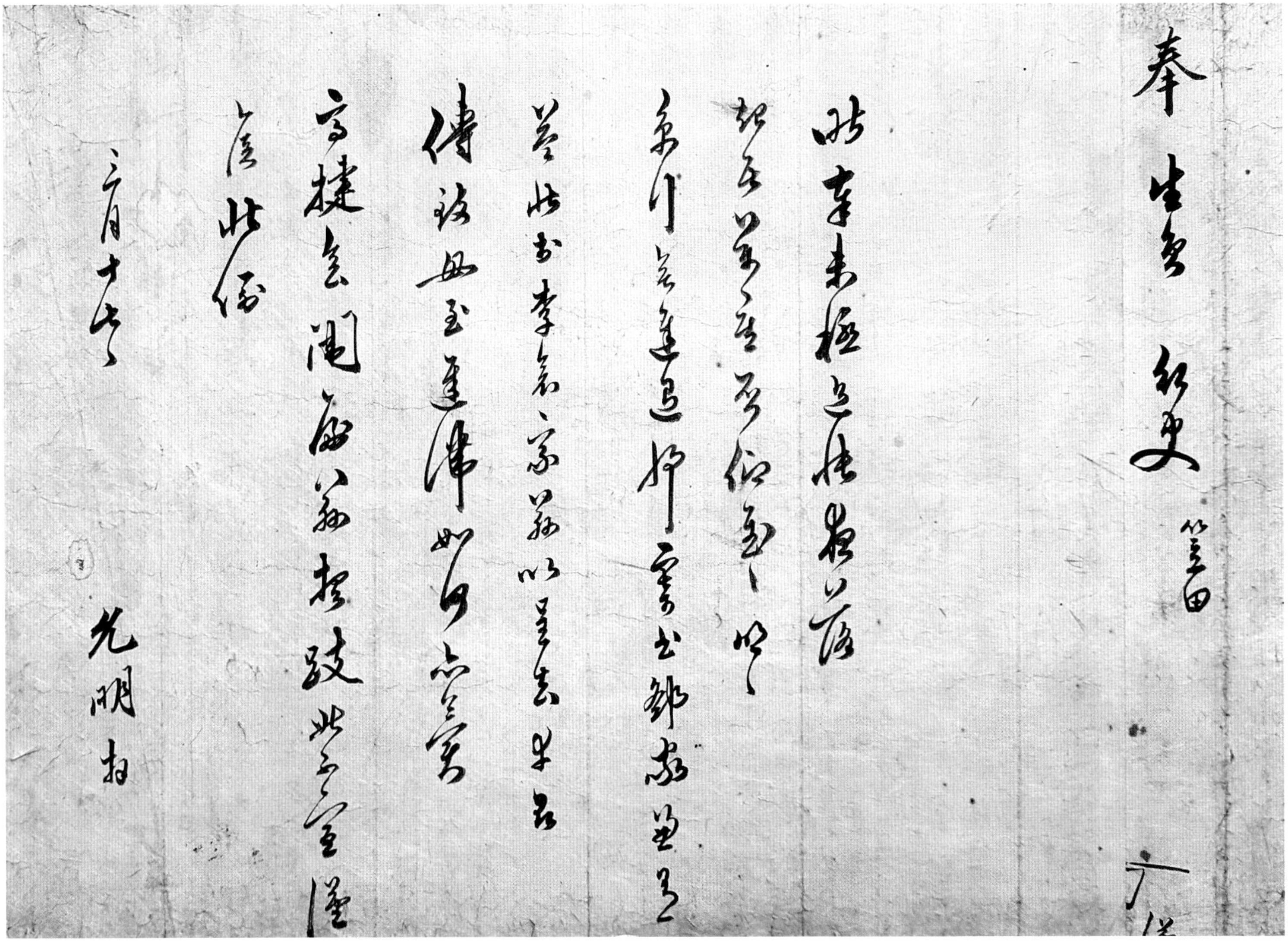

【피봉】

奉生員 行史 笠田

【탈초】

昨奉未穩 追悵 夜落 / 起居萬重否 仰慰仰慰 明日 / 京行 無進退耶 寄書鄙家 兼有 / 答狀於李哀家 玆以呈去 幸卽 / 傳致毋至遲滯 如何 亦冀 / 高捷會圍 副玆想跂 姑不宣 謹 / 候狀謝 / 三月 十七日 允明 拜

【피봉】

봉생원 행사(行史)[61]에게 입전(笠田)

【탈초】

어제는 만나고도 조용히 이야기를 나누지 못해 아직도 서운합니다. 밤사이 안부는 좋으신지요? 우러러 위안이 됩니다. 내일 서울 행차는 날짜에 변동이 없는지요?

저의 집에 편지를 부쳐주시고 아울러 이 상가(李喪家)에 보내는 답장이 있어 이렇게 보내드리니 지체하지 말고 곧바로 전달해주시는 것이 어떻습니까? 또한 높은 점수로 회시(會試)에 합격하여 저의 기대에 부응하여주시기 바랍니다. 이만 줄입니다. 삼가 답장 올립니다.

3월 17일, 홍윤명(洪允明)은 절하고 편지를 올립니다.

61 행사(行史) : 여행 중에 있는 사람에게 보내는 편지 겉봉의 이름 아래에 쓰는 말로, 여행 중에 모시고 있는 사람이 받아서 전해 달라는 뜻이다.

26. 홍윤명洪允明의 간찰

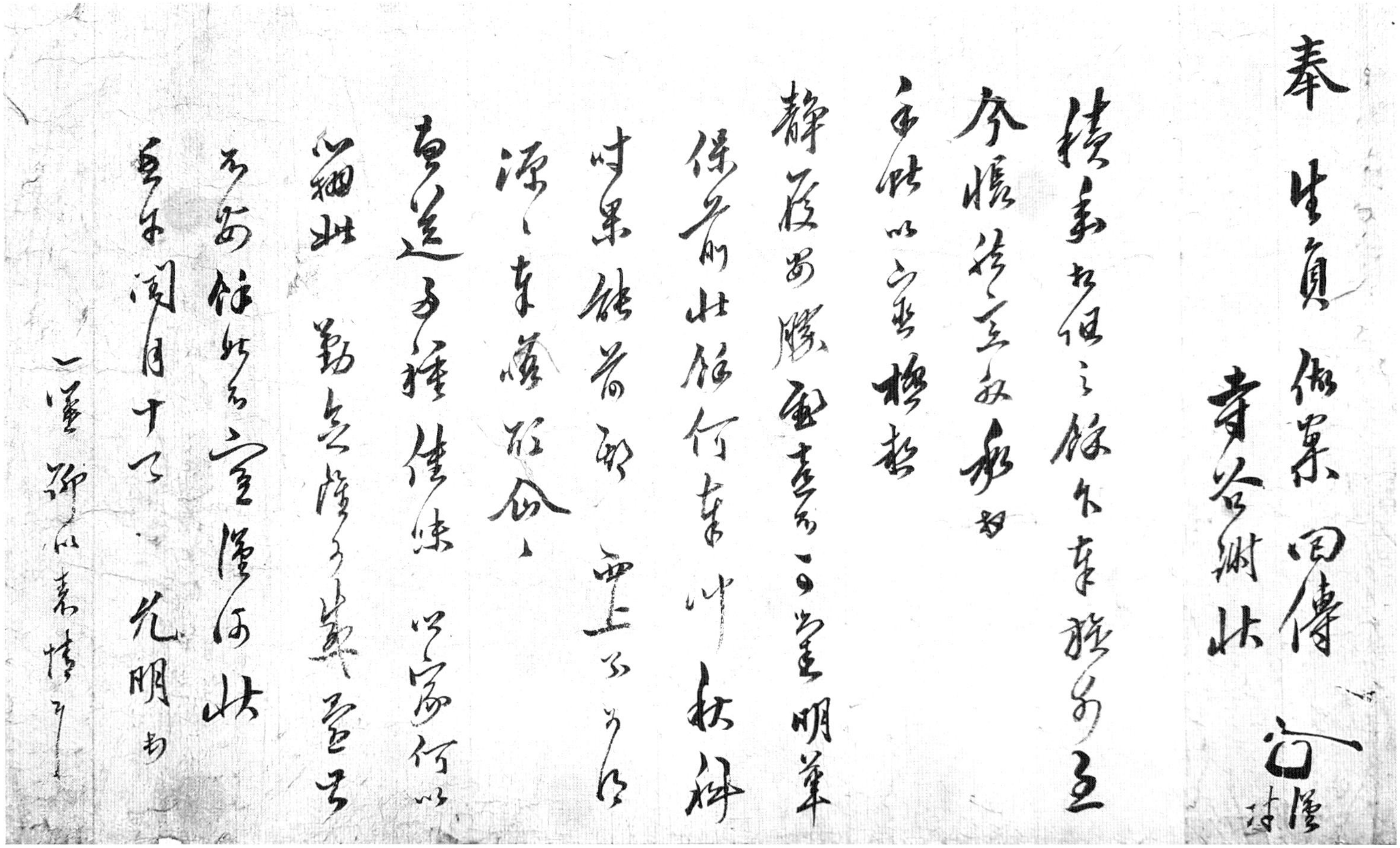

【피봉】

奉生員 做案 回傳

寺谷 謝狀 謹封

【탈초】

積年相阻之餘 乍奉旋別 至 / 今悵然 意外承拜 / 和帖 伏以審極熱 / 靜履安勝 慰喜不可量 明華 / 保前狀 餘何奉聞 秋科 / 時 果能前期 西上 則可得 / 源源奉晤 企企 / 惠送兩種佳味 鄕家何以 / 辨此 勤念 雖可感 還甚 / 不安 餘姑不宣 謹謝狀 / 壬午 閏月 十一日 允明 頓

【물목】

一箑 聊以表情耳

【피봉】

봉생원 주안(做案)[62] 회답

절골[寺谷] 답장 근봉(謹封)

【번역】

여러 해를 만나지 못하다가 잠깐 만나고 곧바로 헤어졌으니 아직까지 서운합니다. 생각지도 못했는데 화첩(和帖)을 받고 혹독한 더위에 정양(靜養)하시는 안부가 좋으시다니 위안과 기쁨을 말로 할 수가 없습니다.

명화(明華)는 예나 다름없이 지내고 있고 나머지는 말씀 드릴 것이 없습니다. 가을 과거시험에는 기일 전에 서울로 올라오시면 연이어 만날 수 있을 것이니 기대하고 있겠습니다. 보내신 두 가지 맛있는 음식은 시골집에서 어떻게 이것을 마련하였는지 염려되어 비록 감사하기는 하지만 도리어 마음이 편치 않습니다. 나머지는 이만 줄이며 답장을 드립니다.

임오년[1762?] 윤달 11일, 홍윤명(洪允明)은 절합니다.

【물목】

부채 한 자루로나마 정을 표합니다.

62 주안(做案) : 공부하는 사람을 이르는 말로, 주기(做丌)·주사(做史)라고도 쓴다.

27. 홍윤명洪允明의 간찰

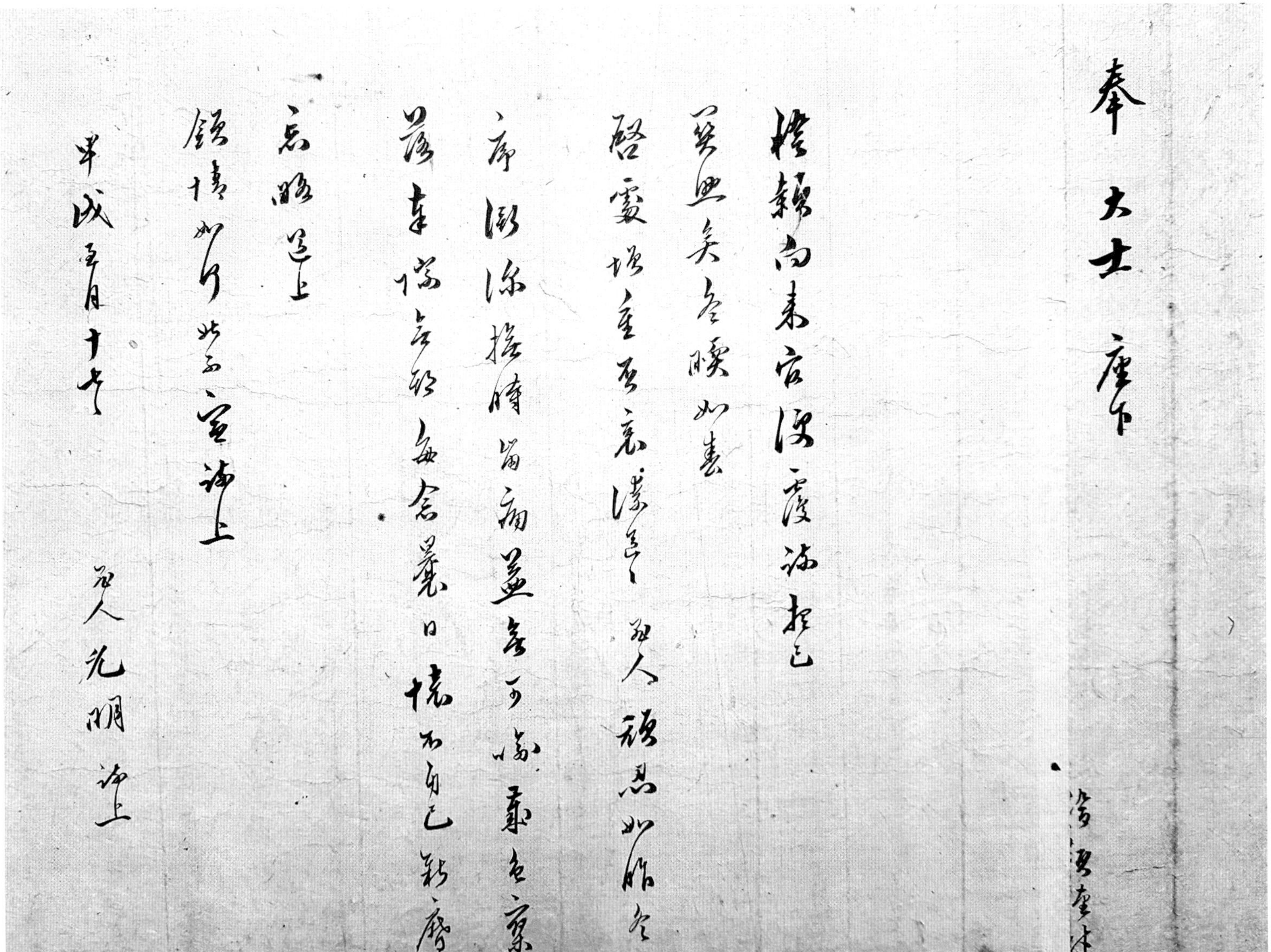

【피봉】

奉大士 座下

稽顙謹封

【탈초】

稽顙 向來官便覆疏 想已 / 關照矣 冬暝如春 / 啓處增重否 哀溸區區 罪人 頑忍如昨 冬 / 序漸深 撫時崩痛 益無可喩 歲色寥 / 落 奉際無期 每念曩日 懷不自已 新曆 / 忘略送上 / 領情如何 姑不宣疏上 / 甲戌 至月 十七日 罪人 允明 疏上

【피봉】

봉대사(奉大士) 좌하께

계상근봉(稽顙謹封)

【번역】

머리를 조아립니다. 지난번 관리 편에 부친 답장은 이미 보셨으리라 생각합니다. 겨울 날씨가 봄처럼 따뜻한데 안부는 더욱 좋으신지요? 상중에 간절히 그립습니다.

상주인 저는 어제나 다름없이 모진 목숨만 부지한 채 지내고 있습니다. 겨울이 점점 깊어만 가는데 때를 더듬어보면 하늘이 무너지는 애통함을 더욱 말로 못하겠습니까? 세월의 형편이 쓸쓸한데 만날 기약이 없어 늘 지난날을 생각하면 마음의 회포가 그치지 않습니다. 소략하나마 새 달력을 보내드립니다. 정으로 받아주시는 것이 어떻겠습니까? 이만 줄이고 편지를 드립니다.

갑술년[1754?] 11월 17일, 상주[罪人] 홍윤명(洪允明)은 편지를 드립니다[疏上].[63]

63 편지를 드립니다[疏上] : 보통 상제(喪制)가 편지 끝에 쓰는 용어다.

28. 이택징李澤黴의 간찰

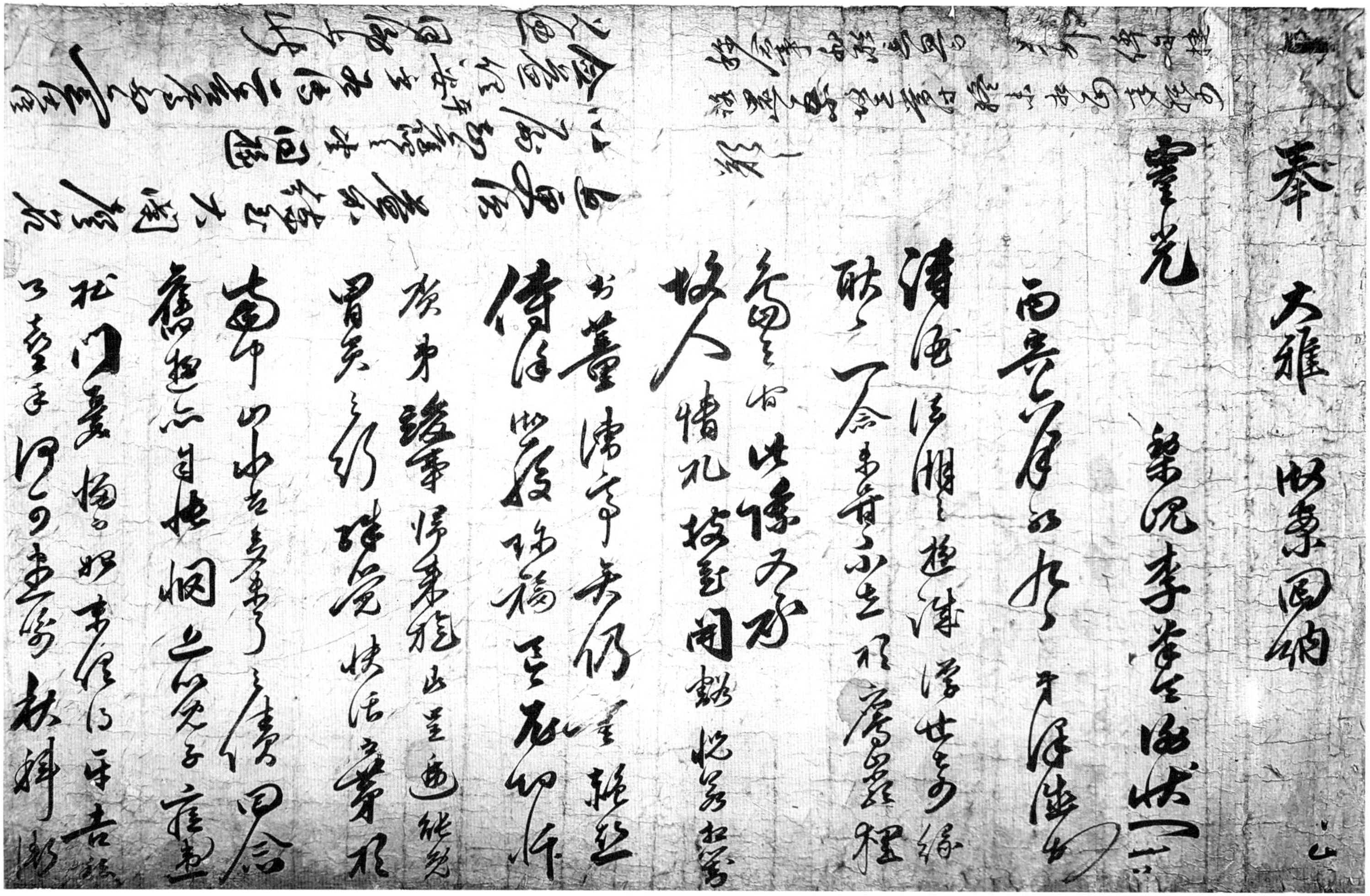

【피봉】靈光 奉大雅 倣案 回納 / 梨峴 李掌令 謝狀

【탈초】

詩酒 法湖之遊 誠浮世奇緣 / 耿耿一念 未嘗不在於鷹巖狸 / 島之間 此際 又承 / 故人情札 披慰開豁 怳若相對 / 於董漕亭矣 仍審秖熱 / 侍餘 倣履珍福 區區 又切忭 / 賀 弟 竣事歸來 旋卽呈遞 能免 / 冒炎之行 殊覺快活 而第 於 / 南中山水 尚多未了之

債 回念 / 舊遊 亦自悵惘 近以兒子痘患 / 杜門憂惱 而始末 俱得平吉 私 / 心喜幸 何可盡喩 秋科漸 / 迫 更須益加鍊玉 大闡聲名 / 以副知舊之望 同遊 / 僉益 俱平安否 爲傳二音焉 不宣 伏惟 / 兄照 謹謝上狀 / 丙寅 六月 初九日 弟 澤澂 頓

【추신】稱念事 非敢忘忽 而光州倅 自捷 / 路還衙 故在營時 終未相面奉托 可 / 歎可歎

【피봉】영광 봉대아(奉大雅)의 주안(做案)[64]으로 돌려드림. / 이현(梨峴) 이장령(李掌令) 답장

【번역】

시 짓고 술 마시던 법호(法湖)[65]의 놀이는 참으로 덧없는 세상의 기이한 인연으로 잊지 못하는 한결같은 마음이 응암(鷹巖)[66]과 이도(狸島)의 사이에 있지 않은 적이 없었습니다. 이때 또 친구의 정다운 편지를 받으니 위안이 되고 후련함이 마치 동조정(董漕亭)[67]에서 서로 만난 것 같습니다. 이를 통해 더운 날씨에 부모님 모시고 공부하시는 안부가 좋으시다니 제 마음에 매우 기쁘고 축하드립니다.

저는 일을 마치고 돌아온 즉시 곧바로 정체(呈遞)[68]하여 더운 여름날의 행차는 벗어날 것이니 자못 쾌활함을 느끼겠습니다. 다만 아직 다 보지 못한 남쪽 경치가 많고 옛날 노닐던 것을 회상하면 또한 절로 서운하기만 합니다.

요사이 저희 아이가 마마를 앓고 있어 문을 닫아걸고 근심하였지만 모두 평안하게 되었으니 제 마음의 기쁨과 다행스러움을 어떻게 다 말로 하겠습니까?

가을 과거가 점점 다가오니 다시 모쪼록 더더욱 연마하여 크게 이름을 떨쳐 친구의 바람에 부응하여주십시오. 함께 노닐던 여러 친구들도 모두 평안한지요? 안부[69]를 전해주십시오.

이만 줄입니다. 형께서 살펴주시기를 바라며 삼가 답장 올립니다.

병인년[1761?] 6월 9일, 아우 이택징(李澤澂)은 머리를 조아립니다.

【추신】

부탁하신 일은 잊어버리거나 소홀히 한 것은 아닙니다만, 광주수령이 지름길로 돌아가 버려 당시 병영에 있을 때 만나 부탁을 드리지 못한 것이 안타깝습니다.

64 주안(做案) : 공부하는 사람을 이르는 말로, 주기(做丌)·주사(做史)라고도 쓴다.

65 법호(法湖) : 오늘날 전라남도 영광군 법성면 법성리의 옛 이름으로 추정된다.

66 응암(鷹巖) : 전라남도 영광군의 남서부에 위치한 바위이다. 백수읍 구수리에 속하는 큰 바위로 와탄천 하구와 법성포구가 만나는 목에 서 있다.

67 동조정(董漕亭) : 전라남도 영광군 법성면에 세워졌던 정자로, 지금은 훼손되어 남아 있지 않다.

68 정체(呈遞) : 여러 가지 일로 인하여 벼슬에서 물러나는 상소를 올리는 것을 이른다.

69 안부 : 원문은 '二音'. 두 글자 소식이라는 뜻으로, 여기서 두 글자란 '안부(安否)'를 이른다. '이자(二字)'라고도 한다.

29. 봉치복奉致璞의 간찰

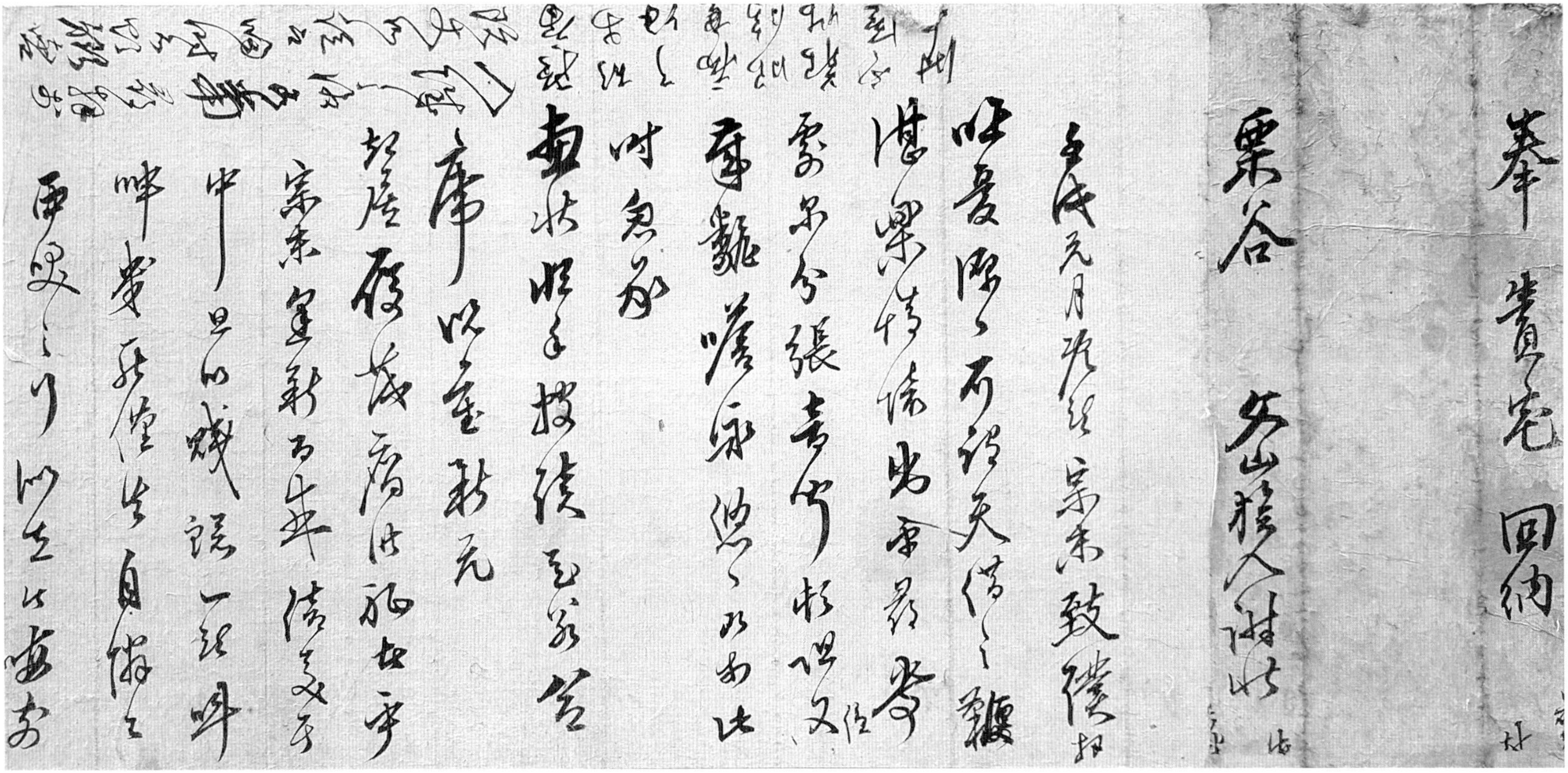

【피봉】

栗谷 奉生員宅 回納 / 文山 族人 謝狀

【탈초】

昨夏源源 可謂天借之鞭 / 湛樂情懷 出乎尋常 / 遽爾分張 音聞頓阻 又値 / 歲飜 瞻咏悠悠 卽於此 / 時 忽承 / 惠狀 忙手披讀 慰若合 / 席 況審新元 / 起居履 茂膺洪祉者乎 / 宗末 逢新百感 倍交于 / 中 且以賤恙 一望叫 / 呻 幾死僅生 自憐自憐 / 西笑之行 似在今晦前 / 入城之後 卽當尋拜於 / 阮丈所住 而歸時 亦欲聯轡 / 預庸 / 欣幸 / 耳 餘 / 病裏 / 眼暗 / 艱草 / 不宣 / 謝狀 / 壬戌 元月 旣望 宗末 致璞 拜

【피봉】

율곡(栗谷) 봉생원댁(奉生員宅)으로 회답함

문산(文山)[70] 족인(族人) 답장.

【번역】

지난여름 끊임없이 오갔던 것은 하늘이 편하도록 해준 것[天借之鞭][71]이라고 할 만합니다. 화락했던[72] 정회는 보통 이상이었는데, 갑자기 헤어지고 소식마저 막힌 채 또 해가 바뀌니 그리움이 아득합니다. 이때 그대의 편지를 받아 급히 봉투를 열어 편지를 읽어보니 마치 한 자리에 앉아 있는 듯 위안이 되었습니다. 더구나 새해 안부가 큰 복을 받으셨다니 저도 새해를 맞는 온갖 감정들이 마음에서 배나 교차합니다. 또 저는 병으로 보름을 신음하며 거의 죽다가 겨우 살아났으니 가련하기만 합니다. 서울 가는 행차는 이달 그믐 전에 있을 것입니다. 서울로 들어간 뒤에 곧바로 당신의 삼촌[73]을 찾아뵙고 돌아올 때는 함께 하려고 하니 미리부터 기쁩니다.

나머지는 병으로 눈이 어두워 어렵게 쓰고 이만 줄입니다. 답장 올립니다.

임술년[1742?] 1월 16일, 종말(宗末)[74] 봉치복(奉致璞)은 절합니다.

70 문산(文山) : 함경남도 안변 지역의 옛 지명이다.

71 하늘이……것[天借之鞭] : 원문의 '天借之便'을 바로잡는다.

72 화락했던 : 원문은 '湛樂'. 《시경(詩經)》〈소아(小雅)·북산(北山)〉에, "어떤 이는 즐겁게 술을 마시지만, 어떤 이는 근심스레 벌을 두려워하네.[或湛樂飮酒 或慘慘畏咎]"라는 구절에서 유래한다.

73 당신의 삼촌 : 원문은 '阮丈'. 진(晉)나라 죽림칠현(竹林七賢)인 완적(阮籍)과 완함(阮咸)의 숙질관계인데서, 남의 삼촌을 '완장(阮丈)', 남의 조카를 '아함(阿咸)', '함씨(咸氏)' 등으로 불렀다.

74 종말(宗末) : 일가 웃어른에게 자신을 낮추어 이르는 말로, '종기(宗記)', '종하(宗下)', '종하생(宗下生)' 등으로도 쓴다.

30. 이형爾珩의 간찰

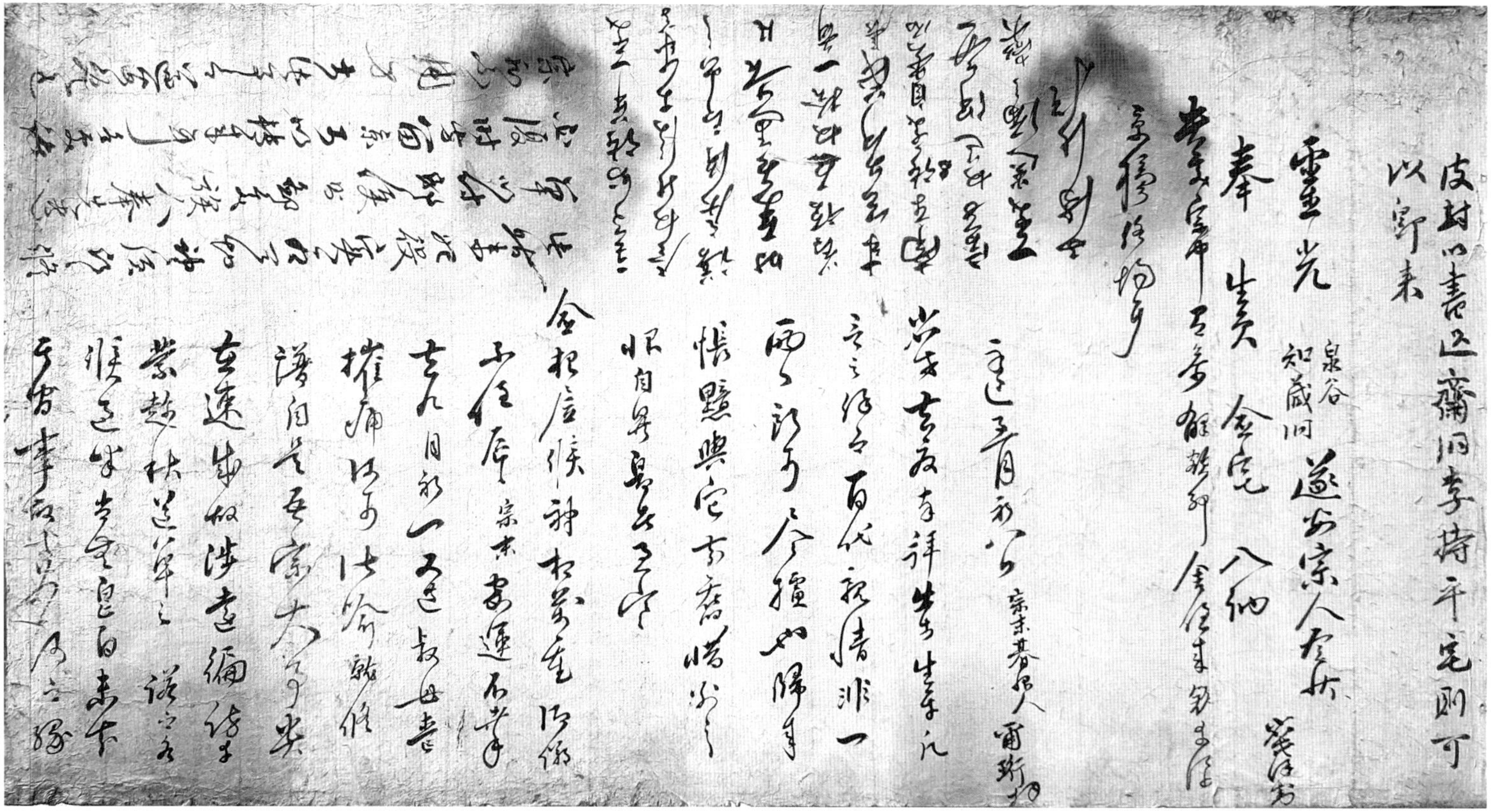

【피봉】靈光【泉谷 知藏洞】奉生員 僉宅 入納 / 遂安宗人 候狀 省式謹封

【탈초】

省式 去夏奉拜 出於生平 願 / 言之餘 而百代親情 非一 / 兩日 所可盡攄也 歸來 / 悵黯 與它知舊 惜別之 / 恨自異 卽者 至寒 / 僉起居候 神相萬重 仰溯 / 不任區區 宗末 家運不幸 / 去九月初一 又遭叔母喪 / 摧痛 何可伏喩 就修 / 譜 自是吾宗大事 貴 / 在速成 故涉遠徧訪 幸 / 蒙趁秋 送單之諾 而冬 / 候過半 尙無皀白 未知 / 其間事故之如何 而緣 / 此 姑未始役 實爲悶切 望須卽日修 / 單 以付邸便 則鄙處族人 奉先遣 / 必復 時方留京 可以轉來耳 各處 諸 / 宗派 不用力於此事 而遂安 旣已 / 主事 則諸單 一處 / 盡 然後可成草 / 譜 戻洛印出之 / 時 更爲通告凡 / 節 預爲收拾 一齊 / 來會如何 茂長 / 南平諸處 自貴所 / 宣力收送 俾無 / 一處遺漏之弊 / 不備 伏惟

【추신】

皮封 以書送齋洞李持平宅 則可 / 以卽來 / 貴處宗中 有參解額耶 舍侄來敍 幸深 / 京績終場耳 / 辛巳 至月 初八日 宗末 朞服人 爾珩 拜

【피봉】 영광(靈光) 【샘골[泉谷] 지장동(知藏洞)】 봉생원 여러 댁에 드림

수안(遂安)에 사는 종인(宗人)이 보내는 안부편지　　생식근봉(省式謹封)

【번역】

인사는 생략합니다. 지난여름 만남은 평소 바라던 끝에 나온 것이지만, 백대의 친한 정을 하루 이틀사이에 다 말하지도 못하고 돌아와 서운한 마음은 다른 친구들과 이별하는 아쉬움과는 절로 차이가 납니다. 요사이 동지 추위에 여러분들의 안부는 좋으신지요? 간절한 그리움을 이길 길 없습니다. 저는 집안의 운이 불행하여 지난 9월 1일에 또 숙모님의 초상을 만나 가슴 찢어지는 애통함을 어떻게 말씀드리겠습니까?

드릴 말씀은, 족보를 정리하는 일은 우리 집안의 큰일로, 빨리 마무리 짓는 것이 중요하기 때문에 먼 곳에서도 두루 방문하여, 다행히 가을에 맞추어 단자(單子)를 보내겠다는 허락을 받았습니다. 그런데 겨울이 반이나 지났는데도 아직도 가부에 대한 말씀이 없으니 그간의 일이 어떠한지 모르겠습니다. 이 때문에 우선 일을 시작하지도 못하고 있으니 참으로 걱정입니다.

모쪼록 오늘 단자를 정리하여 저리(邸吏) 편에 부쳐 보내주시면 저희 쪽 일가들이 먼저 보내주신 것들을 받아 반드시 돌아가겠습니다. 지금은 서울에 머물고 있어 전해 올 수 있을 것입니다.

각 곳의 여러 종파(宗派)[75]에서 이 일에 힘을 기울이지 않고 있으니 수안(遂安)에서 이미 일을 주간하였다면 모든 곳의 단자를 한 곳에 모두 수습하여 족보의 초본을 만드는 것이 가능할 것입니다. 서울에 도착하여 인쇄할 때 다시 모든 절차들을 알려드릴 것이니 미리 수습해서 한꺼번에 보내와 모으는 것이 어떻습니까? 무장(茂長)과 남평(南平) 등 여러 곳에는 그대가 계신 곳에서 힘을 베풀어 거두어 보내서 한 곳도 누락되는 폐단이 없도록 하십시오. 이만 줄입니다.

신사년[1761?] 11월 8일, 종말(宗末) 기복인(朞服人) 이형(爾珩)은 절합니다.

【추신】 피봉에 '재동(齋洞) 이 지평댁(李持平宅)'이라고 써서 보내면 즉시 전달될 것입니다.

그대 쪽 일가들 가운데 해액(解額)[76]에 합격한 사람이 있습니까? 조카가 와서 만났으니 서울에서 종장(終場)[77]에 성적을 내기를 바랍니다.

75 종파(宗派) : 원문의 '宗瓜'를 오자를 바로잡는다.

76 해액(解額) : 향시에 합격한 사람인 '해인(解人)'의 액수(額數)를 이르는 말로, 여기서는 향시합격자를 이른다.

77 종장(終場) : 사흘에 나누어 보는 과거의 마지막 날 시험장을 이른다. 첫날의 시험장을 '초장(初場)', 둘째 날의 시험장을 '중장(中場)'이라고 한다.

31. 김성택金聖澤의 간찰

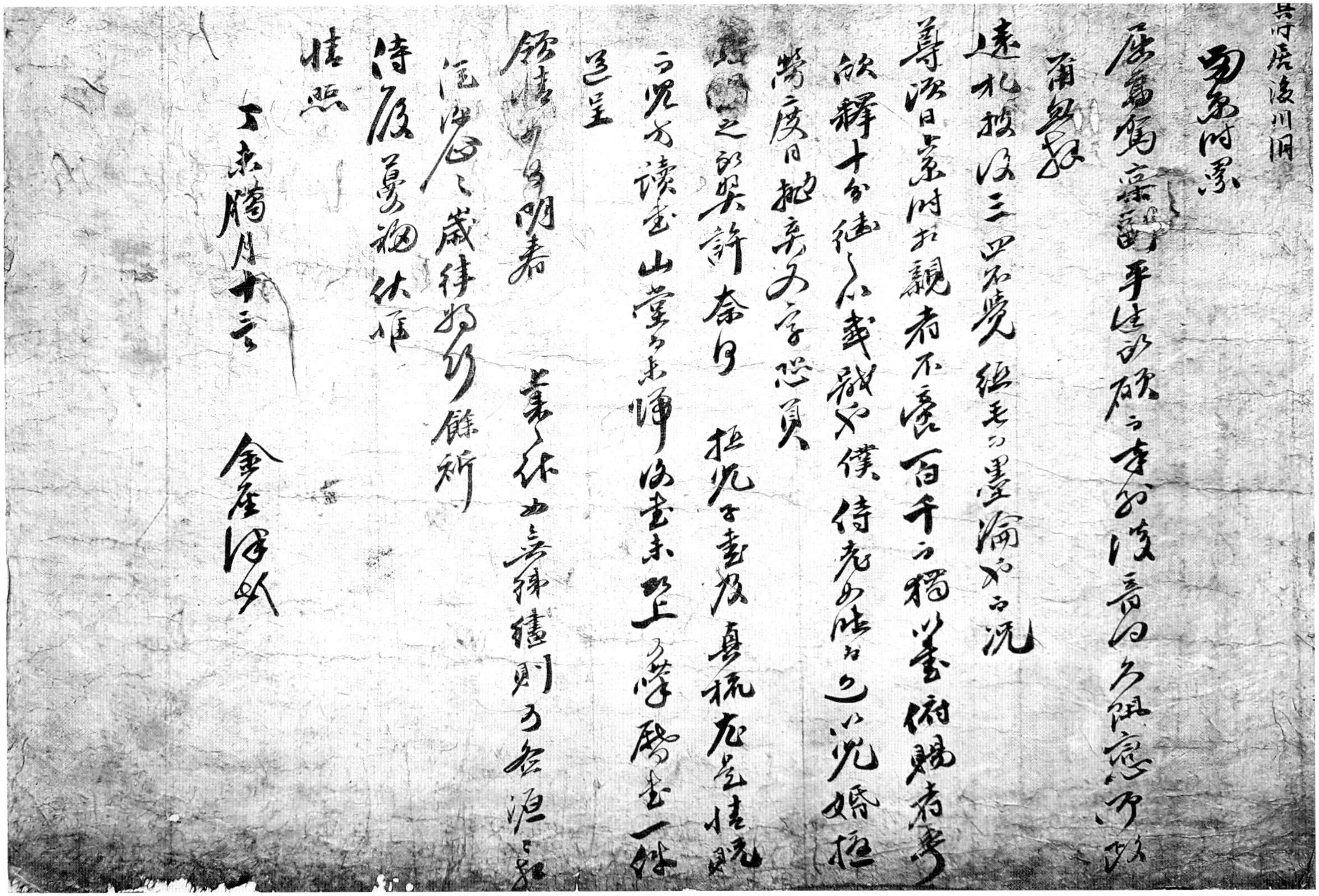

【탈초】

留京時【其時 居後川洞】累 / 屈高駕 實副平生所願 而奉別後 音問久阻 戀仰政 / 爾 忽拜 / 遠札 披復三四 不覺紙毛而墨渝也 而況 / 尊頃日 上京時 相親者 不啻百千 而獨以書俯賜者乎 / 欣釋十分 繼之以感戢也 僕 侍老如昨 而近以兒婚擾 / 勞度日 抛棄文字 恐負 / 〔高明〕之所奬許奈何 抵兒子書及眞梳 尤是情貺 / 而兒方讀書山堂 而未歸 謝書未卽上 可嘆 曆書一件 / 送呈 / 領情如何 明春 上來之計 如無緯繣 則可圖源源相 / 從 深企深企 歲律將行 餘祈 / 侍履蔓福 伏惟 / 情照 / 丁未 臘月 十三日 金聖澤 頓

【번역】

서울에 머물 때【당시 후천동(後川洞)[78]에 살았다.】 여러 번 왕림해주신 것은 실로 평소의 소원에 부응한 것이었지만 이별 뒤에 소식이 오래 막히니 그리움이 간절하였습니다. 그런데 문득 멀리서 보내신 편지를 받고 몇 번이고 펼쳐 읽어 보느라 종이가 닳고 글씨가 희미해지는 것조차 몰랐습니다. 더구나 그대가 지난번 서울에 왔을 때 서로 친하게 지냈던 것이 천 백배나 더할 뿐만이 아니었는데 편지를 이렇게 보내주시니 어떠하겠습니까? 매우 기쁘고 마음이 놓여 감사드립니다.

저는 연로하신 부모님을 모시고 어제나 다름없이 지내고 있고 요사이 아이가 혼례로 번요하게 날을 보내느라 공부도 내팽개쳐두고 있어 그대의 칭찬과 인정해주신 마음을 저버릴까 두려우니 어떻게 해야 합니까?

아이에게 보내신 편지와 참빗은 더욱이 정겨운 선물이었습니다. 아이는 지금 산당(山堂)에서 공부하느라 돌아오지 않아 답장을 곧바로 올리지 못해 안타깝습니다. 달력 하나를 보내드리니 정으로 받아주십시오. 내년 봄에 올라오실 계획이 어긋나지 않는다면 끊임없이 종유를 도모할 수 있으니 매우 기대됩니다. 한 해가 저물어 가는데, 나머지는 부모님 모시고 지내며 복 많이 받으시기를 빌면서 정으로 살펴봐 주십시오.

정미년[1727] 12월 13일, 김성택(金聖澤)[79]은 머리를 조아립니다.

78 후천동(後川洞) : 서울시 중구 예관동 70번지 일대에 있던 마을로, 마을 뒤에 시내가 있어 '뒷내골'이라 하고, 이를 한자로 표기한 데서 마을이름이 유래한다.

79 김성택(金聖澤, 1691~1741) : 본관은 광주(光山)고, 자는 시백(時伯)이다. 예산현감(禮山縣監) 등을 지냈다.

32. 윤동함尹東涵의 간찰

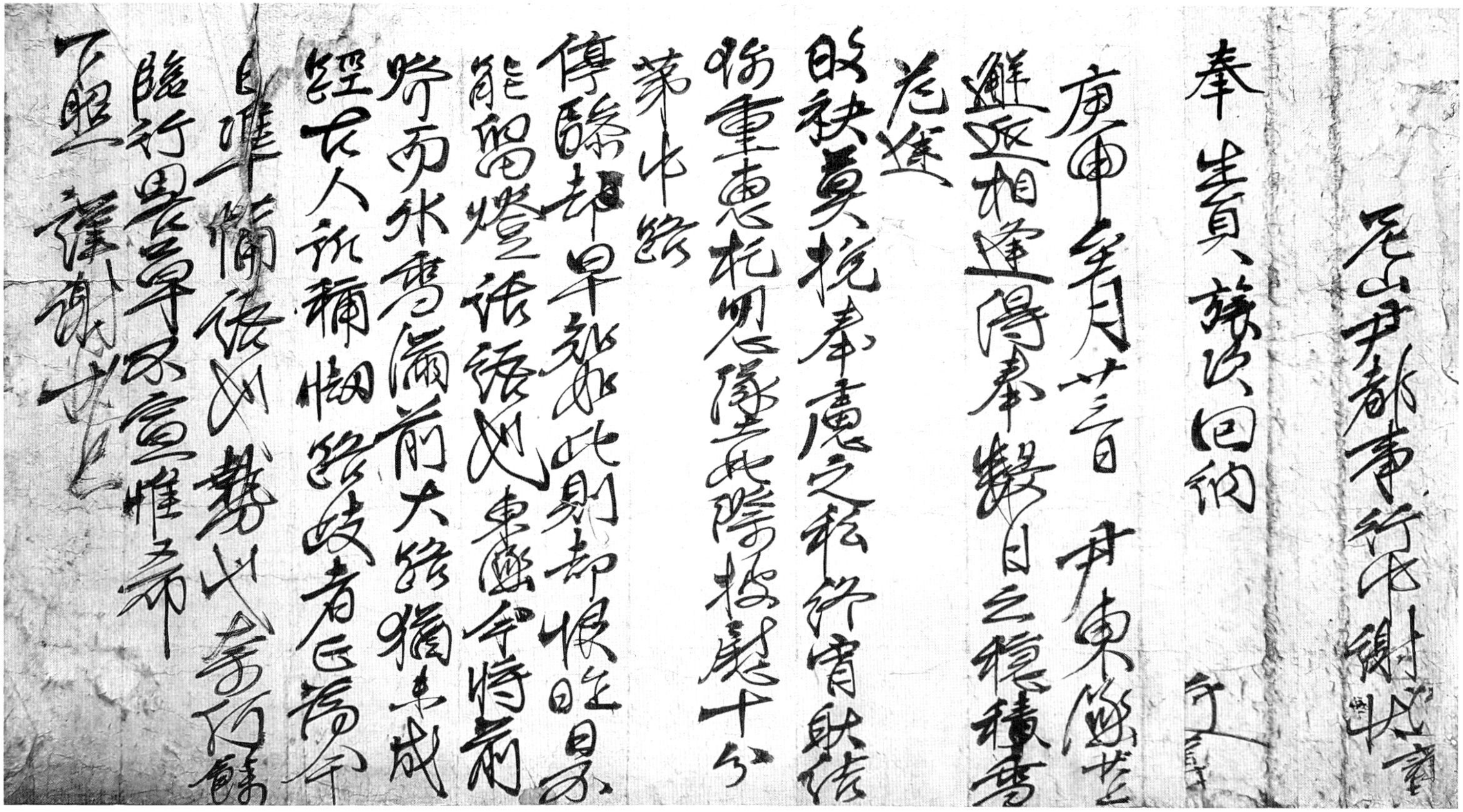

【피봉】

尼山 尹都事 行中 謝狀
奉生員 旅次 回納　　謹封

【탈초】

邂逅相逢 得奉數日之穩 積雪 / 茫途 / 歸袂莫挽 奉慮之私 終宵耿結 / 珍重惠札 忽墜此際 披慰十分 / 第 中路 / 停驂 〔却〕早知如此 則却恨昨日 不 / 能留燈話語也 東涵 今將前 / 發 而氷雪滿前大路 猶未成 / 蹊 古人所稱 惕路岐者 正爲今 / 日準備語也 勢也奈何 餘 / 臨行畧草 不宣 惟希 / 下照 謹謝狀 / 庚申 至月 卄三日 尹東涵 狀上

【피봉】

니산(尼山)[80] 윤도사(尹都事)의 행중으로 보내는 편지
봉생원 여차(旅次)[81]로 회답함　　근봉(謹封)

【번역】

만나서 여러 날 다정하게 이야기를 나누었는데 눈 쌓인 아득한 길로 돌아가시는 당신을 만류하지 못하고 걱정하는 마음을 밤새 잊지 못하였습니다. 그런데 귀한 편지가 이때 도착하니 매우 마음에 위안이 되었습니다. 다만 도중에 수레를 멈추었다고 하니 이럴 줄 알았었다면 남은 등불아래에서라도 이야기를 나누지 못한 것이 아쉬웠습니다.
저는 지금 출발하려하는데 얼음과 눈이 앞 큰길을 가득 메워 지름길을 낼 수도 없으니 옛사람들이 '길을 나서기 두렵다.'고 한 말은 바로 오늘을 위해 준비해 둔 말일 것입니다. 그렇지만 상황이 이러하니 어찌 하겠습니까? 나머지는 길을 나서느라 거칠게 쓰고 이만 줄입니다. 살펴주시기를 바라며 답장을 올립니다.
경신년[1740] 11월 23일, 윤동함(尹東涵)[82]은 편지를 올립니다.

80 니산(尼山) : 충청남도 논산 지역의 옛 이름이다.

81 여차(旅次) : 여행 중에 머무르고 있는 임시 처소를 이르는 말로, 여행 중인 아랫사람에게 보내는 편지에 쓰는 말이다.

82 윤동함(尹東涵, 1695~1761) : 본관은 파평(坡平)이고, 자는 사양(士養)·사보(士普)다. 초명은 윤동윤(尹東潤)으로 충청남도 이산(尼山)에서 태어났다. 아버지는 윤선거(尹宣擧)이고, 할아버지는 명재(明齋) 윤증(尹拯)이다. 사헌부감찰(司憲府監察)·호조정랑(戶曹佐郎)·종부시주부(宗簿寺主簿) 등을 두루 역임하였고, 1746년 정읍현감(井邑縣監)으로 나가 5년 동안 크게 선정을 베풀며 잘 다스려 전주판관(全州判官)에 올랐다.

33. 권현權鋧의 간찰

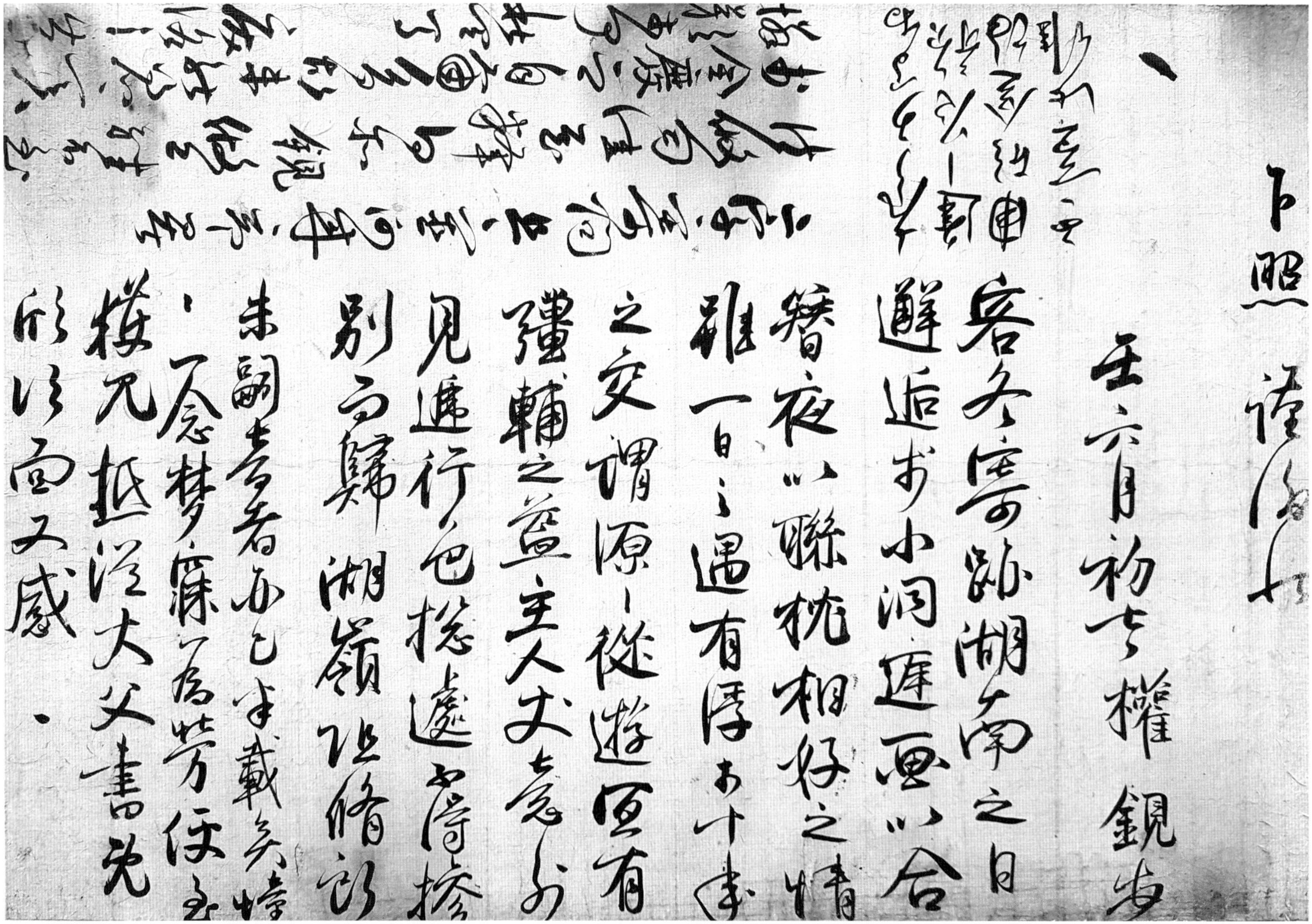

【탈초】

客冬 寄跡湖南之日 / 邂逅於小洞庭 晝以合 / 簪 夜以聯枕 相好之情 / 雖一日之遇 有浮於十年 / 之交 謂源源從遊 宜有 / 彊輔之益 主人丈 意外 / 見遞 行色摠遽 不得摻 / 別而歸 湖嶺阻脩 所 / 未嗣音者 亦已半載矣 憧 / 憧一念 夢寐爲勞 便至 / 獲見抵從大父書 旣 / 欣次面 又感 / 二字寄問 且審向來寒暑 / 侍做均佳 慰釋何等 鋧 做工 雖不至 / 於全廢 而自爾多故 未能着實 / 憐歎奈何 秋間有戾洛之先 / 聲 可有相 / 逢之道 預 / 申欣企 餘 / 不宣 伏惟 / 下照 謹謝狀 / 壬 六月 初七日 權鋧 頓

【번역】

지난겨울 호남으로 발걸음을 하시던 날, 소동정(小洞庭)에서 해후하여 낮에는 머리를 맞대고 밤에는 잠자리를 함께하며 서로 즐겁게 지냈던 정이 비록 하루 동안의 만남이었지만 10년의 사귐보다 더해 이처럼 사귐이 끊어지지 않은 것은 마땅히 도와주시는 벗이 있어서라고 생각합니다. 주인장이 뜻밖에 체직을 당하여 급히 길을 나서느라 이별도 제대로 하지 못하고 돌아왔습니다.

호남과 영남은 길이 멀어 소식이 막힌 지도 벌써 반년이나 되어 그리는 마음 오매불망 간절하더니 인편이 도착하여 종대부(從大父)께 도착한 편지를 받아보니 만난 것이나 진배없을 정도로 기뻤습니다. 또 부쳐주신 안부편지에 고마웠습니다. 또 지난 추위와 더위에 부모님 모시고 공부하며 잘 지내신다니 얼마나 위로가 되던지요.

저는 공부를 비록 완전히 그만두는 지경에는 이르지 않았지만 나름대로 일이 많아 착실히 마음을 붙이고 공부하지 못하고 있으니 안타깝고 한스러운 마음을 어찌하겠습니까? 앞선 소문에 가을사이에 서울에 오신다니 서로 만날 방법이 있을듯하여 벌써부터 기쁜 마음으로 기다려집니다. 나머지는 이만 줄이니 살펴주시기를 바랍니다. 답장을 올립니다.

임○년 6월 7일, 권현(權鋧)은 머리를 조아립니다.

34. 박남수朴南壽의 간찰

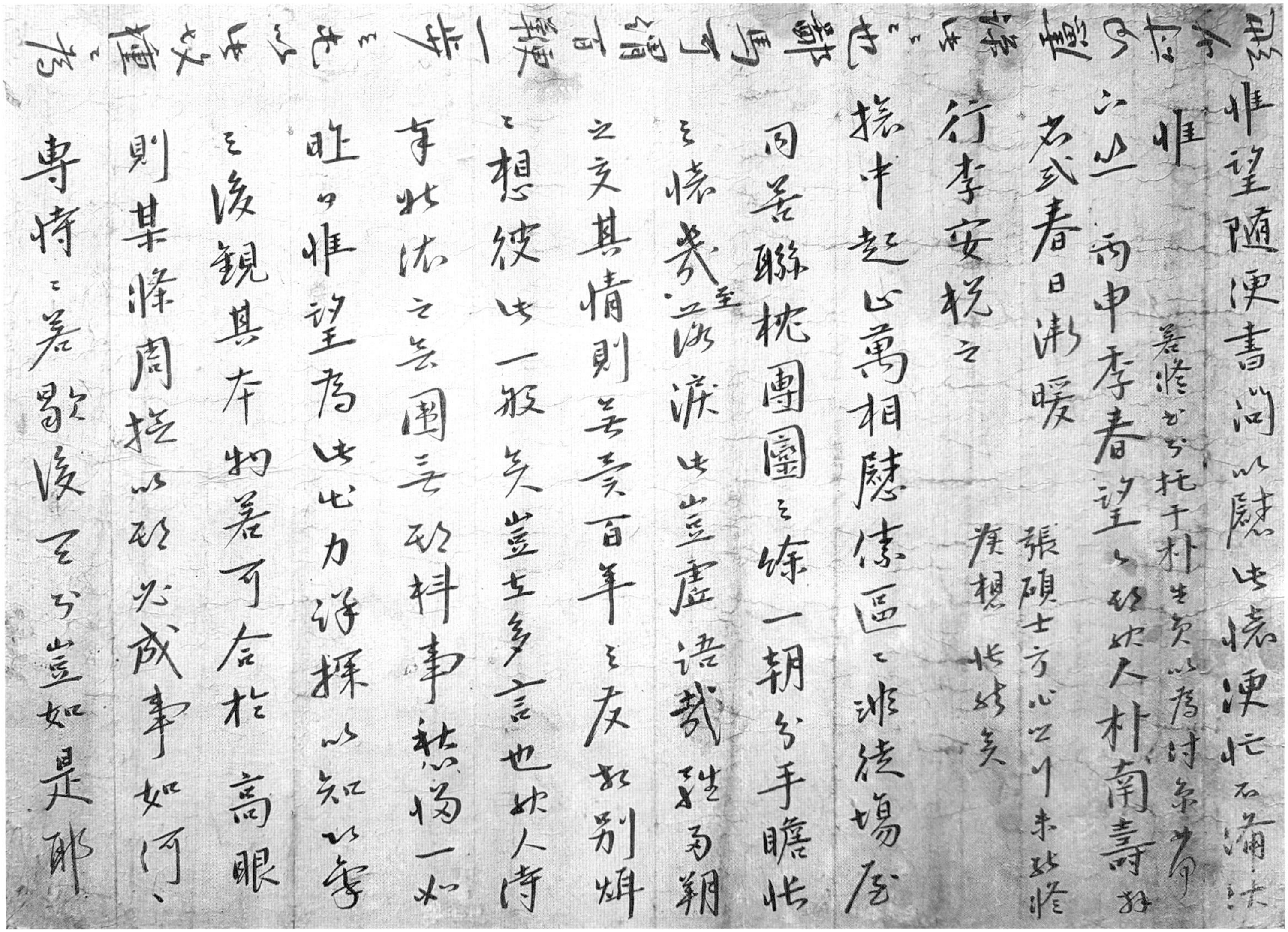

【탈초】

省式 春日漸暖 / 行李安稅 而 / 旅中起止萬相 慰溸區區 非徒場屋 / 同苦 聯枕團圞之餘 一朝分手 瞻悵 / 之懷 幾至落淚 此豈虛語哉 雖兩朔 / 之交 其情 則無異百年之友 相別耿 / 耿 想彼此一般矣 豈在多言也 服人 侍 / 奉姑依 而會圍無期 科事愁惱一如 / 昨日 惟望爲此出力 詳探以知 卽稟 / 之後 觀其本物 若可合於高眼 / 則某條周旋 以期必成事 如何如何 / 專恃專恃 若歇後間 則豈如是耶 / 諒此諒此也 鄙馬 可謂百鞭一步之屯 以此故種種爲 / 慮 何時少弛 / 惟望隨便書問 以慰此懷 便忙不備 伏惟 / 下照 / 丙申 季春 望日 朞服人 朴南壽 拜

【추신】

若修書 則托于朴生員 以爲付京 如何 / 張碩士 方作鄕行 未能修 / 候 想悵然矣

【번역】

인사는 생략합니다. 봄이 점점 따뜻해지는데 잘 도착하셨고, 여행 중의 안부는 좋으셨는지요? 간절히 그리움은 한갓 과거시험장에서 함께 고생해서 그러할 뿐만이 아닙니다. 함께 자고 단란하게 지내다가 하루아침에 헤어져 서운한 심회가 거의 눈물이 날 지경이니 이것이 어찌 빈말이겠습니까? 비록 두 달 동안 사귐이었지만 그 정은 백년의 사귐과 진배없었으니 서로 헤어져 그리워하는 마음이 피차 마찬가지일 텐데 어찌 많은 말이 필요하겠습니까?

상중에 있는 저는 어버이 모시며 그럭저럭 지내고 있습니다. 회시(會試)는 아직 기약이 없어 과거(科擧) 걱정은 하나같이 예나 마찬가지입니다. 이를 위해 힘써 자세히 탐문하여 알아보고 곧바로 여쭈어보고 나서 본 물건을 살펴보시고 만약 그대 안목에 합당하면 모쪼록 주선해서 반드시 성사되도록 해주시는 것이 어떻겠습니까? 오로지 믿겠습니다. 만약 소홀한 사이라면 어찌 이렇게 할 수 있겠습니까? 헤아려 주십시오. 저의 말은 백 번 채찍질해야 한 걸음을 나아갈 정도로 둔합니다. 이 때문에 걱정되는 마음을 언제나 느슨히 할 수 있겠습니까? 인편을 통해 문안편지를 보내주시어 저의 회포를 위로해주십시오. 인편이 바빠 다 쓰지 못하니 살펴주시기를 바랍니다.

병신년[1776] 3월 보름, 기복인(朞服人) 박남수(朴南壽)[83]는 절합니다.

【추신】

만약 편지를 쓰셨으면 박생원(朴生員)에게 부탁해서 서울로 부쳐주시는 것이 어떻겠습니까?

장석사(張碩士)는 지금 고향으로 가서 편지를 쓰지 못하였으니, 서운하리라 생각합니다.

83 박남수(朴南壽, 1758~1787) : 본관 반남(潘南)이고, 자는 산여(山如)다. 1783년(정조 7년)에 진사시에 입격하였다.

35. 박남수朴南壽의 간찰

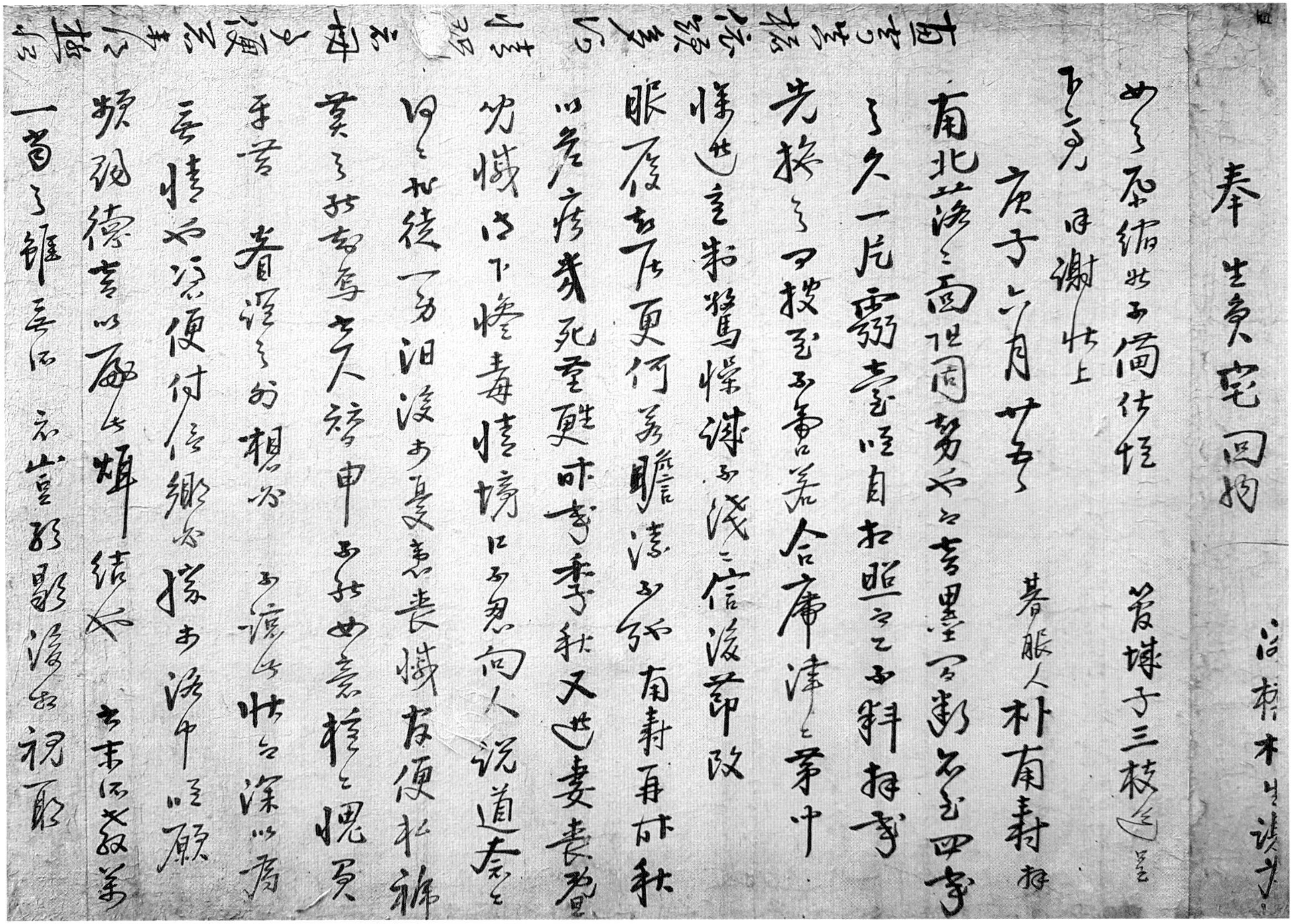

【피봉】奉生員宅 回納

【탈초】

南北落落 面阻 固勢也 而音墨間斷 亦至四年 / 之久 一片靈臺 唯自相照而已 不料拜承 / 先施之問 披慰 不啻若合席津津 第聞 / 慘遭重制 驚慄 誠不淺不淺 信後節改 / 服履起居 更何若 瞻溸不弛 南壽 再昨秋 / 以危疾 幾死堇甦 昨年季秋 又遭妻喪曁 / 兒慽 侍下慘毒情境 口不忍向人說道 奈奈 / 何何 非徒一身汩沒於憂患喪慽 官便私褫 / 莫之能知焉 書尺替申 不能如意 種種 愧負 / 平昔眷誼之外 想必不諒此狀 而深以爲 / 無情也 憑便付信 鄉必勝於洛中 唯願 / 頻賜德音 以副此耿結也 書末所敎 萬 / 一當之 雖無所示 豈敢歇後相視耶 / 惠寄眞梳依領 多謝情貺 示冊事 便悤未得 極憫 / 如之 紙縮姑不備 伏惟 / 下亮 謹謝狀上 / 庚子 六月 卄五日 朞服人 朴南壽 拜

【물목】管城子 三枝送呈

【피봉】봉생원댁으로 보내는 회답

【번역】

남북으로 서로 떨어져 만나지 못하니 진실로 상황이 그러합니다. 그러나 소식마저 끊어진 지 또 4년이란 오랜 시간이 지나, 한 조각 마음만으로 서로를 비추어 볼 뿐입니다. 그런데 생각지 못하게 먼저 보내신 편지를 받고 펼쳐 읽어보니 위안되는 마음이 마치 합석이나 한 것처럼 흐뭇할 뿐만이 아니었습니다. 다만 중제(重制)[84]를 만났다는 소식을 듣고는 놀라움이 참으로 큽니다. 편지를 받은 뒤 계절이 바뀌었는데 상중의 안부는 어떠하신지요? 간절히 그립습니다.

저는 재작년 가을, 병으로 거의 죽다가 살아났습니다. 작년 늦가을에 또 아내와 아이가 죽었으니 부모님을 모시고 있는 저의 참혹한 상황을 제 입으로 남들에게 차마 말할 수 없으니 어찌하겠습니까? 제 한 몸만 우환과 슬픔에 골몰할 뿐 아니라 관(官)의 인편이나 사적인 우체를 통해서도 알리지 못하고 편지로만 대신합니다. 제 마음과는 같지 않지만 종종 평소 돌봐주신 정을 져버려 부끄럽습니다. 반드시 이러한 저의 상황을 헤아리지 못하고 무정하다 여기셨을 것입니다. 인편을 통해 편지를 부치는 것은 시골이 분명 서울보다는 나을 것이니, 자주 소식을 보내 저의 그리움에 부응하여주십시오. 편지 끝에 하신 말씀은 만에 하나라도 해당이 된다면 비록 말씀은 하지 않으셨지만 어찌 감히 소홀히 하겠습니까?

보내주신 참빗은 잘 받았습니다. 정으로 보내주신 것이라 매우 감사합니다. 말씀하신 책에 관한 일은 인편이 바빠 뜻대로 되지 못해 지극히 민망하니 어찌하겠습니까? 종이가 다 하여 이만 줄입니다. 살펴주시기를 바라며 삼가 답장 올립니다.

경자년[1780] 6월 25일, 기복인(朞服人) 박남수(朴南壽)는 절합니다.

【물목】붓 3자루를 보냅니다.

84 중제(重制) : 대공(大功) 이상의 상복을 입는 초상을 이르며, '중복(重服)'이라고도 한다.

36. 정淨의 간찰

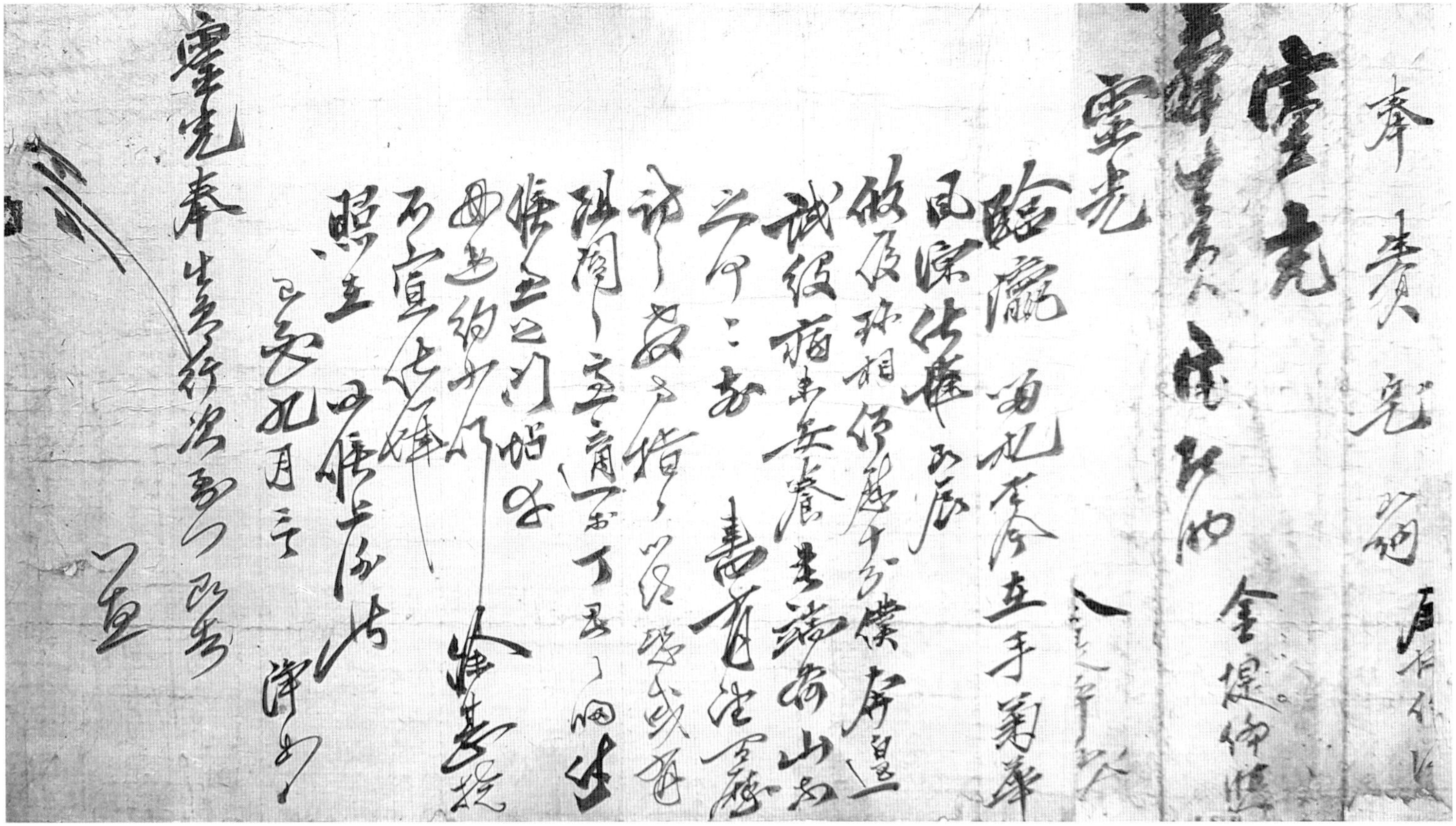

【피봉】

靈光 奉生員宅 卽納
金堤 淨〔謝〕

【탈초】

臨瀛留札 至今在手 菊華 / 風凉 伏惟卽辰 / 做履珍相 仰慰十分 僕 奔遑 / 試役 病未安養 苦端齊山 奈 / 之何奈之何 前書有望間歷 / 訪之教 方指日以待 恐或有 / 阻闊之慮 適於丁君之歸 付 / 候 兼送門帖 幸 / 毋違約如何 餘甚撓 / 不宣 伏惟 / 照在 謹候上謝狀 / 己酉 九月 三日 淨 拜拜

【추신】

靈光奉生員 行次到門 卽告門直

【피봉】

영광 봉생원댁으로 즉시 드림
김제(金提) 정(淨)이 보내는 답장

【번역】

영주(瀛州)[85]에 도착하여 남겨두신 편지를 이제야 손에 넣게 되었습니다. 국화가 피고 바람은 서늘합니다. 이때에 공부하시는 안부는 좋으실 것이라 생각하니 매우 위안됩니다.
저는 과거시험 일로 바빠 병을 편안히 조리하지도 못하고 있으니 괴로움이 산과 같지만 어찌하겠습니까? 이전 편지에서 보름 사이에 들리시겠다는 말씀이 있어 날을 가리키며 기다리고 있습니다. 혹시라도 오시지 못하는 염려가 있을까 걱정입니다. 마침 정군(丁君)이 돌아가 안부편지를 부치고 아울러 문첩(門帖)을 보내드립니다. 약속을 어기지 마시기 바랍니다. 나머지는 너무 번요하여 이만 줄입니다. 살펴주시기를 바라며, 삼가 답장 올립니다.
기유년 9월 3일, 정(淨)은 재배합니다.

【추신】

영광 봉생원의 행차가 문에 도착하는 대로 문지기에게 말해주십시오.

85 영주(瀛州) : 고부(高阜)의 고려 때 이름이다.

37. 황성黃星의 간찰

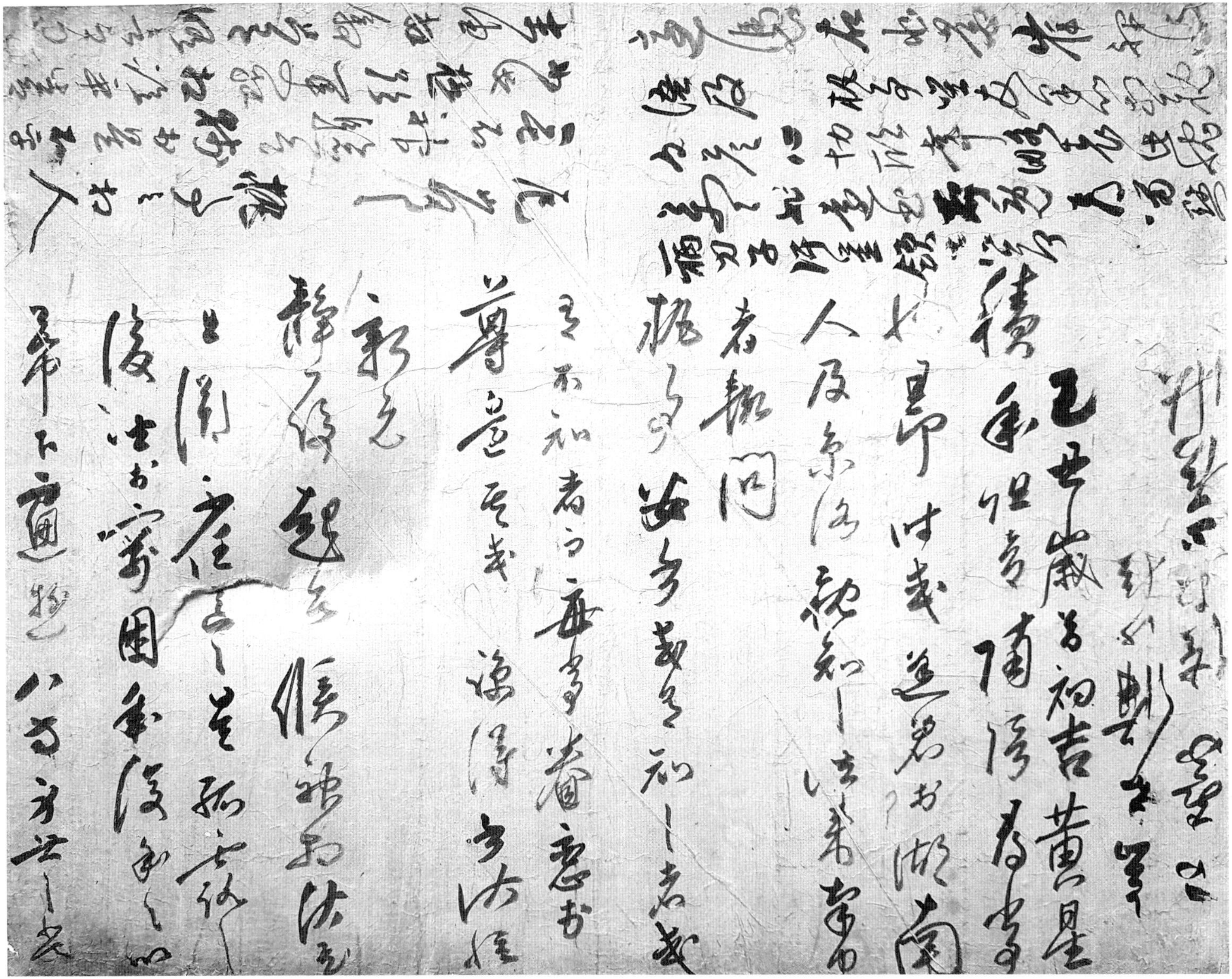

積年 阻音隔信 尋常 / 懷昻 時或逢着於湖南 / 人及京洛親知之往來南中 / 者 輒問 / 執事安否 或有知之者 或 / 有不知者 而每常眷戀於 / 尊邊 其或諒得否 伏惟 / 新元 / 靜履起居候神相 伏慰 / 且溯 不任區區 星 孤露之 / 後 坐於窮困 年復年年以 / 幕下 遍遊八方身世之苦 / 厄 如何如何 執事之相人 / 無不神驗 而獨星不孚 / 如此 極欲更拜相論平生而 / 末由拜敍 只有略言 而〔已矣〕 / 適憑右水營崔裨將 / 語及執事 崔友 果以相親 / 爲答 心切欣幸 略表此忱 / 萬萬非遠書可旣 都留默 / 會不備伏惟 / 下察 謹拜候狀 / 己丑 歲首 初吉 黃星

【물목】

一柄刀子汗呈 領〔情〕奈何

【번역】

해가 쌓이도록 소식이 막혀 늘 그립습니다. 때때로 간혹 호남사람과 서울의 친지들 가운데 남쪽을 오가는 사람을 만날 때면 번번이 집사의 안부를 물었는데 아는 사람도 있고 모르는 사람도 있었습니다. 언제나 그대를 그리워하는 마음을 혹시라도 아시는지요? 새해에 정양하시는 안부가 좋으실 것이니 위안되고 간절한 그리움을 이길 길 없습니다.

저는 부모님께서 돌아가시고 궁곤함에 해마다 반복적으로 연좌되어 막하(幕下)의 신분으로 사방을 두루 돌아다니는 괴로운 신세를 어찌하겠습니까? 집사께서 사람을 보는 것이 신비하고 영험하지 않음이 없는데 유독 저에게 만은 이처럼 미덥지 못하니 다시 만나 서로 평생의 일을 토의하고 싶었지만 만나 안부를 펼 방법이 없어 다만 이렇게 간략하게나마 말씀을 드릴 뿐입니다.

마침 우수영(右水營)의 비장(裨將)이 돌아가는 인편에 집사께 말씀을 드리니 최(崔) 친구가 친밀하게 답을 할 것이기에 마음속으로 매우 기쁘고 다행이었습니다. 간략하게나마 저의 마음을 표하고, 하고 싶은 말은 많지만 멀리서 편지로 다 할 수가 없어 모두 남겨두니 묵묵히 아실 것입니다. 이만 줄이니 살펴주시기를 바랍니다.

기축년 정월 초하루, 황성(黃星)

【물목】

칼 한 자루를 부끄럽지만 보내드리니 정으로 받아주시는 것이 어떻습니까?

38. 흥종興宗의 간찰

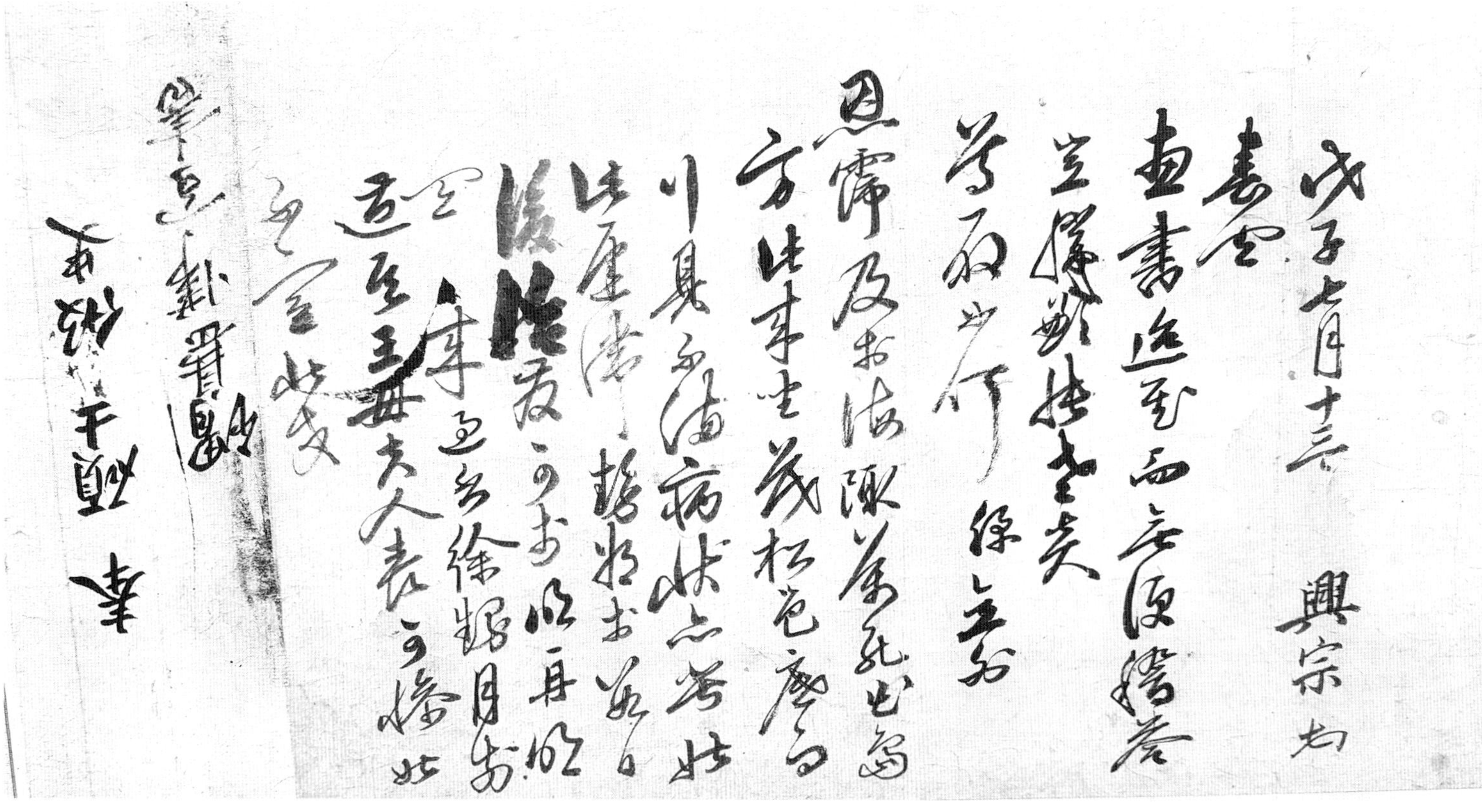

【피봉】

奉碩士 做史

蝟島 歸客書

【탈초】

春間 / 惠書迨慰 而無便稽答 / 豈勝歉悵 老炎 / 尊履如何 僕 意外 / 恩霈 及於海陬 萬死出島 / 方此來坐茂松邑底 而 / 行具不備 病狀亦苦 姑 / 此遲滯 勢將於數日 / 後治發 可於明再明 / 間 來過否 徐甥 月前 / 遭其王母夫人喪 可慘 姑 / 不宣狀式

戊子 七月 十三日 興宗 頓

【피봉】

봉석사 주사(做史)[86]께

위도(蝟島)[87]의 돌아가는 나그네의 편지

【번역】

봄에 보내주신 편지는 지금까지 위안이 되었는데 인편이 없어 답장이 늦었으니 서운한 마음을 어찌 이기겠습니까? 늦더위에 어떻게 지내시는지요?

저는 뜻밖의 성은(聖恩)이 바다구석까지 이르러 만 번 죽어야할 것인데 섬에서 벗어나 지금 이곳 무송읍(茂松邑)에 도착하였지만 행구(行具)도 갖추지 못하고 병으로 또 고생하면서 이렇게 치제하고 있으니 상황으로 보아 며칠 후에나 출발할 수 있으니 내일이나 모레쯤 들러주실 수 있을는지요? 서(徐) 생질은 지난달에 할머니의 상을 당하였으니 슬픕니다. 이만 줄이고 편지 올립니다.

무자년 7월 13일, 흥종(興宗)은 머리를 조아립니다.

86 주사(做史) : 공부하는 사람을 이른 말로, '주기(做丌)', '주주(做案)'으로도 쓴다.

87 위도(蝟島) : 전라북도 부안군(扶安郡) 위도면(蝟島面)에 있는 섬 이름이다.

39. 필환弼煥의 간찰

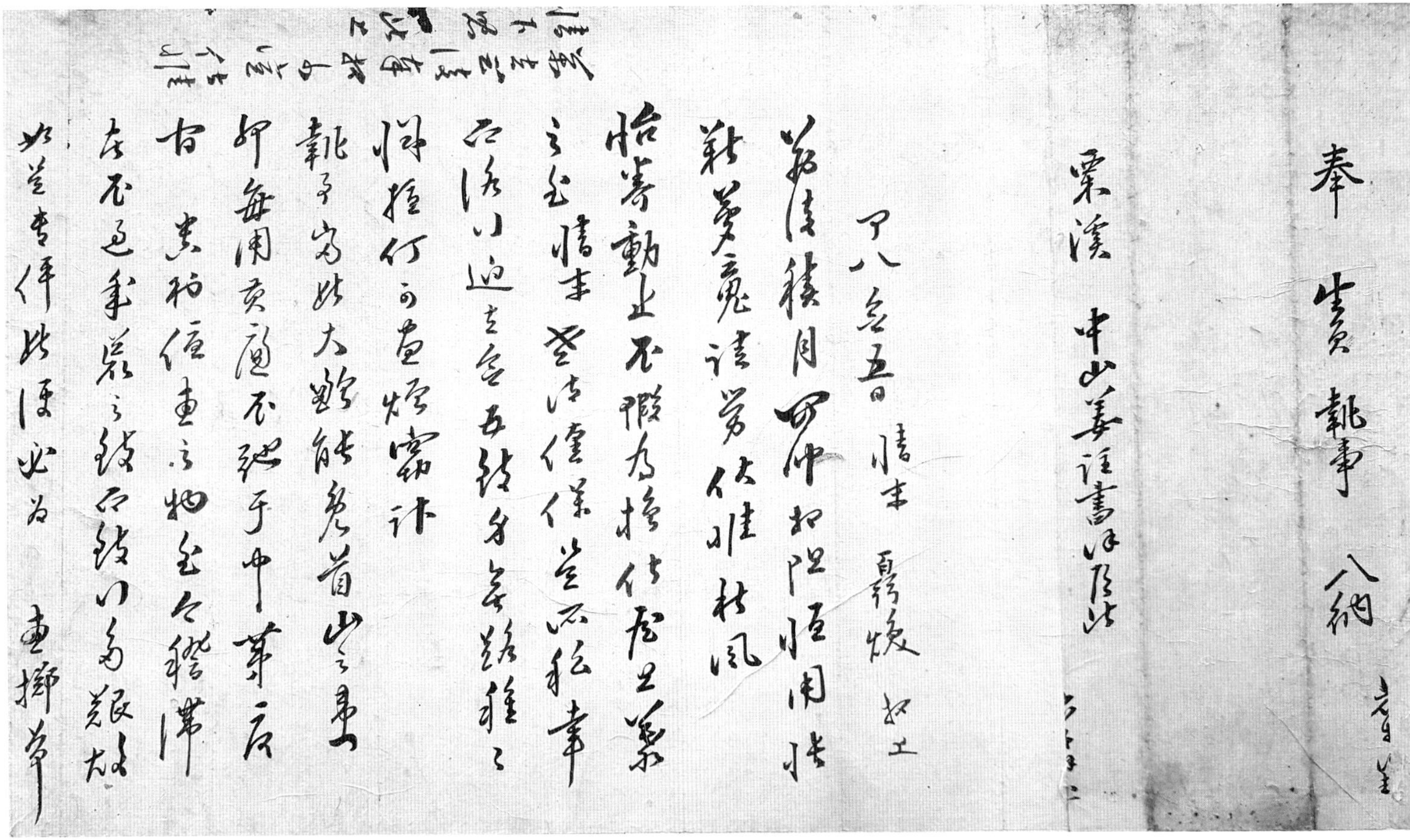

【피봉】

栗溪 奉生員 執事 入納

中山 姜注書 謹候狀

【탈초】

別後積月 問聞相阻 恒用悵 / 歎 夢魂徒勞 伏惟秋風 / 怡養動止 不瑕爲損 伏慰且慕 / 之至 情末 老侍僅保 是所私幸 / 而洛行迫在念五 致身無路 種種 / 悶擾 何可盡煩 竊計 / 執事 當此大歉 能免首山之患 / 耶 每用貢慮 不弛于中 第 夏 / 間 貴村優惠之物

至今稽滯 / 者 不過年荒之致 而致行多艱 故 / 如是專伻 此便必爲惠擲 如何 / 萬在後奉拜 不宣 伏惟 / 情下照 狀上 / 甲八念 五日 情末 弼煥 拜上

【피봉】

율계(栗溪) 봉생원 집사께 드림

중산(中山) 강주서(姜注書)의 안부편지

【번역】

헤어진 뒤 여러 달이 지나도록 안부가 막혀 늘 서운한 탓에 꿈 속 혼만 헛되이 수고롭습니다. 가을바람에 어버이 봉양하는 안부는 손상이 없을 것이니 위안되고 그리운 마음 지극합니다.

저는[88] 부모님 모시고 겨우나마 몸을 보존하고 지내고 있어 다행이었는데 서울 행차가 25일로 임박해 찾아뵐 길이 없어 갖가지 가련함을 번거롭게 어찌 다 말로 하겠습니까? 집사께서 이번 큰 흉년을 만나 수양산(首陽山)의 근심[89]은 면하였습니까? 매번 마음 속 근심이 느슨해지지 않습니다.

드릴 말씀은, 여름에 귀하의 마을에서 넉넉하게 베풀어주신다는 물건이 지금까지 지체되고 있는 것은 불과 흉년 때문일 것입니다. 그러나 제가 여러 가지 어려움으로 길을 나설 수 없어 이렇게 심부름꾼을 보내니 이 인편에 답장을 보내 주시는 것이 어떻겠습니까? 많은 사연들은 만나서 말씀드리기로 하고 이만 줄입니다. 살펴주시기를 바라며 편지를 올립니다.

갑○년 8월 25일, 정말(情末) 필환(弼煥)은 절하고 올립니다.

88 저는 : 원문은 '情末'. 다정한 아우라는 뜻으로, 정다운 벗 사이의 편지에서 자기를 이르는 말이다. '정제(情弟)'라고도 쓴다.

89 수양산(首陽山)의 근심 : 수양산(首陽山)은 백이(伯夷)와 숙제(叔齊)가 주(周)나라를 피해 고사리를 캐어 먹다가 굶어 죽었던 곳으로, 굶주림의 근심을 이른다.

40. 유裕의 간찰

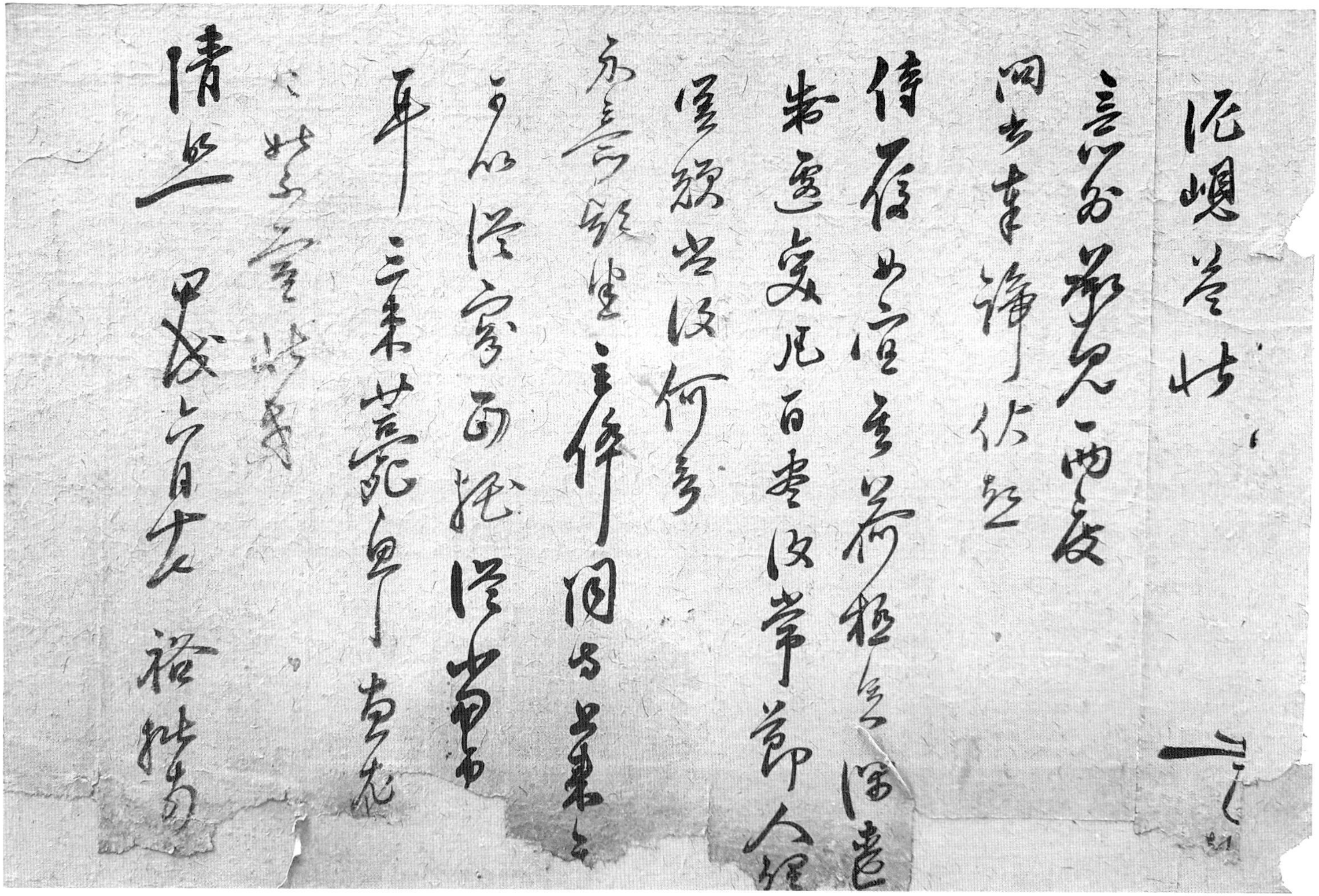

【피봉】

泥峴 答狀

【탈초】

意外 承見兩度 / 問書 奉諦伏熱 / 侍履如宜 慰荷極矣 僕 喪 / 制遷變 凡百盡復常節 人理 / 冥頑 尙復何言 / 示意欽悉 主倅聞方上來□ / 可以從容面托 從當〔處之〕 / 耳 三束薨魚之惠 尤〔荷〕 / 尤荷 姑不宣狀式 / 淸照 / 甲戌 六月 十七 裕 拙頓

【피봉】

진고개[泥峴][90]에서 보내는 답장

【번역】

뜻밖에 두 번이나 보내주신 문안 편지를 받고 삼복더위에 부모님 모시고 지내는 안부가 좋으시다니 염려에 위안이 되었습니다. 저는 상제(喪制)가 변하여[91] 모든 것들이 다 일상의 예절로 회복이 되었으니 사람의 도리에 어둡고 완악함을 어떻게 다시 말씀드리겠습니까?

말씀하신 뜻은 잘 알았습니다. 고을 수령이 올라온다는 소문을 들었으니 조용히 만나서 부탁을 해서 곧바로 처리할 수 있을 것입니다. 3묶음 마른 물고기를 보내주시어 더욱 부끄럽습니다. 이만 줄이고 편지를 올리니 살펴주십시오.

갑술년 6월 17일, 졸렬한 유(裕)는 머리를 조아립니다.

90 진고개[泥峴] : 중구 충무로2가 전 중국대사관 뒤편에서 세종호텔 뒷길에 이르는 고개로서, 남산의 산줄기가 뻗어 내려오면서 형성된 이 고개는 그리 높지 않는 고개였지만 흙이 끊어질 정도로 질었던 데서 유래된 이름이다.

91 상제(喪制)가 변하여 : 변복(變服)·제복(除服)을 이르는 말로, 소상(小祥)을 마친 뒤에는 상복을 빨고 수질(首絰)을 벗으며, 대상(大祥)을 지낸 뒤에 상복을 벗고 길복(吉服)으로 갈아입는 것을 말하는데, 여기서는 상복을 벗고 거상(居喪)을 마치는 것을 가리킨다.

41. 이경민李景民의 시

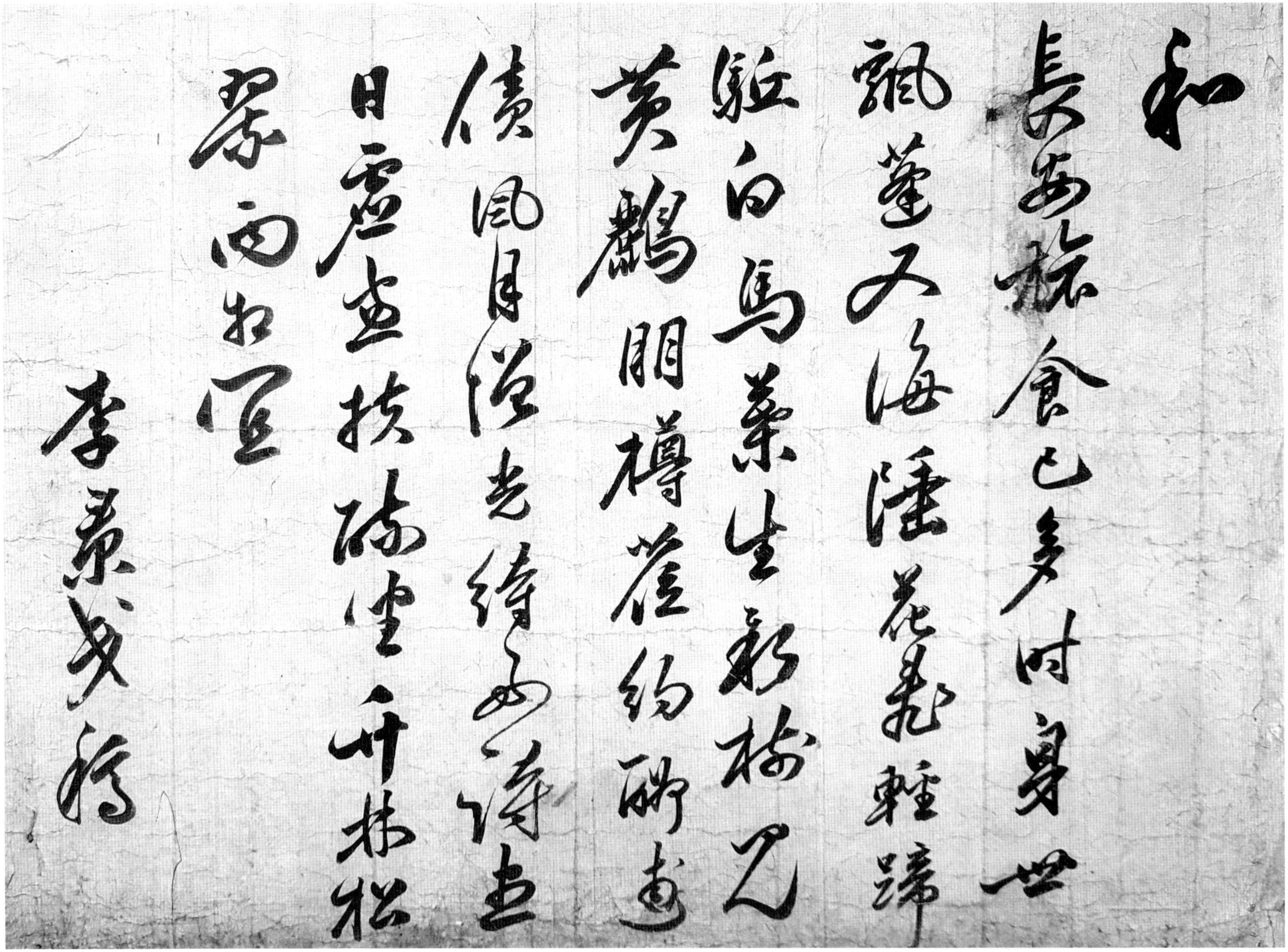

【탈초】

和 / 長安旅食已多時 身世 / 飄蓬又海陲 花亂輕蹄 / 驅白馬 葉生新樹見 / 黃鸝 朋樽莅約酬逋 / 債 風月增光待好詩 盡 / 日虛慮扶醼坐 竹林松 / 翠兩相宜 / 李景民 稿

【번역】

화답시(和答詩)

한동안 장안에서 나그네 되었다가

쑥대 같은 이내 신세 바닷가에 날려 왔다네.

내달리는 백마 가벼운 발굽에 꽃은 흩날리고

황금빛 꾀꼬리 앉은 나뭇가지엔 새잎이 자라네.

약속대로 와서 동이 술로 밀린 빚을 갚으니

풍월은 빛을 더해 아름다운 시를 기다리네.

진종일 부질없이 안주를 붙들고 앉았으니

대숲과 솔 푸른빛은 참으로 어울리네.

이경민(李景民) 시고(詩稿)

42. 언섭彦燮의 간찰

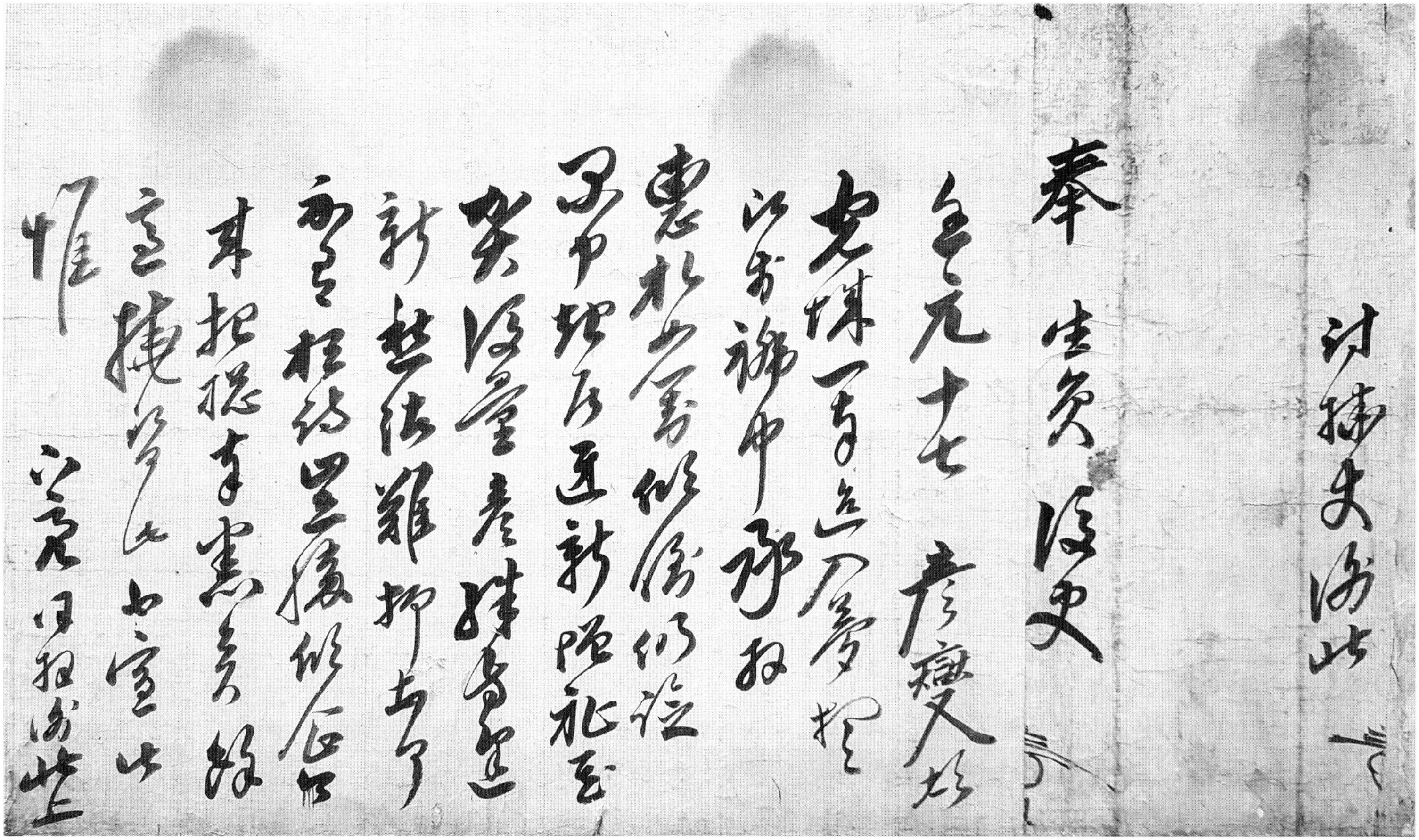

【피봉】

討捕使 謝狀
奉生員 後史

【탈초】

完城一奉 迨入夢想 / 卽於褫中 承拜 / 惠札 如對欣倒 仍諗 / 閑中起居 迓新增祉 慰 / 賀沒量 彦 殊方逢 / 新 愁結難抑 奈何 / 示有枉訪 豈勝欣企 今 / 來把摠奉悉矣 餘 / 適撓 暫此 不宣 伏 / 惟 下亮 謹拜謝狀上 / 壬 元 十七 彦燮 頓

【피봉】

토포사(討捕使) 답장
봉생원 후사(後史)에게

【번역】

전주(全州)에서 한번의 만남은 아직도 꿈을 꿉니다. 우체편에 그대의 편지를 받고 마치 모습을 대하는 것 같아 기뻐 쓰러질 정도였습니다. 편지로 한가히 지내시는 안부가 새해를 맞아 더욱 복을 누리신다는 것을 알았으니 위안되는 마음 헤아릴 길 없습니다.
저는 타향에서 새해를 맞이하여 근심을 억누르기 어려우니 어찌합니까? 찾아주신다는 말씀에 기쁨을 어찌 이기겠습니까? 이번에 온 파총(把摠)[92]을 통해 자세히 다 알았습니다. 나머지는 마침 어지러워서 잠시 이렇게만 쓰고 이만 줄이고 답장을 올립니다.
임○년 1월 17일, 언섭(彦燮)은 머리를 조아립니다.

92 파총(把摠) : 조선 후기 각 군영에 두었던 종 4품 무관직으로, 임진왜란 이후 속오법에 따라 파총은 사(司)의 지휘관으로 대개 당하관, 선전관을 지낸 사람을 임명하였다.

43. 언복彦復의 간찰

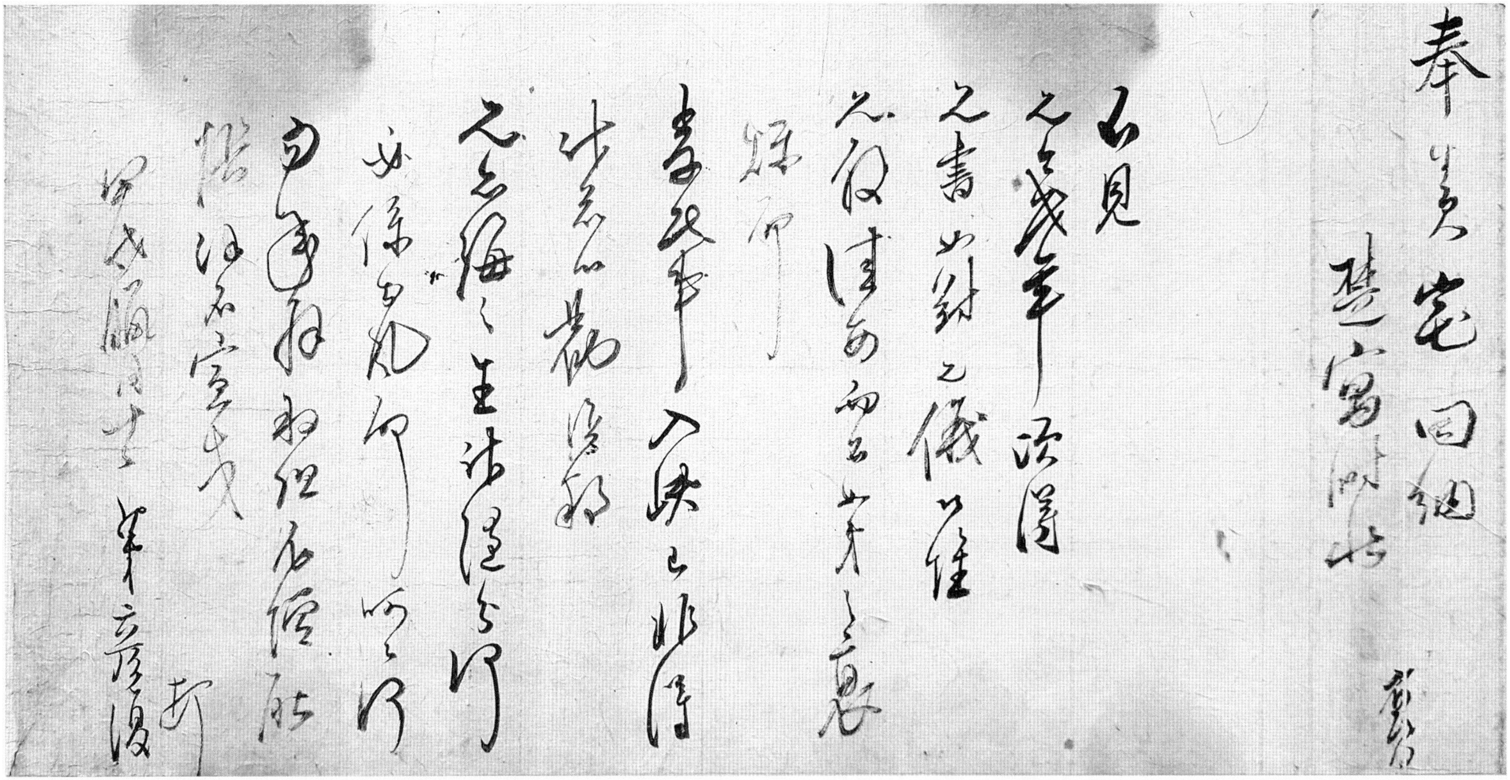

【피봉】

奉生員宅 回納

楚寓 謝狀　　　省式謹封

【탈초】

不見 / 兄今幾年 頃得 / 兄書 如對兄儀 卽惟 / 兄履佳安 而不如弟之衰 / 爍耶 / 季氏 事入峽 已非得 / 計 玆以勸携郭 / 兄亦海之生計 隨分 則何 / 必係於風耶 呵呵 何 / 當手拜叙阻 尤增耿 / 悵 謹不宣式 / 甲戌 臘月 十日 服弟 彦復 頓

【피봉】

봉생원댁 회답하여 드림

초우(楚寓)에서 답장　　　생식근봉(省式謹封)

【번역】

형을 만나지 못한지 몇 년이 되었다가, 지난번 편지를 받으니 형의 모습을 대하는 것만 같았습니다. 형께서는 잘 지내시고 저처럼 쇠약하지는 않으시겠지요? 막내아우가 산골로 들어가는 것을 일삼고 있지만 이미 계획에 어긋났으니 곽씨(郭氏)를 데리고 다니기를[93] 권합니다. 형 역시 바닷가의 생계는 분수를 따르면 되지 어찌 반드시 풍속에 얽매이겠습니까? 우습습니다. 언제나 손을 맞잡고 만나 막혔던 회포를 풀 수 있겠습니까? 더욱 그립습니다. 이만 줄입니다.

갑술년 12월 10일, 상중에 있는 아우 언복(彦復)이 머리를 조아립니다.

93 곽씨(郭氏)를……다니기를 : 후한(後漢)의 곽태(郭太)가 낙양(洛陽)으로부터 고향으로 돌아올 때 친분이 두터운 이응(李膺)과 함께 배를 타고 하수(河水)를 건너자 전송 나왔던 사람들이 그 광경을 보고 신선과 같다고 찬탄하였던 고사를 이른다.

44. 유경有慶의 간찰

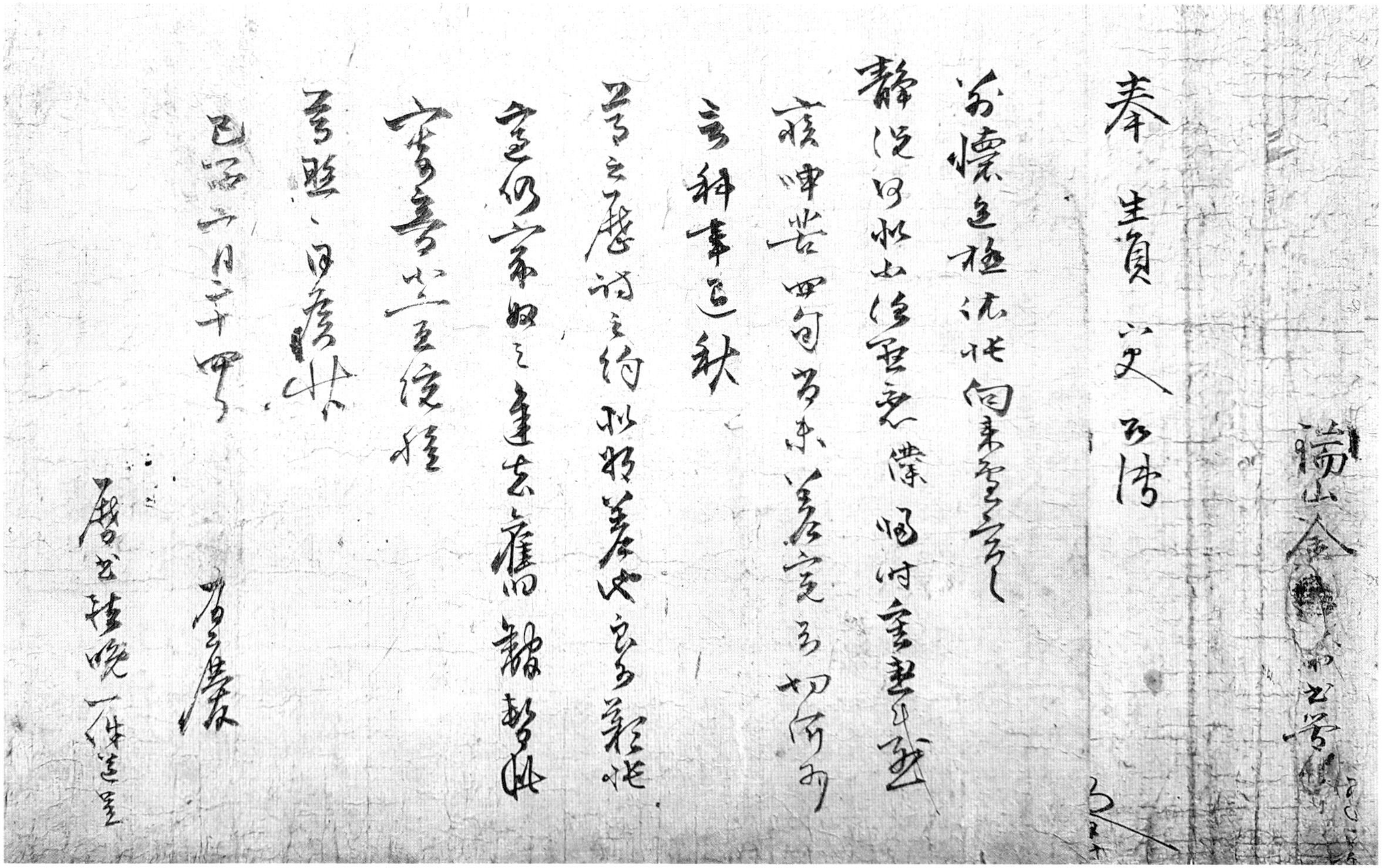

【瑞山金□□書簡】

【피봉】

奉生員 下史 卽傳

【탈초】

別懷 迨極依悵 向來雪寒
靜況何似 不任懸戀 僕 歸時 重患感
疾 呻苦四旬 尙未差完 悶切何可
言 科事退秋
尊之歷訪之約 似將差池 良可歎悵
適仍家奴之進去舊館 暫此
寄音 不宣 統惟
尊照 謹候狀
己酉 一月 二十四日 有慶

【물목】
曆書 雖晩 一件送呈

【서산(瑞山) 김□□(金)□□ 편지】

【피봉】
봉생원 하사(下史)에게 곧바로 전달해 주십시오.

【번역】
이별의 회포는 아직도 매우 서운합니다. 지난번 눈 내리는 추위에 정양하시는 안부는 어떠하셨는지요? 그리운 마음 가눌 길 없었습니다. 저는 돌아올 때 심한 감기에 걸려 40일을 신음하며 고생하였는데 아직도 완전히 낫지 않고 있으니 걱정을 어떻게 말로 하겠습니까? 과거시험이 가을로 연기되는 바람에 당신께서 찾아오시겠다는 약속이 어긋날듯하니 참으로 한탄스럽습니다. 마침 집의 종이 구관(舊館)으로 간다고 하기에 이렇게 잠깐 소식을 부칩니다. 이만 줄이니 헤아려주시기 바랍니다. 안부편지 올립니다.
기유년 1월 24일, 김유경(金有慶)

【물목】
달력은 비록 늦었지만 한 개를 보냅니다.

45. 선璿의 간찰

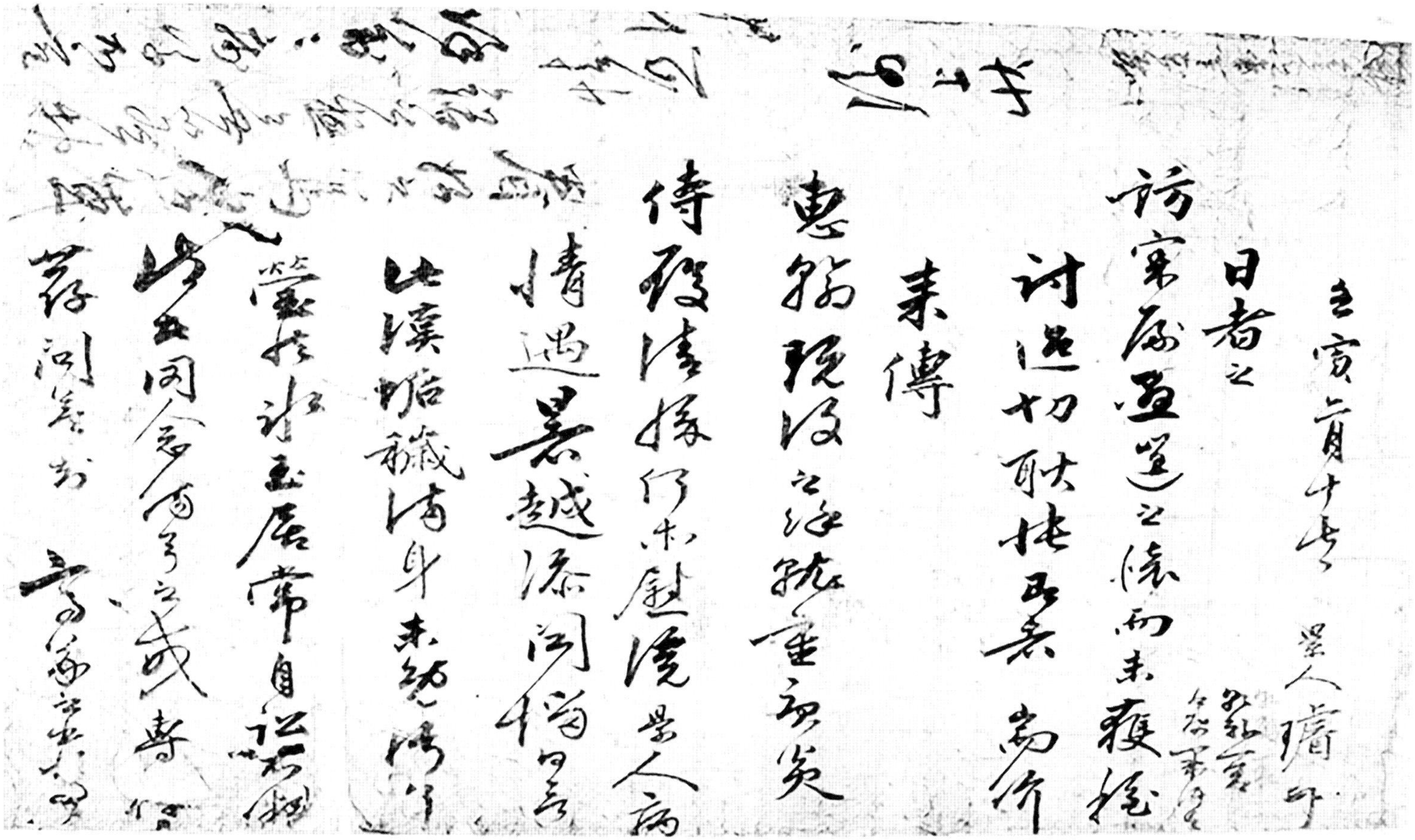

【탈초】

日者之 / 訪 宲副懸迬之懷 而未獲穩 / 討 迨切耿悵 卽者 耑价 / 來傳 / 惠翰 玩復之餘 就審庚炎 / 侍履淸勝 何等慰浣 纍人病 / 情 遇暑越添 悶惱何言 / 此漢 垢穢滿身 未免汚行 / 瑩然氷玉 居常自訟〔不料〕/ 侍者 罔念傷弓之戒 專〔伻〕/ 荐問 益知高義之出常 / 眷好之篤厚 感 / 銘之極 無以圖報 / 餘萬萬 病草不宣 / 伏惟 / 情照 謹上狀 / 壬寅 六月 十七日 纍人 璿 頓

【물목】

乾鰒一合

白紙一束 汗呈

【번역】

일전에 방문해주신 것은 참으로 그리운 회포에 걸맞았지만 조용히 이야기를 나주지 못한 것은 아직까지 서운합니다. 방금 심부름꾼이 찾아와 편지를 전해주어 여러 번 읽어보고 삼복더위에 부모님 모시고 잘 지내신다니 얼마나 위안이 되던지요.

죄인인 저는 병이 더위를 만나 심해져만 가니 민망함을 어떻게 말로 하겠습니까? 저는 몸에 티끌이 가득하여 더러운 행실에서 벗어나지 못하고, 맑고 깨끗한 빙옥(氷玉)같은 당신의 모습에서 언제나 제 자신의 허물을 자책합니다. 저에 대해서 상궁(傷弓)의 경계[94]를 생각지 않으시고 심부름꾼을 보내어 거듭 위문해주시니 당신의 높으신 의리가 상정(常情)에서 벗어나 돌보아주시는 후의를 알고 잊지 못하는 지극한 마음을 다 갚을 수조차 없습니다. 나머지 할 말이 많은데 병들어 급히 쓰고 이만 줄입니다. 살펴주시기를 바라며 편지를 올립니다. 임인년 6월 17일, 죄인[纍人] 선(璿)은 머리를 조아립니다.

【물목】

마른 전복 1홉, 백지 한 묶음을 부끄럽지만 보내드립니다.

94 상궁(傷弓)의 경계 : 《신당서(新唐書) 107》〈부혁열전(傅奕列傳)〉에, 당(唐)나라 부혁(傅奕)이 한왕(漢王) 이양(李諒)에게 말하기를, “끓는 국에 덴 사람은 냉채를 불어 마시고, 화살에 다친 새는 굽은 나무를 보고도 놀란다.[懲沸羹者吹冷虀 傷弓之鳥驚曲木]”라는 구절에서 온 말로, 귀양 가 있는 자신을 꺼려하지 않고 문안해줌을 비유하여 이르는 말이다.

46. 윤광적尹光廸의 간찰

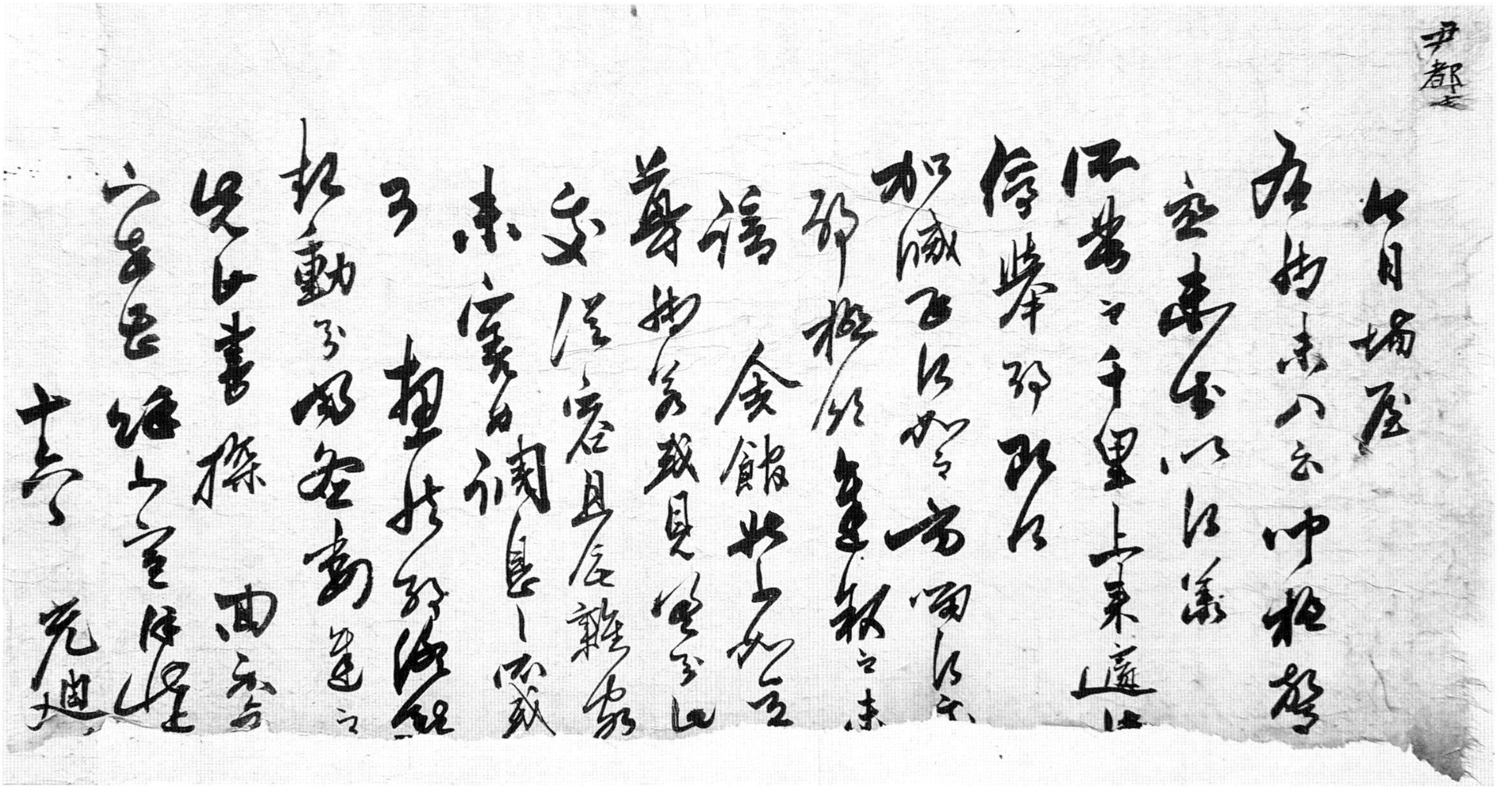

【탈초】

今日 場屋 / 爲病未入云 聞極驚 / 慮 未知以何恙 / 所苦 而千里上來 適此 / 停擧耶 卽今 / 加減正何如 而尙留行處 / 耶極欲進敍 而未 / 諳舍館 姑不如意 / 尊病 若或見差 則此 / 處從容 且無雜客 / 未害爲調息之所 或 / 可惠然耶 洛〔館〕 / 起動則當圖委進 而 / 先此書探 回示〔命〕 / 下幸甚 餘不宣 謹狀上 / 十六日 光廸

【번역】

금일 과거시험장에 병으로 들어가지 못했다고 하니 놀라고 걱정이 되었습니다. 무슨 병으로 고생을 하면서 천리 길을 여기까지 올라와 과거를 못 보셨는지요? 지금 병의 차도는 어떻습니까? 아직도 가신 곳에 머물러 계신지요? 찾아뵙고 싶지만 머물고 계신 여관을 몰라 뜻대로 하지 못하였습니다.

당신의 병이 만약 차도가 있다면 이곳은 조용하고 잡객(雜客)이 없어 병을 조리하는데 해롭지 않을 것이니 오실는지요? 서울 여관에서 지내시는 안부를 당연히 나아가 찾아뵐 것을 도모해야 하지만, 우선 편지로 탐문하니 회답을 주시면 매우 다행이겠습니다. 나머지는 이만 줄이고 편지를 드립니다.

16일, 윤광적(尹光廸)

47. 이후달李厚達의 간찰

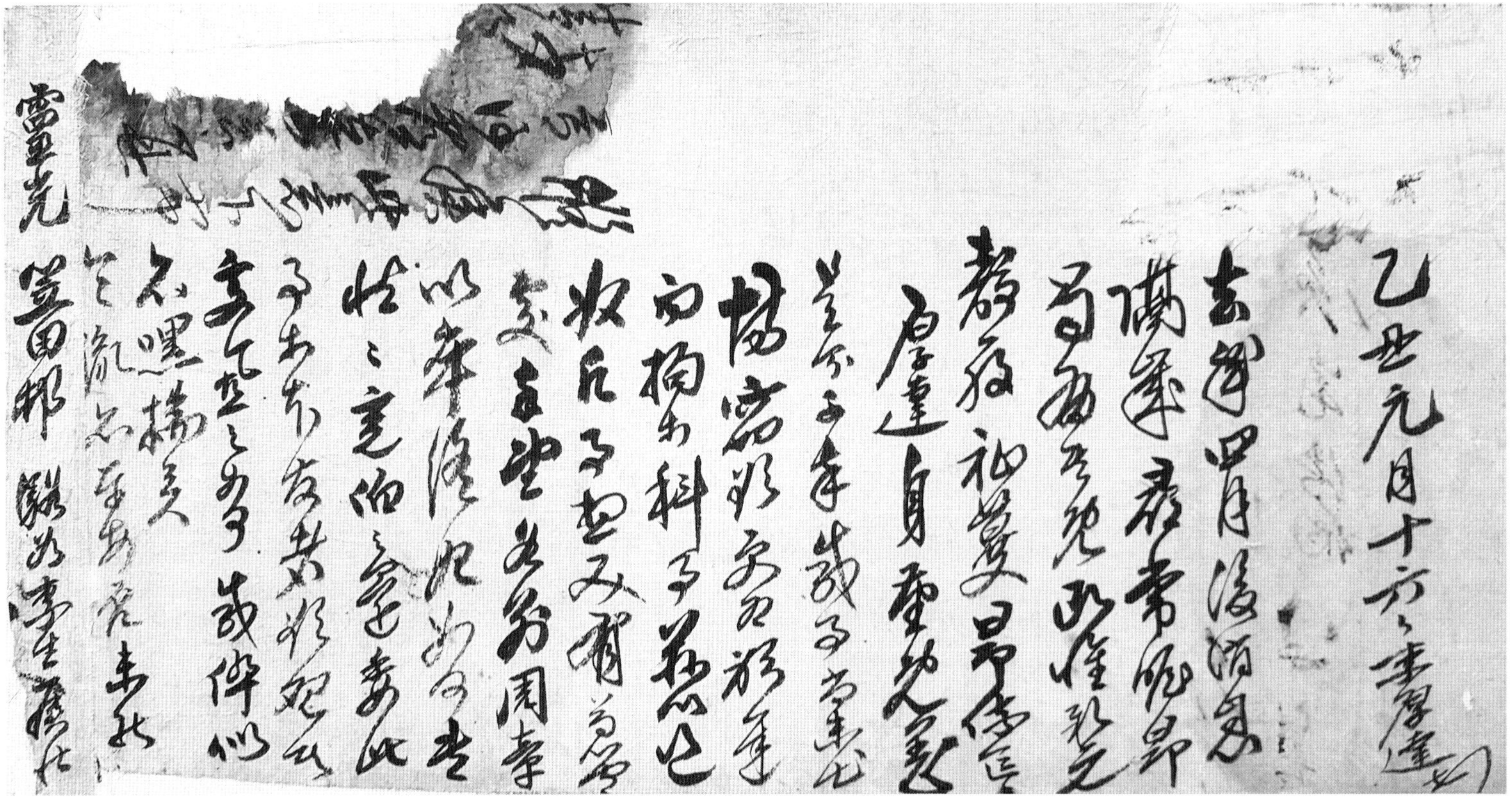

【피봉】

靈光 笠田邨

駱谷 李生

【탈초】

去年 四月後 消息 / 隔歲 尋常瞻昻 / 曷有其旣 卽惟新元 / 靜履祉蔓 昻溸區區 / 厚達 身堇免恙 / 是則可幸 咸事 尙未 / 出場 竊欲更爲躬進 / 而拘於科事 玆以送 / 奴 凡事 想必有苟簡 / 處 幸望 各別周章 / 以卒終始 如何 專 / 恃專恃 完伯之還 委此 / 事於本官者 欲觀其 / 處置之如何 咸倅 似 / 亦嘿揣矣 / 令胤 亦平安否 未能 / 修候 此意下布 / 焉 餘都在〔默會〕 不具 / 式 伏惟情〔照〕 / 乙丑 元月 十六日 李厚達 頓

【피봉】

영광(靈光) 입전촌(笠田村)

낙곡(駱谷) 이생(李生)의 안부편지

【번역】

지난해 4월 이후로 한 해나 소식이 막혀 늘 그립던 마음이 어찌 끝이 있었겠습니까? 새해 정양하시는 안부가 복을 받으시리라 생각하니 간절히 그립습니다.

저는 겨우 병에 걸리지 않고 지내고 있으니 이것이 다행입니다. 함평(咸平)의 일은 아직 끝나지 않아 다시 직접 찾아뵙고 싶지만 과거시험에 얽매여 이렇게 종을 보냅니다. 모든 일에 거칠고 엉성하니 각별히 주선하여 일을 마무리 짓도록 해주시는 것이 어떻겠습니까? 오로지 믿고 있습니다. 전라도 관찰사가 돌아오면 이 일을 본관(本官)에 맡겨 어떻게 일을 처리할는지 살펴보고 싶은데, 함평 수령도 묵묵히 헤아려 주실 듯합니다.

아드님도 평안한지요? 안부편지를 쓰지 못하니 제 뜻을 알려주십시오. 나머지는 모두 이해하실 것이라 생각하고 격식을 갖추지 않습니다. 살펴주시기를 바랍니다.

을축년[1745] 1월 16일, 이후달(李厚達)[95]은 머리를 조아립니다.

95 이후달(李厚達1714~1761) : 자는 군집(君集)이다. 문과에 장원으로 급제하여 능주부사(綾州府使) 등을 지냈다.

48. 질晊의 간찰

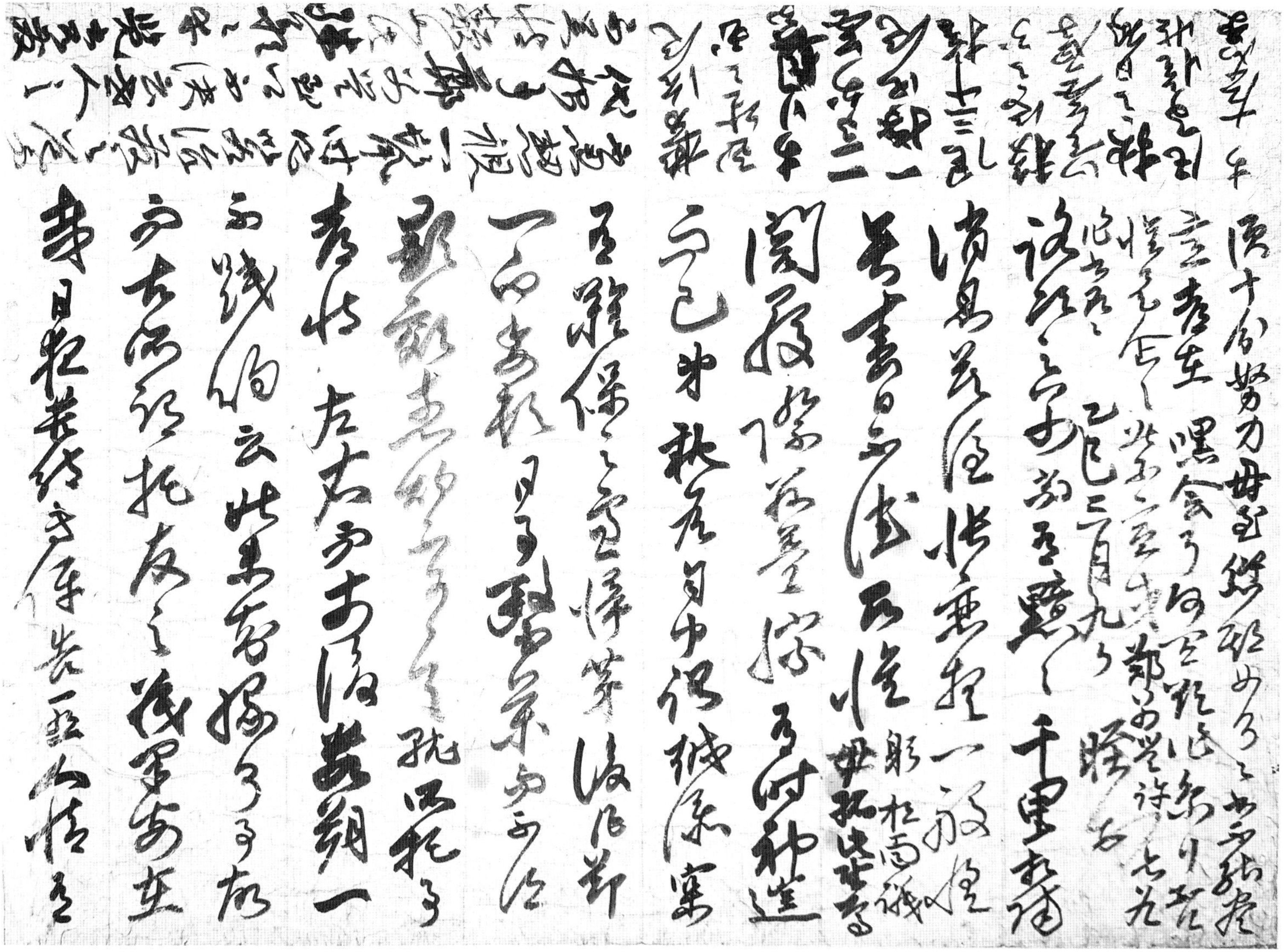

【탈초】

路次之別 尙有黯黯 千里相隔 / 消息莫憑 悵戀 想一般懷 / 矣 春日不佳 卽惟 / 閤履 際玆益勝 有時神注 / 而已 第 親候 自中路越添 宲 / 有難保之慮 歸第後 凡節 / 一向委頓 日事醫藥 而不得 / 顯效 煎灼不可言 就所托事 / 都恃左右 而前後數朔 一 / 不踐約云 姑未知緣何事故 / 而古所謂 托友之義 果安在 / 哉 日夜苦待 專伻告急 人情有 / 不忍恝視 一鬣時送 以爲治發之道 不 / 代婢事 鄭別監 至今不決云 世人之 / 不足恃類如此 殊歎殊歎 幸覽書 卽發 / 極力治送 / 至望至望 至 / 於行具 則 / 一馬外 無 / 一緡所送 / 限三十 旋 / 移送之 則 / 豈無厚 / 報之日耶 / 凡事 惟恃 / 於左右 更 / 須十分努力 毋至愆期 如何如何 書不能盡 / 意 都在嘿會耳 何間 欲作京行否 / 惟是企是企 姑不宣式 鄭別監許 亦爲 / 作書 卽日 躬枉面議 無孤此望焉 / 乙巳 三月 九日 姪 頓

【번역】

길에서 헤어진 뒤 아직도 시름에 겹습니다. 천리나 서로 떨어져 소식조차 들을 길 없어 그리워하는 마음은 저와 마찬가지일 것이라 생각합니다. 봄 날씨가 고르지 않은데 가족들 안부는 요사이 더욱 좋으시리라 생각하면서 때때로 그리워만 할 뿐입니다.

저의 부모님의 병은 도중에 더 심하여 실로 보존하기 어려운 걱정이 있습니다. 집으로 돌아오고 나서 범절이 줄곧 쇠약하여 날마다 약에 매달리고 있지만 효험이 없으니 애타는 마음을 말로 할 수 없습니다.

드릴 말씀은, 부탁드린 일은 모두 그대만 믿고 있는데 전후로 몇 개월이 지났는데도 약속이 이행되지 않는다고 하니 무슨 일 때문이지 모르겠습니다. 옛날에 '벗에게 부탁한다.'는 의리가 어디에 있단 말입니까? 낮밤으로 고대하면서 심부름꾼을 통해 다급함을 말하니 인정상 차마 괄시하지 않고 한 마리 말을 이따금씩 보내 길을 나서는 도구로 삼게는 하였지만 대비(代婢)의 일이 아닌데도 정별감(鄭別監)이 아직도 결정하지 못하고 있다고 합니다. 세상 사람들을 믿지 못하는 것이 이와 같으니 자못 한탄스럽습니다. 편지를 보시고 곧바로 힘써 보내주시기를 지극히 바랍니다.

여행 도구로는 한 마리 말 외에는 한 푼도 보낸 것이 없으니 30일까지 곧바로 보내주신다면 어찌 두터이 보답할 날이 없겠습니까? 모든 일은 오직 그대만 믿겠습니다. 모쪼록 십분 힘써주셔서 약속을 어기지 않도록 하는 것이 어떻습니까? 글로는 뜻을 다 적지 못하니 모두 묵묵히 헤아려주십시오. 언제쯤 서울에 오실는지요? 오직 이를 기대하며 이만 줄입니다. 정별감에게도 편지를 썼으니 오늘 직접 찾아가 만나 의논해서 저의 바람을 저버리지 말도록 하십시오.

을사년 3월 9일, 질(姪)은 머리를 조아립니다.

49. 질姪의 간찰

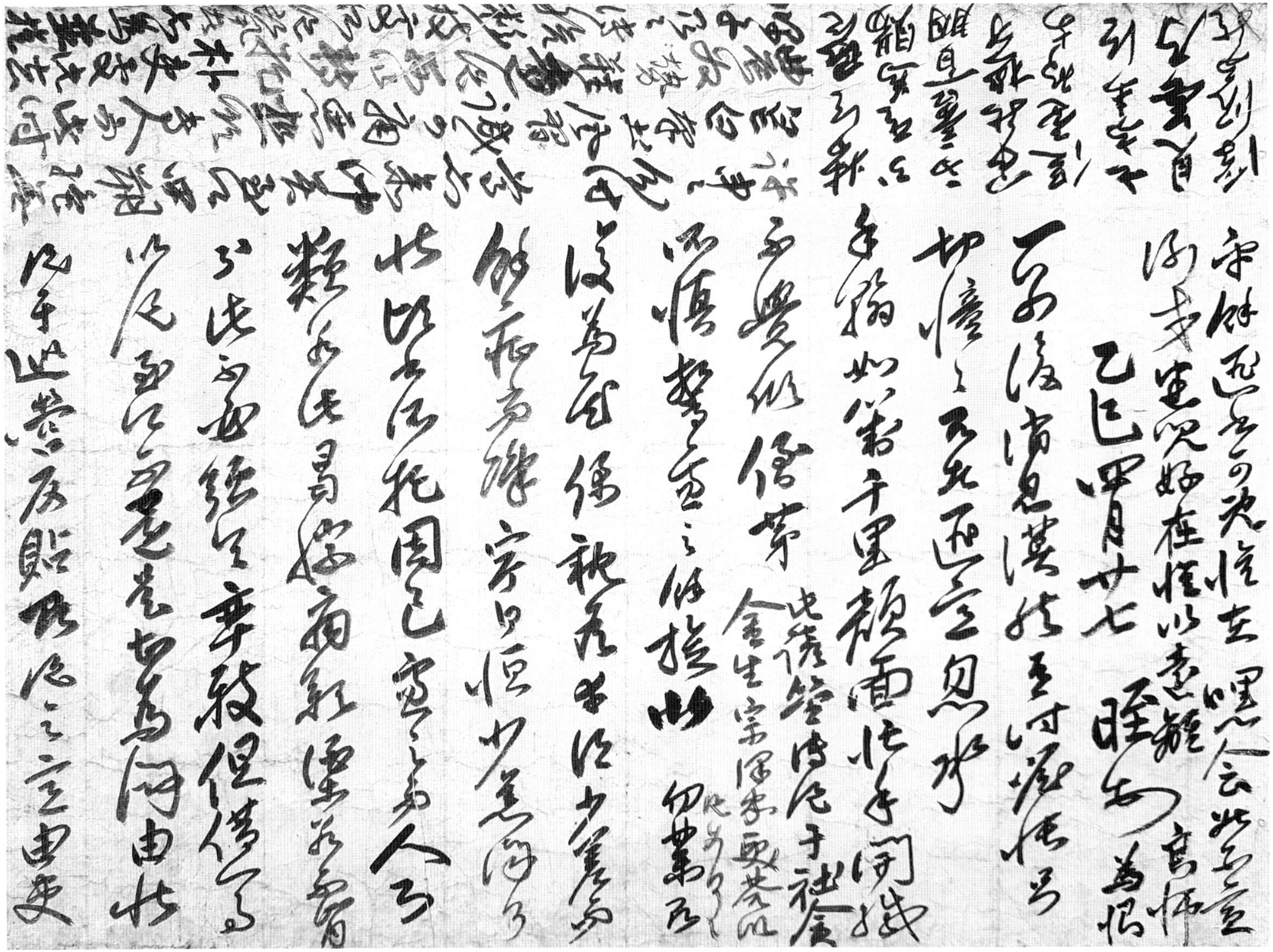

【탈초】

一別後 消息漠然 有時瞻悵 只 / 切憧憧 卽者 匪意 忽承 / 手翰 如對千里顔面 忙手開緘 / 不覺欣倒 第 / 所愼驚慮之餘 旋以勿藥卽 / 復爲慰 僕 親候 幸得小差 而 / 餘病尙凜 寧日恒少 焦悶可 / 狀 頃書所托 固已慮之 而人心 / 類若此 曷勝痛歎 渠若不肯 / 則此不必强令率致 但借馬 / 以送 至今不還 是甚爲悶 由狀 / 送于巡營 反貼 卽送之意 由吏 / 許 申申分付 尊亦參聞矣 至今四朔 絶無 / 皁白 南土風習 誠可痛惡 極欲專人 而此時 / 農奴 勢難遠送 玆以轉托朴吏處 此去 / 牌子 卽日傳給 粉妓處 所送鬣者亦爲並旋 / 督令 卽送 / 則其爲賜 / 不啻百朋 / 果能極力 / 促還耶 前 / 書 尙未得 / 見 無乃浮沈 而然 / 乎 餘匪書可旣 惟在嘿會 姑不宣 / 謝式 迷兒好在 惟以遠離良師爲恨 / 乙巳 四月 卄七 晊 頓

【추신】此諺簡 傳送于社倉 金生宗澤家 受答以 / 送 如何如何

【번역】

한번 헤어진 뒤에 소식이 막연하여 때로 그리운 마음만 간절했었는데 오늘 뜻밖에 편지를 받으니 마치 천리에서 얼굴을 마주한듯하여 바삐 봉투를 뜯어보고 기뻐 쓰러지는 것도 모를 정도였습니다. 다만 병환에 관한 소식에 놀라고 염려하던 끝에 곧바로 회복되었다고 하니 위안이 됩니다.

저는 부모님의 병은 다행히 조금 낫기는 했지만 아직도 남은 증세가 위태로워 마음 편할 날이 적으니 애타는 마음을 어떻게 말로 하겠습니까? 지난번 편지에 부탁하신 것은 굳게 생각해봤는데 사람의 마음이란 것이 대개 이와 같으니 통탄함을 어떻게 이기겠습니까? 그가 만약 하려고 하지 않는다면 반드시 억지로 끌어올 수도 없습니다. 다만 말을 빌려서 보냈는데 지금까지 돌려보내지 않으니 매우 걱정입니다. 유장(由狀)[96]을 순영(巡營)에 보내고 반첩(反貼)[97]하라는 뜻을 유리(由吏)[98]는 신신당부하였으니 그대도 들었을 것입니다. 그런데 지금 넉 달이 되었는데도 조금도 잘잘못에 관해 말이 없으니 남토(南土)의 풍습이 진실로 통탄스럽고 추합니다.

심부름꾼을 보내고 싶은 마음 간절하지만 지금 농노(農奴)들을 멀리보내기는 어려운 상황이라 이렇게 박아전[朴吏]에게 둘러 부탁해서 이번에 보내는 패자(牌子)[99]를 오늘 전달하게 하였고, 기생에게 보내는 말도 아울러 독촉해서 즉시 보낸다면 내리신 은혜가 백붕(百朋)[100]

96 유장(由狀) : '해유장(解由狀)'의 준말로, 지방수령 등이 임기를 마치고 떠날 때 후임자에게 요청하여 받는 인수인계 완료를 확인하는 문서를 이른다.

97 반첩(反貼) : 공문서에 의견을 붙여서 돌려보내는 것을 이른다.

98 유리(由吏) : 해유(解由)에 관한 일을 맡아보는 아전을 이른다.

99 패자(牌子) : 지위가 높은 사람이 낮은 사람에게 공식으로 보내는 편지를 이른다. 패지(牌旨), 또는 패자(牌字)라고도 한다.

100 백붕(百朋) : 많은 녹(祿)이나 재물을 선사받는 것을 상징하는 말이다. 《시경(詩經)》〈소아(小雅)·청청자아(菁菁者莪)〉에, "나에게 많은 재물을 준다.[賜我百朋]"라고 한 표현에서 온 말이다. 옛날 화폐로 사용하던 조개에 대패(大貝), 장패(壯貝), 현패(玄貝), 소패(小貝), 불성패(不成貝) 등 5종이 있었는데, 이 중 불성패(不成貝)를 제외한 4종류의 패(貝)를 모두 각각 두 개씩 짝을 지어 놓은 상태를 붕(朋)이라고 하며, 이런 붕(朋)이 백(百)이나 될 정도로 많은 재화(財貨)를 백붕(百朋)이라고 하였다

일 뿐만이 아니니 힘써 재촉해서 돌려보내 주실는지요? 앞에 보낸 편지를 아직도 보지 못했다니 아마도 중간에 누락이 되어 그렇습니까? 나머지는 편지로 다 할 수 없으니 묵묵히 헤아려주십시오. 이만 줄이고 답장을 합니다. 저의 아이는 잘 있습니다. 멀리 훌륭하신 스승을 떠나게 되니 한스럽습니다.

을사년 4월 27일, 질(侄)은 머리를 조아립니다.

【추신】

이 언문 편지는 사창(社倉)[101]의 김종택(金宗澤)의 집에 전해주시고 답장을 받아서 보내주시는 것이 어떻겠습니까?

101 사창(社倉) : 조선시대 각 지방 군현의 촌락에 설치된 곡물 대여 기관을 이른다. 여기서는 사창(司倉)이 있는 고을을 이른다.

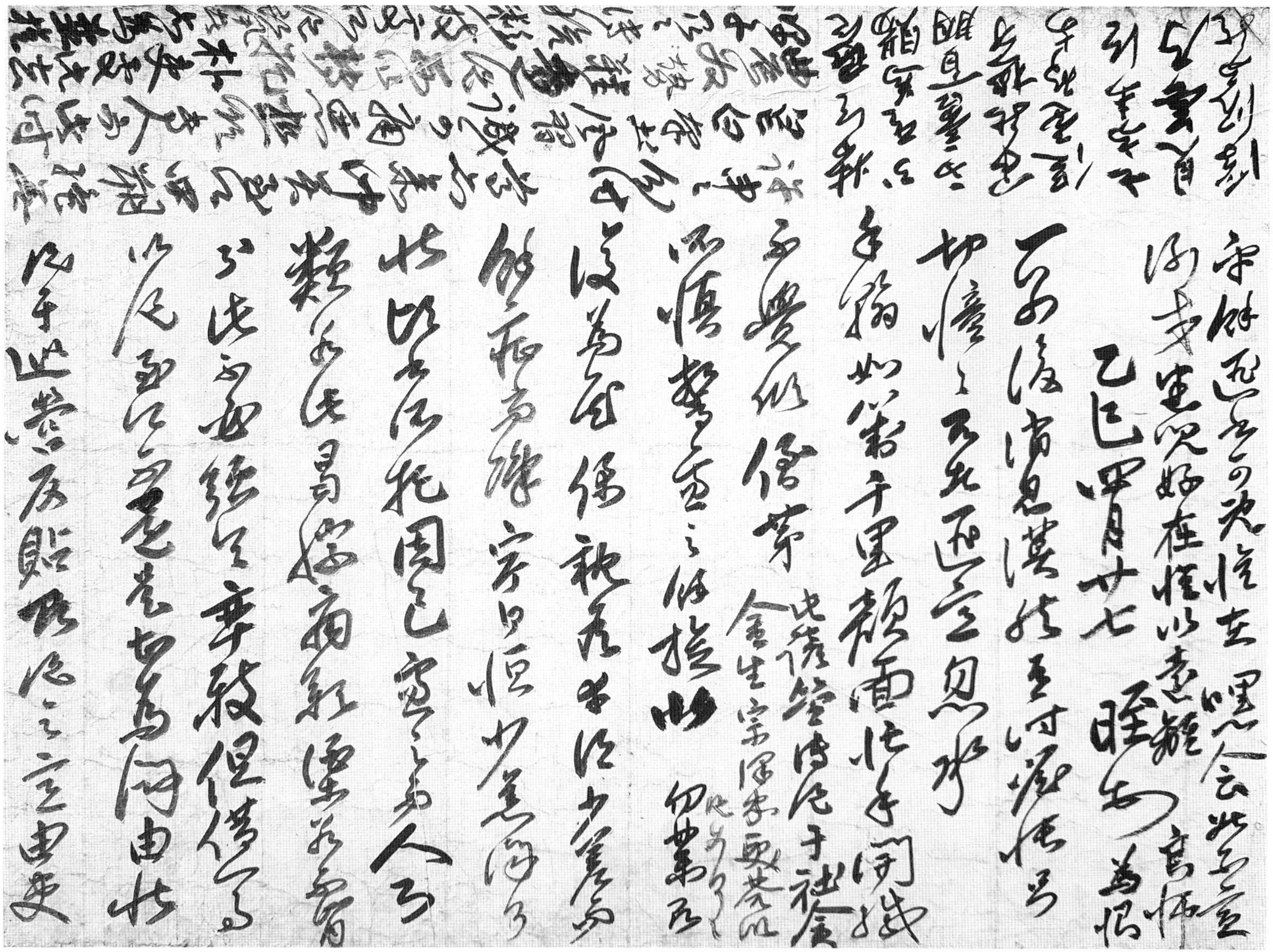

50. 형철亨喆의 간찰

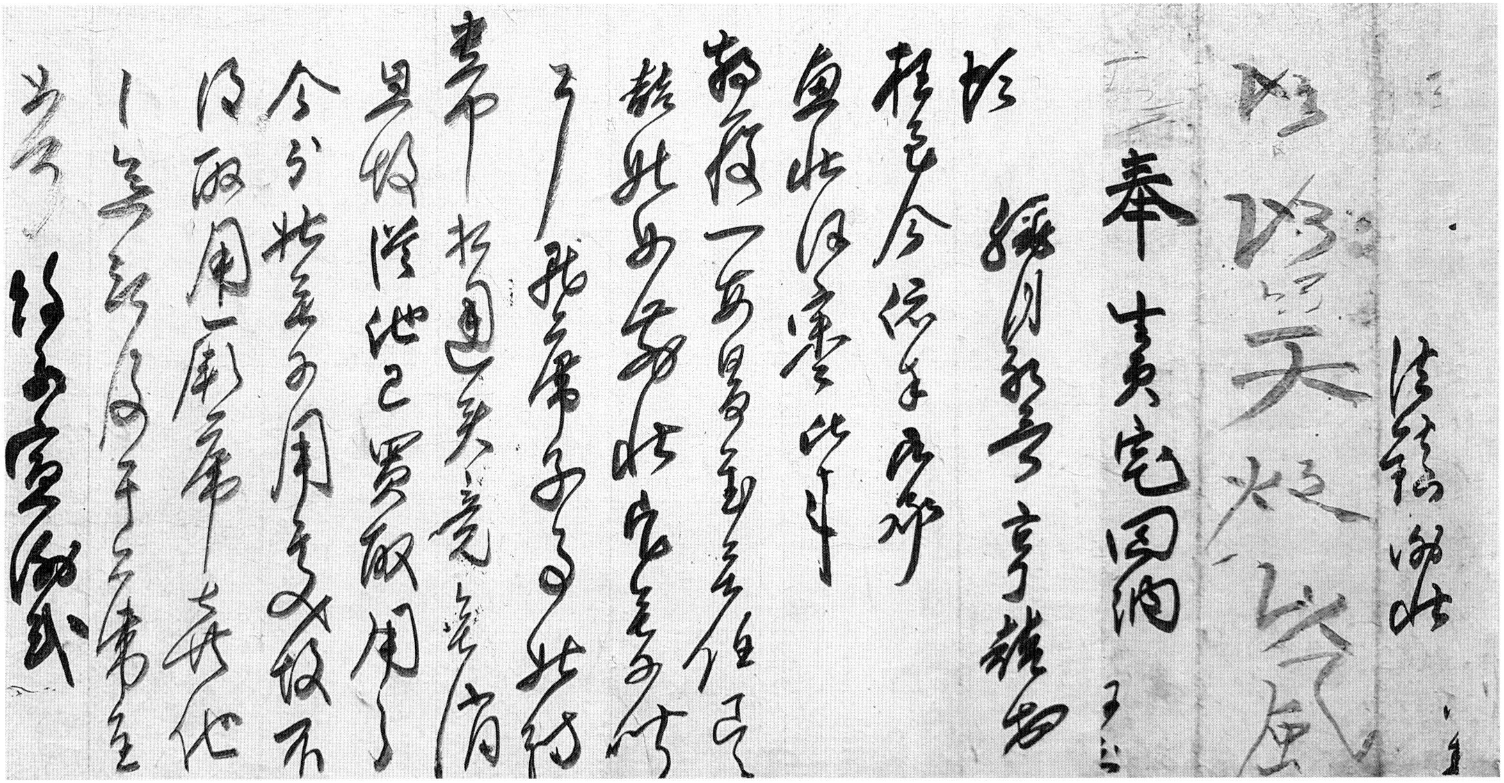

【피봉】

法鎭 謝狀
奉生員宅 回納

【탈초】

頃 / 枉 至今依幸 卽承 / 惠狀 謹審 比來 / 靜履一安 昻慰無任區區 / 喆 姑如前狀 它無可聞 / 耳 就 席子事 姑待 / 貴中相通矣 竟無消 / 息 故從他 已買取用之 / 今則 姑無可用處 故不得 / 取用厥席 賣他 / 之意 言及于席主 / 如何 餘不宣謝式 / 臘月 初三日 亨喆 頓

【피봉】

법진(法鎭)에서 보내는 답장
봉생원댁으로 회답함

【번역】

지난번 찾아주신 것이 지금까지 기쁩니다. 오늘 편지를 받고 요즘 정양(靜養)하시는 안부가 한결같이 편안하시다니 간절히 위로되는 마음 가눌 길 없었습니다. 저[鎭]는 예전이나 다름없이 지내고 있어 달리 드릴 말씀은 없습니다.
다름 아니라, 돗자리에 관한 일은 당신께서 통보해주시기를 기다렸었는데 끝내 소식이 없어 다른 곳에서 사서 쓰고 있습니다. 이제는 쓸 데가 없으니 그 자리를 다른 곳에 팔라는 뜻을 자리주인에게 말해주시는 것이 어떻겠습니까? 나머지는 이만 줄입니다.
12월 3일, 형철(亨喆)은 머리를 조아립니다.

51. 안당安堂의 유묵

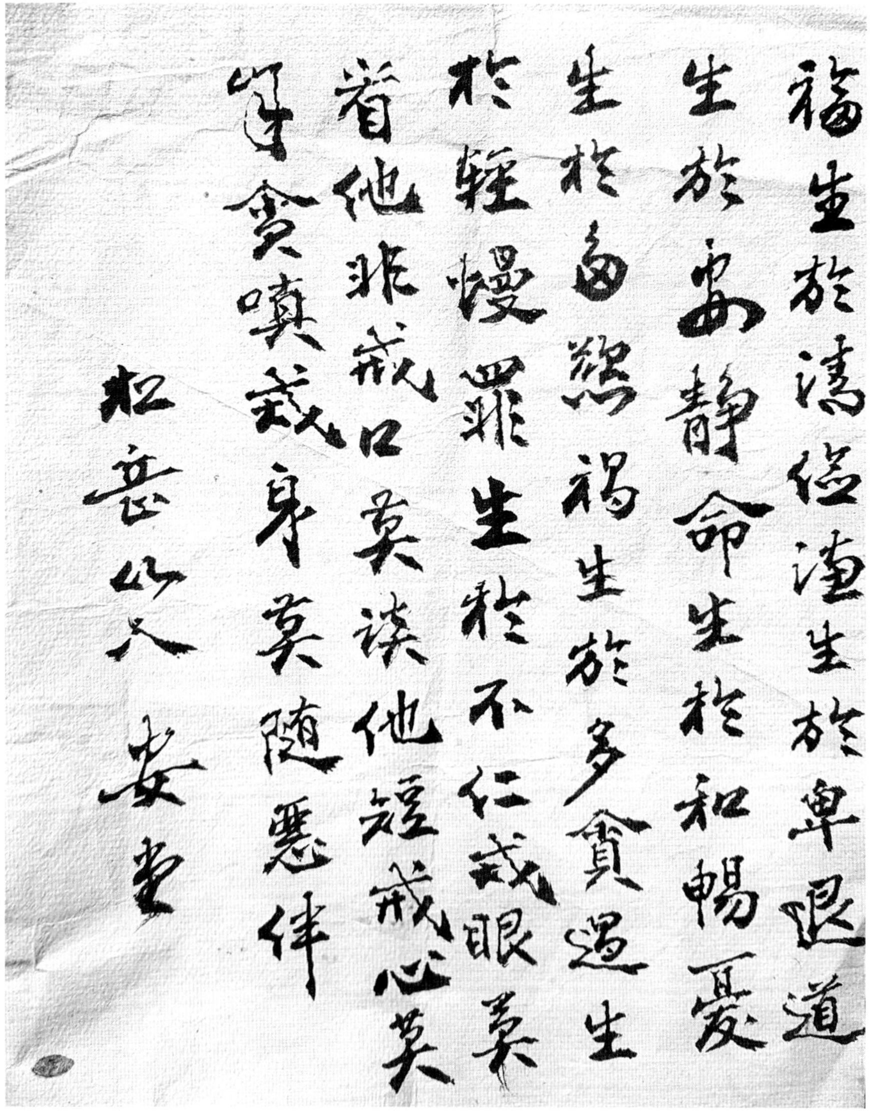
福生於淸儉德生於卑退道生於安靜命生於和暢憂生於自慾禍生於多貪過生於輕慢罪生於不仁戒眼莫看他非戒口莫談他短戒心莫自貪嗔戒身莫隨惡伴

安堂

【탈초】

福生於淸儉 德生於卑退 道
生於安靜 命生於和暢 憂
生於多慾 禍生於多貪 過生
於輕慢 罪生於不仁 戒眼莫
看他非 戒口莫談他短 戒心莫
自貪嗔 戒身莫隨惡伴
松岳山人 安堂

【번역】

복은 맑고 검소한데서 생기고 덕은 자신을 낮추는데서 생기고 도는 편안하고 고요한데서 생기고 천명은 화창한데서 생기고 근심은 욕심이 많은데서 생기고 재앙은 지나친 탐욕에서 생기고 잘못은 경솔하고 교만한데서 생기고 죄는 어질지 못한데서 생기는 것이니, 눈을 경계하여 다른 사람의 그릇된 것을 보지 말고 입을 경계하여 다른 사람의 잘못을 말하지 말고 마음을 경계하여 탐내거나 성내지 말며 몸을 경계하여 나쁜 친구를 따르지 말라.[102]

송악산인(松岳山人) 안당(安堂)

102 위 내용은《명심보감(明心寶鑑)》〈정기편(正己篇)〉의 구절이다.

52. 변준卞準의 시

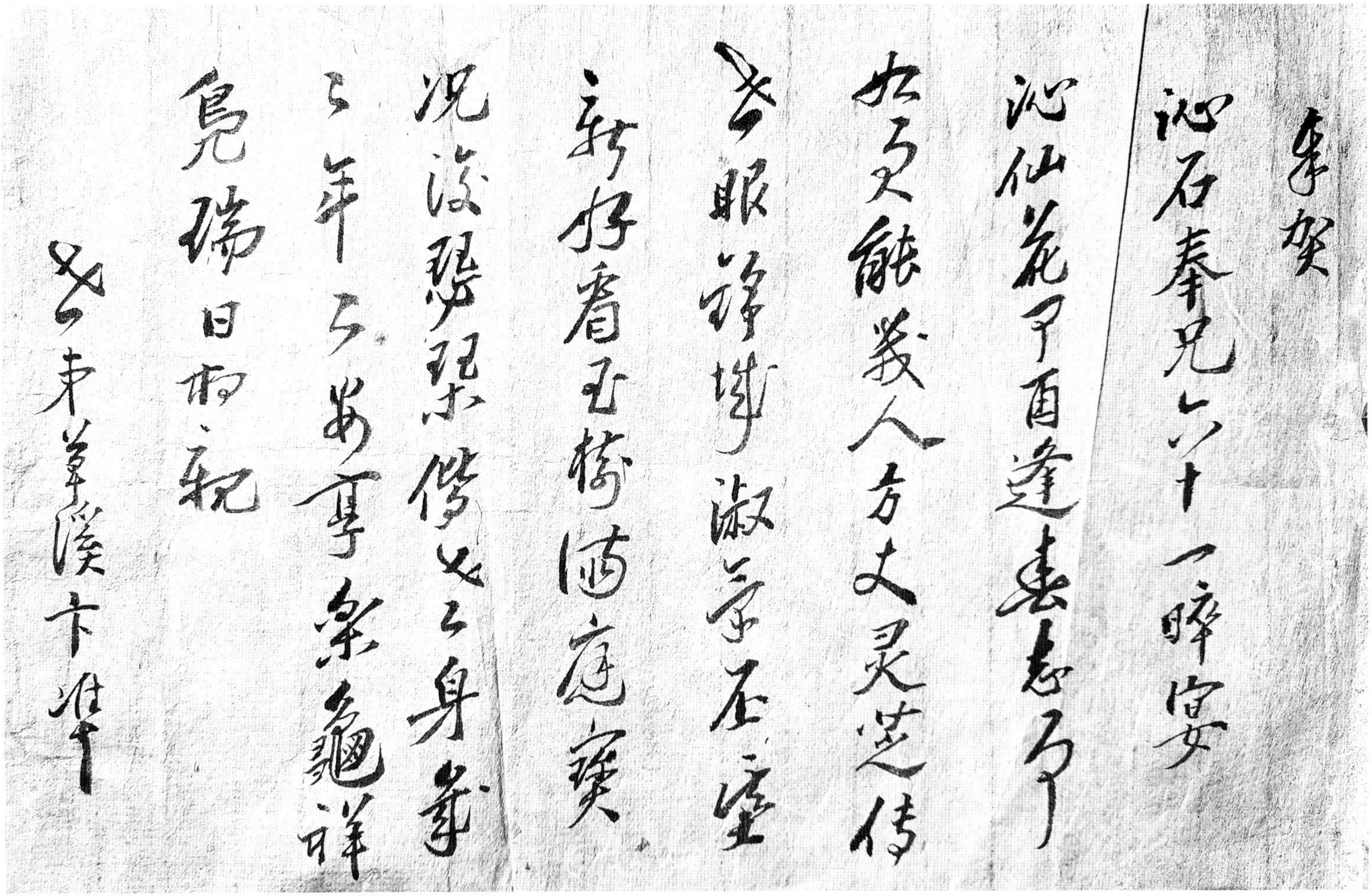

【탈초】

奉賀 / 沁石奉兄六十一晬宴 / 沁仙花甲再逢春 志事 / 如君能幾人 方丈靈芝傳 / 世眼 錦城淑氣丞塞 / 新 好看玉樹滿庭寶 / 況復瑟琴偕老身 歲 / 歲年年安享樂 龜祥 / 鳧瑞日相親 / 世弟 草溪 卞準

【번역】

심석(沁石)[103] 봉형(奉兄)의 61번째 생일 찬지를 축하드리며.

심산(沁山)의 신선 회갑 지나 또 봄을 맞으니
그대 같은 뜻 가진 사람 몇이나 될까?
방장산(方丈山)[104]의 영지가 세속사람 눈에 전해지고
금성(錦城)의 맑은 기운 싱그러움 가득하네.
뜰에 가득한 재주 많은 자식들[105] 보기 좋고
더구나 아내와 함께 해로하네.
해마다 편안히 누리니 즐겁고
거북과 오리 같은 상스러움으로 날마다 서로 친하네.

세제(世弟)[106] 초계(草溪) 변준(卞準)

103 심석(沁石) : 관향이 강화(江華)인데서 온 말이다. 심석(沁石)의 심(沁)은 강화의 옛 이름인 심주(沁州)에서 온 말이다.

104 방장산(方丈山) : 신선이 산다고 동해의 삼신산(三神山) 중 하나이다. 지리산(智異山)이라고도 한다.

105 뜰에……자식들 : 원문은 '玉樹滿庭寶'. 자질이 우수한 자제들을 이르는 말이다. 《진서(晉書)》〈사현열전(謝玄列傳)〉에, 진(晉)나라 태부(太傅) 사안(謝安)이 일찍이 여러 자질(子姪)들에게 "어찌하여 사람들은 자기 자제가 출중하기를 바라는가?"라고 묻자, 그의 조카인 사현(謝玄)이 "비유하자면 지란옥수가 자기 집 뜰에서 자라기를 바라는 것과 같습니다.[譬如芝蘭玉樹 欲使其生於階庭耳]"라는 구절에서 유래한다.

106 세제(從情) : 세교(世交)를 맺고 있는 상대에게 자신을 이르는 말이다.

53. 조병기曺秉紀의 시

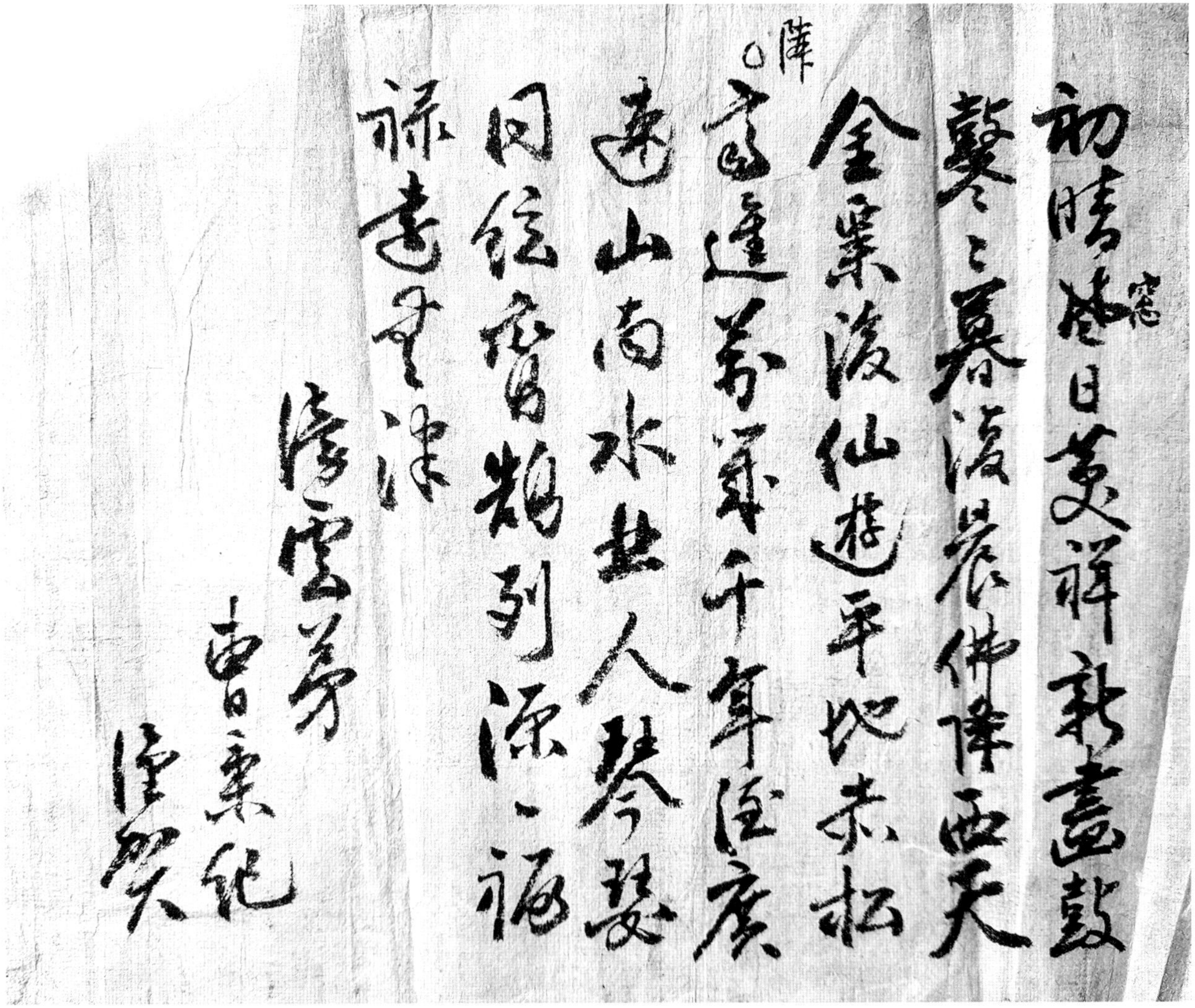

【탈초】

初晴〔風〕窓日慶祥新 畵鼓 / 鼕鼕暮復晨 佛降西天 / 金粟後 仙遊平地赤松 / 隣 高進萬歲千年酒 廣 / 速山南水北人 琴瑟 / 同絃鸞鵠列 源源福 / 祿遠無津 / 傍雲第 / 曺秉紀 / 謹賀

【번역】

새로 갠 창가엔 날마다 상스러움이 새롭고
아름다운 북은 둥둥 아침저녁에 울리네.
인도에서 부처가 내려온 것은 금속(金粟)[107]의 후신이고
땅에서 신선과 노닐며 적송자(赤松子)[108]와 이웃하네.
높이 만세천년의 술잔을 드리고
산남수북 사람들 널리 초대하였네.
아내와 함께하고 훌륭한 자제[109]들은 나란하니
깊은 복이 영원히 끝이 없네.

방운(傍雲) 아우 조병기(曺秉紀)는 삼가 축하를 드립니다.

---

107 금속(金粟) : '금속여래(金粟如來)'의 준말로 유마힐(維摩詰)을 뜻한다. 이백(李白)의 시에 "금속여래는 바로 나의 후신일세.[金粟如來是後身]"라는 구절이 있다.

108 적송자(赤松子) : 고대 전설상의 선인이다. 《사기(史記)》 〈유후세가(留侯世家)〉에, 한(漢)나라의 개국 공신 장량(張良)이 한 고조(漢高祖)를 도와 천하를 평정한 뒤에 유후(留侯)의 봉작을 받고 나서, "바라건대 인간 세상의 일을 버리고 적송자를 따라 노닐고 싶다.[願棄人間事 欲從赤松子遊耳]"라고 한 구절이 있다.

109 훌륭한 자제 : 원문은 '鸞鵠'. 당나라 한유(韓愈)가 지은 〈전중소감마군묘명(殿中少監馬君墓銘)〉에 "난새와 고니가 우뚝 서 있다.[鸞鵠停峙]"라는 구절이 있다.

54. 주표周杓의 간찰

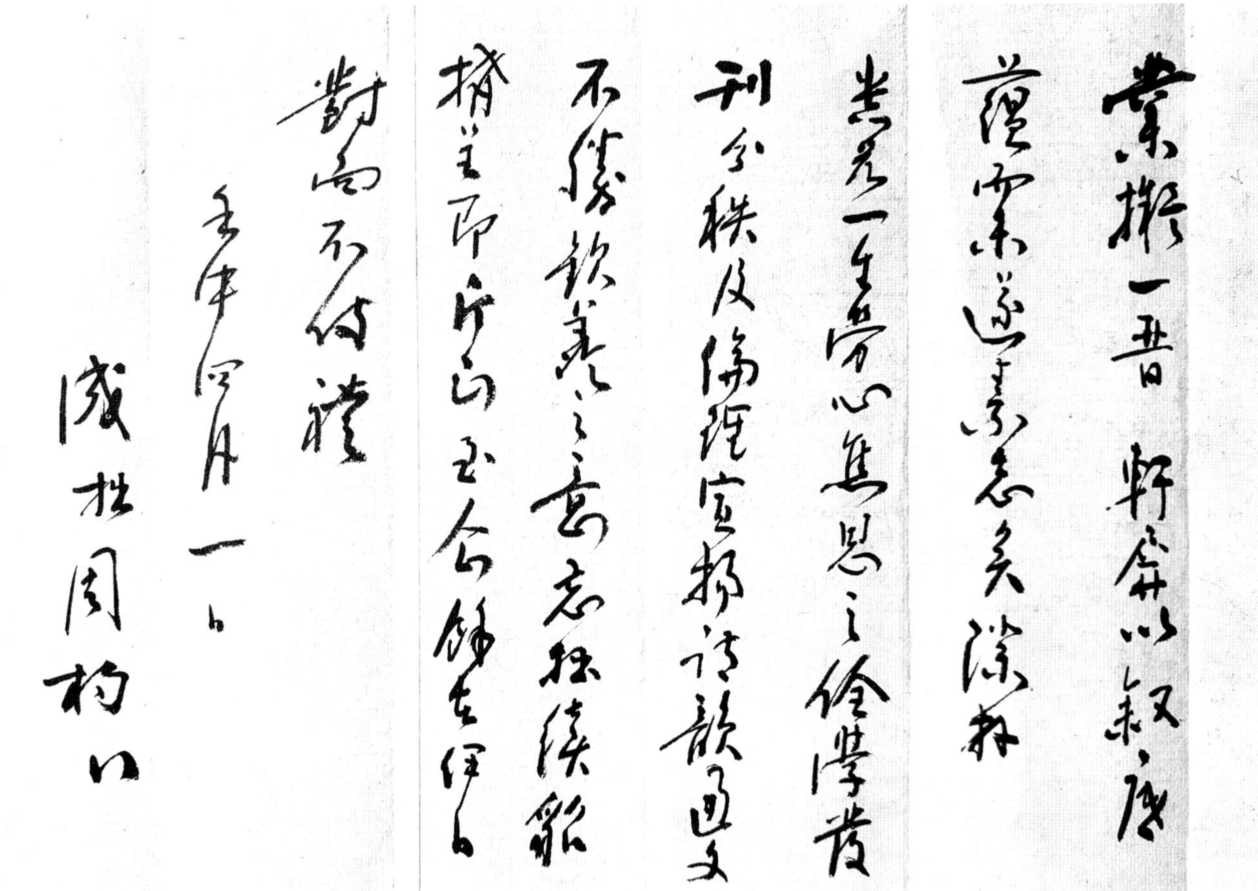

【탈초】

業擬一晉軒屛 以敍底
蘊 而未遂素志矣 際拜
貴兄一生 勞心焦思之佺學發
刊分秩 及倫理宣揚詩韻 通文
不勝欽羨之意 忘拙續貂
構呈 卽斤正至企 餘在伊日
對面 不備禮
壬申 四月 一日
成拙 周杓 拜

【번역】

진즉에 한 번 찾아가 속에 쌓였던 것을 말씀드리고 싶었지만 평소 품고 있던 뜻을 이루지 못했습니다.
이때에 형이 일생을 노심초사하여 《전학(佺學)》[110]을 발간하여 나누었던 것과 〈윤리선양(倫理宣揚)〉 시운과 통문에 대해 부러움을 이기지 못해 졸렬함도 잊고 속초(續貂)[111]를 위해 글을 엮어 보내드리니 바로잡아 주기기 바랍니다. 나머지는 그날 뵙고 나누기로 하고 이만 줄입니다.
임신년 4월 1일, 졸렬하게 지어 주표(周杓)는 절합니다.

110 전학(佺學) : 성재(誠齋) 봉기종(奉寄鍾)의 저작물로, 윷판을 주역으로 풀이한 내용이다.

111 속초(續貂) : '구미속초(狗尾續貂)'의 준말로, 개 꼬리로 담비 꼬리를 잇다는 뜻에서 훌륭한 것에 뒤이어 변변치 못한 것이 뒤따른다는 뜻으로 쓰인다. 《진서(晉書) 59》 〈조왕륜열전(趙王倫列傳)〉에, 진(晉)의 조왕륜(趙王倫) 일당이 고관(高官)이 되자, 그의 종까지도 관직에 올라 관을 장식하는 담비 꼬리가 부족하여 개 꼬리로 장식했던 고사에서 유래한다.

55. 권순명權純命의 문목問目

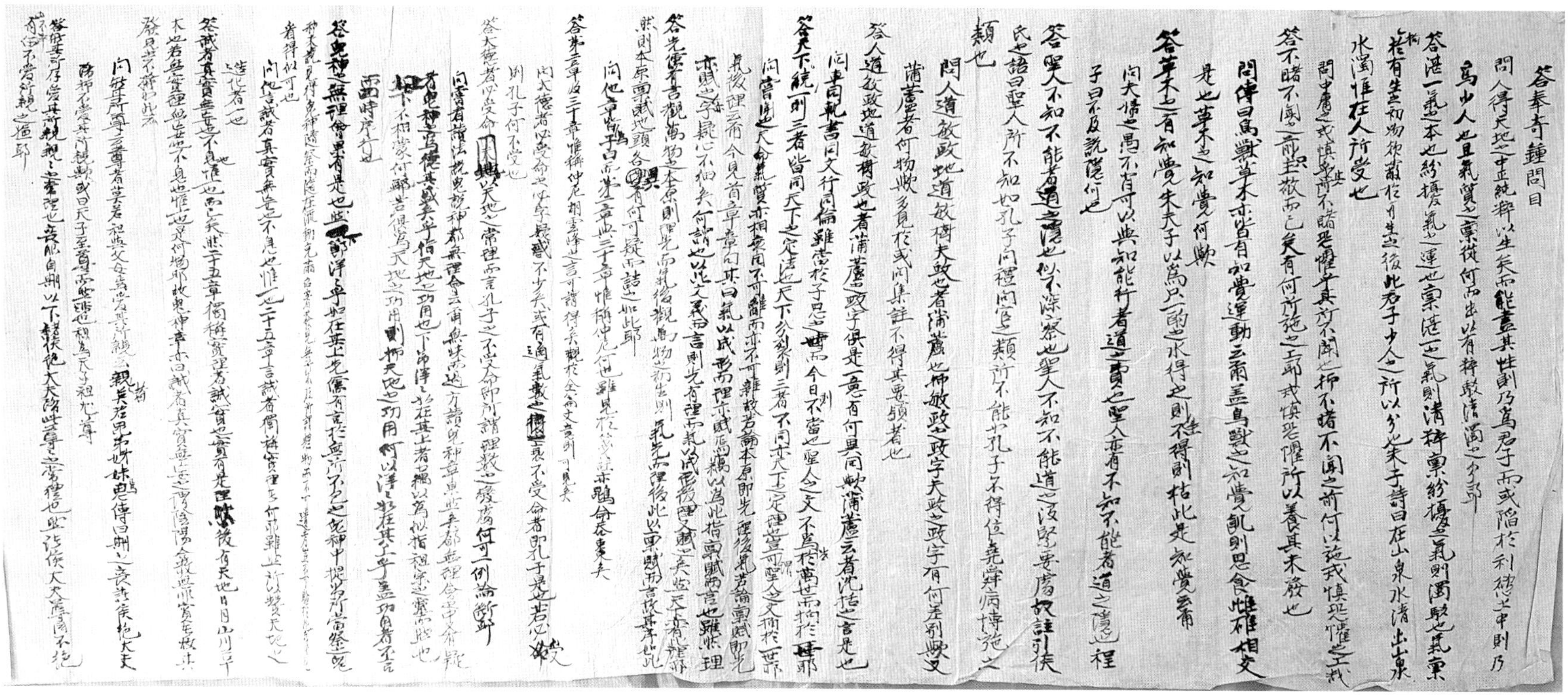

【答奉奇鍾問目】

〔問〕人得天地之中正純粹以生矣 而能盡其性 則乃爲君子 而或陷於利慾之中 則乃爲小人也 且氣質之稟 從何而出 以粹駁淸濁之分耶

〔答〕湛一氣之本也 紛擾氣之運也 稟湛一之氣 則淸粹 稟紛擾之氣 則濁駁也 氣稟拘於有生之初 物欲蔽於有生之後 此君子小人之所以分也 朱子詩 曰在山泉水淸 出山泉水濁 惟在人所受也

〔問〕中庸之戒愼乎其所不睹 恐懼乎其所不聞也 抑不睹不聞之前 何以施戒愼恐懼之工哉

〔答〕不睹不聞之前 只主敬而已矣 有何所施之工耶 戒愼恐懼 所以養其未發也

〔問〕傳曰鳥獸草木 亦皆有知覺運動云爾 盖鳥獸之知覺 飢則思食 雌雄相交是也 草木之知覺何歟

〔答〕草木之有知覺 朱夫子 以爲只一酌之水 得之則生 不得則枯 此是知覺云爾

〔問〕夫婦之愚不肖 可以與知能行者 道之費也 聖人亦有不知不能者 道之隱也 程子曰 不及說隱 何也

〔答〕聖人不知不能者 道之隱也 似不深察也 聖人不知不能 道之沒緊要處 故註引侯氏之語 曰聖人所不知 如孔子問禮問官之類所不能也 孔子不得位 堯舜病博施之類也

〔問〕人道敏政 地道敏樹 夫政也者蒲盧也 抑敏政之政字 夫政之政字 有何差别歟 又蒲盧子 何物歟 多見於或問集註 不得其要領者也

〔答〕人道敏政 地道敏樹 政也者蒲蘆之 政字 俱是一意 有何異同歟 蒲蘆云者 沈括之言 是也

〔問〕車同軌 書同文 行同倫 雖當於子思之世 而今日 則不當也 聖人之文 不爲當於萬世 而拘於一世耶

〔答〕天下一統[112] 則三者 皆同 天下之定法也 天下分裂 則三者 不同 亦天下之定理也 豈可謂聖人之文 拘於一世耶

〔問〕嘗聞之天命氣質 亦相衮同不可離 而亦不可離 故若論本原 卽先理後氣 若論稟賦 卽先氣後理云爾 今見首章章句 其曰 氣以成形 而理亦賦焉 竊以爲此指稟賦 而言也 雖然理亦賦之亦字 疑心不細矣 何謂也 以此文義 而言 則先有理 而氣以成形後 理又稟賦之矣 然天下亦有此理耶

〔答〕先儒 有言觀萬物之本原 則理先而氣後 觀萬物之初生 則氣先而理後 此以稟賦而言 故其序如此 然則本原稟賦地頭 各異有何可疑 而詰之如此耶

112 一統 : 원문에서 '統一'로 쓰고 오른쪽에 교정부호를 찍어 수정하였다.

〔問〕他章皆爲子曰 而第二章 與三十章 惟稱仲尼 何也 雖見於箋註 亦鶻侖呑棗矣
〔答〕第二章及三十章 惟稱仲尼 胡雲峯之言 可謂得矣 觀於全篇文意 則可見矣

〔問〕大德者 必受命之 必字 疑惑不少矣 或有適氣數之衰 不受命者 卽孔子是也 若必受 則孔子何不受也
〔答〕大德者 必受命 以天地之常理而言 孔子之不受命 卽所謂理數之變處 何可一例論斷耶

〔問〕嘗看讀法 說鬼說神 都無理會云爾 無味而過 方讀鬼神章果然矣 都無理會之中 又有疑者 鬼神之爲德 其盛矣乎 指天地之功用也 下節 洋洋如在其上者也 竊以爲似指祖宗之靈而然也 上下不相蒙何耶 若俱爲天地之功用 則抑天地之功用 何以洋洋如在其上乎 盖功用者 不言而四時序行也
〔答〕鬼神之無理會 果有是也 然下節 洋洋乎如在其上 先儒有言於無所不包之鬼神中 提出所當祭之鬼神來說 見得鬼神 隨祭而隨在 流動充滿 昭著發見 無所不在 所謂體物 而不可遺者 豈不可驗於此 故以此看得似可也

〔問〕他言誠者 眞實無妄也 不息也 惟一也 二十五章 言誠者 獨稱實理者 何耶 雖然所以贊天地之造化者 一也
〔答〕誠者 眞實無妄也 不息也 惟一也而已矣 然二十五章 獨稱實理者 誠實也 實有是理然後 有天地日月山川草木也 若無實理無妄也 不息也 惟一也 是何物耶 故鬼神章 亦曰誠者 眞實無妄之謂 陰陽合散 無非實者 故其發見之不掩如此云

〔問〕敬其所尊云 尊者 莫若祀與父母焉 愛其所親云 親者 莫若昆弟姊妹焉 思傳曰 期之喪 諸侯絶 大夫降 抑不愛其所親歟 或曰天子至尊 而然非也 祖爲天子 祖尤尊
〔答〕敬其所存〔尊〕愛其所親 親親之 常理也 喪服自期以下 諸侯絶 大夫降 此尊尊之常禮也 然諸侯大夫尊同不絶不降 有何不愛所親之嫌耶

【문목】

【봉기종(奉奇鍾)에게 답하는 문목(問目)】

[물음] 사람이 천지의 중정(中正)하고 순수함[113]을 얻어서 그 본성을 다하면 군자가 될 수 있고, 이욕(利慾)의 구렁텅이에 빠지면 소인이 됩니다. 또한 하늘로부터 받은 기질은 어디에서 나와 순수하고 잡되며 맑고 탁함으로 나누어집니까?

[답변] 담일(湛一)은 기(氣)의 근본이고[114] 분요(紛擾)는 기의 운행입니다. 하늘로부터 담일한 기운을 받으면 순수하고, 분요한 기운을

113 중정(中正)과 순수함 : 《주역(周易)》 〈건괘(乾卦) 상(象)〉에, "위대하다, 건이여. 강건하고 중정하고 순수함이 정함이요.[大哉 乾乎 剛健中正純粹精也]"라는 구절이 있다.

114 담일(湛一)은……근본이고 : 송(宋) 장재(張載)의 《정몽(正蒙)》 〈성명(誠明)〉에, "담일(湛一)은 기의 근본이고, 공취(攻取)는 기의 욕망이다.[湛一氣之本 攻

받으면 탁하고 잡되게 됩니다. 처음 태어났을 때는 기질과 성품에 구애되다가 태어난 이후에는 물욕에 가려지니 이것이 군자와 소인이 나누어지는 까닭이다. 주자(朱子) 시에, "산에 있을 때는 샘물이 맑더니, 산을 나가서는 샘물이 흐리네.[115]"라고 하였으니 오직 사람이 부여받은 데 달려 있습니다.

[물음] 《중용(中庸)》의 "군자는 보지 않아도 조심하는 것이요, 듣지 않아도 두려워하는 것이다.[116]"라고 하였다. 보지 않고 듣기 전에는 어떻게 경계하고 삼가며 두려워하는 공부를 할 수 있단 말입니까?
[답] 보지 않고 듣기 전에는 다만 경(敬)을 주장할 뿐이니, 어찌 공부를 할 수 있겠습니까? 경계하고 삼가며 두려워하는 것은 미발의 기상을 함양하는 것입니다.[117]

[물음] 전(傳)에 '짐승이나 초목도 다 지각이 있고 운동을 한다.'[118]고 하였습니다. 짐승의 지각은 배고프면 먹을 것을 생각하고 암수가 서로 교접하는 것이 이것인데, 초목의 지각이란 무엇입니까?
[답변] 초목이 지각이 있다는 것에 대해, 주자(朱子)는 '한 잔의 물을 얻으면 살고 얻지 못하면 말라죽는다.'하셨으니, 이것이 바로 지각이라고 말한 것입니다.

取氣之欲]"라고 한 데서 온 말이다.

115 주자(朱子) 시에……흐리니 : 두보(杜甫)의 〈가인(佳人)〉에, "산에 있을 때는 샘물이 맑더니, 산을 나가서는 샘물이 흐리네.[在山泉水淸 出山泉水濁]"라는 구절로, 주자(朱子)의 시라고 한 것은 오류이다.

116 군자는……것이다 : 《중용(中庸)》에, "도라는 것은 잠시도 떠날 수 없는 것이니, 떠날 수 있다고 한다면 그것은 도가 아니다. 그렇기 때문에 군자는 보지 않아도 조심하는 것이요, 듣지 않아도 두려워하는 것이다.[道也者 不可須臾離也 可離非道 是故君子戒愼乎其所不睹 恐懼乎其所不聞]"라는 구절이 있다.

117 경계하고……것입니다 : 《주자어류(朱子語類)》에, "경계하고 삼가며 두려워함은 미발(未發)이기는 하지만 단지 미발로만 간주해서는 안 되고, 그 미발의 기상을 함양(涵養)하여야 한다. 다만 솟구치는 마음을 이끌어 내어 여기에 두면 이 마음의 미발한 기상이 항상 지속되어 있을 것이니 어찌 발하겠는가?[戒愼恐懼是未發 然只做未發也不得 便是所以養其未發 只是聳然提起在這裏 這箇未發底便常在 何曾發]"라는 구절이 있다.

118 짐승이나……있다 : 《맹자(孟子)》 〈고자 상(告子上)〉에, "그렇다면 개의 성이 소의 성과 같으며 소의 성이 사람의 성과 같은가?[然則犬之性 猶牛之性 牛之性 猶人之性與]"라고 한 구절에 대해, 주자의 주석에 "맹자가 또 말하기를 '만약 과연 이와 같다면 개와 소와 사람이 모두 지각이 있고 능히 운동을 하니 그 성이 다를 것이 없다.'고 하니, 이에 고자가 스스로 그 말이 그른 것을 알고 능히 대답하지 못하였다.[孟子又言 若果如此 則犬牛與人 皆有知覺 皆能運動 其性皆無以異矣 於是告子自知其說之非 而不能對也]"라고 한 구절이 있다.

[물음] '부부가 어리석고 불초하다 하더라도 알 수 있고 할 수 있는 것이 도(道)의 광대함이고, 성인(聖人)이라도 알지 못하고 하지 못하는 면이 있는 것이 도의 은미함이다.[119]'고 하였는데 정자(程子)께서는, '은미함[隱]에 관해서는 미처 말하지 않았다.'고 한 것은 무엇입니까?
[답변] '성인이라도 알지 못하고 할 수 없는 면이 있는 것이 도의 은미함이다.'라고 한 것은 깊이 살피지 못한 말인 듯합니다. 성인도 알지 못하고 행할 수 없는 것은 도의 긴요하지 않은 곳이기 때문에, 주석에 후씨(侯氏)의 말을 인용하여, "성인도 알지 못하는 것은 공자께서 예를 묻고 관제(官制)를 물은 것과 같은 종류이고, 능하지 못한 것은 공자께서 지위를 얻지 못함과 요순(堯舜)이 널리 베푸는 것을 부족하게 여김과 같은 종류이다."[120]라고 하였습니다.

[물음] "사람의 심리는 정치에 민감하게 반응하고, 땅의 생리는 나무에 민감하게 반영되니, 정치란 갈대와 같다."[121]고 하였는데, '민정(敏政)'의 '민(敏)'자는 '부정(夫政)'의 '정(政)'자와 무슨 차별이 있습니까? 또 갈대[蒲蘆] 무슨 물건입니까? 《혹문(或問)》과 《집주(集註)》에서 많이 나오는데 그 골자를 모르겠습니다.
[답] "사람의 심리는 정치에 민감하게 반응하고, 땅의 생리는 나무에 민감하게 반영되니, 정치란 갈대와 같다.[人道敏政 地道敏樹 政也者蒲蘆之]"에서의 정(政)자는 모두 같은 뜻으로, 무슨 다름이 있겠습니까? 갈대[蒲蘆]는 심괄(沈括)의 말[122]이 옳습니다.

[물음] "수레는 바퀴 규격이 같고 글은 문자가 같으며 행동은 윤리가 같다."[123] 하였으니 자사(子思) 때에는 당연한 일이지만 오늘날에는 맞지 않으니, 성인의 글이 만세(萬世)에는 해당되지 않고 한 세상에만 국한되는 것입니까?
[답변] 천하가 통일이 되면 3가지는 모두 동일해져야 하는 것이 천하의 정해진 법이고, 천하가 분열되면 3가지가 같지 않은 것도 천하의 정해진 법이니 어찌 성인의 글이 한 세상에만 국한되겠습니까?

---

119 부부가……은미함이다 : 《중용(中庸)》에, "군자가 추구하는 도가 쓰임이 광대하다. 그래서 부부의 어리석음으로도 다 함께 알 수가 있지만, 그 도의 지극한 차원에 이르면 비록 성인이라도 알지 못할 면이 있다. 부부의 불초한 수준으로도 행할 수가 있지만, 그 도의 지극한 차원에 이르면 비록 성인이라도 행할 수 없는 면이 있다.[君子之道 費 夫婦之愚 可以與知焉 及其至也 雖聖人亦有所不知焉 夫婦之不肖 可以能行焉 及其至也 雖聖人亦有所不能焉]"라는 구절이 있다.

120 성인도……종류이다 : 《중용(中庸)》 주석에서 말한, 후중량(侯仲良)의 설이다.

121 사람의……같다 : 《중용(中庸)》에, 노(魯)나라 애공(哀公)이 정치하는 도리를 묻자, 공자가 맨 먼저 "문왕(文王)과 무왕(武王)이 행한 정사가 지금도 서책에 서술되어 있으니, 그 정치를 행할 만한 사람이 있으면 그 정치가 행해지는 것이고, 그런 사람이 없어지면 그 정치도 없어지는 것이다. 사람의 심리는 정치에 민감하게 반응하고, 땅의 생리는 나무에 민감하게 반영되니 정치는 갈대와 같다.[文武之政布在方策 其人存則其政擧 其人亡則其政息 人道敏政 地道敏樹 夫政也者蒲盧也]"라고 하였다.

122 심괄(沈括)의 말 : 심괄(沈括, 1031~1095)은 북송 때 사람으로, 주석에서 '갈대[蒲葦]'라고 하였다.

123 수레는……같다 : 《중용(中庸)》에 나오는 구절이다.

[물음] 일찍이 들으니, "천명과 기질은 함께 존재하여 분리될 수 없다. 분리될 수 없기 때문에 본원(本原)을 논하면 리(理)가 있은 뒤에 기(氣)가 있고, 부여받은 것을 논하면 기가 먼저이고 리가 뒤이다."라고 하였는데, 지금 《중용(中庸)》의 수장(首章)의 장구(章句)를 보면 "기로써 형체를 이루고 리를 또한 부여한다."[124]고 하였으니, 생각하기에 리는 하늘로부터 받은 것을 가리켜 말한 것이라 생각됩니다. 비록 그렇다고 하더라도 '리역부지(理亦賦之)'의 '역(亦)'자도 적잖이 의심스러운데 무엇을 말하는 것입니까? 이 문장의 뜻으로 말하면 먼저 리가 있고 기가 형체를 이루고 나서 리(理) 또한 부여받는다는 것인데 천하에도 이런 이치가 있습니까?
[답변] 선유(先儒)들이, '만물의 본원을 살펴보면 리가 먼저이고 기가 뒤이며, 만물이 막 생겨 나는 것을 살펴보면 기가 먼저이고 리가 뒤이다.'라고 하였으니 이는 부여받은 것으로 말하였기 때문에 순서가 이와 같습니다. 그러니 본원과 부여받은 처지가 각각 다르니 무슨 의심할 것이 있어 이렇게까지 따지십니까?

[물음] 다른 장(章)에서는 모두 '자왈(子曰)'이라고 하였는데 2장과 30장에서는 유독 '중니(仲尼)'라고 칭한 것은 어째서입니까? 비록 전주(箋註)에 드러나 있기는 하지만 새가 대추를 통째로 삼키듯[125] 모호합니다.
[답변] 2장(章)과 30장에만 '중니(仲尼)'라고 칭한 것은 호운봉(胡雲峯)의 말에서 알 수 있고, 전편(全篇)의 문장 뜻을 살펴보면 알 수 있습니다.

[물음] "큰 덕이 있는 자는 반드시 천명을 받는다."[126]고 하였는데 '필(必)'자에 대한 의혹이 적지 않습니다. 혹 쇠약한 운수를 만나 천명을 받지 못한 사람이 바로 공자인데 반드시 받는다면 공자는 어찌 받지 못하였습니까?
[답변] "큰 덕이 있는 자는 반드시 천명을 받는다."고 한 것은 천지의 일반 이치로 말한 것입니다. 공자께서 천명을 받지 못한 것은 바로 이치와 운수의 변처(變處)니, 어찌 고정된 하나의 사례로만 따져 판단하겠습니까?

[물음] 〈중용독법(中庸讀法)〉을 보니, "귀(鬼)와 신(神)을 말하였는데 도무지 이해할 수 없다."라고 하여, 무의미하게 읽어가다가 〈귀신장(鬼神章)〉을 읽어보니 과연 그러하였습니다. 도무지 이해할 수 없던 것 중에 의심스러운 부분은 "귀신 덕이 성대하구나!"라는 것은 천지의 공용(功用)을 가리킨 것이고, 아래 구절의 "가득히 위에 있는 듯하다!"라는 것은, 조종(祖宗)의 신령을 가리켜 그렇게 말한듯한데 위아래의 구절의 뜻이 서로 연결되지 않는 것은 어째서입니까? 만약 함께 천지의 공용이 된다면 어찌 가득히 위에 있는듯하다고 한

124 기로써……하였다 : 《중용(中庸)》에, 주자가 "하늘이 명한 것을 성이라고 한다.[天命之謂性]"라는 경문을 "하늘이 음양오행으로 만물을 화생하매 기로써 형체를 이루고 이를 또한 부여한다.[天以陰陽五行 化生萬物 氣以成形 理亦賦焉]"라고 하였다.

125 새가……삼키듯 : 원문은 '鶻侖吞棗'. 侖은 圇으로도 쓰며, 대추를 씹지 않고 그냥 삼키면 전혀 맛을 알 수 없듯이 학문을 강론하면서 조리를 분석하지 않고 두루뭉술하게 넘겨 정확한 뜻을 모른다는 말이다.

126 큰 덕이……받는다 : 《중용(中庸)》에 나오는 구절이다.

것입니까? 공용이란 것은 말하지 않아도 사시가 차례대로 운행하는데 말입니다.

[답변] 귀신의 이해할 수 없는 것은 과연 옳습니다. 그러나 아래 구절의 "가득히 위에 있는듯하다!"는 것은 선유들은 "포함하지 않은 것이 없는 귀신 가운데 마땅히 제사지내야 하는 귀신을 끄집어내어 말하는 것이니, 귀신은 제사를 지내는 것에 따라 존재하여 유동하고 충만하여 환히 드러나 있지 않은 곳이 없으니 이를 이른바 '물건의 본체가 되어 빠뜨릴 수 없는 것'이니, 어찌 여기에 증험하지 못하겠는가?"라고 하였으니, 이렇게 보는 것이 옳을 듯합니다.

[물음] 다른 장에서는, '성(誠)'을 "진실하여 거짓이 없는 것[眞實無妄]", "쉼이 없는 것[不息]", "오직 한결같은 것[惟一]"이라고 말하였는데 25장에서는 '성(誠)'을 다만 "실제적인 이치[實理]"라고만 한 것은 무엇 때문입니까? 비록 그렇더라도 천지의 조화를 돕는 것에는 동일합니다.

[답변] '성(誠)'은 '성(誠)'을 "진실하여 거짓이 없는 것[眞實無妄]", "쉼이 없는 것[不息]", "오직 한결같은 것[惟一]"일 뿐입니다. 그러나 25장에서만 "실제적인 이치[實理]"는 성실함이니 '실(實)'이 이러한 이치를 갖추어야 천지(天地)와 일월(日月)과 산천(山川)과 초목(草木)이 있게 됩니다. '성(誠)'을 "진실 되어 함부로 함이 없는 것[眞實無妄]", "쉼이 없는 것[不息]", "오직 한결같은 것[惟一]"이 없다면 무슨 물(物)이 있겠습니까? 그러므로 〈귀신장(鬼神章)〉에서도 "성(誠)은 진실하여 거짓이 없고[眞實無妄] 음양(陰陽)이 합쳐지고 흩어지는 것은 실(實)이 아닌 것이 없기 때문에 발현되어 가려질 수 없는 것이 이와 같다."고 한 것입니다.

[물음] "선조가 높인 바를 존경한다."고 하였는데, 높인 것은 조상과 부모만한 사람이 없고, "친한 바를 사랑한다."고 하였는데 친한 것은 형제자매만한 사람이 없습니다. 《중용(中庸)》에 "상복의 경우는, 기년 이하는 제후는 없애고 대부는 줄였다."고 하였으니 친애하던 바를 사랑하지 않는 것입니까? 어떤 사람은 '천자처럼 지극히 존귀한 사람이라면 그러지 않을 것이고, 조상이 천자라면 조상을 더욱 존귀하게 여길 것이다.'라고 하였습니다.

[답변] "높은 바를 공경하고 친한 바를 사랑한다."는 것은 친한 사람을 친하게 여기는 것이며 일반적인 이치입니다. 상복의 경우 기년 이하는 제후는 없애고 대부는 줄였다고 하였으니, 이는 높은 바를 높이는 일반적인 예입니다. 그러나 제후와 대부처럼 존귀하다면 없애지도 줄이지도 않을 것인데 어찌 친한 바에 사랑하지 않을 걱정이 있겠는가?

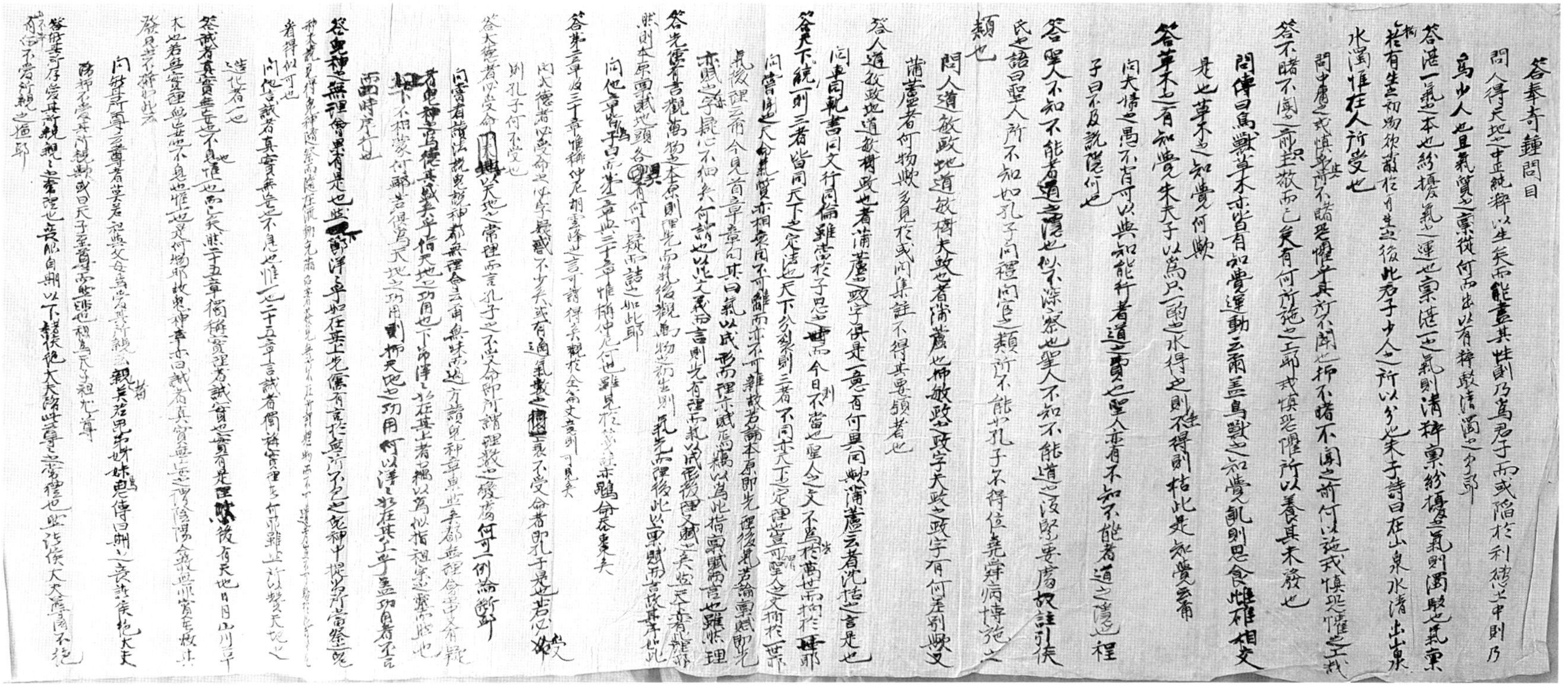
答奉奇鍾問目

56. 권순명權純命의 간찰

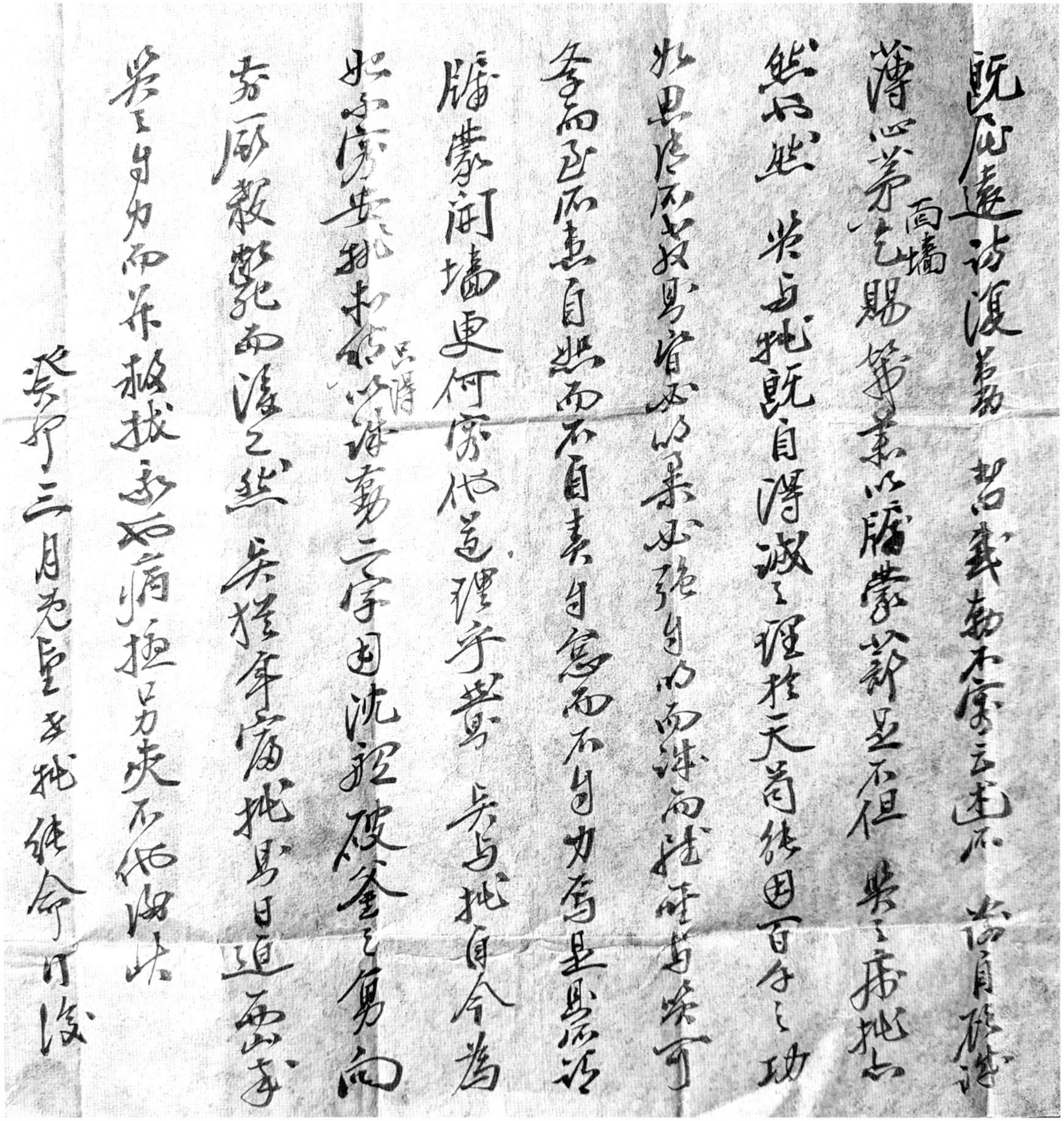

【탈초】

既屈遠訪 復勤書問 感勒不容 云述所諭 自顧 誠 / 薄心茅面墻 乞賜箴藥 以牖蒙蔀 是不但賢之 病拙 亦 / 然也 然賢與拙 旣自得誠之理於天 苟能因百千之功 / 如思傳所敎 則昏必明 柔必强 自明而誠 而雖聖與賢 可 / 學而至 所患自恕而不自責 自怠而不自力焉 是則所謂 / 牖蒙開墻 更何容他道理乎 然則賢與拙 自今爲 / 始 不容安排等待 只得以誠勤二字 用沈船破釜之勇 向 / 前厥殺斃而後已 然賢猶年富 拙則日迫西山 幸 / 賢之自力 而幷救拔我也 病擾另夾 不他謝狀 / 癸卯 三月 旣望 世拙 純命 拜復

【번역】

이미 멀리서 방문하고 다시 문안편지를 보내주시니 감사한 마음을 말로 하지 못하겠습니다. "스스로 돌아보건대, 정성이 부족하고 마음은 거칠어 마치 담장을 마주한 듯[127] 하니 약이 될 만한 말로 저의 어리석음을 깨우쳐 주십시오."라고 하셨는데, 이는 비단 그대만 그러할 뿐만이 아니라 병든 저 역시 그렇습니다. 그러나 그대와 저는 이미 하늘로부터 성(誠)의 이치를 저절로 얻었으니 진실로 백 번 천 번의 공[128]을 통해《중용(中庸)》의 가르침대로 한다면 혼매한 자는 분명히 밝아지고, 유약한 자는 분명히 강해질 것입니다. 밝음으로부터 정성스러워지는 것[129]은 비록 성인과 현인이라도 배워서 이를 수 있는 것이니 근심할 바는 스스로 용서하여 자신을 꾸짖지 않고, 스스로 게을러서 스스로 힘을 쓰지 않는 것입니다. 이것이 이른바 '어리석음을 깨우쳐주고 담장을 트여 주는 것'[130]이니 다시 다른 도리를 용납할 수 있겠습니까? 그렇다면 그대와 제가 오늘을 시작으로 안배(安排)하고 기다리는 것을 용납하지 말고 다만 '성(誠)'과 '근(勤)'이라는 두 글자로 '배를 가라앉히고 솥을 깨버리는[沈船破釜][131]'의 용기로 앞을 향해 죽고 나서야 그칠 것입니다. 그러나 그대는 아직 나이가 젊고 저는 해가 서산에 지는 것과 같으니 그대는 스스로 힘쓰고 아울러 저를 구제해 주십시오. 병들고 번요하여 따로 협지만 보내고 달리 답장을 드리지 않습니다.

계묘년[1963] 3월 16일, 세졸(世拙) 권순명(權純命)은 절하고 답장을 드립니다.

127 담장을 마주한 듯 : 원문은 '面墻'. 학문을 하지 않아서 마치 담장을 마주하고 선 것처럼 눈앞이 꽉 막혀 아무런 이치도 알지 못함을 이른다.《논어(論語)》〈양화(陽貨)〉에, 공자(孔子)가 아들 백어(伯魚)에게 시(詩)를 배울 것을 권하며 말하기를, "너는 주남과 소남을 배웠느냐? 사람으로서 주남과 소남을 배우지 않으면 마치 담장을 마주하고 선 것과 같게 된다.[女爲周南 召南矣乎 人而不爲周南 召南 其猶正牆面而立也與]"라고 한 데에서 온 말이다.

128 백 번 천 번의 공 :《중용(中庸)》에, "남이 한 번에 잘 하면 나는 그것을 백 번이라도 하고, 남이 열 번에 잘 하면 나는 그것을 천 번이라도 할 것이다. 과연 이 방법대로 잘 행하기만 한다면 아무리 어리석은 사람이라도 반드시 밝아지고, 아무리 유약한 사람이라도 반드시 강해질 것이다.[人一能之 己百之 人十能之 己千之 果能此道矣 雖愚必明 雖柔必强]"라는 구절이 있다.

129 밝음으로부터 정성스러워지는 것 : 원문은 '自明而誠'.《근사록(近思錄) 2》〈위학(爲學)〉에, "배우는 도는 반드시 먼저 마음을 밝혀서 기를 바를 안 뒤에 힘써 행하여 이르기를 구하는 것이니, 이른바 '밝음으로부터 성실해진다.'는 것이다.[學之道 必先明諸心 知所養 然後力行以求至 所謂自明而誠也.]"라는 구절이 있다.

130 어리석음을……주는 것 : 원문은 '牖蒙開墻'. '牖蒙'은 어리석음을 일깨워줌을 이르는 말이고, '開墻'은 학업을 성취시켜줌을 이르는 말로,《논어(論語)》〈양화(陽貨)〉에, 공자가 아들 백어(伯魚)에게 "주남(周南)과 소남(召南)을 공부했느냐? 사람이 되어서 주남과 소남을 배우지 않으면, 마치 담벼락을 마주하고 서 있는 것처럼 답답한 인간이 되고 말 것이다.[其猶正牆面而立也與]"라고 훈계한 구절에서 유래한다.

131 배를……깨버리는[沈船破釜] : 항우(項羽)가 진(秦)나라의 대군을 격파했던 거록지전(鉅鹿之戰)이 있었던 곳으로 유명하다. 항우가 군사를 이끌고 강을 건넌 뒤에 배를 모두 가라앉히고 솥과 시루를 깨뜨리고 여사(廬舍)를 불태운 뒤 사흘치의 식량만 가지고 사졸들에게 필사의 의지를 보여주었던 고사를 이른다.

57. 권순명權純命의 간찰

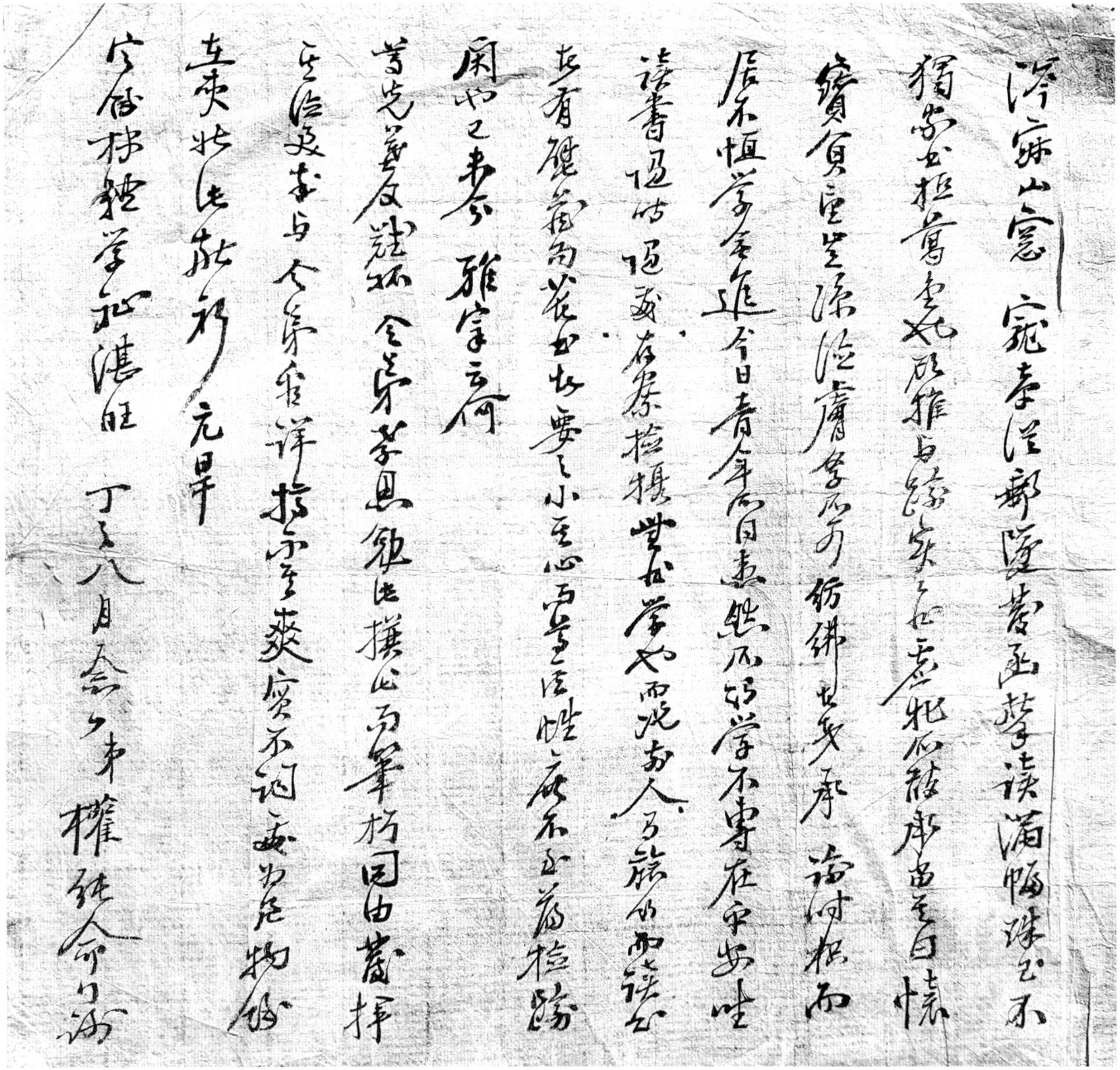

【탈초】

涔寂山窓 寵章 從郵墜發函 擎讀滿幅珠玉 不 / 獨家書抵萬金也 顧推與踰實 實非虛牝所敢承當其曰 懷 / 寶負望 豈涼德膚學所可彷彿者哉 承諭時枳而 / 居不恒學無進 今日靑年所同患 然所謂學 不專在乎安坐 / 讀書 隋時隨處 存察檢攝 無非學也 而況前人 有旅所 而讀書 / 者 有壁藏而著書者 要之小其心 而尊德性 庶不至蕩檢踰 / 閑也已 未知雅宰云何 / 尊先墓及 難孤令弟孝思 勉此撰出 而筆朽 因由發揮

其德美 幸與令弟看詳 摘示其爽實不詞處 爲善物 餘

在夾 姑此 敬祈亢旱

寧餘棣體學祉湛旺

丁之 八月 念日 弟 權純命 拜謝

【번역】

적막하던 창가에 그대 편지가 우편을 따라 편지함에 도착하여 읽어보니 폭 가득 주옥같은 말씀은 '집 편지가 만금(萬金)에 해당된다.[家書抵萬金][132]'고 할 뿐만 아니었습니다. 저를 허여하신 것은 실제보다 지나친 것이라, 실로 허빈(虛牝)[133]이 '보배를 품고 바람을 지고 있다.'는 말을 받들어 감당할 수가 없으니 어찌 덕이 박하고 학문이 얕은 저 같은 사람이 비슷하게 흉내라도 낼 수가 있겠습니까? 지금 지색(枳塞)에 관한 말씀은 평소에 항상 학문을 하지 않아 발전이 없는 것이 오늘날 청년들이 다 함께 걱정하는 바입니다. 이른바 학문이라는 것은 오로지 조용히 앉아서 독서하는데 달려 있지 않겠습니까? 수시로 처해진 곳마다 살피고 검속하는 것이 학문이 아닌 것이 없습니다. 더구나 과거의 사람들 중에는 여관에서도 독서하는 사람도 있었고, 벽장에서도 책을 저술하는 사람도 있었으니, 마음을 조심하고 덕성(德性)을 높여 방탕한 마음을 검속한다면 일정한 한계를 넘지 않을 것입니다. '아재(雅宰)'는 무엇을 말씀하신 것인지 모르겠습니다.

존선(尊先)의 묘에 대한 언급은 효도하고 사모하는 그대 아우의 마음을 저버릴 수 없어 이렇게 지어 보내기는 하지만 글솜씨가 없어 덕의 아름다움을 제대로 발휘하지 못하니 아우와 자세히 보시고 실상에 어긋나거나 글이 되지 않는 부분을 지적해 주신다면 선물이 될 것입니다. 나머지 협지(夾紙)에 두기로 하고 이만 줄입니다. 삼가 매서운 가뭄에도 편안하시고 형제분들의 학업이 발전하고 복을 많이 받으시기 바랍니다.

정○년 8월 20일, 아우 권순명(權純命)은 절하고 답장을

132 집편지가……해당된다[家書抵萬金] : 서로 떨어져 외로운 처지에 이종연의 편지가 전해 오면 너무나 기뻐서 만금과도 같이 귀중히 여겼다는 말이다. 두보(杜甫)의 〈춘망(春望)〉 시에, "봉화는 석 달 동안 계속 오르고, 집에서 온 편지는 만금 값이네.[烽火連三月 家書抵萬金]"라는 구절이 있다.

133 허빈(虛牝) : 사람이 살지 않는 텅 빈 계곡으로, 여기에 버린다는 것은 쓸모없이 버려짐을 이른다. 한유(韓愈)의 〈증최립지평사(贈崔立之評事)〉 시에, "가련하다. 쓸데없이 정신만 허비할 뿐, 황금을 텅 빈 계곡에 던지는 것과 같도다.[可憐無益費精神 有似黃金擲虛牝]"라는 구절이 있다.

58. 권순명權純命의 간찰과 문목問目

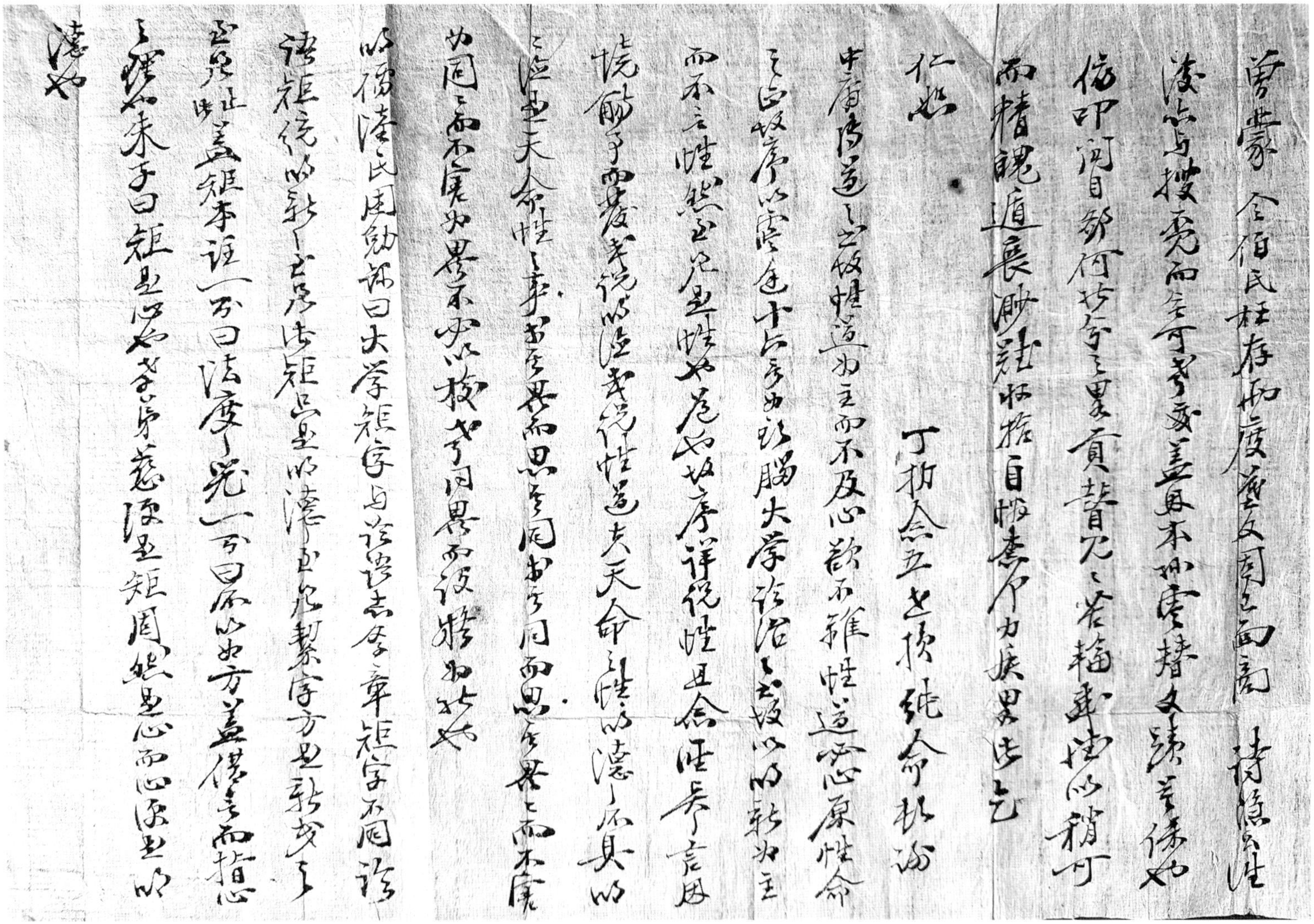

【탈초】

曾蒙令伯氏枉存兩度 墓文固已面商 詩隱公往 / 復 亦與搜覓 而無可考處 盖因本孫零替 文蹟莫保也 / 俯叩問目 鄙何能知之 畧貢瞽見 見苦輪感 雖似稍可 / 而精魄遁喪 渺難收拾 自憐奈何 力疾略此 乞 / 仁恕 / 丁 抎 念五 世損 純命 頓謝

【번역】

일찍이 그대 큰 형님께서 두 번이나 찾아와 비문에 관해 진실로 이미 직접 만나 상의하고, 시은공(詩隱公)[134]과 주고받았던 글도 함께 찾아보았지만 참고할 만한 데가 없었습니다. 아마 본가의 후손이 쇠락하여 글도 보존할 수 없었을 것입니다.

물어주신 조목은 제가 어찌 제대로 알겠습니까? 대략 눈먼 자의 견해를 말씀드립니다. 제가 지금 돌림감기에 고생을 하다 조금 낫기는 했지만 정신을 수습하기 어려우니, 가련함을 어찌 하겠습니까? 병을 무릅쓰고 이렇게 간략하게 씁니다. 어질게 헤아려 주시기 바랍니다.

정○년 윤달 25일 세손 순명(純命)은 머리를 조아립니다.

【問目】

中庸 傳道之書 故性道爲主 而不及心 欲不離性道 必心原性命 / 之正 故序以虞廷十六言 爲頭腦 大學 論治之書 故以明新爲主 / 而不言性 然至善 是性也道也 故序詳說性 且念聖賢之言 因 / 境觸事而發 或說明德 或說性道 夫天命之性 明德之所具 明 / 明德 是天命性之事 於其異 而思其同 於其同 而思其異 異而不害 / 爲同 同而不害爲異 不必以校考同異 設疑爲能也 / 明儒陸氏 困勉錄曰 大學矩字與論語志學章矩字 不同 論 / 語矩 統明新之至善 此矩 只是明德之至善 絜字 方是新民之 / 至善【止此】盖矩本註 一則 曰法度之器 一則 曰所以爲方 盖借言 而指心 / 之理也 朱子 曰矩是心也 孝弟慈 便是矩 固然是心 而心便是明德也

【문목】

《중용(中庸)》은 도를 전하는 글이다. 그래서 성(性)과 도(道)를 위주로 하고, 심(心)은 언급하지 않았지만, 성(性)과 도(道)에서 분리되지 않으려고 하는 것은 반드시 심(心)이 성명(性命)의 바름을 근원하였기 때문에 《중용》의 서문(序文)에는 순(舜)의 16언(十六言)[135]을 핵심으로 삼은 것이다. 《대학(大學)》은 정치를 논하는 글이다. 그래서 명(明)과 신(新)을 위주로 하고, 성(性)은 말하지 않았지만 지선(至善)이 성(性)이고, 도(道)이다. 그래서 서문에서는 성을 자세히 말하였다. 또 성현의 말을 생각하면 상황에 따라 일이 촉발되면 드러나, 명덕(明德)을 설명하기도 하고 성덕(性道)을 설명하기도 한다.

하늘이 명한 성[天命之性][136]은 명덕(明德)이 갖추어진 것이고, 명덕(明德)을 밝히는 것은 하늘이 명한 성(性)의 일이다. 다른 것에서

134 시은공(詩隱公) : 봉수학(奉秀學, 1716~?)의 호이다. 도암(陶菴) 이재(李縡)의 문인으로 다수의 저술이 있다. 성재(誠齋) 선생은 시은공의 8대손이다.

135 16언(十六言) : 《서경(書經)》 〈대우모(大禹謨)〉에, "인심은 위태하고 도심은 은미하니, 오직 정밀하고 일관되게 하여 그 중도를 진실로 잡아야 한다.[人心惟危 道心惟微 惟精惟一 允執厥中]"라는 16자(字)를 말한다. 이는 순(舜)이 우(禹)에게 왕위를 물려줄 때 당부한 말로 되어 있는데, 주희 등 송나라 유학자가 이것을 요(堯)·순(舜)·우(禹) 세 성인이 서로 도통을 주고받은 십육자심전(十六字心傳)이라고 강조한 뒤로부터, 개인의 도덕 수양과 치국의 원리로 숭상해 왔다.

같은 것을 생각하고 같은 것에서 다른 것을 생각하여 다르다는 것이 같다는 개념에 아무런 해가 되지 않고 같은 것이 다르다는 개념에 아무런 해가 되지 않는다. 반드시 같고 다름을 따져 의심하는 것으로 능하다고 여기지 않아야 한다.

명나라 선비 육농기(陸隴其)는 《곤면록(困勉錄)》에서, "《대학》의 '구(矩)[137]'자와 《논어(論語)》의 지학장(志學章)의 '구(矩)[138]'자는 다르다. 《논어》의 '구(矩)'자는 명덕(明德)과 신면(新民)의 지극한 선을 통합한 것이고, 여기서의 '구(矩)'자는 다만 명덕(明德)의 지선(至善)이고, '혈(絜)'자는 신민(新民)의 지선(至善)이다."라고 하였다. 【여기까지】

대개 '구(矩)'의 본 주석 중 하나에는, "법도의 그릇[法度之器][139]"이라 하였고, 다른 하나에는 "네모난 것을 만드는 기구이다[140]."라고 하였으니, 이는 대개 말을 빌려서 마음의 이치를 가르친 것이다. 주자께서는 "구(矩)는 심(心)이고, 효(孝)와 제(弟)와 자(慈)가 바로 '구(矩)'다. 진실로 그러한 것이 심(心)이니, 심(心)이 바로 명덕(明德)이다."라고 하였다.

---

136 하늘이 명한 성[天命之性] : 《중용장구(中庸章句) 1장》의 '천명지성(天命之性)'에 대해 주희는, "인(人)과 물(物)이 생겨남에 각각 부여되는 이(理)를 받아서 건순오상(健順五常)의 덕(德)을 삼는다."라고 하였다.

137 《대학》의 구(矩) : 《대학장구(大學章句) 10장》에, "이른바 평천하가 치국에 달려 있다는 것은, 윗사람이 노인을 노인으로 봉양하면 백성들이 효행을 일으키고, 윗사람이 어른을 어른으로 대우하면 백성들이 공순한 마음을 일으키며, 윗사람이 고아를 돌보아 주면 백성들이 서로 저버리지 않나니, 이 때문에 군자는 혈구의 도가 있는 것이다.[所謂平天下在治其國者 上老老而民興孝 上長長而民興弟 上恤孤而民不倍 是以君子有絜矩之道也]"라는 구절을 이른다.

138 지학장(志學章)의 구(矩) : 《논어(論語)》 〈위정(爲政)〉에, "나는 15세에 배움에 뜻을 두었고, 30세에 뜻이 섰으며, 40세에 미혹되지 않았고, 50세에 천명을 알았으며, 60세에 이순하였고, 70세에 마음이 하고자 하는 대로 하여도 법도에서 벗어나지 않았다.[吾十有五而志于學 三十而立 四十而不惑 五十而知天命 六十而耳順 七十而從心所欲不踰矩]"라는 구절을 이른다.

139 법도의 그릇[法度之器] : 《대학장구(大學章句) 10장》에, 운봉 호씨가 말하기를, "규, 구는 모두가 법도가 되는 기구들인데, 여기에서 유독 구만을 말한 것은 규는 둥근 것이요 구는 모난 것이니, 둥근 것은 움직이고 모난 것은 그치기 때문이다. '법도에 벗어나지 않는다.'는 곧 명덕이 지선에 그친 것이며, 혈구는 곧 신민이 지선에 그치는 것이다.[雲峯胡氏曰 規矩 皆法度之器 此獨曰矩者 規圓矩方 圓者動而方者止 不踰矩 卽是明德之止至善 絜矩 卽是新民之止至善]"라고 하였다.

140 네모난……기구이다 : 《대학장구(大學章句) 10》에, "군자는 혈구의 도(道)가 있다.[君子有絜矩之道也]"라는 구절에 대한 주희의 주석에, "혈(絜)은 헤아림이다. 구(矩)는 네모난 것을 만드는 기구이다.[絜 度也 矩 所以爲方也.]"라고 하였다.

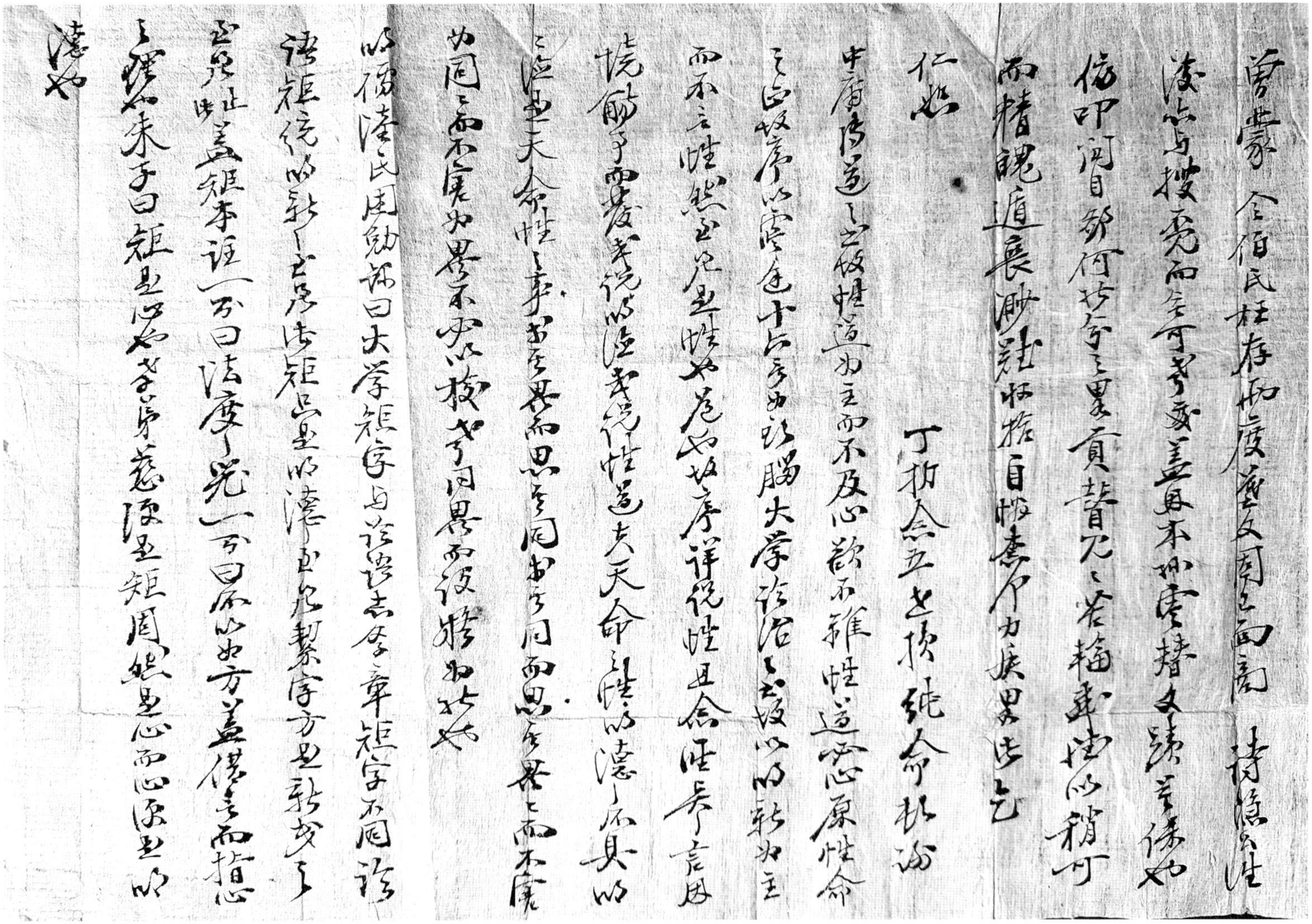

59. 임종수林鍾秀의 간찰

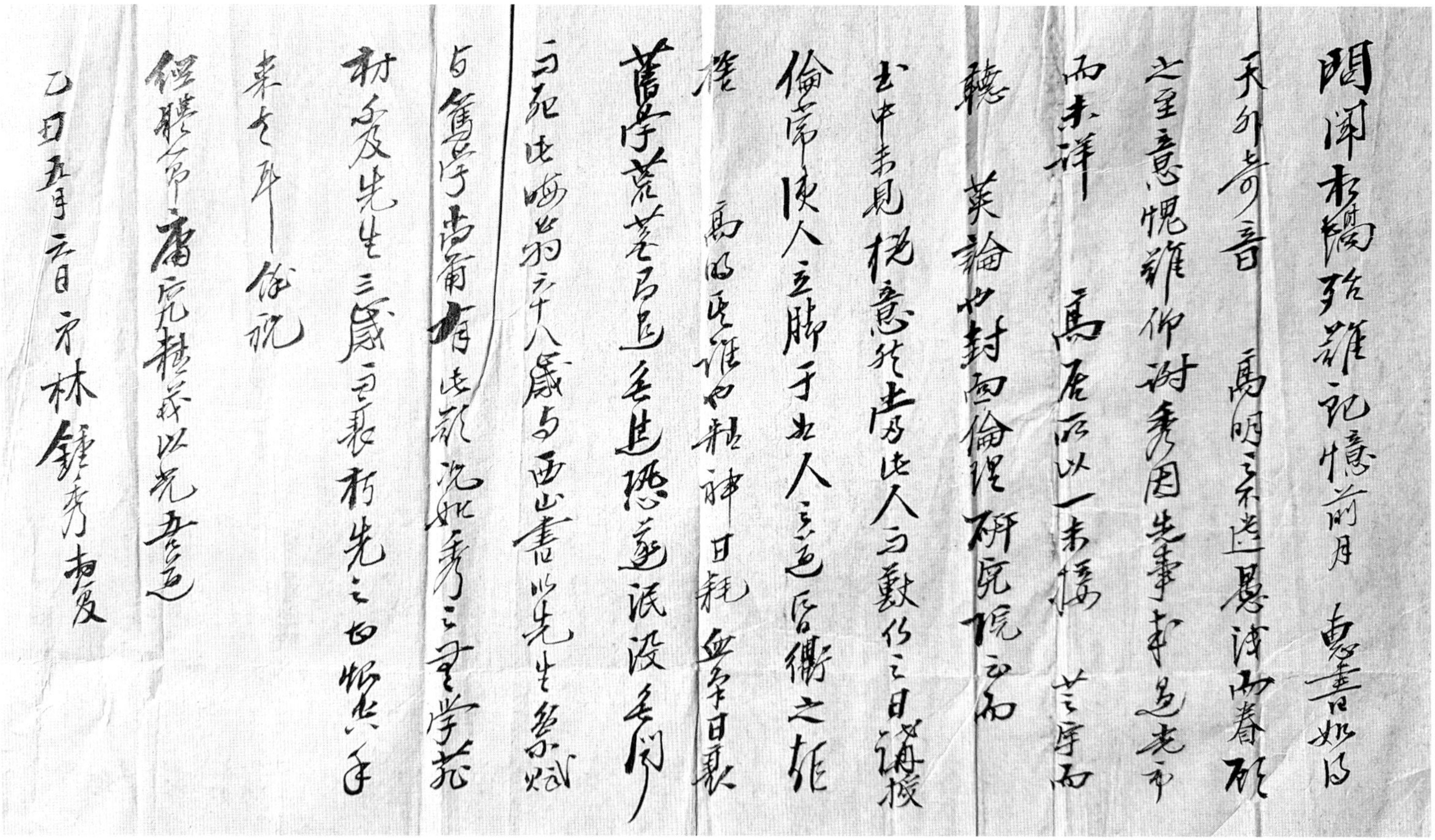

【탈초】

問聞相隔 殆難記憶 前月惠書 如得 / 天外寄音 高明之不遺愚淺 而眷顧 / 之至意 愧難仰謝 秀因先事 或過光市 / 而未詳高居所以一未接芝宇 而 / 聽英論也 封面倫理硏究院云 而 / 書中未見槪意 然當此人而獸行之日 講授 / 倫常 使人立脚于爲人之道 昏衢之炬 / 捨高明其誰也 精神日耗 血氣日衰 / 舊學荒蕪 有退無進 恐遂泯沒 無聞 / 而死 此晦翁六十歲 與西山書 以先生稟賦 / 與篤學 尙爾有此歎 況如秀之無學菲 / 材 不及先生三歲 而衰朽先之 甚恨空手 / 來去耳 餘祝 / 經體節 庸究精義 以光吾道 / 乙丑 五月 六日 弟 林鍾秀 拜复

【탈초】

주고받는 편지가 막혀 자못 기억하기도 어려웠었는데 지난달 보내신 편지는 하늘 밖에서 보내신 소식과 같았습니다. 고명(高明)께서 어리석은 저를 잊지 않으시고 돌아봐주시는 지극한 뜻에 부끄러운 마음에 감사하기도 어렵습니다.

저는 선조의 일로 간혹 광주시(光州市)를 갔지만 그대가 사는 곳을 자세히 몰라 한 번도 당신을 만나 뵙고 뛰어난 의논을 듣지 못하였습니다. 봉투 주소에는 '윤리연구원(倫理硏究院)'이라고 하였는데 편지에는 개략의 뜻을 볼 수가 없었습니다.

사람으로 짐승 같은 짓을 하는 때 윤리와 강상(綱常)을 가르쳐 사람들에게 사람이 되는 도리를 세우도록 하면 어두운 길거리에 횃불을 들게 하는 것은 고명을 버려두고 누가 한단 말입니까? "정신은 날로 소모되고 혈기가 쇠약해져 옛 학문은 거칠어 후퇴만 할 뿐 발전이 없으니 마침내 세상에 이름도 알리지 못하고 죽게 될까 두렵습니다."라고 하였는데, 이는 주자(朱子)께서 60세에 서산(西山)[141]에게 보낸 편지입니다. 선생처럼 하늘에서 타고난 재주와 돈독한 학문으로도 오히려 이렇게 탄식하였는데 하물며 저같이 학식이 없고 보잘것없는 재주를 가진 사람은 어떠하겠습니까? 선생보다 3살이나 어린데도 쇠약한 것은 그보다 앞서니 아무 것도 해놓은 일 없이 빈손으로 가게 될까 한스럽습니다.

을축년[1985] 5월 6일, 아우 임종수(林鍾秀)는 절하고 답장을 보냅니다.

141 서산(西山) : 채원정(蔡元定, 1135~1198)의 호다. 자는 계통(季通)이고, 시호는 문절(文節)이다. 어려서 아버지 채발(蔡發)에게 배웠고, 장성하여 이정(二程)과 소옹(邵雍)·장재(張載)의 학문을 배웠다. 나중에 주희(朱熹)를 찾아가 수학했다. 주희가 강우(講友)로 대우했다. 영종(寧宗) 경원(慶元) 연간에 심계조(沈繼祖) 등이 주희를 공격할 때 그도 연루되어 도주(道州)로 귀양을 갔다. 저서로《황극경세지요(皇極經世指要)》 등이 있다.

60. 임종수林鍾秀의 간찰

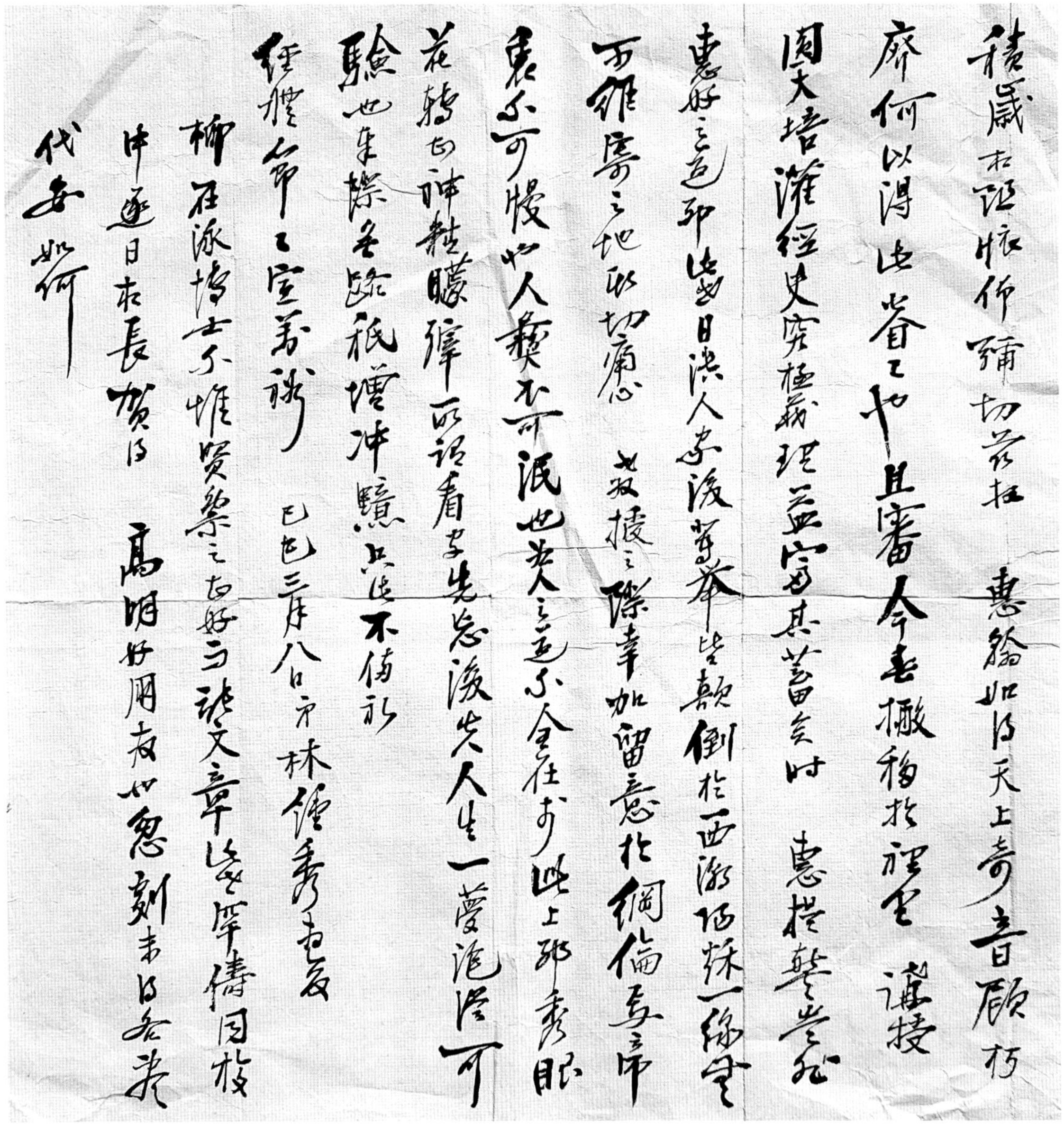

【탈초】

積歲相阻 懷仰彌切 玆拜惠翰 如得天上奇音 顧朽 / 廢 何以得此眷眷也 且審今春 搬移於裡里 講授 / 圓大 培灌經史 究極義理 益富其蓄矣 時惠提警 豈非 / 惠好之道也 此世日潰 人家後輩 擧皆顚倒於西潮 陽秌一繕 無 / 可維寄之地 斯切痛心 敎授之際 幸加留意於綱倫焉 帝 / 衷不可慢也 人彛不可泯也 爲人之道 不全在於此上耶 秀眼 / 花轉甚 神精矇瞭 所謂看字先忘後失 人生一夢泡 終可 / 驗也 奉際無路 秪增沖黯 只此不備禮 / 經體節節宣萬裕 / 己巳 三月 八日 林鍾秀 拜㬥

【추신】

柳在泳博士 不惟資稟之甚好 而能文章 此世罕儔 同校 / 中 逐日求長 賀得高明好朋友也 悤劇未得各盡 / 代安如何

【번역】

여러 해 동안 소식이 막혀 그리움 더욱 간절하던 이때 편지를 받으니 마치 하늘의 소식이라도 얻은 것만 같았습니다. 보잘 것 없는 저를 어찌 이렇게까지 정성스럽게 돌봐주시는지요? 올봄에 이리(裡里)로 이사하여 원광대학교에서 강의하며 경사(經史)를 북돋우고 의리를 연구하면서 더욱 풍부하게 학문을 축적하신다는 소식을 들었습니다. 이때에 당신께서 일깨워주시니 어찌 좋은 도리가 아니겠습니까? 세상의 도리는 날로 무너져 후배들은 모두 서양풍조에 빠져 양추(陽秌)[142]의 한 실마리조차 부칠 곳이 없으니 이것이 매우 가슴 아픕니다. 가르치실 때 삼강오륜(三綱五倫)에 뜻을 두시면 다행이겠습니다. 하늘이 내리신 치우침 없는 덕[143]을 태만히 할 수 없고 사람의 떳떳한 차례는 사라지지 않을 것이니 사람이 되는 도는 온전히 이 이상의 것은 존재하지 않습니다.

저 종수는 눈이 심하게 어른거리고 정신이 맑지 못해 글자를 보면 자꾸만 잊어버리니 인생이 한바탕 꿈속 물거품임을 증험하고 있습니다. 뵐 길이 없으니 더욱 마음이 답답하기만 합니다. 다만 이만 줄이고 예를 다 갖추지 못합니다. 경서공부하시는 안부 항상 만복을 누리기시를 빌겠습니다.

기사년[1989] 3월 8일, 임종수(林鍾秀)는 재배합니다.

【추신】

류재영(柳在泳) 박사는 자품(資稟)이 매우 좋을 뿐 아니라 문장에도 뛰어나 세상에 짝할 이가 드문데, 같은 학교에서 매일 교학상장(敎學相長)하신다니 고명께서 좋은 벗을 얻은 것을 축하드립니다. 바빠서 따로 편지를 보내지 못하니 대신 안부를 전하시는 것이 어떻겠습니까?

142 양추(陽秌) : '秌'는 '秋'의 이체자다. 양추는 《춘추(春秋)》의 뜻으로, 진(晉)나라 간문제(簡文帝)의 후(后) 정씨(鄭氏)의 이름인 아춘(阿春)을 휘한 것이다. 이는 겉으로는 표현하지 않지만 마음속으로는 시비를 가려 포폄(褒貶)을 가하는 것을 이른다. 《진서(晉書)》 〈저부열전(褚裒列傳)〉에, 진(晉)나라 때 공신(功臣)으로 벼슬이 정토 대도독(征討大都督)에 이른 저부(褚裒)가 소년 시절에 입으로는 남의 선악을 말하지 않으면서 마음속으로는 정확하게 포폄을 가하였으므로, 이를 두고 대신(大臣) 환이(桓彛)가 일찍이 말하기를 "계야(季野)는 피부 속에 《춘추》의 의리가 있다.[季野有皮裏陽秋]"라고 한데서 유래한다.

143 하늘이……덕 : 원문은 '帝衷'. 《서경(書經)》 〈탕고(湯誥)〉에, "위대한 상제께서 백성들에게 치우침 없는 덕을 내려 주시어, 그 떳떳한 성품을 가지게 하였다. [惟皇上帝 降衷于下民 若有恒性]"라고 한 데서 유래한다.

61. 임종수林鍾秀의 간찰

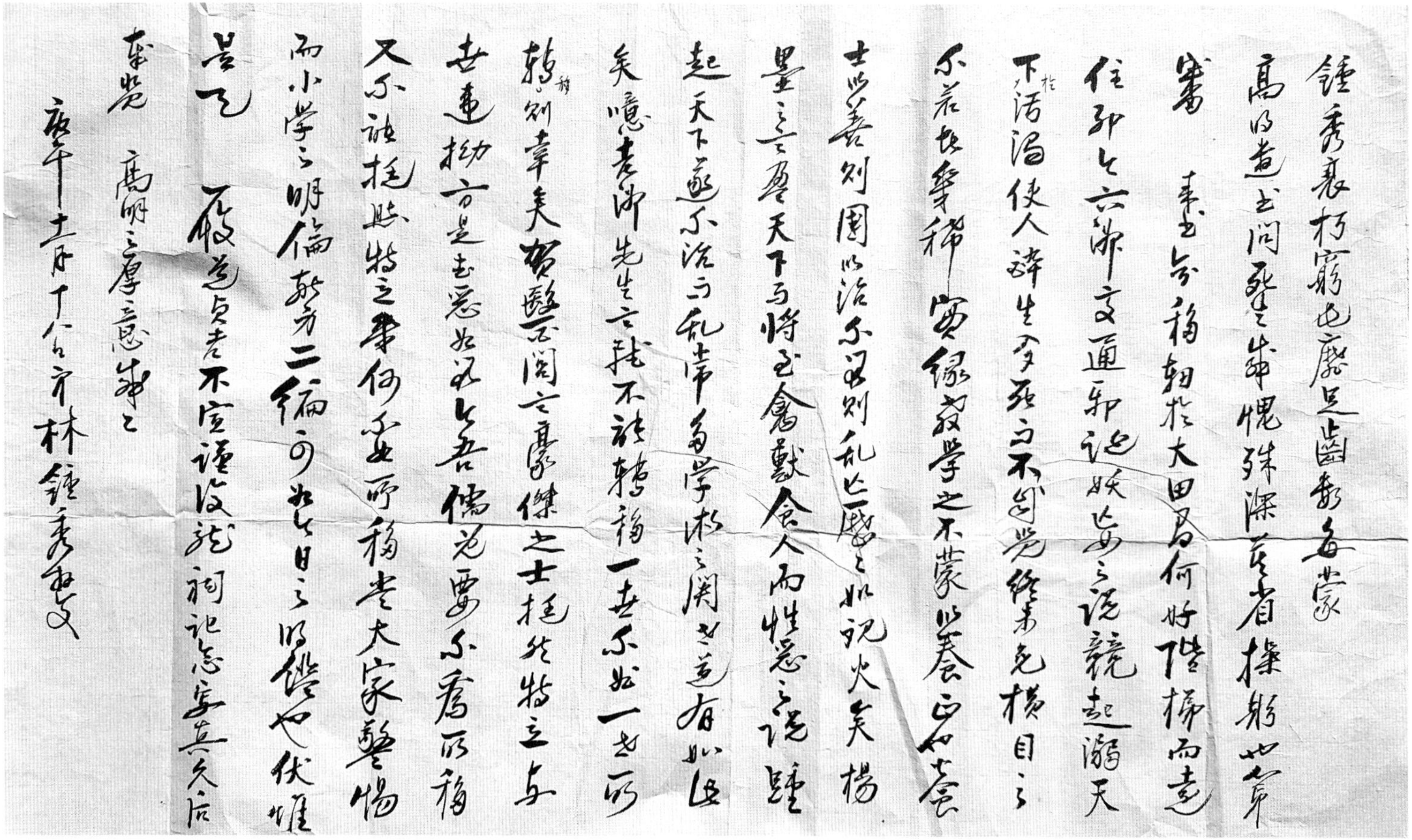

【탈초】

鍾秀衰朽窮屯 靡足齒數 每蒙 / 高明遺書 問死生 感愧殊深 莫省〔操〕措躬也 第 / 審來書 知移輒於大田 有何好階梯 而遠 / 住耶 今六洲交通 邪誕妖妄之說競起 溺天 / 下於汚濁 使人醉生夢死 而不自覺 終未免橫目之 / 不若者 幾稀 實緣教學之不蒙以養正也 養

士以善 則國以治 不善 則亂亡 歷歷如觀火矣 楊

墨之言 盈天下 而將至禽獸食人 而性惡之說 踵

起天下 遂不治 而亂常 多學術之關世道有如此

矣 噫 老洲先生言 雖不能轉移一世 不爲一世所

轉移 則幸矣 賀醫閭言 豪傑之士 挺然特立 與

世違拗 方是去惡爲善 今吾儒 旣要不爲所移

又不能挺然特立 幾何 不爲所移 當大家警惕

而小學之明倫敬身二編 可爲今日之明鑑也 伏惟

是乞履道貞吉 不宣謹復 龍祠記念寫眞 久后

奉覽 高明之厚意感感

庚午 十一月 八日 弟 林鍾秀 拜复

【번역】

저는 쇠약하고 궁핍해서 사람들 사이에 끼어 있지도 못하는데 매번 그대의 생사를 물어주시는 편지를 받으니 매우 감사하고 부끄러워 몸 둘 바를 모르겠습니다.

편지를 보고 대전으로 이사하신 줄 알았는데 무슨 좋은 계제가 있어서 멀리 살게 되셨는지요? 이제 육대주(六大洲)에서 교통하는 사탄의 요망한 말들이 다투어 일어나 혼탁한 곳으로 천하를 빠뜨려 사람을 아무런 의미 없이 취해서 살다가 꿈에서 죽게 하는데도 자각하지도 못하고 끝내 어리석은 사람[144]임을 벗어나지 못하고 있으니, 이렇지 않은 자가 드뭅니다. 이는 실로 교육과 학문을 통하여 몽매함을 바르게 기르지[145] 못한 탓입니다. 선으로 선비를 기르면 나라가 다스려지고 선으로 기르지 않으면 어지러워지는 것은 불을 보듯 뻔한 일입니다. 양주(楊朱)와 묵적(墨翟)의 말이 천하에 넘쳐나 장차 짐승을 몰아 사람을 먹게 하는 지경에 이르러 성악설(性惡說)이 천하에

144 사람 : 원문은 '橫目'. 사람만이 눈이 가로로 생겼다고 하여 사람을 가리키는 말이다. 《장자(莊子)》 〈천지(天地)〉에, "선생님은 횡목의 백성에게 뜻이 없습니까? 성인의 정치를 듣고자 합니다.[夫子無意於橫目之民乎 願聞聖治]"라는 구절에서 유래한다.

145 몽매함을 바르게 기르지 : 원문은 '蒙養正'. 《주역(周易)》 〈몽괘(蒙卦) 단사(彖辭)〉에, "몽매함으로써 바름을 기르는 것이 성인을 이루는 공이다.[蒙以養正聖功也]"라고 한 데서 온 말이다.

잇따라 일어나는데도 다스리지 않아 강상(綱常)을 어지럽히고 있습니다. 이렇게 많은 학술들이 세상과 관련이 있습니다.
아! 노주(老洲)[146] 선생이 말하기를, "비록 세상을 움직이게는 못하겠지만 세상에 의해 움직이지 않는다면 다행이다."라고 하였고, 하의려(賀醫閭)[147]가 말하기를, "호걸의 선비는 우뚝 서서 세상과 맞서야 악을 제거하고 선을 할 수 있다."라고 하였으니 오늘날 우리 유학자들이 변하지 않고 우뚝히 서지 않으려고 하는 사람이 몇이나 되겠습니까? 아직 변하지 않아 대가들을 경계 삼으려면 《소학(小學)》의 〈명륜(明倫)〉과 〈경신(敬身)〉 두 편을 거울로 삼을 만합니다.
도를 실천하시고 정길(貞吉)[148]하시기를 빌겠습니다. 이만 줄이고 답장 드립니다. 계룡정사(鷄龍精舍)에서 찍은 기념사진은 한참 뒤에 받았으니 그대의 후의에 감사드립니다.
경오년[1990] 11월 8일, 아우 임종수(林鍾秀)는 답장을 드립니다.

146 노주(老洲) : 오희상(吳熙常, 1763~1833)을 이른다. 자는 사경(士敬)이고 호는 노주(老洲)며 시호는 문원(文元)이다. 장릉참봉(長陵參奉)·사어(司禦) 등을 지냈다. 성리학을 깊이 연구하여 이황(李滉)과 이이(李珥)의 양설 어느 쪽에도 치우치지 않고 절충적인 태도를 취하였으며, 주리(主理)·주기(主氣)의 양설에 대해서는 주리설을 옹호하였다. 저서로 《독서수기(讀書隨記)》·《노주집》 등이 있다.

147 하의려(賀醫閭) : 의려는 하흠(賀欽, 1437~1510)의 호다. 자는 극공(克恭)으로 1466년에 진사에 합격하였다. 의주(義州)에 있는 의려산(醫閭山)에 우거(寓居)하고 자신의 호로 삼았다. 사서(四書) 및 경서(經書)와 《소학(小學)》을 중심으로 실천하는 것을 목표로 하여, 일찍이 "학문의 요체는 고원(高遠)한 데 있지 않고, 경(敬) 공부를 위주로 하여 놓친 마음[放心]을 수습하는 데에 있다."라고 하였다.

148 정길(貞吉) : 조급하게 굴지 않고 차분하게 정도를 지키면 역경을 극복할 것이라는 말이다. 《주역(周易)》 〈수괘(需卦)〉에, "수는 성신(誠信)이 있어 광명하여 형통하고 정하여 길하니, 대천을 건넘이 이롭다.[需有孚 光亨貞吉 利涉大川]"라는 구절이 있다.

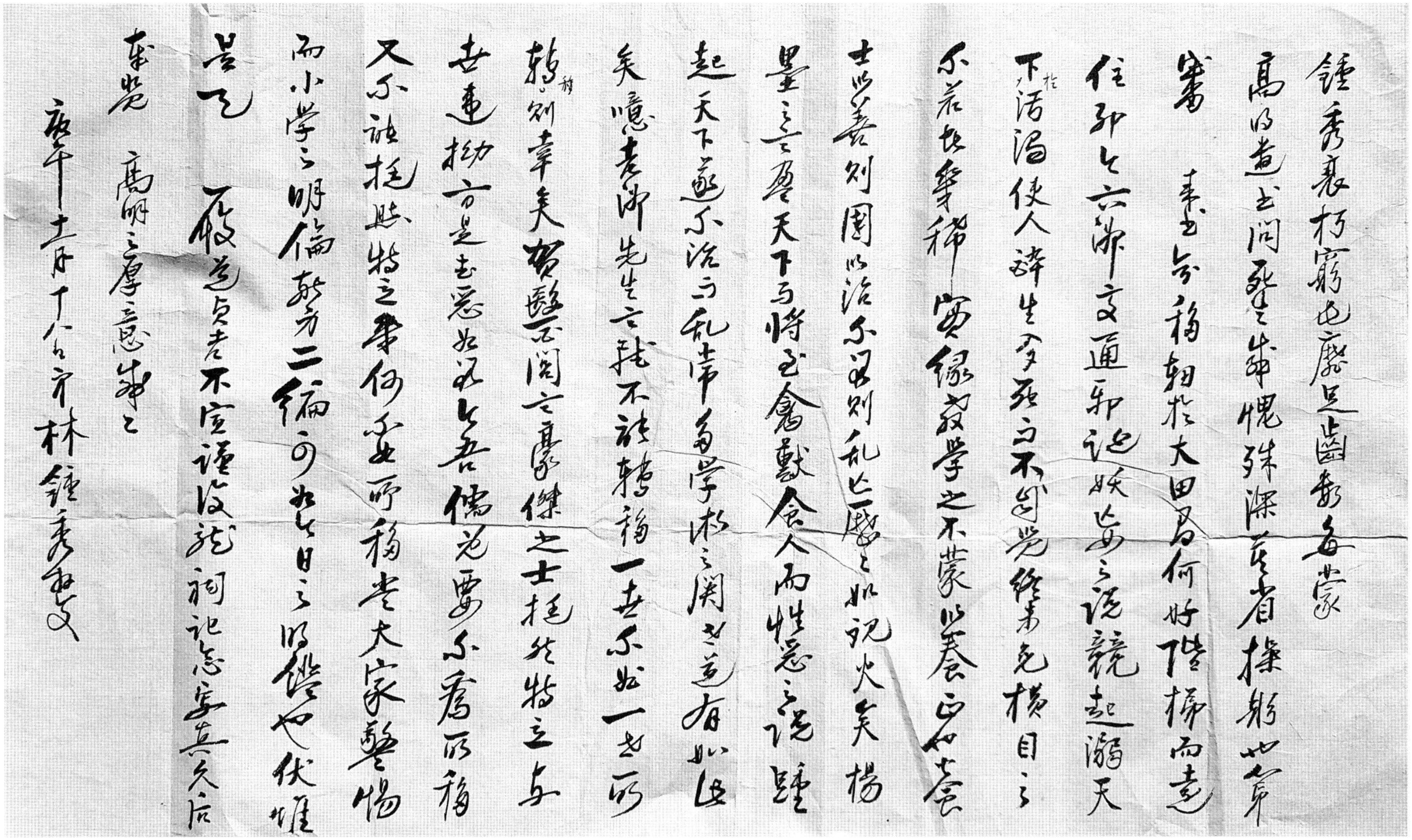

62. 임종수林鍾秀의 간찰

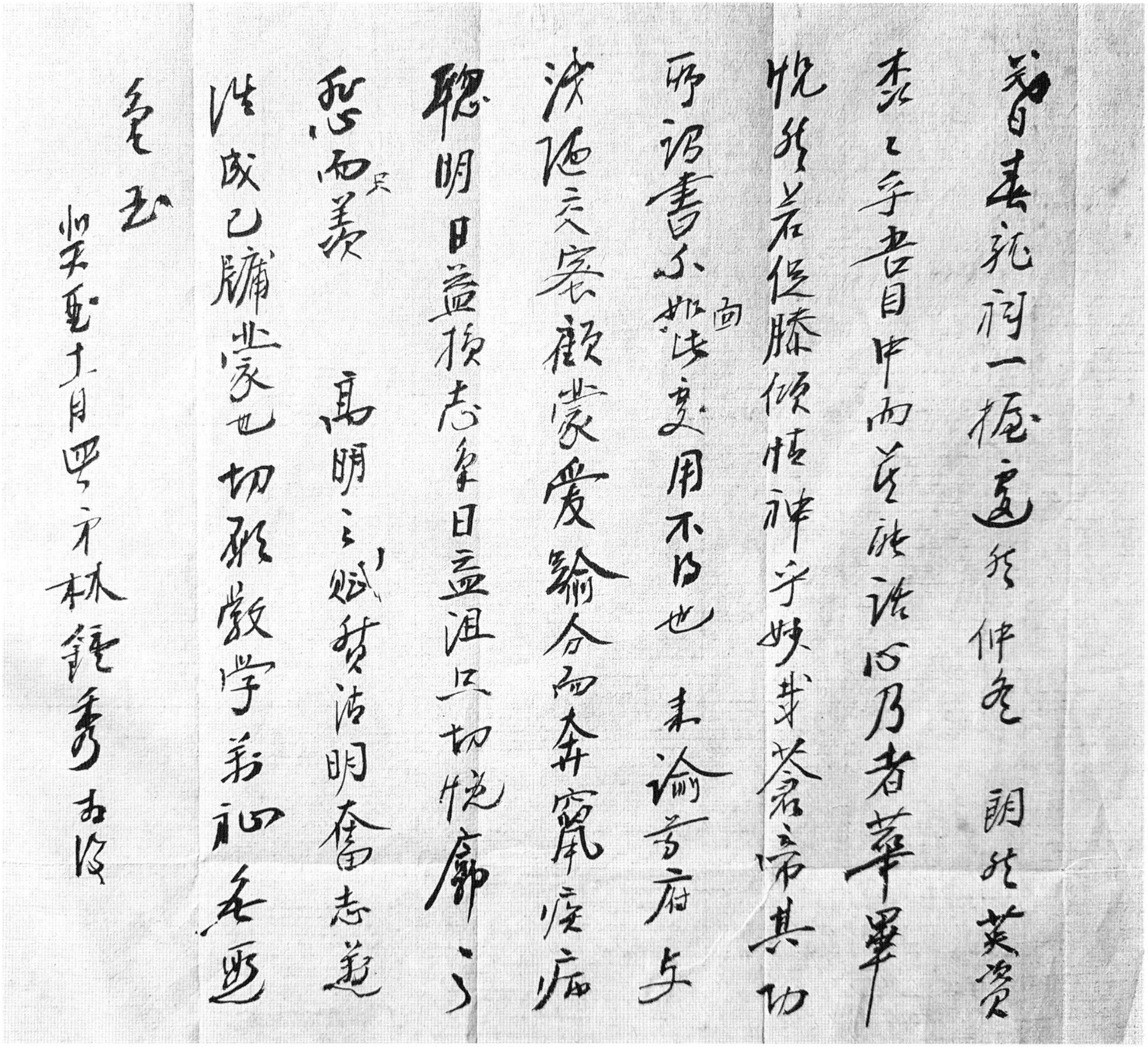

【탈초】

暮春 龍祠一握 遽然仲冬 朗然英資 / 森森乎吾目中 而莫能話心 乃者 華畢 / 怳然 若促膝傾情 神乎妙哉 蒼帝其功 / 所謂書不如面 此處用不得也 來諭尊府與 / 淺陋交密 顧蒙愛踰分 而奔竄疾病 / 聰明日益損 志氣日益沮 只切慨廓之 / 悲 而只羨高明之賦質淸明 奮志邁 / 往 成己牖蒙也 切願斅學萬祉 無遐 / 龜玉 / 癸酉 十一月 四日 弟 林鍾秀 拜復

【번역】

3월에 용암사(龍巖祠)[149]에서 한번 뵙고는 어느덧 한 겨울이 되었습니다. 낭랑하던 뛰어난 자태가 눈에 삼삼하지만 이러한 마음을 말로 할 수가 없습니다. 지난번 편지는 황홀하여 마치 무릎을 가까이하고 정을 기울이는 듯하였으니 신묘합니다. 창재(蒼帝)가 그 일에 관해 '편지는 만나는 것만 못하다.'고는 했지만 여기서는 쓰임을 얻지 못하였습니다.

보내신 편지에, 춘부장(春府丈)과 못난 저는 교분을 말씀하시어 남달리 분수 이상의 사랑을 받았지만 급히 달아나고 병마저 걸려 총명함은 날로 더욱 떨어지고 지기(志氣)는 날로 더욱 막혀 단지 개확(慨廓)[150]한 슬픔만 간절합니다. 고명하신 그대의 자질이 청명해서 뜻을 분발하여 힘써 나아가 자신을 이루고 어리석은 남을 깨우쳐주시는 것이 부럽기만 합니다. 학문하시며 복 많이 받으시고 귀옥(龜玉)[151]을 훼손하지 마시기 바랍니다.

계유년[1993] 11월 4일, 아우 임종수(林鍾秀)는 절하고 답장 올립니다.

149 용암사(龍巖祠) : 전라북도 고창군 고창읍에 있다. 현곡(玄谷) 유영선(柳永善, 1893~1961)을 기리기 위해 지은 현곡정사(玄谷精舍)의 서북쪽 가장 높은 곳에 세운 사당의 이름이다. 간재(艮齋) 전우(田愚)의 진영을 봉안하였다가, 지금은 유영선의 영정과 위패를 함께 봉안하고 있다.

150 개확(慨廓) : 원래는 부모의 상(喪)을 당했을 때, 자식이 슬퍼하는 모습을 나타내는 말이었지만 여기서는 매우 허전하고 슬픈 마음을 빗대어 이르는 말이다. 《예기(禮記)》 〈단궁 상(檀弓上)〉에, "돌아가신 처음에는 슬픔에 젖어 궁진함이 있는 것 같고, 빈소에 모신 뒤에는 안타까움이 구하여도 얻지 못하는 모습 같고, 장사 지낸 뒤에는 어찌할 줄 모르고 당황함이 바라보아도 이르지 못하는 모습과 같고, 연제를 지낸 뒤는 탄식하고, 대상을 지내면 아득히 멀어져 가심을 느낀다.[始死 充充如有窮 旣殯 瞿瞿如有求而弗得 旣葬 皇皇如有望而弗至 練而慨然 祥而廓然]"라는 구절에서 유래하는데, '慨'는 소상(小祥)을 당하여 세월이 빠른 것을 탄식하는 마음을, '廓'은 대상(大祥) 때 정의(情意)가 허전함을 표현한 말이다.

151 귀옥(龜玉) : 《논어(論語)》 〈계씨(季氏)〉에, 계씨(季氏)가 전유(顓臾)를 치려함에 염유(冉有) 등이 이를 저지하지 못하였는데, 공자가 이를 꾸짖어 "범과 들소가 우리에서 뛰어나오고, 거북과 옥이 함 속에서 훼손됨은 누구의 잘못인가?[虎兕出於柙 龜玉毁於櫝中 是誰之過與]"라고 한데서 유래한다.

63. 이우섭李雨燮의 간찰

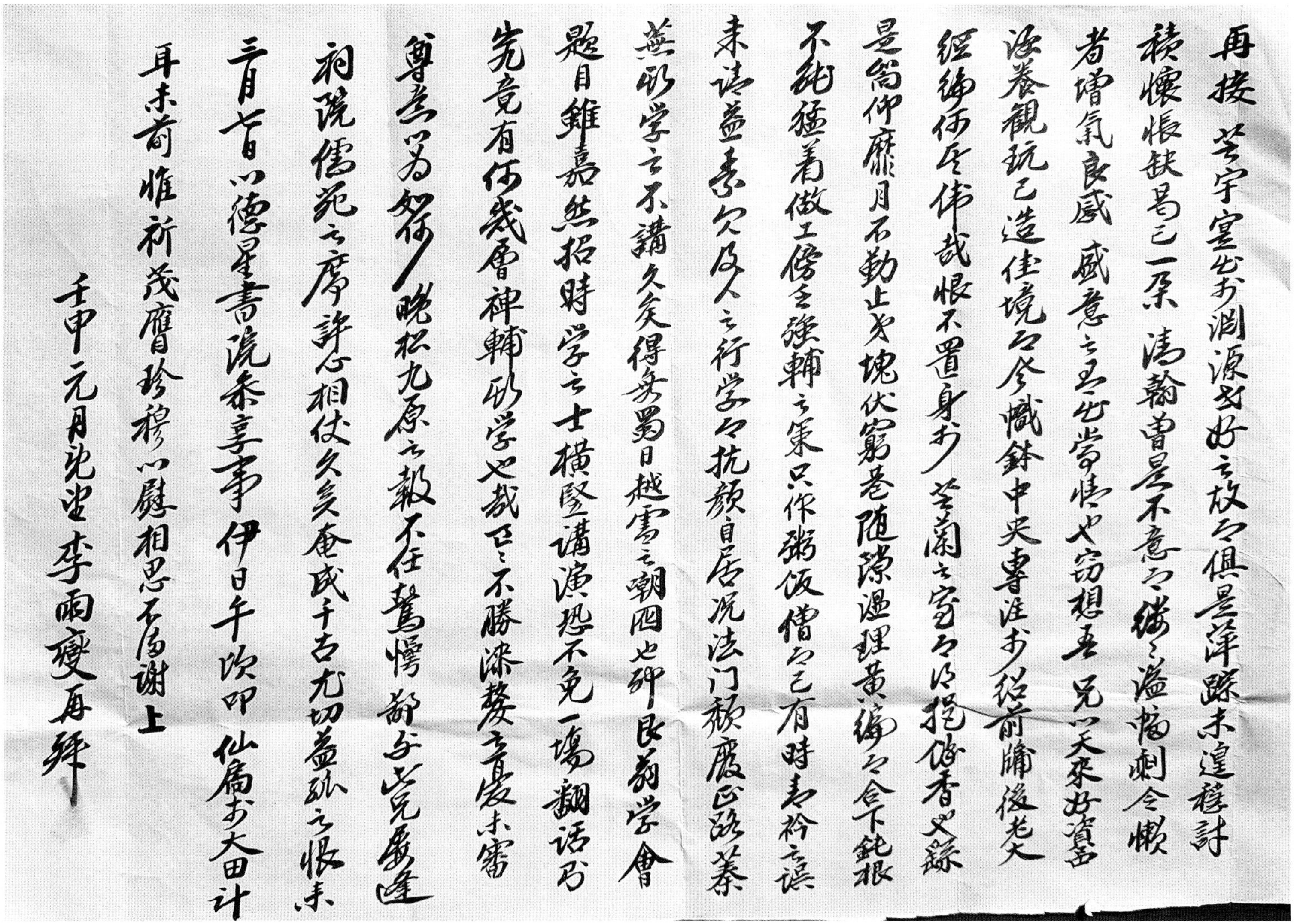

【탈초】

再接芝宇 寔出於淵源世好之故 而俱是萍踪 未遑穩討 / 積懷悵缺曷已 一朶淸翰 曾是不意 而縷縷溢幅 剩令懶 / 者增氣 良感盛意之有出常情也 竊想吾兄以天來好資而 / 涵養觀玩 已造佳境 而今幟鉢中央 專注於紹前牖後 老大 / 經綸 何其偉哉 恨不置身於芝蘭之家 而得挹餘香也 繇 / 是嚮仰 靡月不勤止 弟塊伏窮巷 隨隙溫理黃編 而合下鈍根 / 不能猛着做工 傍乏强輔之策 只作粥飯僧而已 有時靑衿之誤 / 來請益 素欠及人之行學 而抗顔自居 況法門頹廢 正路蓁 / 蕪 斯學之不講久矣 得無蜀日越雪之嘲囮也耶 艮翁學會 / 題目雖嘉 然招時學之士 橫竪講演 恐不免一場翻話 則 / 究竟有何幾層裨輔斯學也哉 區區不勝漆嫠之憂 未審 / 尊意以爲如何 晩松九原之報 不任驚愕 鄙與此兄屢逢 / 祠院儒苑之席 許心相仗久矣 奄成千古 尤切益孤之恨 來 / 三月七日 以德星書院參享事 伊日午頃 叩仙扃於大田計 / 耳 未前惟祈茂膺珍穆 以慰相思 不備謝上 / 壬申 元月 旣望 李雨燮 再拜

【번역】

거듭 그대와의 만남은 진실로 연원과 세교의 연고에서 나온 것이기는 하지만 모두 객지에서 만난 것이라 조용히 이야기를 나눌 경황도 없었으니 그립고 서운함이 어찌 끝이 있겠습니까? 그런데 한 통의 편지는 생각지도 못했었는데 자세한 말씀이 폭 밖으로 넘쳐나 게으른 사람의 기운을 더하게 하니 진실로 훌륭하신 뜻은 일반적인 정에서 벗어난 것임에 감사드립니다.

생각해보면, 우리 형께서는 하늘로부터 타고난 훌륭한 자질에다 함양하고 완미하여 이미 아름다운 경지를 이루었으니 이제 중앙에서 법도를 세워 오로지 선현들의 학문을 잇고 후배들을 기르신다면 선생의 경륜이 얼마나 위대해지겠습니까? 저는 지란(芝蘭)의 집에 몸을 두고도 향기를 움켜잡지 못하는 것이 한스럽습니다. 이로 말미암아 우러르는 마음 간절하지 않은 달이 없었습니다.

저는 흙덩이처럼 시골에 엎드려 틈틈이 서적을 익히고 공부하고는 있지만 애당초 노둔한데다 용맹하게 공부를 하지 못하고 곁에는 강하게 이끌어 주는 벗의 꾸짖음도 없으니 다만 죽반승(粥飯僧)[152]이 될 뿐인데, 때때로 선비들이 저를 잘못 알고 찾아와 학문을 청합니다. 저는 평소 남에게 미칠만한 행실이나 학문이 부족한데 뻔뻔하게 자처하고 있습니다. 더구나 하물며 법문이 퇴폐해지고 정도가 우거져서 유학을 강론하지 않은 지 오래이니, 촉(蜀) 지방의 해와 월(越) 지방의 눈[153]의 조롱이 없겠습니까?

간옹학회(艮翁學會)라는 제목은 비록 아름답지만 당시 학자라고 초대한 사람들의 횡설수설하는 강연은 한바탕 말잔치를 면치 못할까 걱정이니 끝내 유학에 얼마나 도움이 있겠습니까? 간절히 칠실(漆室)과 이휼(嫠恤)의 근심[154]을 이길 길 없습니다. 그대는 어떻게 생각하

152 죽반승(粥飯僧) : 수행은 하지 않고 죽과 밥만 축내는 승려를 가리킨다. 송나라 육유(陸游)의 〈탄식(歎息)〉에, "국가의 도록은 응당 중흥할 때이건만, 나는 정녕 죽반승 같음을 탄식하노라.[國家圖籙合中興 歎息吾寧粥飯僧]"라는 구절에서 유래한다.

153 촉(蜀) 지방의 해와 월(越) 지방의 눈 : 원문은 '蜀日越雪'. 견문이 적어서 괴이하게 여기는 것이 많음을 비유하는 말이다. 유종원(柳宗元)의 〈답위중립논사도서(答韋中立論師道書)〉에, 촉(蜀) 지방은 항상 비가 내리고 음산하기 때문에 태양이 한번 뜨면 개들이 마구 짖어 댄다는 촉견폐일(蜀犬吠日)의 이야기와, 월(越) 지방은 눈을 볼 수 없기 때문에 눈이 한번 내리면 개들이 마구 짖어 댄다는 월견폐설(越犬吠雪)의 이야기가 나온다.

154 칠실(漆室)과 이휼(嫠恤)의 근심 : 자기 신분과 지위에 맞지 않게 나랏일을 근심하고 걱정하는 것을 비유하는 말이다. 《사문유취(事文類聚) 별집(別集)

시는지 모르겠습니다.

만송(晩松)께서 돌아가셨다는 소식에 경악을 금할 수가 없습니다. 저와 이 형은 여러 번 사원과 유림들의 행사 자리에서 만나 마음을 허락하고 서로 의지한지 오래였는데, 문득 고인이 되었으니 더욱 외로운 탄식이 간절합니다. 오는 3월 7일 덕성서원(德星書院)의 배향에 참석하는 일로 이날 정오 무렵에 대전의 그대 집을 방문할 계획입니다. 그전까지 잘 지내시기를 빌며 서로 보고픈 마음에 위안이 되기를 빌겠습니다. 이만 줄이고 답장 올립니다.

임신년[1992] 1월 16일, 이우섭(李雨燮)[155]은 재배합니다.

권22》〈칠실우노(漆室憂魯)〉에, 노(魯)나라 칠실이라는 고을에 시집 못 간 노처녀가 기둥에 기대어 한숨을 쉬자, 이웃의 아낙이 "시집가고 싶어서 그런가?[子欲嫁乎]"라고 물으니, "내가 걱정하는 것은 노나라 임금이 늙었는데 태자가 어린 것이다.[予憂者魯君老太子幼]"라고 대답하였다. 이에 아낙이 "이는 장부가 걱정할 일이다.[此丈夫之憂也]"라고 하니, 처녀가 과거의 사례를 장황하게 설명하고 나서 "지금 노나라에 환란이 일어나 군신과 부자가 치욕을 당하면 부인만 홀로 어디로 피하겠는가.[今魯國有患 君臣父子被其辱 婦人獨安所避乎]"라고 대답했다는 이야기가 전한다. 이휼(嫠恤)은 이부(嫠婦), 즉 과부의 걱정이라는 말인데, 《춘추좌씨전(春秋左氏傳)》 소공(昭公) 24년의 "과부가 베 짜는 북 실이 끊어질 것은 걱정하지 않고서 천자의 나라인 주나라가 망할 것을 걱정한다는 말이 있는데, 이는 그 재앙이 자기에게도 미칠 것이라고 여겨서이다.[嫠不恤其緯 而憂宗周之隕 爲將及焉]"라는 말에서 나온 것이다.

155 이우섭(李雨燮, 1931~2007) : 호는 화재(華齋)다. 영남 기호학맥으로, 저서로 《화재문집(華齋文集)》이 있다.

再接 芝宇寔出於淵源之好之故 俱是萍蹤未遑趨討
積懷悵缺曷已 一朶 淸翰 曾是不意之餘 溢幅剛令慚
者增氣良感 盛意之出於常情也 竊想吾 兄以天來好資品
游養觀玩已造佳境 而今識鉢中央專注於從前庸後老大
經綸何等偉哉 恨不置身於 芝蘭之室 而以挹餘香也 孫
是篤仰靡月不勤 止此愧伏窮巷 隨蹤遐理 黃編之令下鈍根
不能猛着做工 傍主強輔之策 只作粥飯僧而已 有時書於之誤
未詳益素欠及人之行 學而抗顏自居 況法門頹廢 正路蓁
蕪 明學之不講久矣 得無蜀日越雪之嘲 四也卯 良藥學會
題目雖嘉 然招時學之士 横竪講演 恐不免一場翻話 而
究竟有何裨輔 明學也哉 已之不勝深嘆之衷 未審
尊意以爲如何 晩松九原之報 不任驚愕 歸乎豈是無逢
祠院儒苑之廟 許心相仗久矣 奄成千古 尤切益孤之恨 未
三月旨以德星書院奉享事 伊日午後叩 仙扃於大田計
耳 未前惟祈茂膺珍穆 以慰相思 不備謝上
壬申元月 晩生 李雨夔 再拜

64. 이우섭李雨燮의 간찰

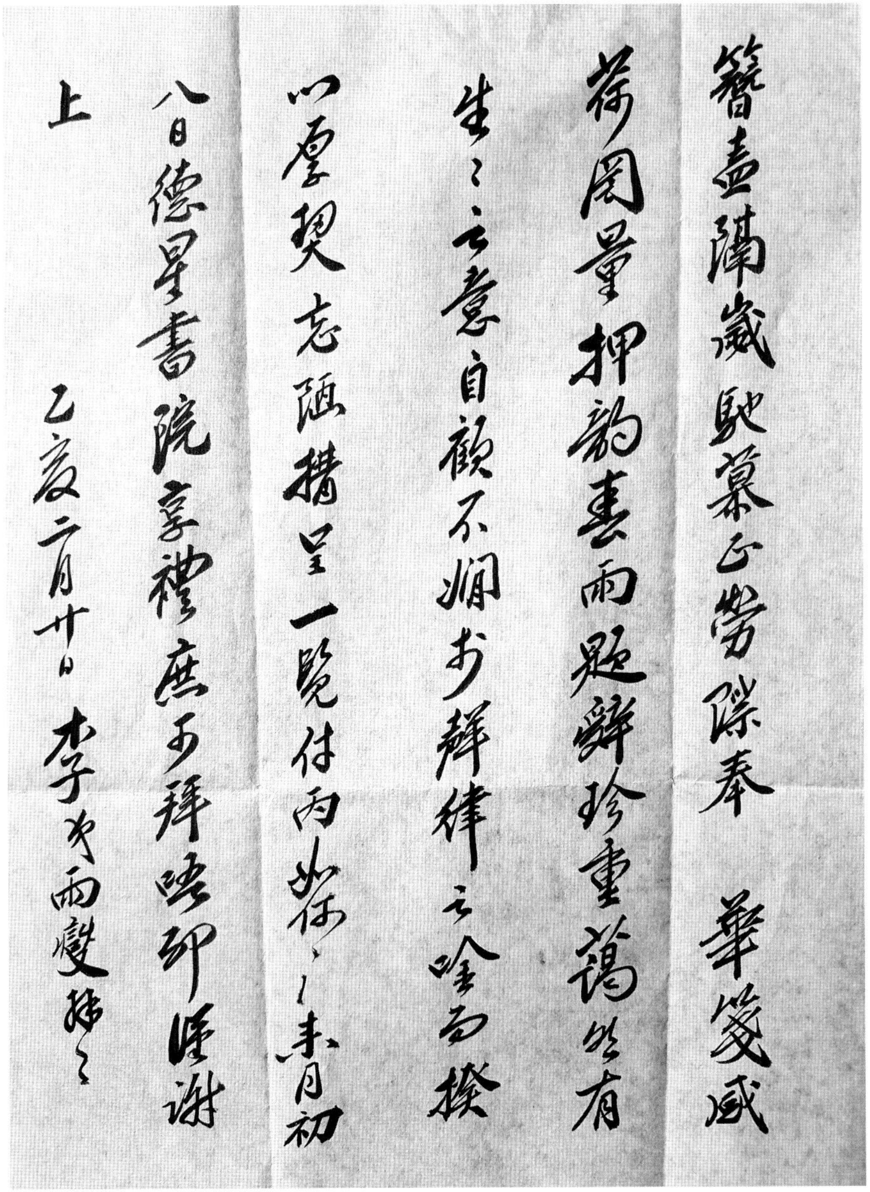

簪盍闌歲 馳慕正勞 際奉 華箋 盛
荷周量 押韵寔雨題 辭珍重 鴻然有
生生之意 自顧不嫻於辭律之唫爲撓
以塵瀆 志隨 措呈 一覽付丙 必[illegible][illegible] 來月初
八日德星書院享禮 庶可拜晤 [illegible][illegible]謝
上
乙亥二月廿日 李[illegible]雨燮 拜拜

【탈초】

簪盍隔歲 馳慕正勞 際奉華箋 感

荷罔量 押韻春雨 題辭珍重 藹然 有

生生之意 自顧不嫺於聲律之唫 而揆

心厚契 忘陋構呈 一覽付丙 如何如何 來月初

八日 德星書院享禮 庶可拜唔耶 謹謝

上 乙亥 二月 廿日 李弟雨燮 拜拜

【번역】

만난 지[156] 한 해가 지나가니 그리운 마음 간절했었는데, 이때 그대의 편지를 받고 보니 헤아릴 수 없이 감사하였습니다. 압운시(押韻詩) 〈춘우(春雨)〉는 지으신 글이 보배롭고 온화하여 생기가 왕성한 뜻이 있었습니다.

제 자신을 돌아보면 성율(聲律)을 읊조리는 데는 익숙지 못하지만 마음 속 두터운 계합을 헤아려 졸렬함도 잊고 시를 엮어 보내드리니 한번 보시고 태워버리는[157] 것이 어떻겠습니까? 다음 달 초 8일에 덕성서원(德星書院)의 향례에서 뵐 수 있을는지요? 답장을 드립니다.

을해년[1995] 2월 20일, 아우 이우섭(李雨燮)은 재배합니다.

156 만난 지 : 원문은 '簪盍'. 뜻 맞는 사람들이 서로 빨리 달려와 회합함을 이르는 말이다. 《주역(周易)》 〈예괘(豫卦) · 구사(九四)〉에, "벗들이 모여들리라.[朋盍簪]"라고 하였다. 본의(本義)에, "잠은 모임이고 또 빠름이다.[簪 聚也 又速也]"라고 한 데서 유래한다.

157 태워버리는 : 원문은 '付丙'. '부병정(付丙丁)'의 준말로, 병정(丙丁)은 오행(五行)의 화(火)에 속하여 불에 태우라는 의미이다.

65. 모경원牟敬遠의 간찰

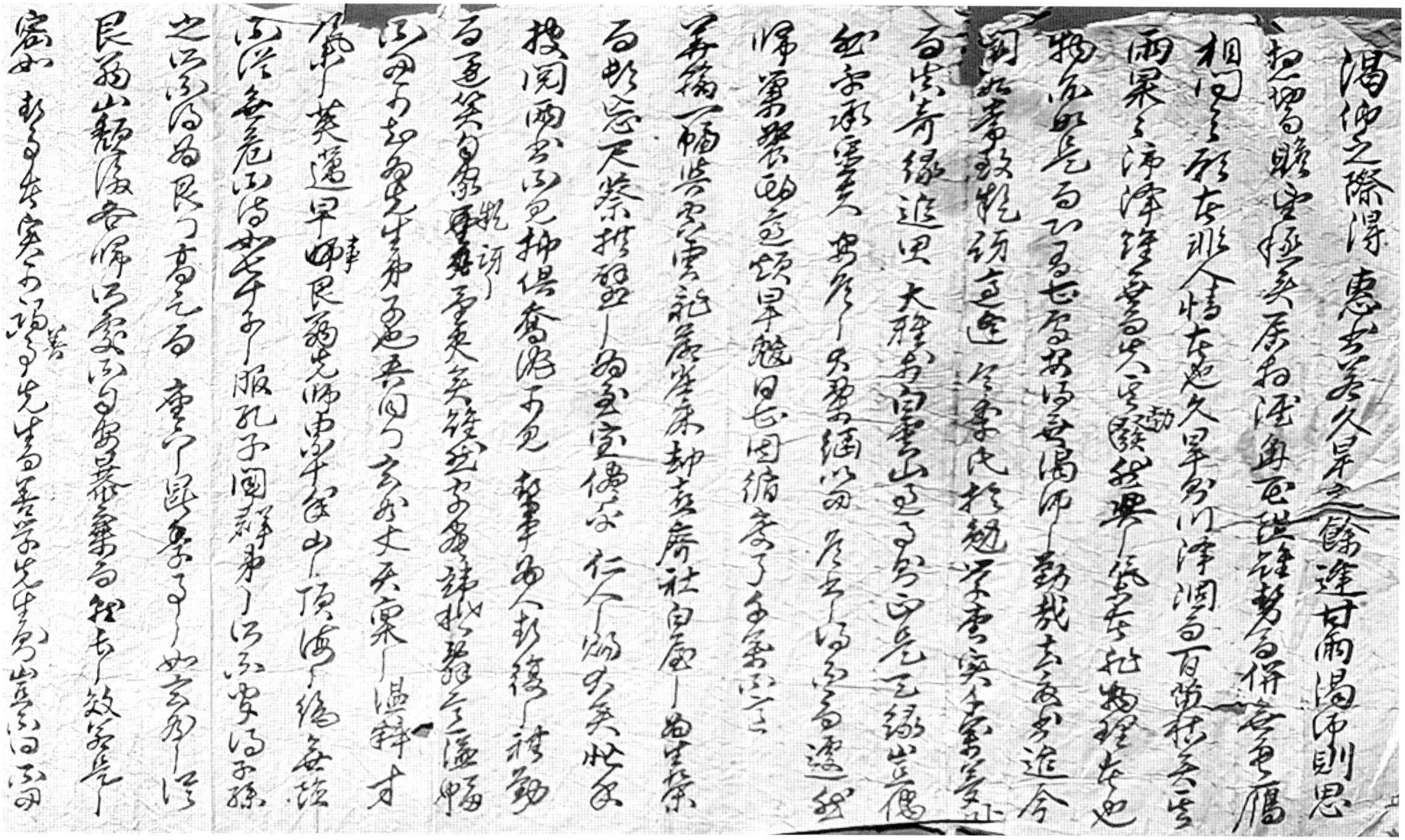

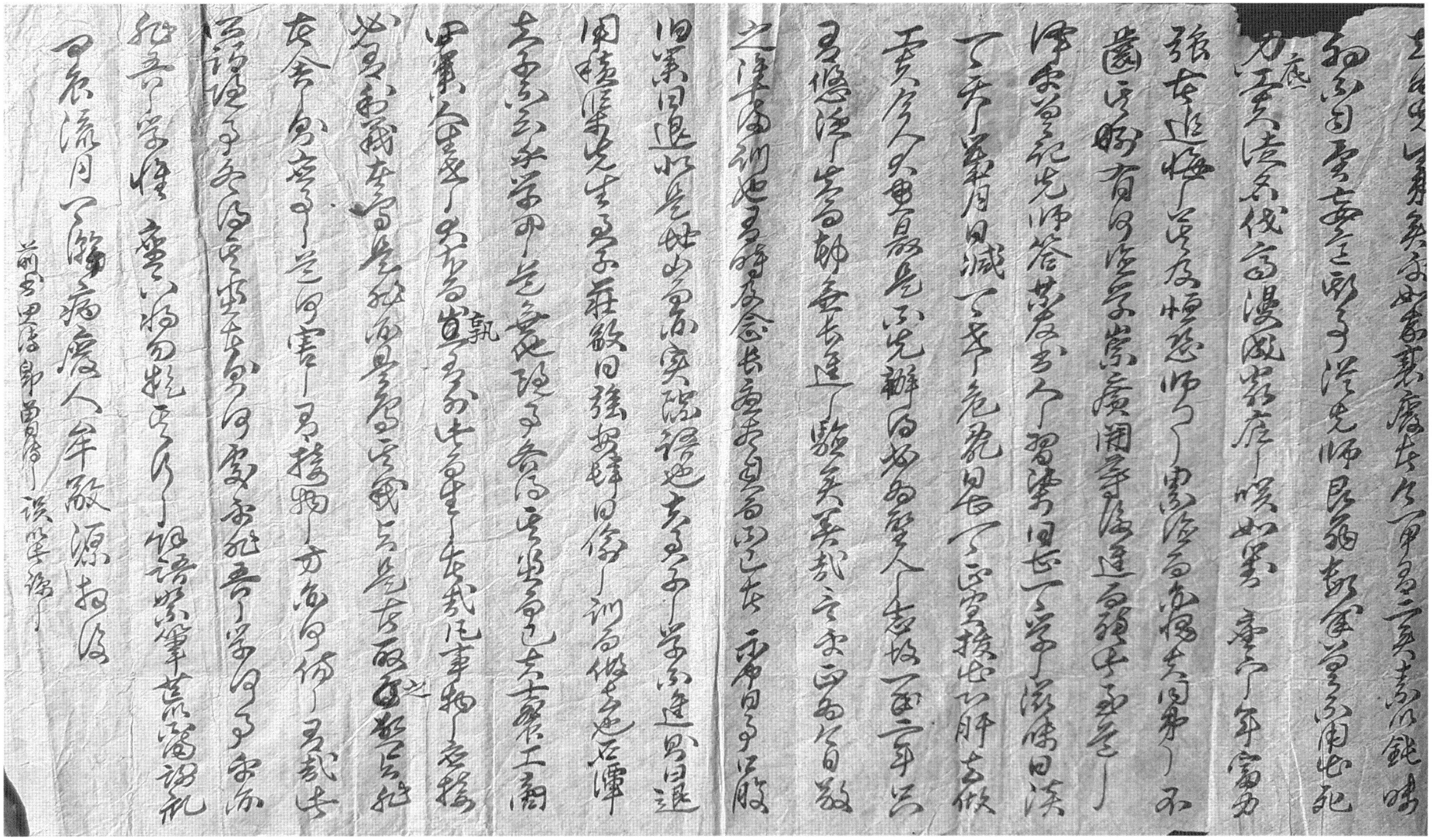

【탈초】

渴仰之際 得惠書 若久旱之餘 逢甘雨 渴仰 則思 / 想切 而瞻望極矣 居相涯角 面阻雖勢 而併無魚雁 / 相問之願者 非人情者也 久旱 則川澤涸 而百苗枯矣 其 / 雨杲杲 沛澤 雖無 而失其■[158]勃然興之氣者 非物理者也 / 物亦如是 而心有甚焉 安得無渴仰之勤哉 去夏書 迨今 / 闕如 常致疑訝 適逢令季氏 於勉學堂 實千萬夢外 / 而眞奇緣 追思大雅於白雲山過事 則正是天緣 豈偶 / 然乎 承靈夫安候之大槩 繼以問候書之得不 而遽然 / 歸巢 農期適煩 旱魃日甚 因循度了 千萬不意 / 華翰一幅 與空雲 飛落塵床 却喜廢社白屋之爲生榮 / 而頓忘尺蔡拱璧之爲至寶 儘乎仁人之賜大矣 忙手 / 披閱 兩書不見 抑俱喬沈可見 執事 爲人執復之禮 勤 / 而還笑 勿我■■[159]疑訝之量夾矣 雖然字劃端楷 辭意溢幅 / 不問可知 爲先生弟子也 吾同門玄谷丈 天稟之溫粹 才

158 ■ : 원문의 '發'을 '勃'로 수정하였다.

/ 氣之英邁 早■[160]事艮翁先師 累十年 山之頂 海之絶 無險 / 不從 無危不侍 如七十子 服孔子 聞群弟之所不聞 得子孫 / 之所不得 爲艮門高足 而座下昆季事之 如玄谷之從 / 艮翁 山頹後 各歸所處 不自安暴棄 而就長效 若是之 / 密 如執事者 實可謂善事先生 而善學先生 則豈不曰 不問 / 知爲先生弟矣乎 如我衰廢者 今日一甲有二矣 素以鈍悔 / 初不自量 妄意斯事 從先師艮翁數年 曾不用出死 / 力底工夫 徒名伐高漫 成窮廬之嘆 如對座下之年富力 / 强者 追悔之無及 恒恐師可累德 而亦愧夫同弟之不 / 齒其例 有何德崇業廣 開導後進 而聽此至道之 / 澤乎 曾記先師答某友書 人之習染 日甚一日 學之滋味 日淡 / 一日 天之歲月 日減一日 世之危亂 日甚一日 正宜拔出心肝 去做 / 工夫 今人大患 最是不先辨得必爲聖人之志 故一年二年 只 / 有悠泛之失 而都無長進之驗矣 善哉言乎 正爲今日敬 / 之準備訓也 有時及念 長憂太息 而不已者 示中日事口腹 / 舊業日退 似是地山 而亦實際語也 夫君子之學 不進 則日退 / 用橫渠先生 君子 莊敬日强 安肆日偸之訓 而做去也 石潭 / 夫子不云乎 學問之道 是無他 隨事 各得其當而已 夫士農工商 / 四業 人生世之大本 而■[161]孰有外此 而生之者哉 凡事物之應接 / 必有利義者焉 是非亦具焉 其義與是者 取■[162]之 慾與非 / 者舍之 則應事之道 何害之有 接物之方 亦何傷之有哉 此 / 所謂隨事 各得其當者 則何處乎 非吾之學 何事乎 亦 / 非吾之學 惟座下 將勿疑其行之 餘語絮筆荒 不備謝禮 / 甲辰 流月 下澣 病廢人 牟敬遠 拜復

【추신】

前書思傳 卽曾傳之誤 以此諒之

159 ■■ : 원문의 '堇殆'을 '疑訝之'로 수정하였다.

160 ■ : 원문에는 '歸'을 '事'로 수정하였다.

161 ■ : 원문에는 '豈'을 '孰'으로 수정하였다.

162 ■ : 원문에는 '焉'을 '之'로 수정하였다.

【번역】

애타게 사모하던 즈음에 편지를 받으니 마치 가뭄 끝에 단비를 만난 것 같았습니다. 애타게 사모하는 마음에 그리움이 간절하고 멀리서 바라보는 마음이 지극하지만, 서로 먼 곳에 살고 있어서 만나지 못하는 것은 비록 상황이 그러하다지만 서로 문안조차 끊어졌으니 사람의 정이 아닙니다. 오래 가물면 시내와 못이 마르고 모든 싹들이 다 시듭니다. 비가 오려다 쨍쨍하게 볕이 나오니[163] 비의 은택이 아무리 없다지만 성하게 일어나는[164] 기운조차 잃어버리는 것은 물건의 이치가 아닙니다.

물건도 이러한데 마음은 이보다 더하니 어찌 애타게 사모하는 마음이 없겠습니까? 지난여름의 편지는 지금까지 답이 없어 늘 의아하게 생각했었는데, 마침 면학당(勉學堂)에서 당신의 막내아우를 만났던 것은 참으로 꿈밖의 기이한 인연이었습니다. 대아(大雅)[165]를 추억하면 백운산(白雲山)에서의 지난 일은 하늘이 내린 인연이니 어찌 우연이겠습니까?

영부(靈夫)의 안부를 대강만 듣고 이어 문안 서신을 받지 못하고 서둘러 집으로 돌아왔습니다. 농사가 바쁘고 가뭄이 날로 심하여 그럭저럭 날을 보내고 있었는데 천만 뜻밖에 편지 한 폭이 하늘의 구름과 함께 저의 먼지 낀 책상에 도착을 하니 가난한 저의 집을 영광스럽게 한 것이 기쁘고 큰 거북과 한 아름 구슬조차 지극한 보배임을 잊게 하였습니다. 이 모두 다 어진 사람이 베풀어 주신 것이었습니다. 그래서 서둘러 편지를 열어보니 두 통의 편지를 보지 못했다고 하니 아마 모두 전해지지 않은 것 같습니다. 집사(執事)께서 사람을 위해 답장을 집행한 예가 부지런하니 도리어 우습습니다. 제가 의아하게 생각하는 것을 아량이 좁다고 생각지 마십시오.

글자의 획이 단정하고 말의 뜻이 폭에 넘쳐나니 묻지 않아도 선생의 제자임을 알 수가 있었습니다. 저의 동문 현곡(玄谷) 어른은 타고난 성품이 따뜻하고 순수하며 재기가 뛰어나 일찍이 간재(艮齋)[166]를 좇아 수십 년을 섬겨 산꼭대기나 절해(絕海)[167]에 이르기까지 아무리 험해도 따르지 않음이 없었고 아무리 위태로워도 모시지 않은 적이 없어 마치 칠십 제자가 공자에게 복종하듯이 하여 뭇 제자들이 듣지 못하던 것을 듣고 자손들도 얻지 못하던 것들을 얻었으니 간재 문하의 고족(高足)이라 할 만합니다. 좌하(座下) 형제는 현곡이 간옹을 따르듯 선생을 섬겼는데, 선생이 돌아가시자 각기 살던 곳에 돌아가서도 스스로 자포자기를 편안하게 여기지 않아 크게 발전하는 효과가 이처럼 엄밀하니 집사 같은 분이야 실로 선생을 잘 섬기고 선생께 잘 배웠으니 어찌 선생의 제자임을 묻지 않아도 알지 않겠습니까?

163 비가……나와 : 《시경(詩經)》, 〈위풍(衛風)·백혜(伯兮)〉에, "비가 오려다가 쨍쨍하게 볕이 나네.[其雨其雨杲杲出日]"라는 구절에서 온 말이다.

164 성하게 일어나는 : 원문은 '勃然興之'. 《맹자(孟子)》〈양혜왕 상(梁惠王上)〉에, "하늘이 뭉게뭉게 구름을 만들어 쏴아 비를 내려 주면 싹은 성하게 일어나는 것입니다.[天油然作雲 沛然下雨 則苗勃然興之矣]"는 구절이 있다.

165 대아(大雅) : 편지에서 평교간이나 문인(文人)을 이르는 말이다.

166 간재(艮齋) : 전우(田愚, 1841~1922)의 호다. 자는 자명(子明)이고, 호는 간재(艮齋) 외에도 구산(臼山)·추담(秋潭)·고옹(蠱翁)·양하왕인(陽下庉人) 등이 있다. 초명은 경륜(慶倫)·경길(慶佶)이고 본관은 담양(潭陽)이다. 저서로 《간재집(艮齋集)》·《간재사고(艮齋私稿)》·《추담별집(秋潭別集)》 등이 있다.

167 절해(絶海) : 1908년 간재가 왕등도(旺嶝島)로 들어간 일을 이른다.

저는 노쇠하고 힘이 다한 사람으로 오늘날 60년을 살고도 2년을 더 살았습니다. 본래 둔하고 이치에 어두운데 애초부터 제 자신을 헤아리지도 못하고 망령되이 이 일에 뜻을 두어 수 십 년을 돌아가신 간재(艮齋) 선생을 따랐지만 죽을힘으로 공부하지 않고 한갓 이름이나 자랑하고 뽐내어 가난한 집안의 탄식[168]만 이루었습니다. 좌하처럼 나이 젊고 혈기왕성한 사람들을 만날 때면 후회가 막급하여 항상 스승의 덕에 누를 끼칠까 두렵고 또 동문들의 반열에 나란히 하지 못할까 부끄럽기만 한데 무슨 덕과 학문을 높이고 넓혀 후진들을 개도하며 도의 지극한 은택을 들을 수 있겠습니까?

일찍이 기록하신, 돌아가신 선생께서 아무개 친구에게 답한 편지에, "사람이 습관이 물들어 가는 것이 날로 심해지고 학문의 재미가 날로 옅어지는데 세월은 날로 줄어들고 세상의 어지러움은 날로 심하니 마땅히 심간(心肝)에서 추출해내어 공부해야 할 것입니다. 그런데 오늘날 사람들의 큰 근심은 반드시 성인이 되겠다는 뜻을 기필하지 않기 때문에 1, 2년을 허투루 보내는 실수가 있으니 모두 크게 발전하는 효험이 없습니다.[169]"라고 하였으니 훌륭한 말씀입니다. 바로 오늘을 위하여 공경히 준비한 가르침입니다. 때때로 여기에 생각이 미치면 큰 근심과 한숨이 그치지 않습니다. 말씀하신 것 중에 "날마다 배 채우는데 만 몰두한다면 옛 학업은 날로 퇴보한다."고 하신 것은 겸손한 말씀[170] 같지만 이 역시 실제적인 말씀이십니다. 군자의 학문은 발전하지 않으면 날로 퇴보하니 횡거선생(橫渠先生)[171]의 "군자가 장중하고 공경하면 날로 강해지고, 안일하고 방자하면 날로 게을러진다.[172]"는 가르침으로 공부해야 합니다.

석담부자(石潭夫子)[173]께서도 말씀하시지 않았습니까? "학문의 도는 다른 것이 아니라 일에 따라 각각 마땅함을 얻는 것일 뿐이다.[174]"라고 말입니다. 사농공상(士農工商)의 네 가지 일은 인간세상의 큰 근본으로 누가 여기서 벗어나 살 수 있습니까?

168 가난한 집안의 탄식 : 원문은 '窮廬之嘆'. 한창 때 공부하지 않았다가 뒤늦게 후회하는 것을 이른다. 《소학집주(小學集註) 5》 〈가언(嘉言)〉에, 삼국 시대 촉(蜀)나라 제갈량(諸葛亮)의 〈계자서(戒子書)〉에 "나이는 세월과 함께 들어가고 뜻은 해와 함께 사라져가서 마침내 그대로 시들게 되면, 초라한 오두막에서 슬피 탄식한들 장차 무슨 소용이 있겠는가.[年與時馳 意與歲去 遂成枯落 悲歎窮廬 將復何及也]"라는 구절이 있다.

169 사람이……없다 : 《간재선생문집(艮齋先生文集) 7》 〈답김호민(答金好民)〉에 나오는 구절이다.

170 겸손한 말씀 : 원문은 '地山'. 《주역(周易)》의 〈지산겸괘(地山謙卦)〉에서 온 말로, 겸손하면 발전한다는 뜻이다. 이 괘는 ䷎의 형상으로 땅을 의미하는 곤괘(坤卦)가 위에 있고 산(山)을 의미하는 간괘(艮卦)가 아래에 있다. 산이 높으면서도 낮은 땅의 아래에 있으니 겸손하다는 뜻이다.

171 횡거선생(橫渠先生) : '橫渠'는 장재(張載, 1020~1077)호다. 북송시대의 철학자로, 자는 자후(子厚)다. 범중엄(范仲淹)을 만나서 《중용(中庸)》을 받은 후부터 학문에 정진했으며 정치가로서도 상당한 치적을 쌓았는데, 왕안석(王安石)과 맞지 않아 말년에는 집에 들어앉아서 독서와 사색에 몰두했다. 이때 쓰여진 것이 《정몽(正蒙)》이다.

172 군자가……게을러진다 : 《예기(禮記)》 〈표기(表記)〉에, "군자는 장중하고 공경하면 날로 강해지고, 안일하고 방자하면 날로 게을러진다.[子曰 君子 莊敬日强 安肆日偸]"고 한 공자의 말이 있다.

173 석담부자(石潭夫子) : '石潭'은 이이(李珥, 1536~1584)의 호다. 자는 숙헌(叔獻)이다. 호는 석담(石潭) 외에도 율곡(栗谷)·우재(愚齋) 등이 있다. 저서로 《성학집요(聖學輯要)》, 《동호문답(東湖問答)》 등이 있다.

174 학문의……것뿐이다 : 율곡이 지은 〈격몽요결서(擊蒙要訣序)〉에, "…… 이른바 학문이라는 것은……모두 일상생활 속에서 일에 따라 각각 마땅함을 얻는 것일 뿐이다.[……所謂學問者……皆於日用動靜之間 隨事各得其當而已]"라고 한 구절이 있다.

무릇 사물의 응접에는 반드시 이(利)와 의(義)가 있고, 시비도 갖추어져 있습니다. 그러하니 의로움[義]과 옳음[是]를 취하고 욕심[慾]과 그릇됨[非]을 버리면 사물에 응하는 도에 무슨 해로움이 있으며 물건에 접하는 방법에 또한 무슨 상함이 있겠습니까?

이것이 이른바 "물건에 따라 각각 마땅함을 얻는다."는 것이니 어디에 처하든 우리의 학문이 아니겠으며, 무슨 일을 하던 우리의 학문이 아니겠습니까? 오직 좌하(座下)께서는 의심치 말고 행하십시오. 나머지는 말은 장황하고 붓은 거칠어 답장의 예를 갖추지 않습니다.

갑진년 6월 하순, 병든 폐인 모경원(牟敬遠)은 두 번 절하고 답장합니다.

【추신】

앞 편지에 '사전(思傳)'이라 한 것은 '증전(曾傳)'의 잘못입니다. 헤아려주십시오.

66. 문제중文濟衆의 간찰

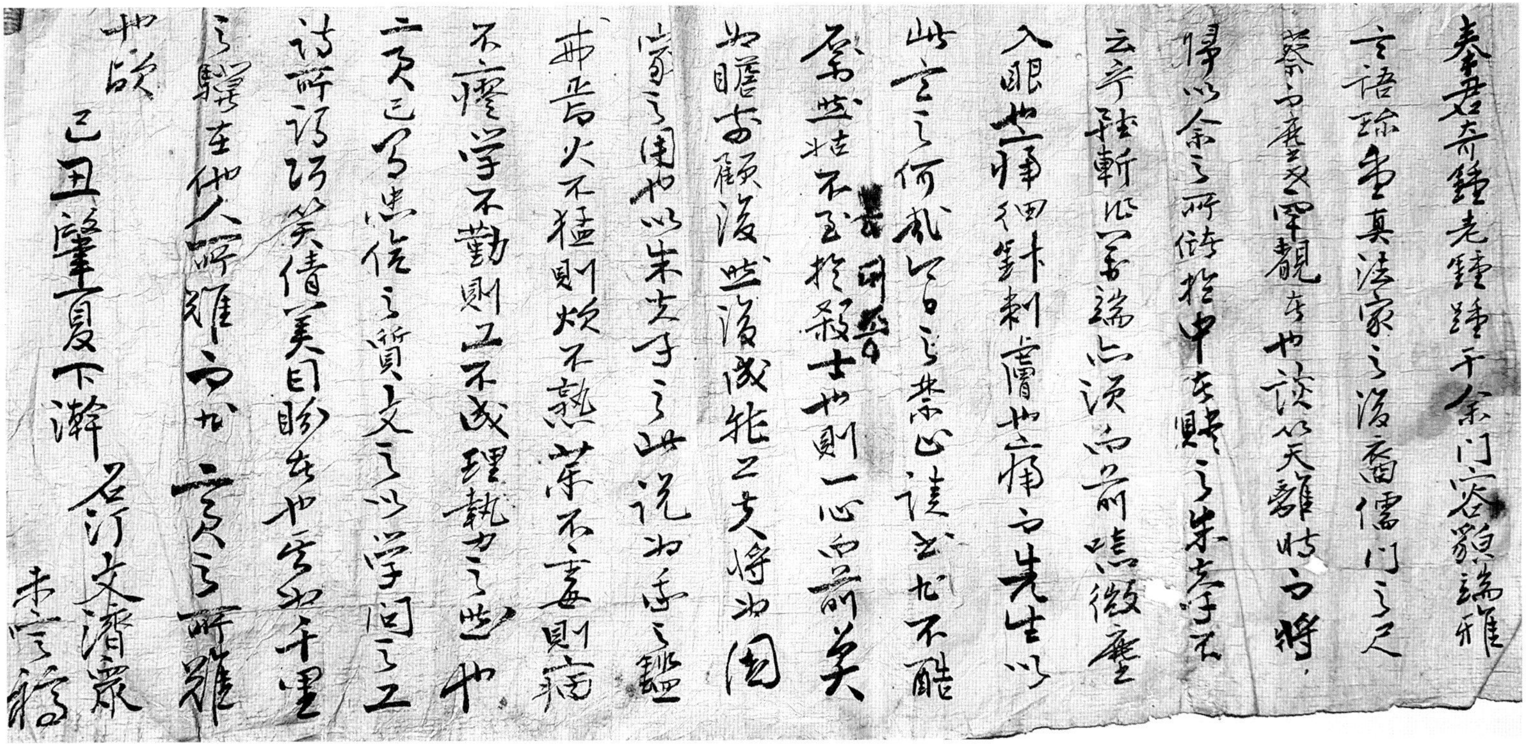

【탈초】

奉君奇鍾老鍾 踵于余門 容貌端雅 / 言語珍重 眞法家之後裔 儒門之尺
蔡 而塵世罕睹者也 談笑離時 而將 / 歸以余之所儲於中者 贐之 朱夫子 不
云乎 雖斬作萬端 亦須向前 噫 微塵 / 入眼也痛 細針刺膚也痛 而先生 以
此言之 何哉 今日之禁止讀書 非不酷 / 厲 然姑不至於殺士也 則一心向前 莫
爲瞻前顧後 然後成能工夫 將爲國 / 家之用也 以朱夫子之此說 爲我之鑑
戒焉 火不猛 則炊不熟 藥不毒 則病 / 不瘳 學不勤 則工不成 理勢之然也
二君 已有忠信之質 文之以學問之工 / 詩所謂巧笑倩 美目盼者也 其爲千里
之驥 在他人所難 而非二君之所難 / 也歟 / 己丑 肇夏 下澣 石汀 文濟衆 / 未定稿

【번역】

봉기종(奇鍾)과 봉노종(奉老鍾)이 나를 찾아오니 용모가 단아하고 말이 진중해서 참으로 법도 있는 집안의 후손이고 유문(儒門)의 보배로 세상에 보기 드문 사람들이었다. 담소를 나누고 떠날 때 내가 마음속에 담아 두고 있던 것을 주어 노자로 삼게 하였다.

주자(朱子)께서 "비록 만 가지 단서로 찢어 죽인다고 하더라도 모름지기 나아가야 한다."고 말하지 않았는가? 아! "작은 티끌이 눈에 들어가도 고통스럽고 가느다란 침이 살갗을 찔러도 아프다."[175]고 하셨는데 간재 선생께서 이렇게 말씀하신 것은 무언인가? 오늘날 독서를 금지하고 있는 것이 혹독하지 않은 것이 아니지만 선비들을 죽이는 지경에 까지 이르지 않았다면 한 마음으로 전진하여 앞을 넘겨다보고 뒤를 돌아보지 않아야 공부를 이루어 장차 나라의 쓰임이 될 것이다.

주자의 이 말로 나의 본보기로 삼아야 한다. 뜨겁지 않은 불은 음식을 익힐 수 없고 독하지 않은 약은 병이 낫지 않으며 부지런히 배우지 않으면 공부가 이루어지지 않으니, 이치와 형세가 그러한 것이다.

두 군(君)은 충신(忠信)의 자질을 갖추고 있고 학문의 공부로 문채를 더하였다. 《시경(詩經)》에 "예쁘게 웃어 보조개가 나오고, 아름다운 눈이 흑백이 분명함이여."[176]라고 하였으니 천리마가 되는 것은 남들에게는 어려운 일이지만 그대들에게는 어렵지 않을 것이다.

기축년 초여름 하순, 석정(石汀) 문제중(文濟衆)의 정리되지 않은 원고

175 작은……아프다 : 《간재선생문집(艮齋先生文集)》 〈답이종희(答金鍾熙)〉에 나오는 구절이다.

176 예쁘게……분명함이여 : 《논어(論語)》 〈팔일(八佾)〉에, 자하(子夏)가 일찍이 공자에게 묻기를 "《시경(詩經)》에 이르기를 '예쁘게 웃어 보조개가 나오고, 아름다운 눈이 흑백이 분명함이여, 흰 바탕으로 채색을 삼는다.' 하였으니, 무엇을 뜻하는 말입니까?[巧笑倩兮 美目盼兮 素以爲絢兮 何謂也]"라고 하자, 공자가 이르기를 "그림 그리는 일이 흰 비단 바탕보다 뒤에 하는 것이니라.[繪事後素]"라고 하였다. 이에 자하가 말하기를 "그렇다면 예법이 충신한 바탕보다 뒤이겠군요.[禮後乎]"라고 하자, 공자가 이르기를 "나를 흥기시켜 준 사람은 상이로다. 비로소 더불어 시를 이야기할 만하도다.[起予者商也 始可與言詩已矣."라고 한 말에서 온 말이다.

67. 춘강春岡의 시

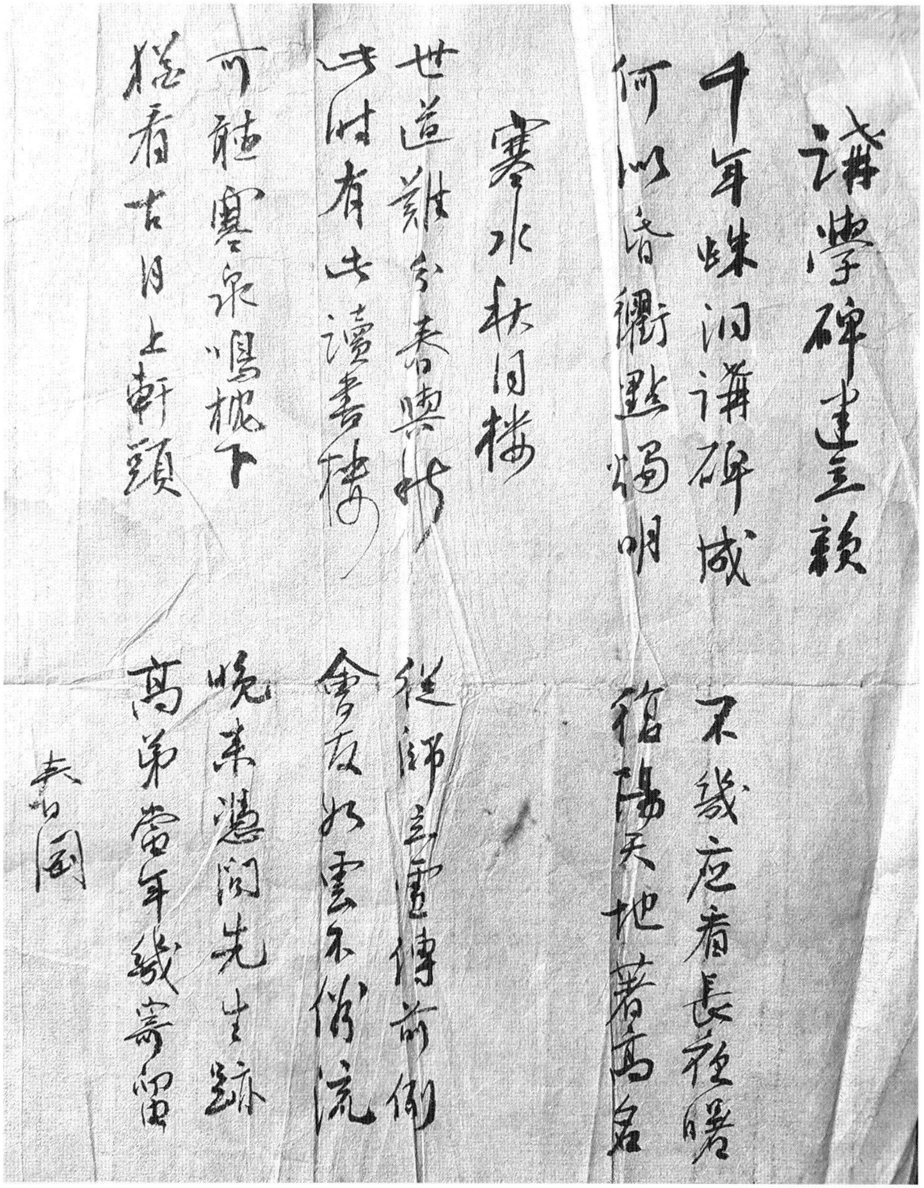

講學碑建立韻

千年洙泗講碑域　不識庭看長短曙
何以昏衢點燭明　宿陽天地著高名

寒水秋月樓

世道雖云春興地　從師立雪傳前例
此時有士讀書樓　會友如雲不倦流
可聽寒泉鳴枕下　晚來憑問先生跡
猶看古月上軒頭　高弟當年幾寄留

春岡

【탈초】

講學碑建立韻

千年蛛洞講碑成 / 何似昏衢點燭明

不幾應看長夜曙 / 復陽天地著高名

【번역】

강학비건립(講學碑建立) 시운(詩韻)

천년 주동(蛛洞)에 강학비 세워 / 어두운 거리에 촛불을 밝혔네.

곧이어 긴 밤 지나 새벽을 볼 것이니 / 천지에 양(陽)을 회복하여 높은 이름 드러내리.

【탈초】

寒水秋月樓

世道難分春與秋 / 此時有此讀書樓

從師立雪傳前例 / 會友如雲不俗流

可聽寒泉鳴枕下 / 猶看古月上軒頭

晩來憑聞先生跡 / 高弟當年幾寄留

春岡

【번역】

한수추월루(寒水秋月樓)

세상의 도는 봄가을도 분별 못하는데 / 이때 독서루(讀書樓)가 있었네.

스승을 좇아 눈 위에 서서[177] 전례를 전하니 / 구름처럼 모인 벗들은 속류(俗流)가 아니네.

찬 샘물 소리는 베개 아래서 들려오고 / 옛 달은 처마 끝으로 떠오르네.

늦게 와서 현곡 선생의 자취를 얻어 들으니 / 고제(高弟)는 올해 얼마나 머물렀나?

춘강(春岡)

177 스승을 … 서서 : 송(宋)나라의 유작(游酢)과 양시(楊時)가 정이(程頤)를 처음 찾아가 뵈었을 때 정이가 눈을 감고 명상에 잠겨 있으므로 두 사람은 곁에 서서 날이 저물도록 기다렸는데, 정이가 물러가라고 명하였을 때에는 문 밖에 눈이 석 재[尺]나 쌓였었다는 고사가 전한다.

68. 이종렬李鍾烈의 간찰

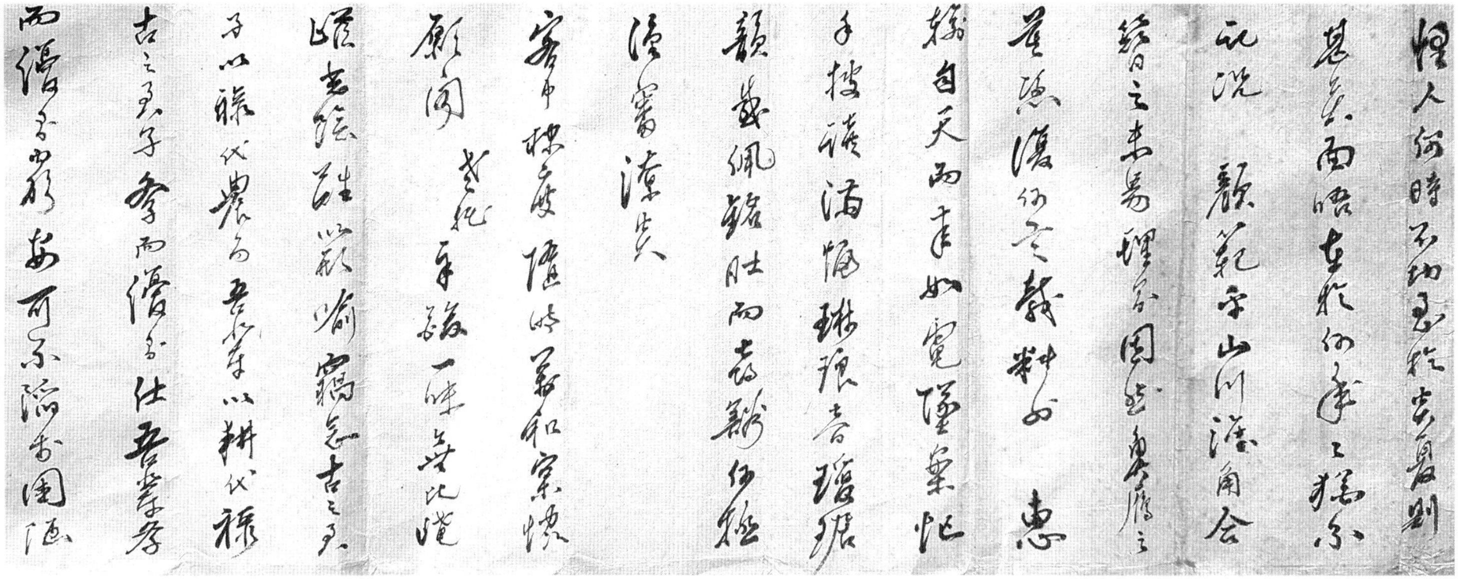

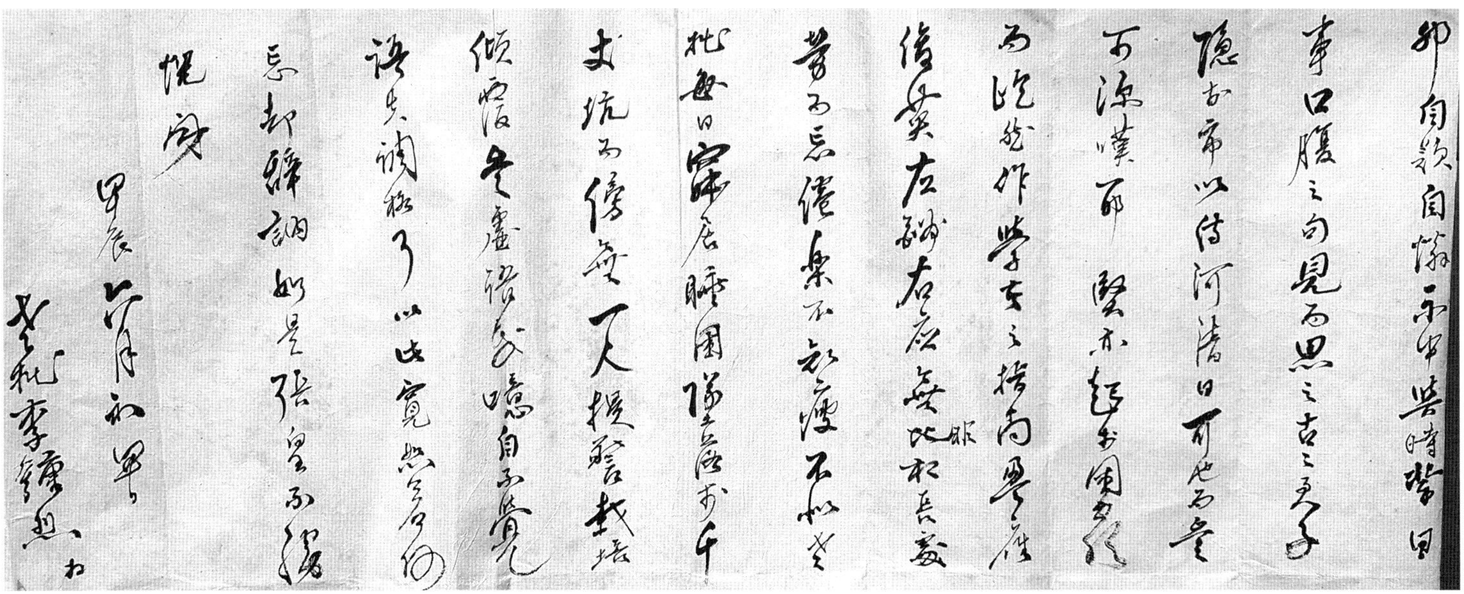

【탈초】

懷人 何時不切 至於炎夏 則 / 甚矣 面晤 在於何年 年猶不 / 記 況顔範乎 山川涯角 合 / 簪之未易 理則固然 魚雁之 / 莫憑 復何言哉 料外 惠 / 翰 自天而來 如電墜案 忙 / 手披讀 滿幅琳琅音 瓊琚 / 韻 感佩銘肚 而喜豁何極 / 謹審潦炎 / 客中棣度 隋時萬和 實協 / 願聞 老拙 辛酸一味無比 崦 / 嵫光陰 難以形喩 竊念古之君 / 子 以祿代農 而吾輩 以耕代祿 / 古之君子 學而優則仕 吾輩 學 / 而優則窮 安可不陷於困陋 / 耶 自歎自憐 示中 與時輩 日 / 事口腹之句 見而思之 古之君子 / 隱於市 以待河淸日可也 而豈 / 可深嘆耶 賢亦起於困窮 / 而屹然 作學者之指南 盈座 / 俊英 左酬右應 無■[178]非相長 處 / 勞而忘倦 樂不知瘦 不似老 / 拙 每日 寂居睡困 墜落於千 / 丈坑 而傍無一人提警 栽培 / 傾覆 豈虛語哉 噫 自不覺 / 語失調格耳 以此寬 恕若何 / 忘却辭訥 如是張皇 不勝 / 愧悶 / 甲辰 六月 初四日 / 老拙 李鍾烈 拜

【번역】

사람을 그리워함이 어느 때인들 간절하지 않겠습니까? 여름이 되니 더 심합니다. 어느 해에 만났는지 연도도 기억나지 않는데 얼굴은 어떠하겠습니까? 산천 끝에 살고 있어 만나는 것도 쉽지 않으니 이치가 참으로 그렇습니다. 그러나 편지조차 의지할 데가 없으니 다시 무엇을 말하겠습니까?

뜻밖에 편지가 하늘에서 번개처럼 책상에 떨어져 서둘러 편지를 펼쳐보니 폭 가득한 구슬 같은 목소리와 옥 같은 시운은 가슴에 새길만 하니 기쁨이 어찌 끝이 있겠습니까?

무더위에 객지의 형제분들의 안부는 때에 맞게 좋으시다면 실로 저의 바람에 걸맞습니다. 늙은 저의 고생은 줄곧 비할 데가 없어 만년의 시간을 뭐라 표현하기조차 어렵습니다. 옛날 군자들은 녹(祿)을 농사로 대신하였는데 우리들은 밭갈이로 녹을 대신하며, 옛날 군자는 배움이 넉넉하면 벼슬하였는데 우리들은 배움이 넉넉하면 살림이 궁핍하니 어찌 곤란함에 빠지지 않겠습니까? 절로 한탄스럽고 가련합니다. 편지에서 말씀하신 "시류를 좇는 사람들은 날마다 입과 배를 채우는 것을 일삼는다."는 구절을 보고 생각하니 옛날 군자가 시장에 숨어살면서 황하(黃河)가 맑아지는 날을 기다렸으니 어찌 깊이 탄식하지 않겠습니까? 그대도 곤궁한 가운데서 우뚝 일어나 배우는 자들의 지남(指南)이 되어 자리에 가득한 영재들과 좌우로 응수하며 교학상장(敎學相長)하지 않음이 없었고, 고생 속에서도 게으르지 않았고 즐거워하며 수척해 가는 것도 몰랐습니다. 그런데 저는 매일 적막하게 지내며 곤히 잠들어 천 길 구덩이에 빠졌는데도 곁에는 한 사람도 붙잡아 일깨워주어 기울어가는 저를 북돋아 주는 사람이 없다고 해도 어찌 빈말이겠습니까? 아! 말에 격조를 잃어버린 것도 깨닫지 못하겠으니 너그럽게 용서해주시는 것이 어떻습니까? 말이 어눌한 줄도 모르고 이렇게 장황하게 말씀을 드렸으니 부끄럽고 민망함을 이기지 못하겠습니다.

갑진년 6월 4일, 노졸(老拙) 이종렬(李鍾烈)은 절합니다.

178 ■ : 比자를 非자로 수정하였다.

69. 홍석희洪錫熹의 간찰

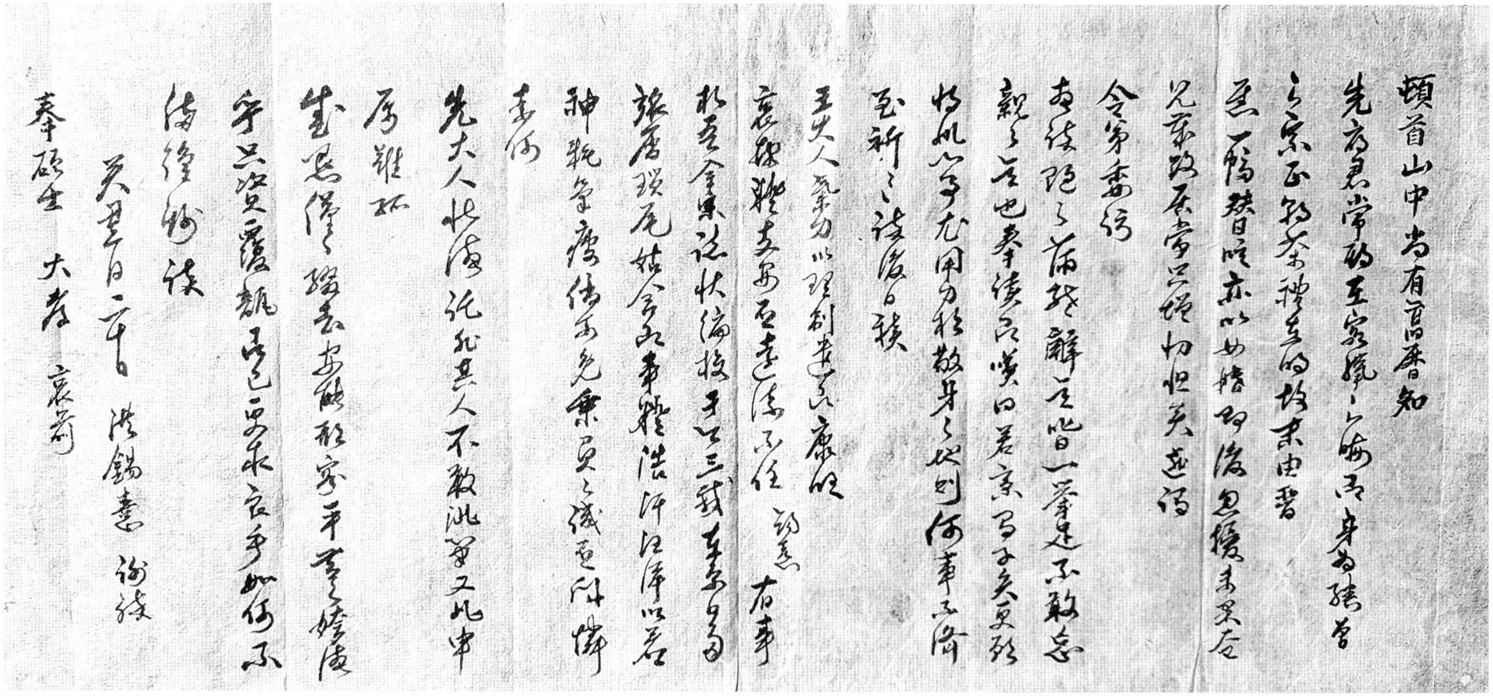

【탈초】

頓首 山中 尙有舊曆 知 / 先府君 常期 至客臘之晦 而身爲繼曾 / 之宗 正朝茶禮在明 故未由晉 / 慰 一幅替唁 亦以女婚 卽後忽擾未果 奄 / 見歲改 居常只增怮怛矣 匪謂 / 令弟委訪 / 惠疏隨之 滿紙辭意 皆一擧足 不敢忘 / 親之意也 奉讀而嘆 曰若齋有子矣 更願 / 將此心事 尤用力於敬身之地 則何事不濟 / 至祈至祈 疏後日積 / 王大人氣力 以理制遣 而康旺 / 哀棣體支安否 遠溸不任 錫熹有事 / 執吾全宗誌狀編校 于今三載 在京日多 / 旅屑瑣尾姑舍 而事體浩汗汪洋以若 / 神耗氣瘦 倘可免負乘之譏否 悶憐 / 奈何 / 先大人狀德 託非其人 不敢泚筆 又此申 / 屬 難孤 / 盛懇 僅僅綴去 安能形容平昔姱德 / 乎 只資覆瓿而已 更求良手 如何 不 / 備 謹謝疏 / 癸丑 二月 二十日 洪錫熹 謝疏 / 奉碩士 大孝 哀前

【번역】

머리를 조아립니다. 제가 사는 산속에 아직도 묵은 달력이 있어서 그대 선친의 제사가 지난 섣달그믐에 있었다는 것을 알았습니다. 그러나 제가 증조를 잇는 종인(宗人)이 되었고 설 차례가 다음날이어서 찾아가 위문도 못하고 한 장 편지로 조문을 대신합니다. 또 딸아이의 혼사를 마친 직후라 바쁘고 정신이 없어 찾아뵙지도 못했는데, 어느덧 한 해가 바뀌어가는 것을 보니 늘 슬픔만 더합니다. 뜻밖에 그대 아우가 찾아오는 편에 함께 보내신 위문장은 폭 가득한 말씀은 모두 한 번 발을 들 때마다 부모님을 잊지 못하겠다는 뜻이어서 읽고는 "그대 집안에 아들이 있구나!"라고 감탄하였습니다. 다시 바라는 것은 이 심사를 가지고 더욱 몸을 공경히 하는데 힘을 기울인다면 무슨 일인들 이루지 못하겠습니까? 지극히 바랍니다.

위문의 편지를 받은 뒤 며칠이 지났는데 조부께서는 섭리대로 지내시며 건강하시고, 상중에 있는 형제들은 편안하시는지요? 멀리서 그리운 마음 이길 길 없습니다. 저는 저의 집안의 지장(誌狀)을 편집하고 교정한 지 지금 3년이 되었습니다. 서울에 있은 지 여러 날 동안 객지생활이라 편치 않고 자잘한 것[179]은 고사하고라도 너무 일이 많고 끝이 없어 정신이 소모되고 기운이 시드니 혹시라도 승부(乘負)[180]의 기롱에서는 벗어날 수 있을는지요? 민망하고 가련함을 어찌합니까?

선친의 행장(行狀)은 저같이 적합하지 않은 사람에게 부탁한 것이라 감히 붓도 적시지도 못하고 있었는데 또 재촉을 하시니 간절한 바람을 져버리기가 어려워 겨우나마 글을 엮어 보내드리기는 하지만 어찌 평소의 아름다운 덕을 형용이나 하겠습니까? 다만 간장단지나 덮는 데 쓸 수 있을 정도입니다. 다시 솜씨 좋은 사람을 구해보시는 것이 어떻겠습니까? 이만 줄이며 답장을 드립니다.

계축년 2월 20일, 홍석희(洪錫熹)는 봉 석사(奉碩士) 대효(大孝) 상주께 답장을 올립니다.

179 자잘한 것 : 원문는 '瑣尾'. 《시경(詩經)》 〈모구(旄丘)〉에, "자잘하고 자잘한 이 유리하는 사람이로다.[瑣兮尾兮 遊離之子]"라는 구절에서 온 말이다.

180 부승(負乘) : 원문의 '乘負'를 바로잡는다. 소인이면서 군자의 벼슬자리에 있다는 뜻이다. 《주역(周易)》 〈해괘(解卦) · 육삼(六三)〉에, "져야 할 자가 탔는지라 도적이 이르게 된 것이다.[負且乘致寇至]"라고 하였는데 그 주석에 '승(乘)이란 군자의 기(器)요, 부(負)란 소인의 일이다.'라고 하였다.

70. 남대희南大熙의 간찰

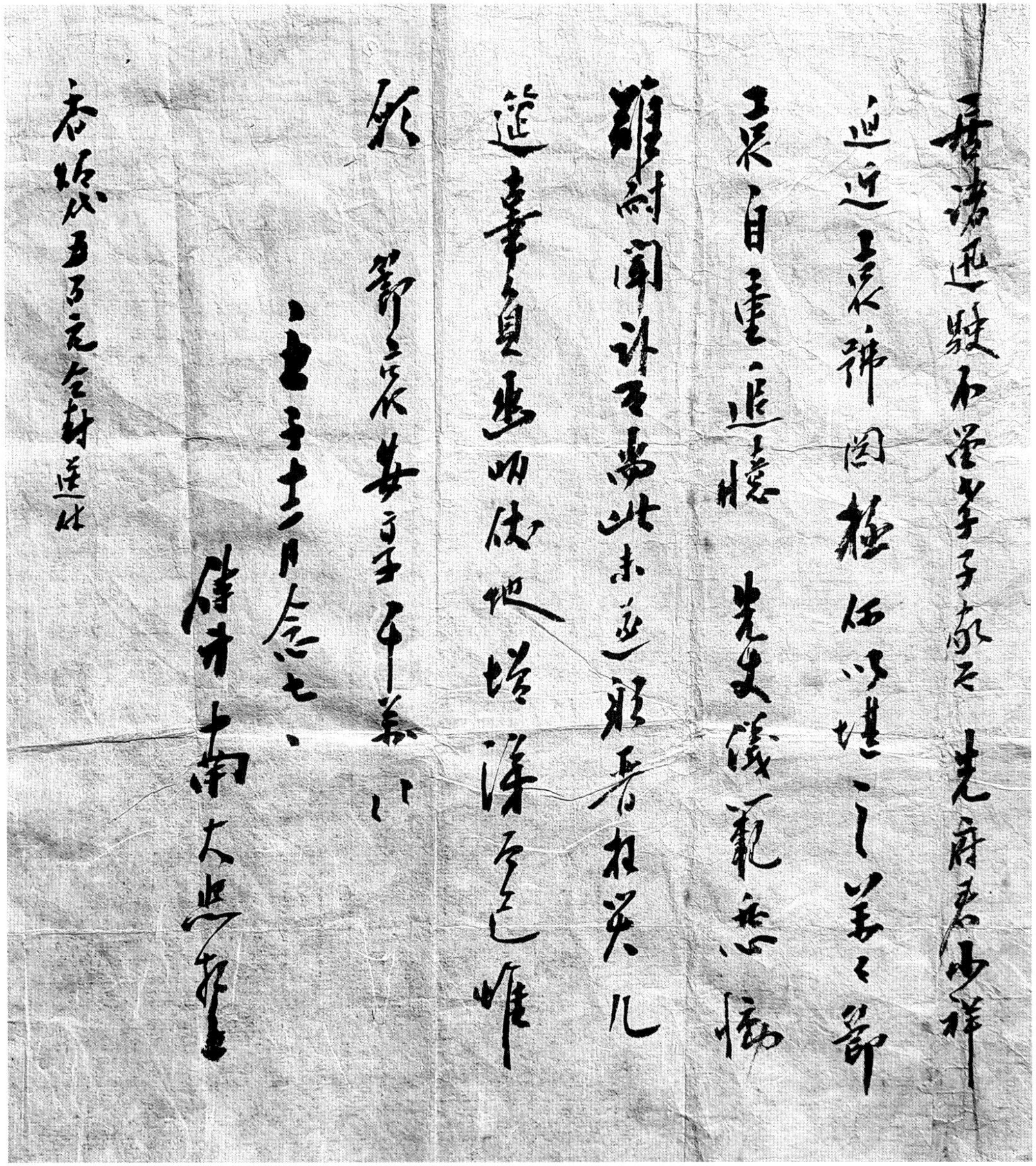

【탈초】

居諸迅駛 不留孝子家 而先府君小祥 / 迫近 哀號罔極 何以堪之 萬萬節 / 哀自重 追憶先丈儀範 悲慟 / 難耐 聞訃 而尙此未遂躬晉拜哭几 / 筵 辜負幽明 伏地增涕而已 唯 / 願節哀安享 千萬千萬 / 壬子 十二月 念七日 / 侍弟 南大熙 拜上

【추신】

香燭代 五百元 同封送付

【번역】

세월이 빨라 상가(喪家)의 집을 위해 머무르지 않아 선부군(先府君)의 소상(小祥)이 다가오는데 애통한 마음은 끝이 없을 것이니 어떻게 견디십니까? 천만 슬픔을 절제하고 몸을 보중하십시오. 선친의 모습을 추억하면 비통함을 견디기 어렵습니다. 부음을 듣고도 이렇게 아직도 궤연(几筵)에 나아가 곡을 하지도 못해 유명(幽明)을 저버렸으니 땅에 엎드려 눈물만 흘릴 뿐입니다. 슬픔을 절제하시고 몸 건강하시기를 간절히 빌겠습니다.

임자년 12월 27일, 시제(侍弟) 남대희(南大熙)는 절하고 올립니다.

【추신】

향촉 대금 500원을 편지에 동봉하여 보내드립니다.

71. 김희진金熙鎭의 간찰

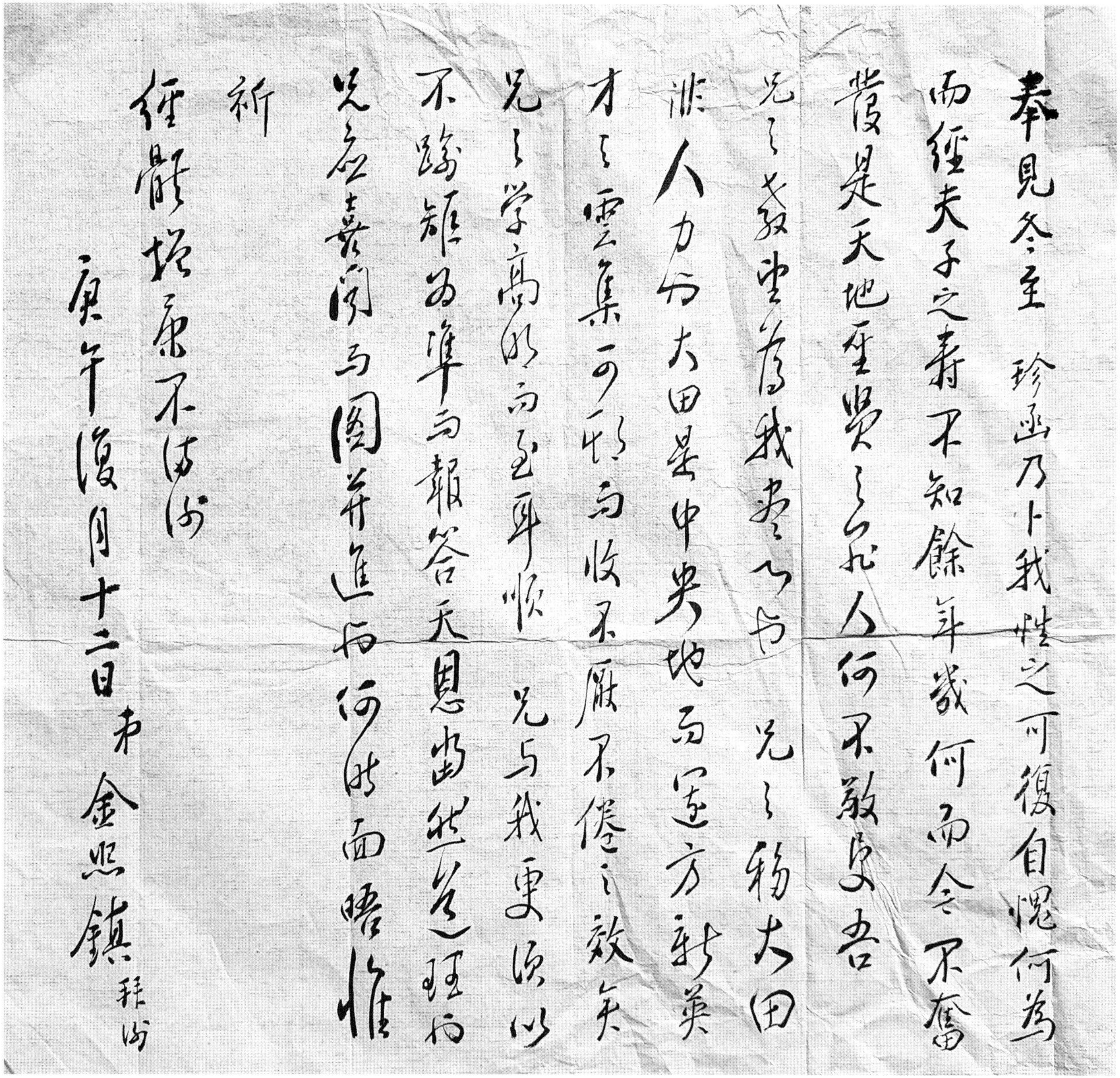

奉見冬至 珍函乃卜我性之可復自愧何為
而經夫子之壽不知餘年幾何而今不奮
發是天地至貴之靈人何不敬受否
兄之教書我者乃也 兄之稱大田
非人力而大田是中央地而運方新英
才之雲集可行而收不厭不倦之效矣
兄之学高明而至耳順 兄與我更須以
不踰矩爲準而報答天恩尚然道理而
兄在嘉閒而圖并進而何時而晤惟
祈
經體增康不備伏
庚午復月十二日 弟 金熙鎭 拜伏

【탈초】

奉見冬至珍函 乃卜我性之可復 自愧何爲 / 而經夫子之壽 不知餘年幾何 而今不奮 / 發 是天地聖賢之罪人 何不敬受吾 / 兄之敎望爲我盡心也 兄之移大田 / 非人力也 大田是中央地 而運方新 英 / 才之雲集可期 而收不厭不倦之效矣 / 兄之學高明 而至耳順 兄與我 更須以 / 不踰矩爲準 而報答天恩 當然道理也 / 兄應喜聞 而圖幷進也 何時面晤 惟 / 祈 / 經體增康 不備謝 / 庚午復月 十二日 弟 金熙鎭 拜謝

【번역】

동지 때 보내신 편지에, 저의 본성을 회복할 것이라 점쳐주시니 제 자신의 부끄러움을 어떻게 하겠습니까? 공자(孔子)께서 사셨던 나이를 지냈으니 남은 해가 얼마나 될지 모르겠습니다. 지금 분발하지 않고 있으니 천지와 성인의 죄인으로 어찌 우리 형의 가르침을 받을 수 있겠습니까? 저를 위해 진심을 다해 주시기 바랍니다.

형이 대전으로 이사한 것은 사람의 힘이 아닙니다. 대전은 나라의 가운데이고 운도 새로울 것이니 영재들이 구름처럼 모여들 것이라 기대가 됩니다. 이는 가르치기를 싫어하지 않고 배우기를 게을리 하지 않은 효과를 거두는 것입니다. 형의 학문은 고명하고 나이가 예순이 되었으니 형께서 저와 함께 모쪼록 형과 내가 법도를 넘지 않는 것[181]으로 기준을 삼아 하늘의 은혜에 보답하는 것이 당연한 도리일 것입니다. 형께서 응당 기쁘게 듣고서 함께 정진하기를 도모하실 것입니다. 언제 만날 수 있을까요? 공부하시는 안부 더욱 건강하시기를 빕니다. 이만 줄이고 답장 올립니다.

경오년[1990] 11월 12일, 아우 김희진(金熙鎭)[182]은 절하고 답장을 드립니다.

181 법도를 넘지 않는 것 : 원문은 '不踰矩'. 《논어(論語)》 〈위정(爲政)〉에, "나는 15세에 배움에 뜻을 두었고, 30세에 뜻이 섰으며, 40세에 미혹되지 않았고, 50세에 천명을 알았으며, 60세에 이순하였고, 70세에 마음이 하고자 하는 대로 하여도 법도에서 벗어나지 않았다.[吾十有五而志于學 三十而立 四十而不惑 五十而知天命 六十而耳順 七十而從心所欲不踰矩]"라는 구절이 있다.

182 김희진(金熙鎭 1919~1999) : 호는 서암(瑞巖)으로, 광주 충효리(忠孝里)에서 태어났다. 진천(眞泉) 성기운(成璣運)과 양재(陽齋) 권순명(權淳命)을 사사하였다.

72. 김희진金熙鎭의 간찰

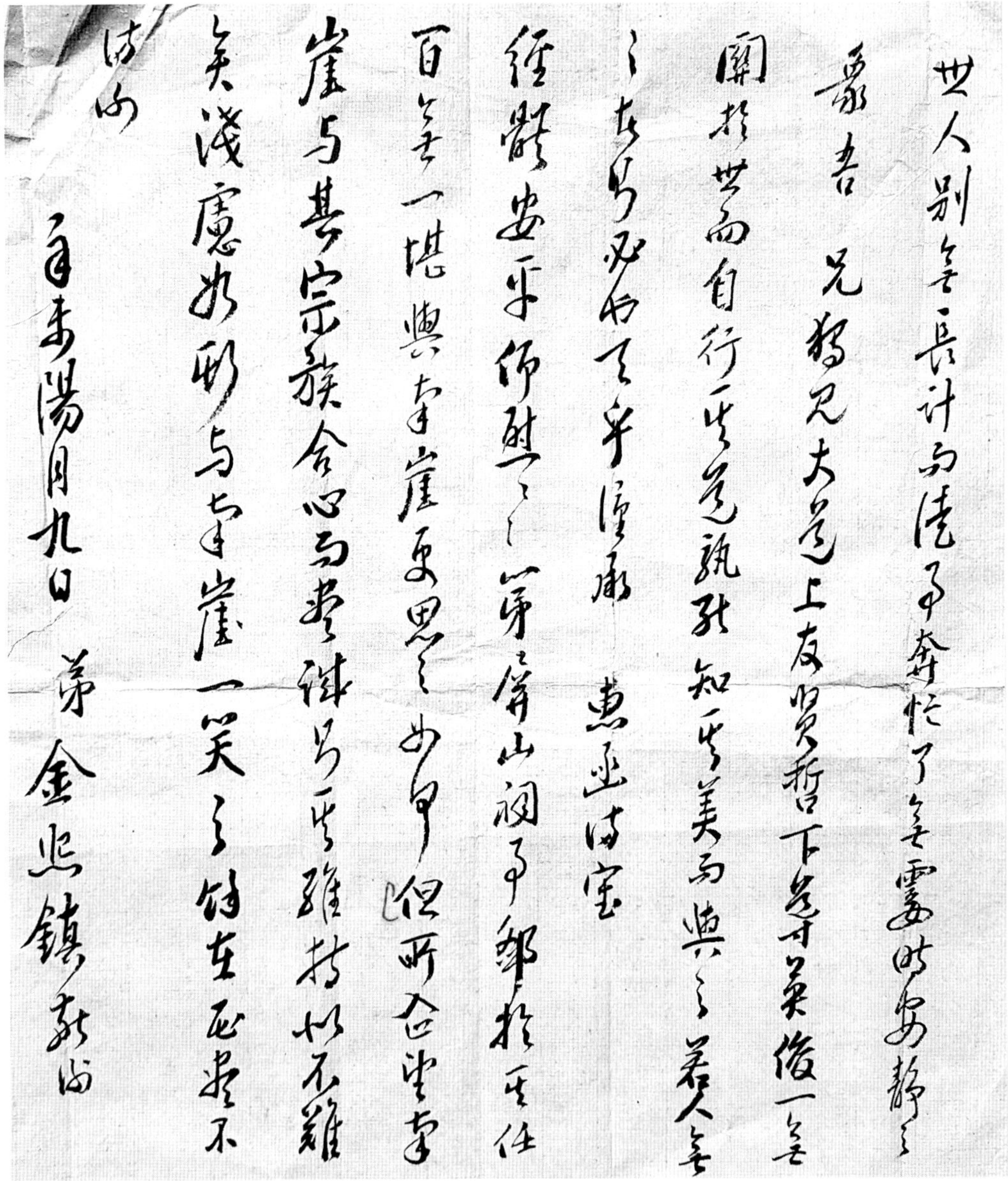

【탈초】

世人別無長計 而徒事奔忙 了無霎時安靜之 / 象 吾兄獨見大道 上友賢哲 下導英俊 一無 / 關於世 而自行其道 孰能知其美 而與之 若人 / 無之者 則必也天乎 謹承惠函備審 / 經體安平 仰慰仰慰 第屛山祠事 鄙於其任 / 百無一堪 與南崖 更思之如何 但所企望 南 / 崖與其宗族合心 而盡誠 則其維持 似不難 / 矣 淺慮爲斯 與南崖 一笑一笑 餘在面盡 不 / 備謝 / 辛未 陽月 九日 弟 金熙鎭 敬謝

【번역】

세상 사람들은 특별한 장구한 계획도 없이 쓸데없는 일로 바빠 도무지 잠깐도 모양새가 없는데 우리 형만은 홀로 대도(大道)를 알아 위로는 현철(賢哲)을 벗하고 아래로는 영준(英俊)한 사람들을 인도하며 조금도 세상에 관심을 두지 않고 스스로 그 도를 행하시지만 누가 그 아름다움을 알고 그와 함께하겠습니까? 이러한 사람이 없다면 분명히 하늘의 뜻일 것입니다.

편지를 받고 경서를 공부하시는 안부가 편안하시다니 위안이 됩니다. 병산사(屛山祠)[183] 일은 제가 그 소임을 백에 하나도 감당하기가 어려우니, 남애(南崖)와 더불어 다시 생각해보시는 것이 어떻겠습니까? 다만 바라는 것은 남애가 자신들의 일가들과 합심하여 정성을 다한다면 어렵지 않게 유지할 듯합니다. 저의 얕은 생각이 이러하니 남애와 함께 한 번 웃어주십시오. 나머지는 만나서 다 말씀드리기로 하고 이만 답장을 씁니다.

신미년[1991] 10월 7일, 아우 김희진(金熙鎭)은 답합니다.

183 병산사(屛山祠) : 세종특별자치시 금남면 달전리 352번지에 있는 사당이다. 간재(艮齋) 전우(田愚)의 문인인 한말의 유학자이자, 항일의사인 성기운(成璣運, 1877~1956)의 영정이 봉안되었다.

73. 김희진金熙鎭의 간찰

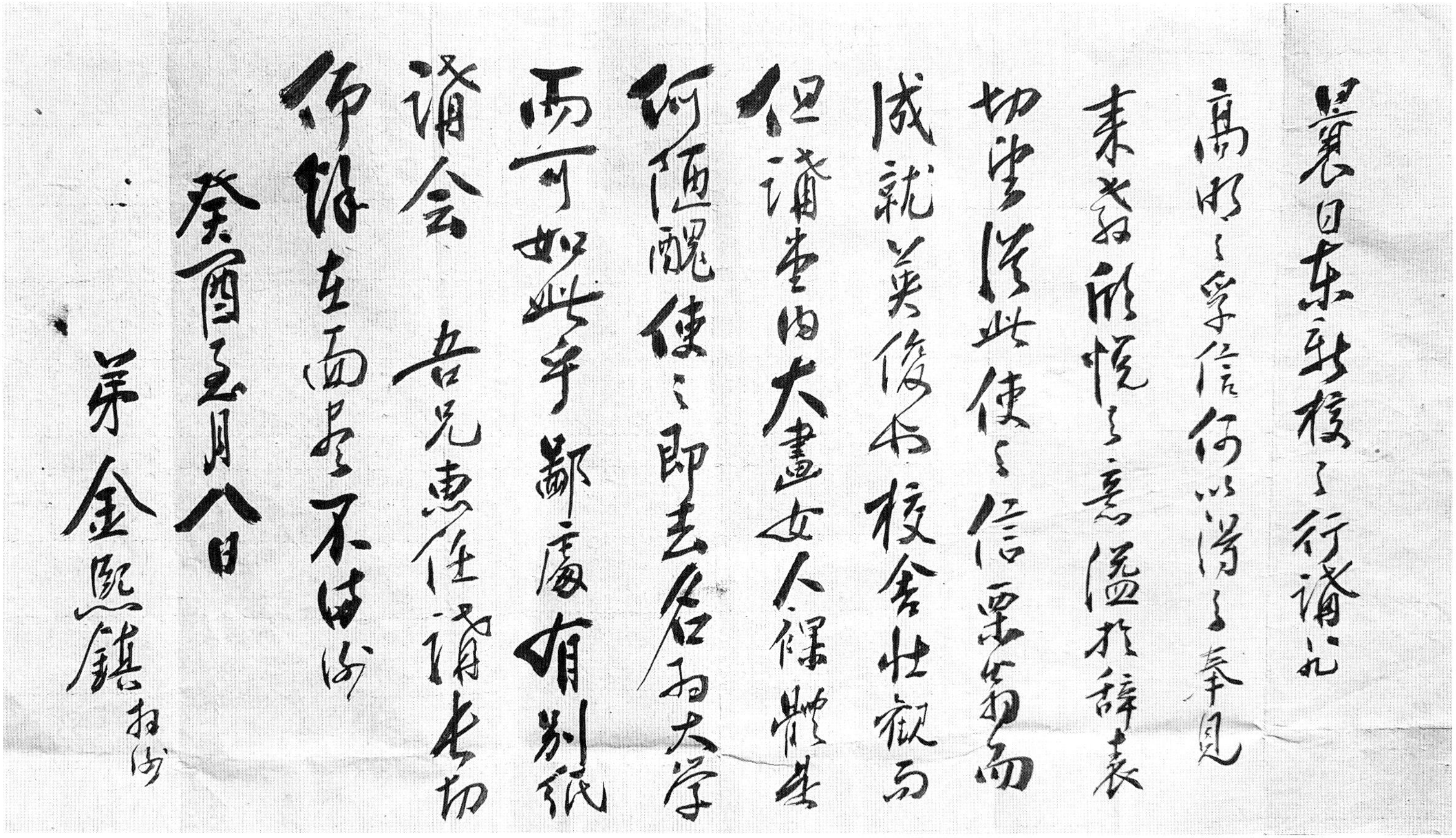

【탈초】

曩日 東新校之行講 非 / 高明之孚信 何以得之 奉見 / 來教 欣悅之意 溢於辭表 / 切望從此 使之信栗翁 而 / 成就英俊也 校舍壯觀 而 / 但講堂內 大畵女人裸體 是 / 何陋醜 使之卽去 名爲大學 / 而可如此乎 鄙處有別紙講會 吾兄惠任講長 切 / 仰 餘在面盡不備謝 / 癸酉 至月 八日 弟 金熙鎭 拜謝

【번역】

지난번 동신대학교(東新大學校)에서의 강의는 고명(高明) 같은 미더운 사람이 아니었다면 어떻게 이루어졌겠습니까? 보내주신 편지를 보니 기쁜 뜻이 말 밖으로 넘쳐났습니다. 간절히 바라건대 이로부터 그들로 하여금 율곡(栗谷)을 믿게 하고 영재들을 성취시키십시오. 학교건물이 장관이기는 했지만 강당 안에 크게 그려진 여인의 나체는 얼마나 추하였는지요? 그들에게 즉시 떼어버리게 하십시오. 대학이라고 이름 하면서 이럴 수 있단 말입니까?

이곳에 별지에서 말씀드린 강회가 있으니 형께서 강장(講長)을 맡아주시기를 간절히 바랍니다. 나머지는 뵙고 다 말씀드리기로 하고 이만 줄입니다.

계유년[1993] 동짓달 8일, 아우 김희진(金熙鎭)은 절하고 답장을 드립니다.

74. 이백순李栢淳의 간찰

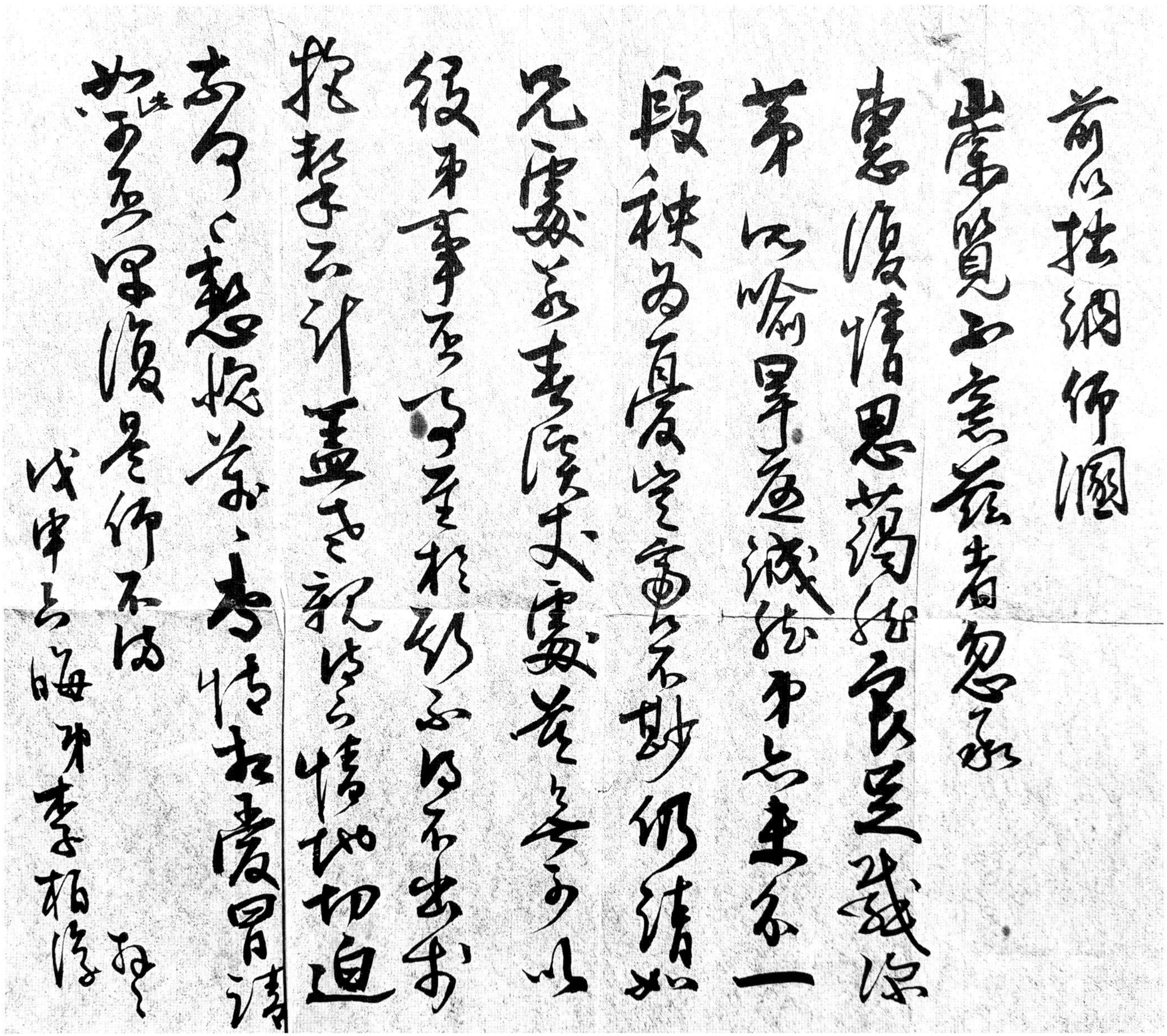

【탈초】

前以拙納仰溷 / 崇覽 不意 玆者 忽承 / 惠復 情思藹然 良足感深 / 第 所喩旱憂誠然 弟亦未分一 / 段秧爲憂 豈啻不尠 仍請如 / 兄處 若春溪丈處 莫無可以 / 役弟事否 事至於斯 不得不出於 / 抱擊下計 盖老親侍下 情地切迫 / 奈何奈何 慙愧萬萬 專恃相愛 冒請 / 如此 可否早復是仰 不備 / 戊申 六 晦 弟 李栢淳 拜拜

【번역】

지난번 편지를 보냈었는데 뜻밖에 이렇게 답장을 받으니 따뜻한 정이 진실로 깊습니다.

말씀하신 가뭄에 대한 걱정은 여기도 마찬가지입니다. 조금도 모내기를 하지 못한 저의 근심이 어찌 적지 않을 뿐이겠습니까? 형이나 춘계장(春溪丈)에게 저에게 시키실 만한 일이 없지는 않으실 것입니다. 일이 이렇게 되고 보니 부득이 포격(抱擊)[184]의 보잘 것 없는 일이라도 하려는 생각을 낸 것인데, 노친을 모시는 처지에 사정이 급박하니 어찌하겠습니까? 매우 부끄럽습니다. 오로지 아껴주시는 마음을 믿고 이렇게 요청을 드리니 가부를 조만간 알려주십시오. 이만 줄입니다.

무신년[1968] 6월 그믐, 아우 이백순(李栢淳)[185]은 재배합니다.

184 포격(抱擊) : '포관격탁(抱關擊柝)'의 준말로, 《맹자》〈만장 하(萬章下)〉에 "높은 자리를 사양하고 낮은 자리에 처하며 부를 사양하고 가난한 데 처하려면 어떤 자리가 마땅한가? 포관과 격탁이 좋으니라.[辭尊居卑 辭富居貧 辭尊居卑 辭富居貧 惡乎宜乎 抱關擊柝]"라는 구절이 있다. 포관은 문지기이고 격탁은 나무를 두드리면서 야경(夜警)하는 사람으로, 전하여 비천한 관직의 뜻으로 쓰인다.

185 이백순(李栢淳, 1930~2012) : 조부인 이교천(李敎川)을 사사하였다. 간재(艮齋)의 학맥을 이어 고향에서 덕산서사(德山書舍)를 짓고 후학을 양성하다가 1989년 주암댐이 건설되는 바람에 광주 학동으로 옮겨 후학을 길렀다.

75. 이백순李栢淳의 간찰

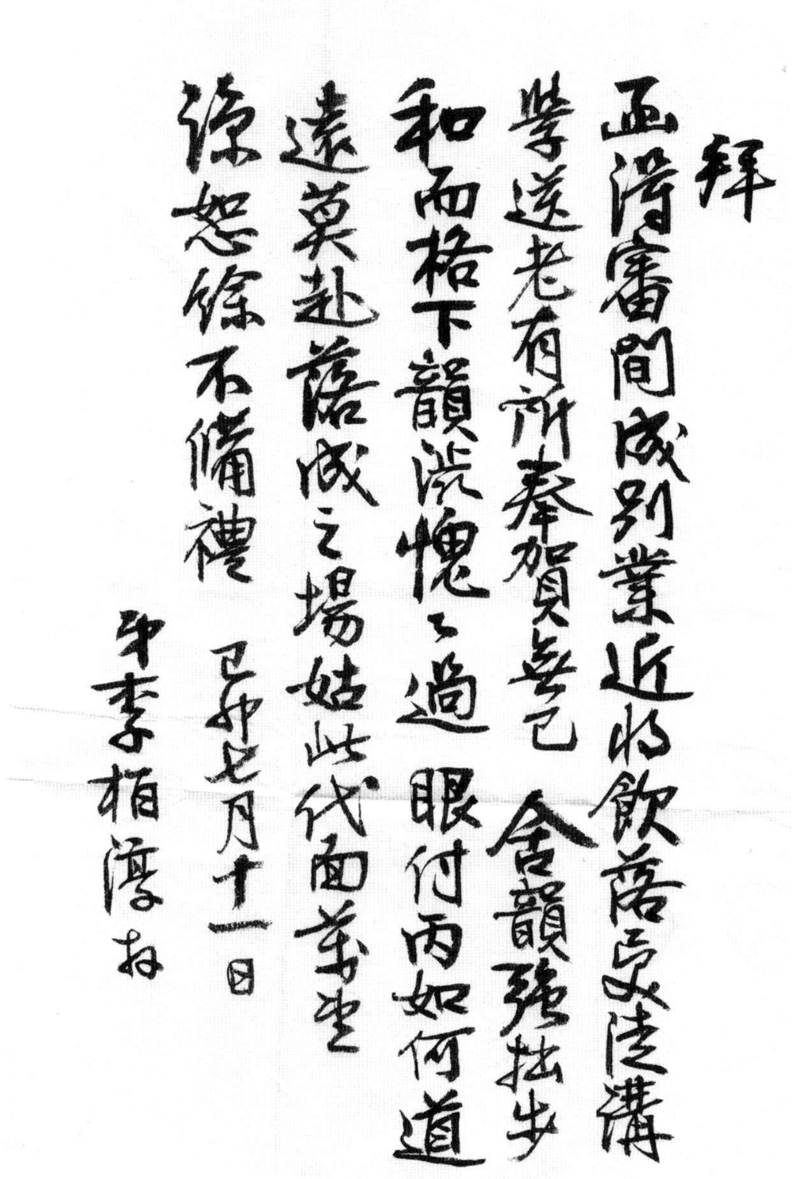

拜

函滑審間成別業近收飲落亭之講

學送老有所奉賀無已 令韻強拙步

和而格下韻淺愧愧過眼付丙如何道

遠莫赴落成之場姑此代面第望

諒恕餘不備禮

己卯七月十一日

弟 李栢淳 拜

【탈초】

拜 / 函得審 間成別業 近將歆落 受徒講 / 學送老 有所奉賀無已 舍韻强拙步 / 和 而格下韻澁愧愧 過眼付丙如何 道 / 遠莫赴落成之場 姑此代面 萬望 / 諒恕 餘不備禮 / 乙卯 七月 十一日 弟 李栢淳 拜

【번역】

편지를 받고 그간 별장(別莊)을 완성하여 가까운 시일에 낙성식을 거행하려 하신다는 것을 알았습니다. 제자들을 받아 강학하면서 노년을 보내시니 축하드리는 마음 마지않습니다. '사(舍)' 자 시운(詩韻)에 관해 보잘 것 없는 솜씨를 무릅쓰고 화답하지만 시격은 낮고 운은 까다로워 부끄럽습니다. 보신 뒤에 태워버리시는 것이 어떻습니까? 길이 멀어 낙성식에는 가지 못해 이 편지로 뵙는 것을 대신합니다. 천만 용서하여 주시기 바랍니다. 나머지 이만 줄입니다.

을묘년[1975] 7월 11일, 아우 이백순(李栢淳)은 절합니다.

76. 이백순李栢淳의 간찰

【탈초】

戀頭 忽承 / 惠翰遠墜 忙手披閱 情訊亹亹 感何 / 容喩 弟 一樣滾汨於文字應酬 與夫人家 / 古集言譯之役 此是文人惡業 且不利於攝 / 生 而奈糊口賴此 逃躱無由 何自憫憫 奈何奈何 / 頃年 弟患踵腫 而兄惠膏藥 趁時得愈 至 / 今感荷 何日忘之 未審近者 / 兄況何如 客居得無太惱耶 何以得遣 貢慮貢慮 / 鄙講學錄 豈敢以是求多於人哉 只是欲與同 / 志講論聖賢之道 且以示後輩庶使不爲異 / 言所惑 今承以時賜覽 感與慚幷 罔有其已 幸 / 爲指謬摘疵 啓此昏愚 如何如何 明春 揖禮之 / 示 盛意可欽 而此間 近止有一二大教授 時來 / 問字 非可率去者 而弟 亦人家見囑文字 催促 / 日尋 抽身罔暇 恐不能副兄囑 未安未安 千萬 / 亮照 勿深誅也 餘漸熱 伏祈 / 皐比多祉 用答遠近之望 謹不備謝禮 / 壬申 四月 八日 弟 李栢淳 拜謝

【번역】

그립던 차에 문득 그대의 편지가 멀리서 도착하여 서둘러 펼쳐보니 정답게 힘써[亹亹][186] 안부를 물어주셨으니 말할 수 없이 감사합니다. 저는 한결같이 문자로 수응하고 남의 옛 문집을 번역하는 일에 골몰하고 있습니다. 이는 문인에게는 나쁜 일이고 섭생(攝生)에도 이롭지 않지만 호구(糊口)의 계책을 여기에 의지하고 있어 달아날 방법이 없으니 얼마나 민망한지요? 하지만 어떻게 하겠습니까?

지난해 제가 발꿈치에 종기를 앓았었는데 형께서 보내주신 고약 덕분으로 바로 나았으니 지금까지 감사한 마음을 언제나 잊겠습니까? 요사이 형의 근황은 어떻습니까? 객지에서 큰 번뇌는 없으신지요? 어떻게 지내시는지 걱정입니다. 저의《강학록(講學錄)》으로 어떻게 감히 남들에게 많은 것을 요구하겠습니까? 다만 동지들과 성현의 도를 강론하고 싶어서입니다. 또 후배들에게 보여주어 이단의 말에 빠지지 않기를 바라는 것입니다. 지금 때때로 읽고 계시다는 편지를 받으니 감사함과 부끄러움이 조금도 그치지 않습니다. 잘못된 것을 지적해주시어 저의 어리석음을 깨우쳐주시는 것이 어떻습니까?

내년 봄, 읍례(揖禮)에 관해 하신 말씀의 성의는 공경할만하지만, 제가 요사이 다만 한 두 대학교수들이 수시로 와서 글을 물어 가벼이 물리칠 수도 없고, 저 역시 남에게 부탁을 받은 글 독촉이 날마다 찾아오니 몸을 빼낼 겨를이 없어 형의 부탁에 부응할 수 없을 듯하니 미안합니다. 헤아려주시고 심하게 꾸짖지는 말아주십시오. 나머지는 점점 더워지는 날씨에 고비(皐比)[187]께서는 많이 복을 누리시어 멀고 가까운 이들의 바람에 답을 해주시기 바랍니다. 삼가 답장의 예를 갖추지 못합니다.

임신년[1992] 4월 8일, 아우 이백순(李栢淳)은 절하고 답합니다.

186 힘써[亹亹] :《시경(詩經)》〈대아(大雅) 문왕(文王)〉에, "힘쓰고 힘쓰신 문왕이 훌륭하신 명예가 그치지 않으시어 주나라에 베풀어 주시되 문왕의 자손들에게 하시니 문왕의 자손들이 본손(本孫)과 지손(支孫)이 백세를 전할 것이며 모든 주나라의 선비들도 드러나지 않을까, 또한 대대로 하리로다.[亹亹文王 令聞不已 陳錫哉周 侯文王孫子 文王孫子 本支百世 凡周之士 不顯亦世]"라는 구절에서 유래한다.

187 고비(皐比) : 원래는 호랑이 가죽을 말하는데, 송(宋) 나라의 장재(張載)가 항상 호랑이 가죽을 깔고 앉아서《주역(周易)》을 강론한데서, 후세에는 강학하는 자리를 이르는 말로 쓰였다.

77. 이백순李栢淳의 시

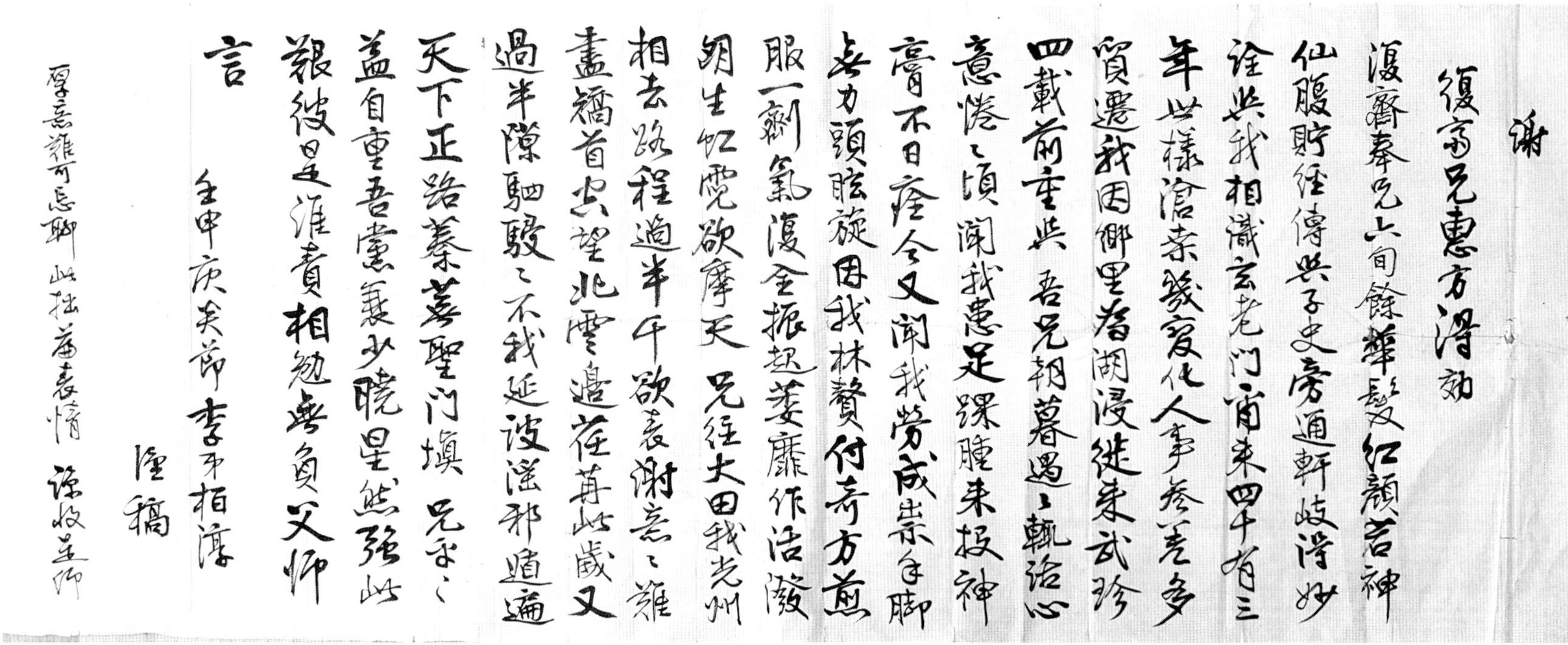

【탈초】

謝 / 復齋兄惠方得效 / 復齋奉兄六旬餘 華髮紅顔若神 / 仙 腹貯經傳與子史 旁通軒岐得妙 / 詮 與我相識玄老門 爾來四十有三 / 年 世樣滄桑幾變化 人事參差多 / 貿遷 我因鄕里爲湖浸 徙來武珍 / 四載前 重與吾兄朝暮遇 遇輒說心 / 意惓惓 頃聞我患足踝 腫 來投神 / 膏不日痊 今又聞我勞成祟 手脚 / 無力頭眩旋 因我林贄付奇方 煎 / 服一劑氣復全 振起萎靡作活潑 / 朗生虹霓欲摩 天 兄往大田我光州 / 相去路程過半千 欲表謝意意難 / 盡 矯首空望北雲邊 荏苒此歲又 / 過半 隙駟駸駸不我延 詖淫邪遁遍 / 天下 正路蓁蕪聖門塡 兄乎兄乎 / 益自重 吾黨衰少曉星然 强此 / 艱彼是誰責 相勉無負父師 / 言 / 壬申 庚炎節 李弟 栢淳 謹稿

【추신】

厚意難可忘聊 此拙篇表情 諒收是仰

【번역】

복재(復齋) 형의 처방으로 효험을 보아 감사드리며 / 복재 봉형은 나이가 60남짓으로
백발에 고운 얼굴은 마치 신선과 같고 / 가슴 속에 경전과 제가백가와 역사가 가득하며
의약(醫藥)[188]에도 두루 달통하여 오묘한 법도를 터득하였네.
나와 현곡(玄谷) 선생의 문하에서 알고 / 지낸 지 43년이 되었네.
세상은 창상(滄桑)은 몇 번이나 변하고 / 사람의 일은 서로 어긋나 많은 변천이 있었네.
나는 마을이 호수로 침수되어 / 4년 전에 무진(武珍)으로 이사하는 바람에
거듭 형과 더불어 아침저녁으로 만나면서 / 번번이 속마음을 나누니 뜻이 간절하였네.
지난번 내가 복사뼈에 종기를 앓는다는 소식에 / 고약을 보내주어 하루도 지나지 않아 나았네.
지금 또 내가 피로가 원인이 되어 / 손발이 무기력하고 머리가 어지러웠는데
나의 사위 임(林) 아무개에게 기이한 처방을 보내주어 / 한 제를 달여 먹었더니 회복되어
쓰러지는 몸을 떨치고 일어나 되살아나니 / 무지개가 하늘까지 뻗친 것만 같았네.
형이 대전으로 가고 저는 광주 있어 / 서로 거리가 500리 나 떨어져
감사한 마음을 표하고 싶어도 마음을 다하기 어려워 / 머리를 들어 빈 북쪽 하늘 구름 가를 쳐다보며
세월을 보낸 것이 반년이 훌쩍 지났으니 / 빠른 세월은 나를 기다리지 않네.
피음사둔(詖淫邪遁)[189]이 천하를 뒤덮어 / 성인의 문하를 황폐하게 하니
우리 형께서는 자신을 자중하소서.
새벽별과 같이 쇠미해져가는 우리당이지만 / 우리를 강하게 하고 저들을 어렵게 하는 것은 누구의 책임인가?
서로 힘써 부모님과 스승의 말씀을 저버리지 마소.

임신년[1992] 한 더위에, 이백순(李栢淳)은 원고를 드립니다.

【추신】

후의를 잊기 어려워 보잘 것 없는 글로 제 마음을 표하니, 헤아려 거두어주시기 바랍니다.

188 의약(醫藥) : 원문은 '軒岐'. 의술의 시조로 알려진 황제(黃帝) 헌원씨(軒轅氏)와 기백(岐伯)을 아울러 이른다.

189 피음사둔(詖淫邪遁) : 부정하고 옳지 못한 학설을 가리키는 말로, 《맹자(孟子)》〈공손추 상(公孫丑上)〉에, "한쪽으로 치우친 말에서 그의 마음이 가려 있음을 알며, 지나친 말에서 마음이 빠져 있음을 알며, 부정한 말에서 마음이 도(道)와 멀리 떨어져 있음을 알며, 회피하는 말에서 논리가 궁함을 알 수 있다.[詖辭知其所蔽 淫辭知其所陷 邪辭知其所離 遁辭知其所窮]"라는 구절에서 유래한다.

78. 송성용宋成鏞의 간찰

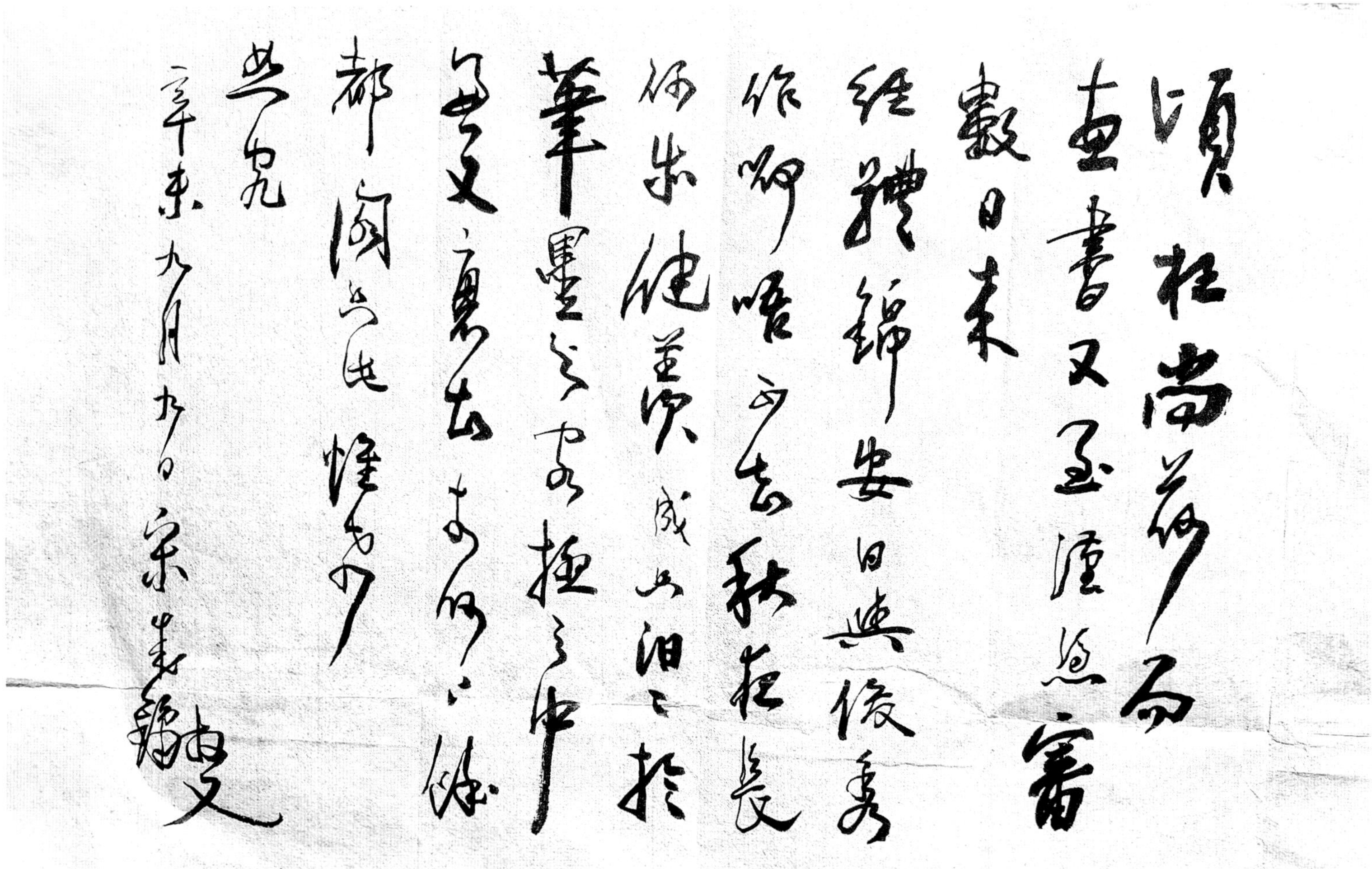

【탈초】

頃枉尙荷 而

惠書又至 謹憑審

數日來

經體錦安 日與俊秀

作咿唔 不知秋夜長

何等健羨 成只汨汨於

筆墨與客擾之中

兼又衰甚 奉呵奉呵 餘

都閣只此 惟希

恕究

辛未 九月 九日 宋成鏞 拜又

【번역】

지난번 찾아주신 것이 아직도 감사한데 편지가 또 이르러, 수일 사이에 편안히 잘 지내시고 날마다 준수한 사람들과 함께 글을 읽고 계시다니 긴 가을밤 얼마나 부러운지 모르겠습니다.

저는 다만 필묵과 손님들과 번요한 가운데 골몰하고 아울러 또 쇠약함이 심하니 우습습니다. 나머지 모두 남겨두고 이만 줄이니 살펴주시기 바랍니다.

신미년[1991] 9월 9일, 송성용(宋成鏞)[190]은 두 번 절합니다.

190 송성용(宋成鏞, 1913~1999) : 한국 서예의 독자적 경지를 이룬 호남을 대표하는 서예가이자 유학자이다. 본관은 여산(礪山)이다. 호는 강암(剛菴)이다.

79. 신사범愼思範의 간찰

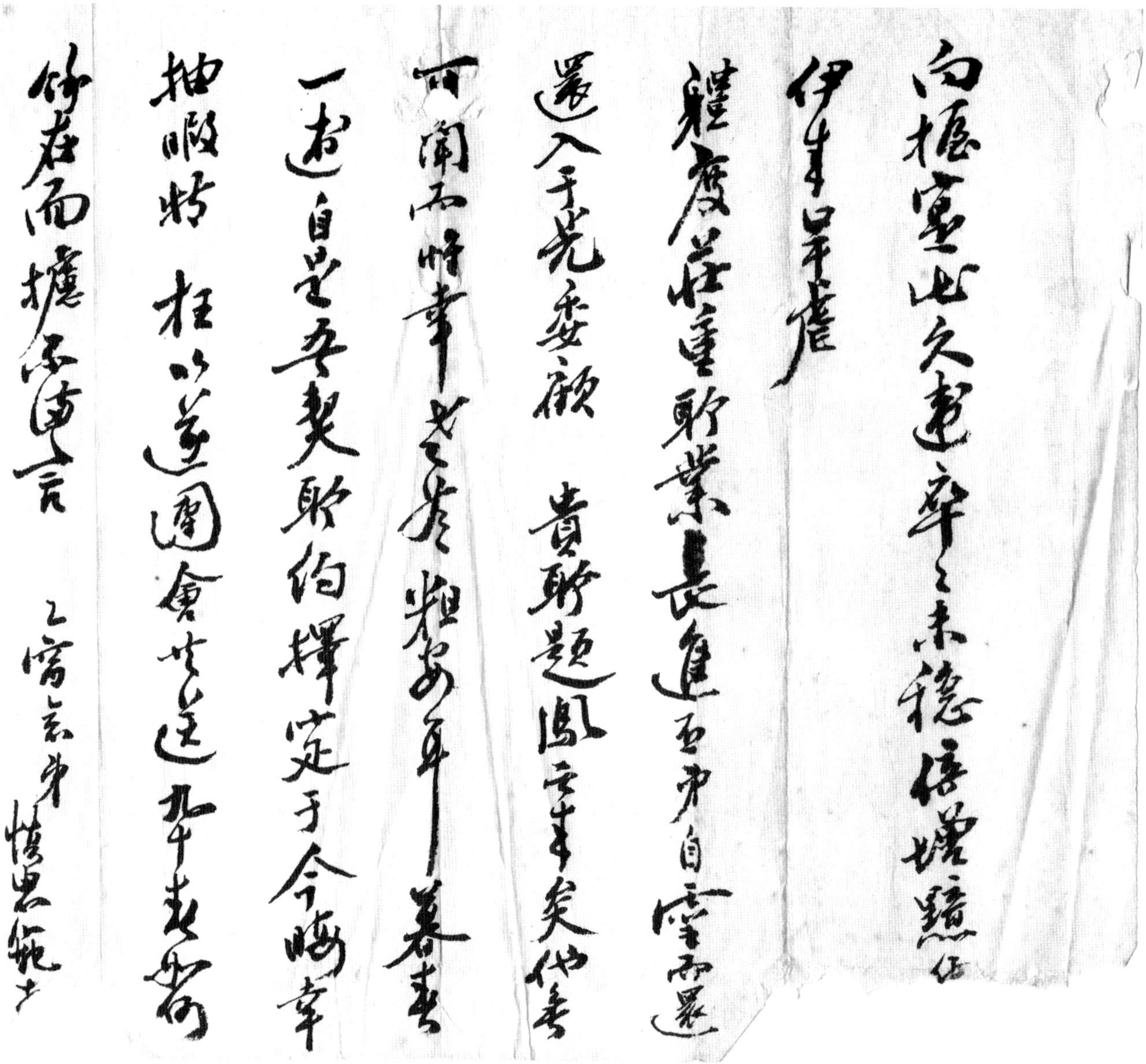

【탈초】

向握 寔出久違 卒卒未穩 倍增黯然
伊來旱瘧
體度莊重 所業長進否 弟自靈而還
還入于光 委顧貴所 題鳳而來矣 他無
可聞 而惟幸老候粗安耳 暮春
一遊 自是吾契所約 擇定于今晦 幸
抽暇 特枉以遂團會 共送九十春如何
餘在面攄 不備言
乙 窝 念 弟 愼思範 拜

【번역】

지난번의 만남은 참으로 오랜만이었는데 바빠서 다정히 이야기도 나누지 못해 배나 서운하였습니다. 요사이 가뭄이 심한데 잘 지내시고 학업에 진전은 있으신지요?
저는 영광(靈光)에서 돌아왔다가 광주(光州)로 들어가 귀하가 계신 곳을 갔지만 만나지 못하고[191] 왔습니다. 달리 말씀드릴 것은 없고 노인의 안부가 그럭저럭 편안한 것이 다행입니다. 늦봄에 한 번 유람 가자는 우리 계(契)의 약속을 이번 달 그믐으로 정하였습니다. 여가를 내서 특별히 왕림하여 모임을 이루어 함께 봄을 보내는 것이 어떻습니까? 나머지는 만나서 하기로 하고 이만 줄입니다.
을○년[1985?] 3월 20일, 아우 신사범(愼思範)[192]은 절합니다.

191 만나지 못하고 : 원문은 '題鳳'. '제봉재문(題鳳在門)'의 준말로, 용렬하기 짝이 없는 속된 인물들을 가리키는 말이다. 위(魏)나라 때 혜강(嵇康)의 친구 여안(呂安)이 혜강을 찾아갔다가 혜강은 만나지 못하고 그의 형인 혜희(嵇喜)의 영접을 받게 되자, 여안이 문에 들어서지도 않고 문 위에다 '봉(鳳)'이라는 글자를 써 놓고 그냥 갔는데, 나중에 혜강이 이를 보고는 궁금해하는 형에게 "봉은 범조(凡鳥)이다."라고 설명해 주었던 고사가 있다. 봉(鳳)을 파자(破字)하면 범(凡)과 조(鳥)가 된다.

192 신사범(愼思範, 1925~2010) : 서예가이며 한학자이다. 호는 경당(絅堂)이고 독립운동가 신종주(愼宗周)의 손자이다.

80. 신사범愼思範의 간찰

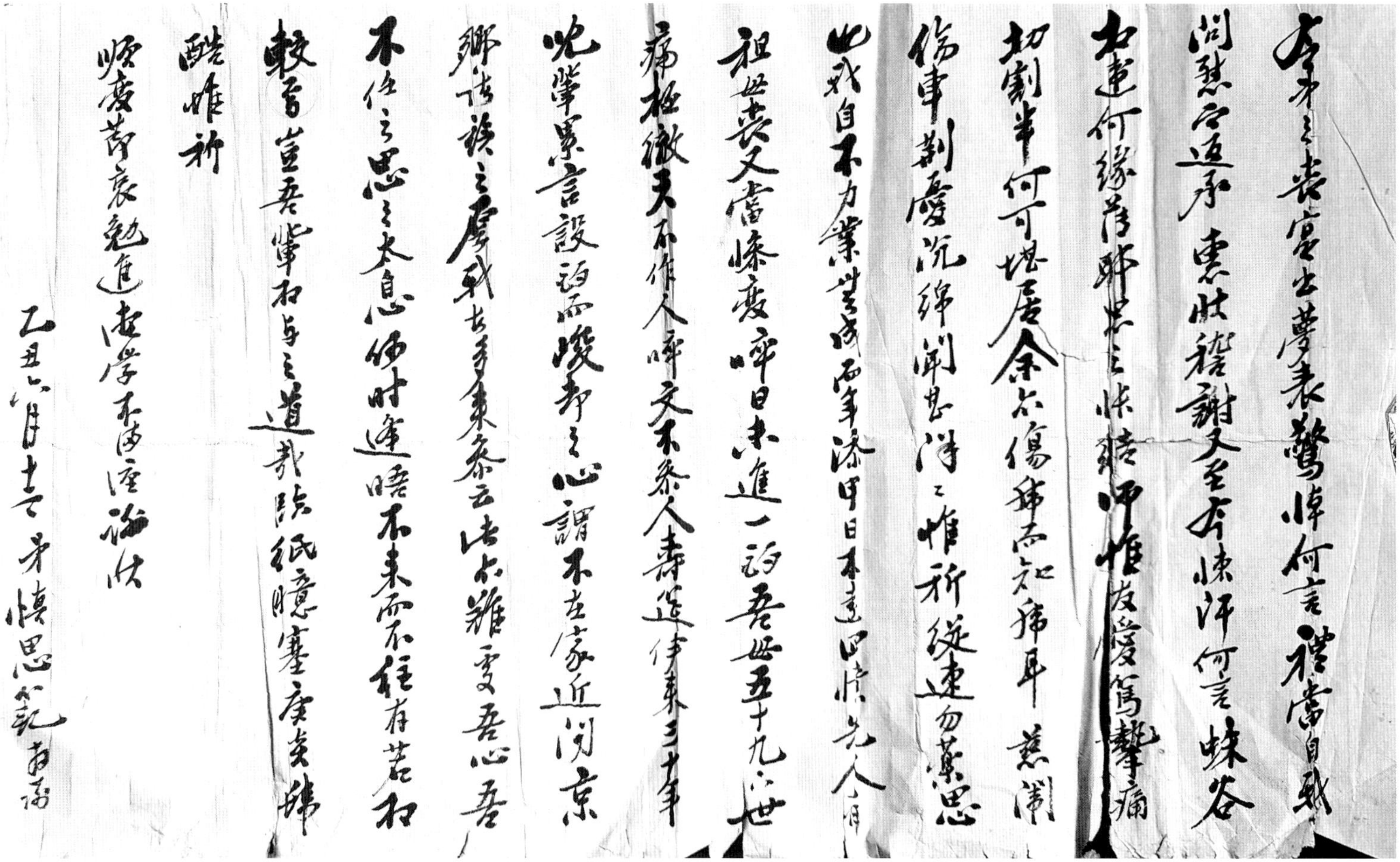

【탈초】

令弟之喪 寔出夢表 驚悼何言 禮當自我 / 問慰 而返承惠狀 稽謝又至今 悚汗何言 蛛谷 / 相違 何緣薄耶 思之悵結 仰惟友愛篤摯痛 / 切割半 何可堪居 余亦傷虎 而知虎耳 慈闈 / 傷車 荊憂沉綿 聞甚悶悶 惟祈從速勿藥思 / 也 我自不力業無成 而年添甲日不遠 回憶先人 有 / 祖母喪 又當慘變 晬日未進一酌 吾母五十九下世 / 痛極徹天 不作人晬文 不參人壽筵 伊來三十年 / 兒輩累言設酌 而峻却之心 謂不在家 近聞京 / 鄉諸族之厚我者 多來參云 此亦難處 吾心吾 / 不任之 思之太息 何時奉晤 不來而不往有若相 / 較焉 豈吾輩相與之道哉 臨紙臆塞 庚炎肆 / 酷惟祈 / 順變節哀 勉進德學 不備謹謝狀 / 乙丑 六月 十二日 弟 愼思範拜謝

【번역】

그대 아우의 초상은 진실로 꿈밖의 일이라 놀랍고 슬픈 마음을 어떻게 말로 하겠습니까? 제가 위문해야 하는 것은 당연한 예의인데, 도리어 편지를 받고도 여태까지 답장을 드리지 못해 송구스러워 땀이 나는 심정을 어떻게 말을 하겠습니까?

주곡(蛛谷)에서 서로 만나지 못하였으니 무슨 인연이 이리도 두텁지 못합니까? 생각할수록 서운합니다. 돈독하셨던 우애에 아우의 죽음을 어떻게 견디시는지요? 저도 겪었던 처지[193]라 그 아픔을 잘 압니다. 당신의 어머니께서 교통사고로 다치고 부인은 병이 깊다니 매우 걱정입니다. 빨리 낫기를 바랍니다.

저는 힘써 학업을 이룬 것도 없이 나이만 먹어 회갑이 가까운데 선친을 떠올려보면 조모의 초상에다 또 참변을 당해 생신에도 술 한 잔을 드리지 못한 채 어머니는 59세에 세상을 떠나셨으니 아픔이 하늘까지 사무칩니다. 그래서 저는 남들의 생일 글은 짓지 않았고 남들의 환갑잔치에 참석하지 않은지 30년이 되었습니다. 그런데 아이들이 여러 번 술자리를 마련하자고 말했지만 엄하게 물리쳐 집에 있지 않을 것이라고 하였습니다. 요사이 서울과 지방의 친척들 가운데 저와 사이가 돈독한 많은 사람들이 참석한다는 말을 들었으니 또한 난처합니다. 제 마음을 제가 맘대로 하지 못하니 생각하면 한숨만 나옵니다.

언제 만나 이야기할 수 있겠습니까? 오지 않고 가지도 않는 것이 서로 엇비슷한 듯하니 어찌 우리들의 사귀는 도리이겠습니까? 편지를 대하니 가슴이 미어집니다. 혹독한 더위에 변고에 순응하시고 슬픔을 절제하며 덕학(德學)에 매진하시기를 바랍니다. 이만 줄이며 답장 올립니다.

을축년[1985] 6월 12일, 아우 신사범(愼思範)은 절하고 답장합니다.

193 겪었던 처지 : 원문은 '傷虎'. 범에게 물려 봤던 사람이 범의 무서움을 잘 알듯이 아픔을 경험한 사람만이 그 고통을 잘 안다는 의미이다. 《근사록(近思錄) 7》에, "옛날에 일찍이 범에게 부상당한 자가 있었는데, 딴 사람들은 범을 말할 때에 비록 삼척동자라도 모두 범이 무서운 줄을 알았으나, 끝내 범에게 부상당한 적이 있는 자의 정신과 얼굴빛이 두려워하여 지성으로 무서워하는 것과는 같지 않았다.[昔曾經傷於虎者 他人語虎 則雖三尺童子 皆知虎之可畏 終不似曾經傷者 神色懾懼 至誠畏之]"라는 구절에서 유래한다.

81. 신사범愼思範의 간찰

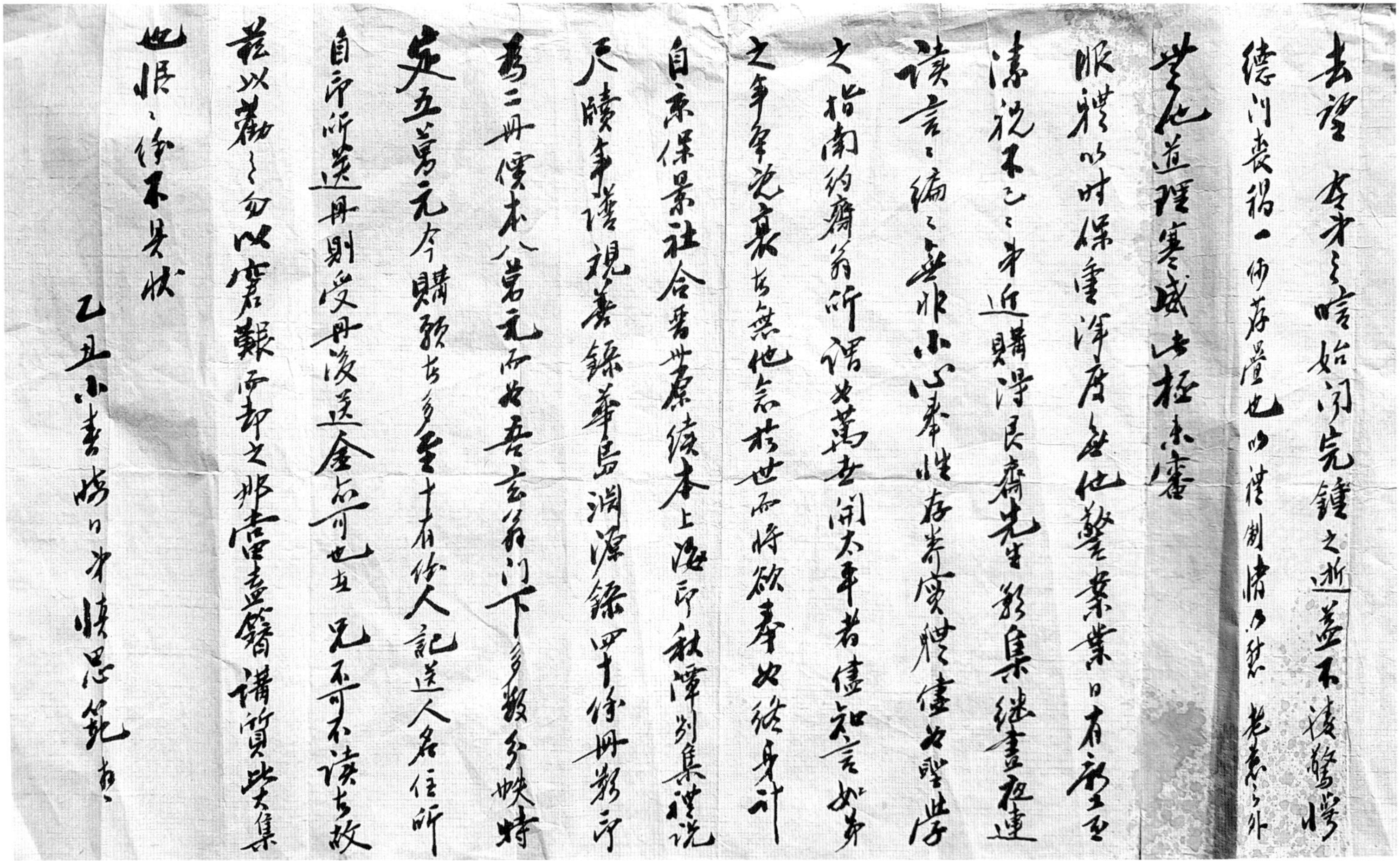

【탈초】

去望 令弟之唁 始聞完鍾之逝 益不勝驚愕 / 德門喪禍 一何荐疊也 以禮制情 以慰老慈之外 / 無他道理 寒威此極 未審 / 服體以時保重 渾度無他警 案業日有新工否 / 溸祝不已不已 弟近購得艮齋先生影集 繼晝夜連 / 讀 言言編編 無非小心奉性 存養實體儘爲聖學 / 之指南 約齋翁 所謂爲萬世開太平者 儘知言 如弟 / 之年氣 旣衰者 無他念於世 而將欲奉爲終身計 / 自京保景社合晉州原續本 上海印秋潭別集 禮說 / 尺牘 年譜 觀善錄 華島淵源錄 四十餘冊 影印 / 爲二冊 價本八萬元 而爲吾玄翁門下多數分帙 特 / 定五萬元 今購願者 多至十有餘人 記送人名住所 / 自印所送冊 則受冊後送金 亦可也 在兄不可不讀者 故 / 玆以勸之 勿以窘艱而却之 那當盍簪 講質此大集 / 也 悵悵 餘不具狀 / 乙丑 小春 晦日 弟 愼思範 拜拜

【번역】

지난 보름 그대 아우의 위문장(慰問狀)으로 비로소 완종(完鍾)이 돌아가셨다는 소식을 듣고는 더욱 놀라움을 이길 수 없었습니다. 덕이 있는 가문에 상화(喪禍)가 어찌 겹치는지요? 예로써 감정을 절제하시어 연로하신 어머니를 위로하시는 것 외에 달리 도리가 없습니다. 추위가 매서운데 상(喪) 중의 안부는 좋으시고 식구들에 다른 일은 없으시며 학업은 날로 새로운 공부가 있으신지요? 그리운 마음 그지없습니다.

저는 요사이《간재선생문집(艮齋先生文集)》영인본을 구입해 밤낮으로 읽고 있는데 말 한마디와 각 편들마다 조심하며 성(性)을 받들지 않음이 없으니 이를 보존하고 기르는 실체는 다 성학(聖學)의 지침이 됩니다. 약재옹(約齋翁)께서 이른바 "만세를 위하여 태평시대를 열었던 사람은 말을 알았던[知言][194] 사람들이다."라고 하였는데, 저처럼 나이와 기운이 이미 쇠약한 사람은 세상에 대한 염려가 없으니 이를 받들어 몸을 마칠 계획입니다.

서울 보경사(保景社)에서, 진주(晉州)에서 발행했던 원래의 독본과 상해에서 인쇄한《추담별집(秋潭別集)》·《예설(禮說)》·《척독(尺牘)》·《연보(年譜)》·《관선록(觀善錄)》·《화도연원록(華島淵源錄)》40여 속책(續冊)을 영인하여 2책으로 만들었습니다. 책값은 본래 8만원이지만 우리 현곡(玄谷) 문하에서는 많은 수를 나누기 때문에 5만원으로 특별히 정하였습니다. 지금 구입하고 싶은 사람은 많게는 열 명 정도이니, 이름과 주소를 적어 보내 인쇄소에서 책을 발송하면 책을 받고 나서 돈을 보내는 것도 가능합니다. 형께서도 읽지 않을 수 없기에 이렇게 권하니 궁색하다 하여 물리치지 마십시오. 언제쯤이나 만나 이 전집에 대해 강론할 수 있을까요? 그립기만 합니다. 나머지는 이만 줄입니다.

을축년[1985] 10월 그믐날, 아우 신사범(愼思範)은 재배합니다.

194 말을 알았던[知言] :《맹자(孟子)》〈공손추 상(公孫丑上)〉에, "공손추가 '지언'은 무엇인지 묻자, 맹자가 답하기를, 편파적인 말에서 그 사람의 가려져 있는 것을 알며, 음란한 말에서 그 사람이 빠져 있다는 것을 알며, 사특한 말에서 그 사람이 이간하는 것을 알며, 회피하는 말에서 그 사람의 궁벽한 처지를 아는 것이다.[何謂知言 曰詖辭知其所蔽 淫辭知其所陷 邪辭知其所離 遁辭知其所窮]"라는 구절이 있다.

82. 신사범愼思範의 간찰

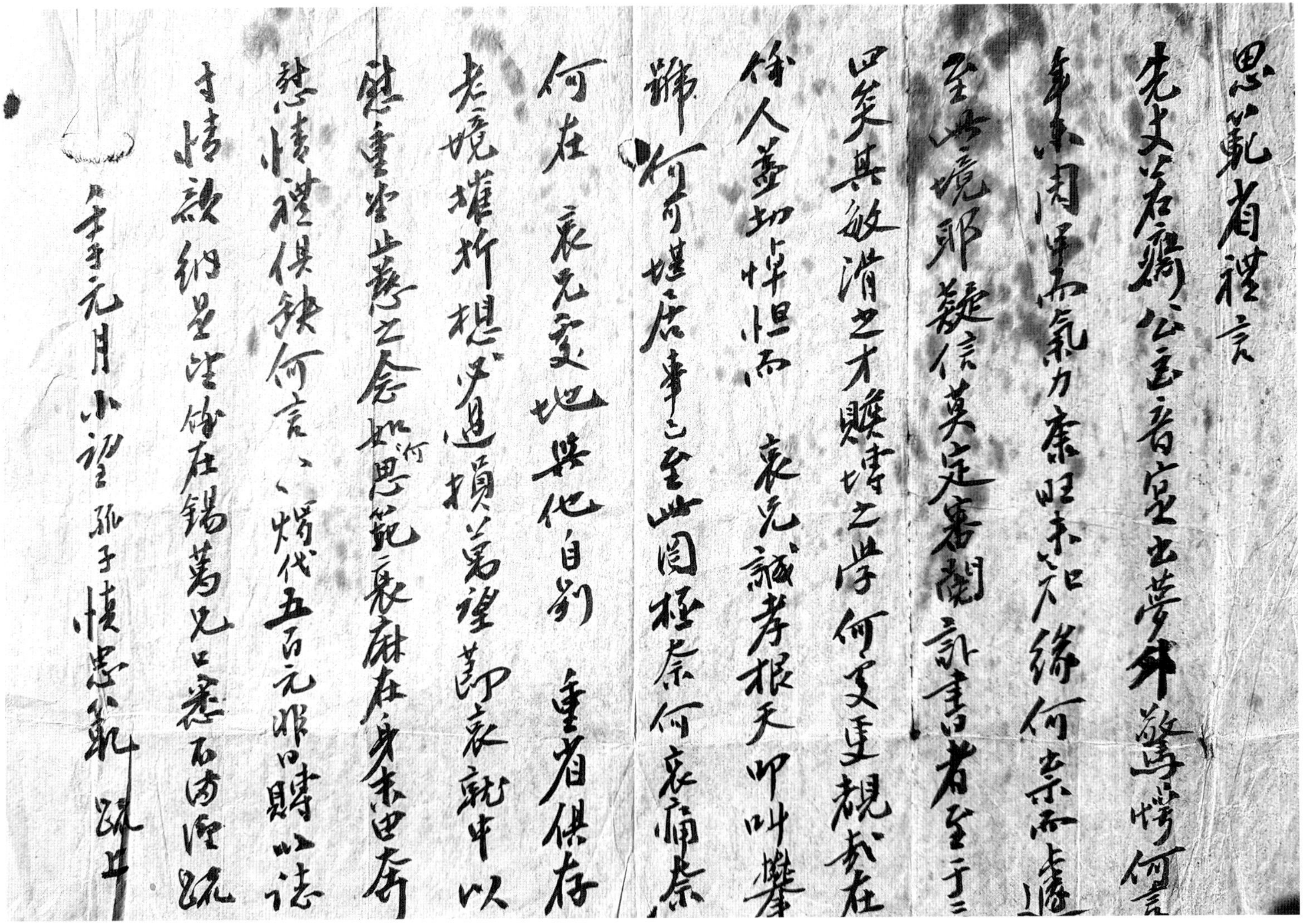

【탈초】

思範 省禮言 / 先丈若齋公凶音 寔出夢外 驚愕何言 / 年未周甲 而氣力康旺 未知緣何祟 而遽 / 至此境耶 疑信莫定 審閱訃書者 至于三 / 四矣 其敏滑之才 瞻博之學 何處更睹哉 在 / 餘人 益切悼怛 而哀兄 誠孝根天 叩叫攀 / 號 何可堪居 事已至此 罔極奈何 哀痛奈 / 何 在哀兄處地 其他自別 重省俱存 / 老境摧折 想必過損 萬望節哀就中 以 / 慰重堂止慈之念 如何 思範 衰痲在身 末由奔 / 慰 情禮俱缺 何言何言 燭代五百元 非曰賻以誌 / 寸情歆納是望 餘在錫萬兄口悉 不備謹疏 / 壬子 元月 小望 孤子 愼思範 疏上

【번역】

사범(思範)은 예를 생략하고 말씀드립니다. 선장(先丈) 약재공(若齋公)께서 돌아가셨다는 흉한 소식은 꿈에서도 생각지 않았던 일이라 놀라움을 어떻게 말씀드리겠습니까? 아직 회갑도 되지 않았고 기력도 왕성하셨는데 무슨 병으로 이 같은 지경에 이르렀단 말입니까? 반신반의하며 마음을 안정시키지 못해 부고를 서너 번이나 읽었습니다.

민첩하던 재주와 넉넉하던 학문을 어디서 다시 볼 수 있단 말입니까? 남은 사람들은 더욱 절실하게 슬픈데 애형(哀兄)[195]의 하늘로부터 타고나 효성으로 가슴을 치고 부르짖으며 어떻게 견디시는지요? 일이 이미 이 지경에 이르렀으니 망극함을 어찌하고 애통함을 어찌하겠습니까? 애형의 처지는 남들과 달라 조부모가 모두 생존해 계신데 노인의 심정이 무너져 내려 필시 지나치게 손상을 입었을 것이라 생각됩니다.

천만 바라건대 슬픔을 절제하시고 중도를 이루어 조부모께서 사랑하시는 염려에 위안이 되도록 하시는 것이 어떻습니까? 저도 상중에 있는 몸이라 달려가 위문도 못해 정과 예에 모두 결여되었으니 어떻게 말씀드리겠습니까? 양초 대금(代金) 500원은 부의라고는 말할 수 없으니 마음의 정으로 기억하시고 받아주십시오. 나머지는 석만(錫萬)의 입으로 다 말씀드리겠습니다. 이만 줄이며 위문장을 올립니다.

임자년[1972] 1월 14일, 고자(孤子) 신사범(愼思範) 소상(疏上)

195 애형(哀兄) : 상을 당한 상대를 이르는 말이다.

83. 신사범愼思範의 간찰

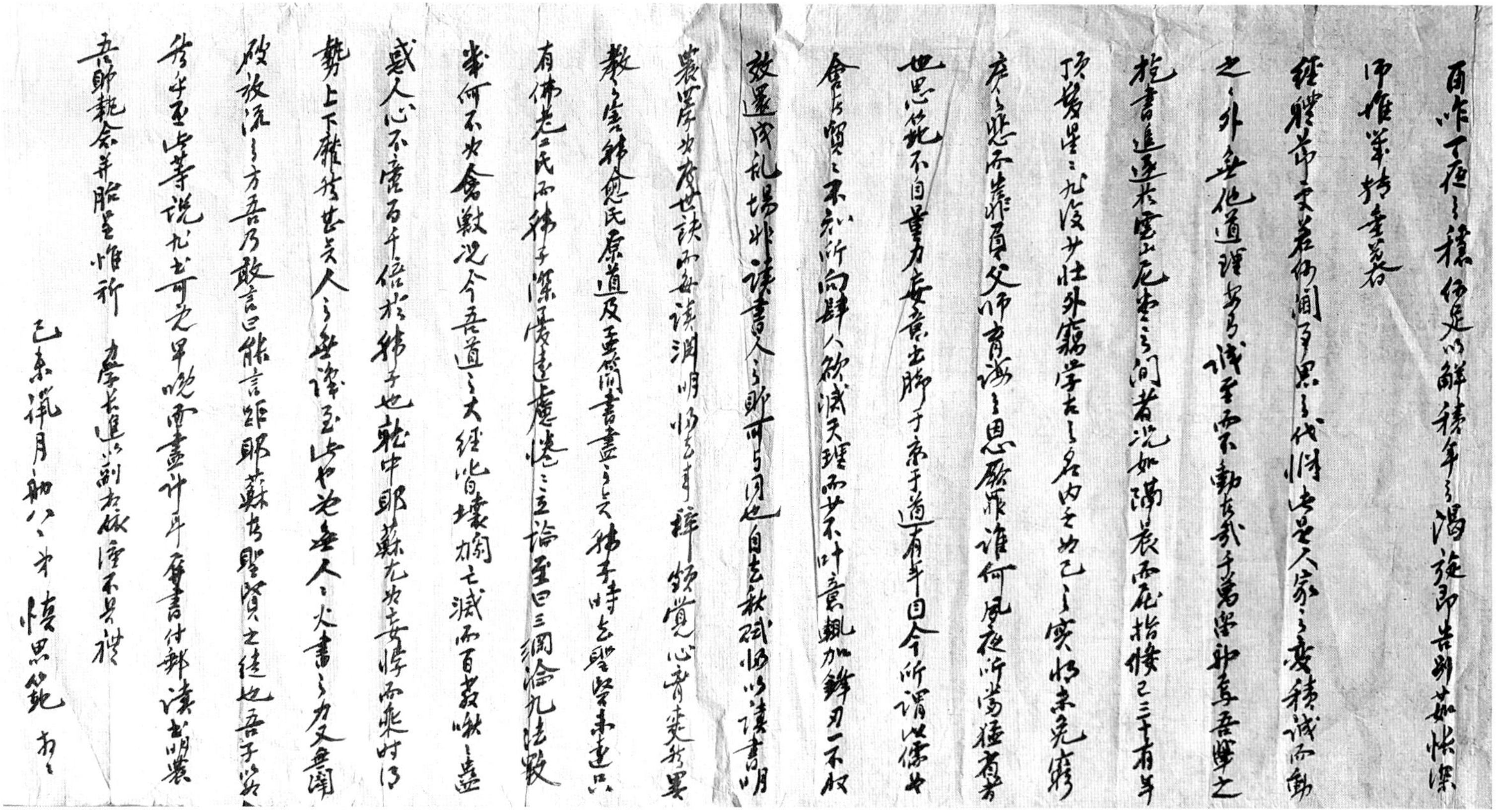

【탈초】

再昨一夜之穩 何足以解積年之渴 旋卽告別茹悵 深 / 仰 惟歲轉垂暮 / 經軆節 更若何 閫事 思之代悶 此是人家之變 積誠而動 / 之之外 無他道理 安有誠至 而不動者哉 千萬留神焉 吾輩之 / 抱書 追逐於雲山尼堂之間者 況如隔晨 而屈指倏已 三十有年 / 頂髮星星 非復少壯 外竊學古之名 內無爲己之實 將未免窮 / 廬之悲 而辜負父師育誨之恩 厥罪誰何 夙夜所當猛省者 / 也思範 不自量力 妄意出脚于京 于道有年 目今所謂以儒爲 / 會者 貿貿不知所向 肆人欲 滅天理 而少不叶意 輒加鋒刃 一不收 / 效 還成亂場 非讀書人之 聊可與同也 自去秋賦歸 而讀書明 / 農四字 爲度世訣 而每讀淵明歸去來辭 頗覺心胸爽然 異 / 敎之害 韓愈氏原道 及孟簡書盡之矣 韓子時 去聖賢未遠 只 / 有佛老二氏 而韓子深憂遠慮 惓惓立論 至曰三綱淪 九法斁 / 幾何不爲禽獸 況今吾道之大經 皆壞爛亡滅 而百敎啾啾 蠱 / 惑人心 不啻百千倍於韓子也 就中 耶蘇 尤爲妄悖 而乘時得 / 勢 上下靡然甚矣 人之無識至此也 旣無人人火書之力 又無闢 / 破放流之方 吾乃敢言曰 能言去耶蘇者 聖賢之徒也 吾子以爲 / 然乎否 此等說 非書可旣 早晩面盡計耳 屛書付郵 讀書明農 / 吾聊執念 幷胎呈 惟祈力學長進 以副相依 謹不具禮 / 己未 臘月 初八日 弟 愼思範 拜拜

【번역】

그제 하룻밤의 대화로 어찌 여러 해 동안 쌓였던 갈망을 풀기에 충분하겠습니까마는, 곧바로 헤어지고 나니 서운한 마음만 깊습니다. 한해가 저무는데 공부하시는 안부는 어떠하십니까? 집안일은 제가 대신 걱정이 됩니다. 이는 인가의 변고이니 오랜 정성으로 하늘을 감동시키는 것 외에는 달리 도리가 없습니다. 어찌 정성이 지극한데 감동하지 않겠습니까? 매우 유념하십시오.

우리가 책을 안고 운산(雲山)의 이당(尼堂) 사이를 좇아다니던 것이 엊그제 같은데 손가락을 꼽아 헤아려보면 어느덧 30여년으로 머리는 반백이 되어 다시는 젊어질 수 없습니다. 겉으로는 옛 학문을 한다는 이름을 훔치고 안으로는 위기(爲己)의 실제가 없으니 학문이 부족한 가난한 집의 탄식을 벗어날 수 없고, 부모와 스승의 기르고 가르쳐주신 은혜를 저버렸으니 그 죄는 누구를 탓하겠습니까? 아침저녁으로 용맹스럽게 반성해야 할 것입니다.

저는 제 자신의 힘을 헤아리지도 못하고 망령된 뜻으로 서울로 길을 나서 길에서 여러 해를 보냈습니다. 지금 이른바 선비라고 하면서 모인 자들은 견식이 없어 향할 곳조차 모르고 사람의 욕심을 부리고 하늘의 이치를 소멸시켜 조금도 제 마음에 들지 않아 그때마다 칼끝을 더해보기는 하지만 조금의 효과도 없이 도리어 난장판만 이루니 책을 읽은 사람으로 함께 할 수 없을 지경입니다.

지난 가을 고향으로 돌아와 '책을 읽고 농사에 힘쓰다[讀書明農].'라는 네 글자로 세상을 사는 비결로 삼아 도연명(陶淵明)의 〈귀거래사(歸去來辭)〉를 읽을 때마다 마음이 상쾌함을 느낍니다. 이단(異端)의 해로움은 한유(韓愈)의 〈원도(原道)〉와 맹간(孟簡)에 준 편지에 다 나와 있습니다.[196] 한유 때는 성현과 시대적 거리가 머지않아 단지 불교(佛敎)와 노자(老子) 둘 만 있었을 뿐이었는데도 한유는 깊이

196 한유(韓愈)……있습니다 : 한유(韓愈)는 상서(尙書)인 맹간(孟簡)에게 보낸 편지에서 맹자가 이단을 물리친 공을 높이 평가하여, 홍수를 다스려 백성들을

근심하고 멀리 염려하여 간절히 논리를 세워 "삼강이 매몰되고 구법이 무너졌으니, 어찌 금수가 되지 않을 수 있겠는가?"[197]라고 하였습니다. 더구나 지금 우리 도의 큰 법도가 모두 무너지고 사라져 온갖 가르침이 시끄럽게 떠들어대며 사람의 마음을 유혹하는 것이 한유 때보다 백 천 배나 더할 뿐만이 아닙니다.

드릴 말씀은, 예수교는 더욱 망령되고 어긋나 때를 타고 득세하여 상하가 휩쓸려 무너진 것이 심합니다. 그런데 사람들은 이러한 지경에 이른지도 모르고 있습니다. 사람들은 책을 불사를 힘도 없고 또 깨부수거나 내쫓을 방법조차 없어, 제가 감히 "예수교를 없애자 말할 수 있는 사람은 성현의 무리다."라 말했습니다. 그대는 그렇다고 여기지 않습니까? 이런 이야기들을 글로 다할 수가 없습니다. 조만간에 뵙고 다 말할 생각입니다. 병풍글씨는 우편에 부쳤습니다.

'독서명농(讀書明農)'은 제가 마음에 새기는 것이라 아울러 별지에 적어 보내드리니 힘써 공부하고 발전하시어 서로 의지하는 벗의 바람에 부응하시기 바랍니다. 편지의 예를 갖추지 않습니다.

기미년[1979] 12월 8일, 아우 신사범(愼思範)은 재배합니다.

구제한 우(禹) 임금보다 못하지 않다고 하면서 "가령 그때 맹씨(孟氏)가 없었더라면 우리들은 다 왼쪽으로 옷깃을 여미는 오랑캐 옷을 입고 오랑캐 말을 하였을 것이다. 그러므로 내 일찍이 맹자를 추존하여 공로가 우왕의 아래에 있지 않다고 말한 것은 이 때문이다."라고 하였다.

197 삼강이……있겠는가 : 한유(韓愈)의 〈여맹간상서서(與孟簡尙書書)〉에 "양주와 묵적이 서로 어지럽히매 성현의 도가 밝아지지 못하고, 성현의 도가 밝지 못하면 삼강이 매몰되고 구법이 무너지며 예악이 무너지고 이적이 횡행할 것이니, 어찌 금수가 되지 않을 수 있겠는가?[楊墨交亂而聖賢之道不明 聖賢之道不明 則三綱淪而九法斁 禮樂崩而夷狄橫 幾何其不爲禽獸也]"라는 구절이 있다.

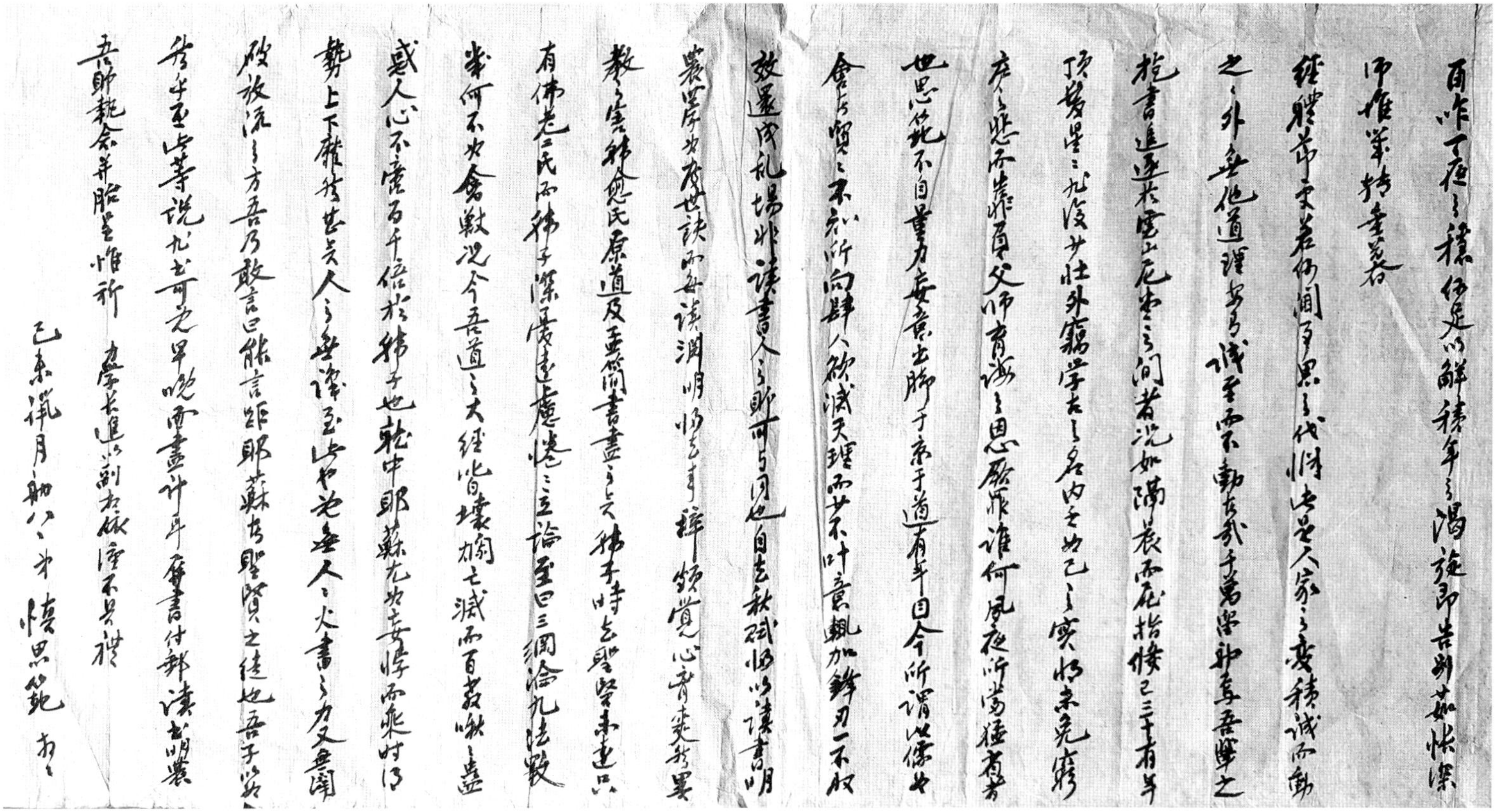

84. 신사범愼思範의 간찰

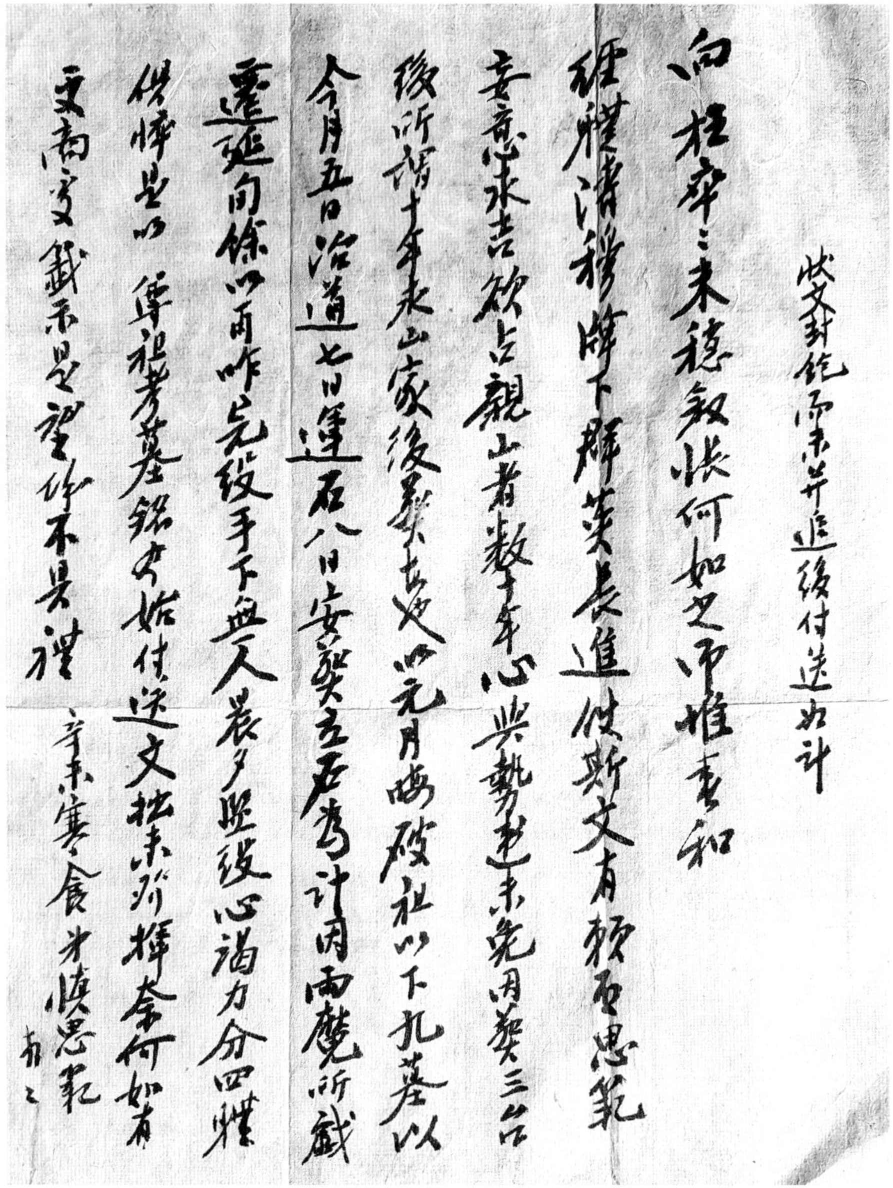

【탈초】

向枉 卒卒未穩敍 悵何如之 仰惟春和
經體淸穆 牌下群英長進 使斯文有賴否 思範
妄意求吉 欲占親山者 數十年 心與勢違 未免因葬三台
後 所謂十年求山 家後葬者也 以元月晦 破祖以下九墓 以
今月五日治道 七日運石 八日安葬立石爲計 因雨魔所戲
遷延旬餘 以再昨完役 手下無人 晨夕監役 心竭力分 四體
俱悴 是以尊祖考墓銘 今始付送 文拙未發揮 奈何 如有
更商處 籤示是望 餘不具禮
辛未 寒食 弟 愼思範 拜拜

【추신】

狀文封皰 而未弁 追後付送爲計

【번역】

지난번 방문하셨을 때 바빠 차분히 이야기도 나주지 못하였으니 서운함을 어찌하겠습니까? 화창한 봄 날씨에 공부하는 안부가 좋으시며 패(牌) 아래의 여러 영재들은 공부에 발전이 있어 사문(斯文)들로 하여금 의지하게 하는지요?
저는 망령된 생각으로 길지(吉地)를 구해 어버이 산소를 쓰려고 한 지가 수십 년이 되었는데 마음과 형편이 서로 맞지 않아 삼태산(三台山) 뒤에 장사 지냄을 면하지 못하였으니 이른 바 '10년을 산소자리를 구하다가 집 뒤에 장사지낸다.'고 하는 것입니다. 1월 그믐에 조부 이하 아홉 기(基)의 무덤을 파고, 이번 달 5일에는 길을 내어 7일에는 빗돌을 옮기고 8일에는 안장하고 비석을 세울 계획이었는데 비로 인해 열흘 남짓 시일을 끌다가 엊그제 마무리 하였습니다. 수하에 사람이 없어 아침저녁으로 일을 감독하느라 마음이 다 하고 힘이 분산되어 사지가 여의고 파리할 지경입니다. 이 때문에 그대의 조고(祖考)의 묘갈명은 이제야 비로소 보내드립니다. 글 솜씨가 보잘것없어 조고의 숨은 덕을 다 드러내지를 못하였으니 어찌하겠습니까? 만일 다시 헤아려 볼 부분이 있다면 쪽지로 알려주기 바랍니다. 나머지 이만 줄입니다. 신미년[1991] 한식(寒食)날, 아우 신사범(愼思範)은 재배합니다.

【추신】

행장 글은 싸두고는 부치지 못했습니다. 나중에 부칠 계획입니다.

85. 신사범愼思範의 간찰

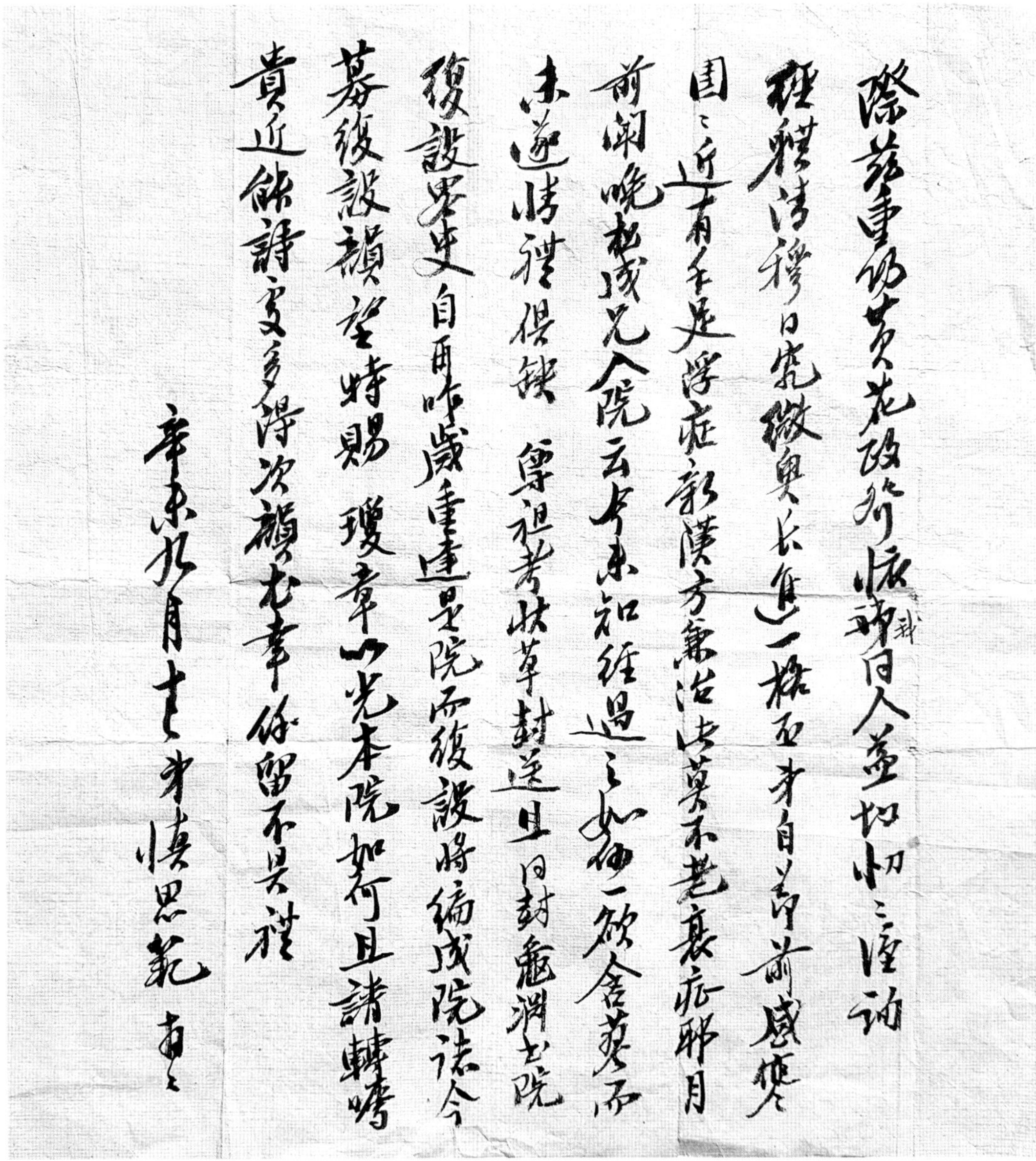

【탈초】

際玆重陽 黃花政發 懷我同人 益切忉忉 謹詢
經體淸穆 日究微奧 長進一格否 弟自節前感寒
圉圉 近有手足浮症 新漢方兼治 此莫不老衰症耶 月
前聞晩松成兄入院云 今未知經過之如何 一欲含蓼 而
未遂 情禮俱缺 尊祖考狀草封送 且同封龜淵書院
復設畧史 自再昨歲 重建是院 而復設 將編成院誌 今
募復設韻 望特賜瓊章 以光本院如何 且請轉囑
貴近能詩處 多得次韻 尤幸 餘留不具禮
辛未 九月 十日 弟 愼思範 拜拜

【번역】

지금은 중양절(重陽節)이라 국화가 한창 피어 우리 벗을 그리워하는 마음이 더욱 간절합니다. 공부하시는 안부 좋으시며 날마다 은미한 뜻을 연구하여 한 층 발전을 하셨는지요? 저는 절기 전부터 감기에 걸려 정신이 맑지 않았는데, 요사이는 손발이 부어 양방과 한방으로 아울러 치료하고는 있지만 이는 노쇠증일 것입니다. 달포 전부터 만송(晩松) 성(成) 형이 입원하였다는 소식을 들었는데 지금은 경과가 어떠한지요? 한 번 문병[198]을 가려했는데 뜻대로 되지 못하였으니 정과 예를 모두 잃었습니다.

돌아가신 그대의 조부 행장 초고를 동봉하여 보내드리고, 또 구연서원(龜淵書院)[199]의 〈복설약사(復設畧史)〉를 동봉합니다. 재작년부터 구연서원을 중건하여 복설(復設)하고 서원지(書院誌)를 만들기 위해 복설운(復設韻)을 모집하고 있으니, 아름다운 글을 보내주시어 서원을 빛나게 하시는 것이 어떻습니까? 또 귀하 가까이 시를 잘하는 분들에게도 부탁하여 차운을 많이 얻는다면 더욱 다행이겠습니다. 나머지 사연들은 남겨두고 예를 갖추지 못하였습니다.

신미년[1991] 9월 10일, 아우 신사범(愼思範)은 재배합니다.

---

198 문병 : 원문은 '含蓼'. '함료문질(含蓼問疾)'의 준말로, 잠을 쫓기 위해 매운 여뀌를 입에 물고 백성들의 괴로움 위로한 월왕 구천(越王句踐)의 고사에서 온 말이다. 위문(慰問)나 문병의 전고로 쓰인다.

199 구연서원(龜淵書院) : 경상남도 거창군 위천면에 있었던 조선후기 신권을 추모하기 위해 창건한 서원이다. 1694년(숙종 20)에 지방유림이 신권(愼權)의 학문과 덕행을 추모하기 위하여, 신권이 제자를 가르치던 구주서당(龜州書堂) 자리에 서원을 창건하여 위패를 모셨다.

86. 신사범愼思範의 간찰

【탈초】

曩者 東新大之講會 可謂子夜之一雷 惟 / 兄終始之可仰其苦衷 而爲賀萬萬也 如弟之 / 魯劣 得參講席 非榮而仄 鄒書三樂章 余所 / 實感者 而沈病氣衰 未得闡發底蘊 使聽衆快 / 感 則可愧耳 學之不講 久矣 固當盡力起興 而 / 且無實得力行 只資口耳 爲人觀美 雖多 奚以 / 哉 此又不可不知也 弟不學便衰 百病交侵 最苦喘 / 息 藥不見效 其將終也歟 近以畏寒 斷外出 暇 / 讀栗谷聖學輯要 其廣摭精搜 綴英彙分 章 / 章每附按說 其立論辨說 砭入肌膚 奮勵志氣 / 不止爲君上之鑑戒 實爲萬世之學程

顧不早自 / 精讀實體 悠泛虛度 以至窮廬也 不覺撫躬 而 / 泣下 欲自策勵 神思荒落 抖擻不上何 固知無益 / 縷縷及之者 或可爲 高明用功之一前車耶 屛書 / 難孤盛囑 强病書呈 諒燭是望 惟祈懋學 / 自珍 謹不具謝狀 / 癸酉 十一月 三日 弟 愼思範 拜復

【번역】

지난번 동신대학교에서의 강연회는 한 밤 중에 치는 한 번의 우레[200]라 할 만하니 형의 모든 고충을 우러르고 간절히 위로합니다. 저 같은 노졸한 사람이 강연회 자리에 참석하였으니 영화롭게 여기고 귀를 기울이지 않겠습니까?《맹자(孟子)》삼락장(三樂章)[201]은 제가 실제로 느낀 것인데 병이 깊고 기운이 쇠약하여 온축된 것들을 드러내 듣는 사람들에게 상쾌한 느낌을 주지 못하니 부끄러울 뿐입니다. 배움을 강론하지 않은 지 오래입니다. 마땅히 힘을 다해 흥기시켜야 하지만 실로 힘써 실행은 하지 않고 다만 입으로만 떠들 뿐이니 사람됨이 남들이 보기에는 아름다운 점이 비록 많기는 하지만 어디에 쓰겠습니까? 이를 또한 몰라서는 안 됩니다. 저는 배우지도 못했는데 문득 노쇠하여 온갖 병들이 번갈아 침범해 숨쉬기가 가장 괴로운데 약은 효과를 보이지 않으니 이대로 마칠 듯합니다.

근래 추위가 두려워 외출도 하지 않고 율곡(栗谷)의《성학집요(聖學輯要)》를 읽어보니, 널리 모으고 정밀하게 찾아 정수를 엮고 분류하여 장(章)마다 설명을 붙이고 논설을 세우고 분별하였으니 침이 피부를 파고들듯 뜻과 기운을 분발시켜 군주의 경계가 될 뿐만 아니고, 참으로 영원토록 학문의 과정으로 삼을만합니다. 그런데 나 자신을 돌아보면 일찍이 스스로 정밀히 읽고 실제로 체득하지 못하고 헛되이 날을 보내 학문이 없는 사람이 되고 말아 저도 모르게 몸을 어루만지며 눈물을 흘릴 뿐입니다.

스스로 책려하고 싶지만 정신이 거칠고 분발하여 오르지 못하니 어찌하겠습니까? 진실로 아무런 보탬도 되지 않는다는 것을 알면서도 누누이 언급하는 것은 혹시라도 고명(高明)께서 공부하시는데 하나의 전철이 되지 않겠습니까? 병풍글씨는 당신의 부탁을 저버리기 어려워 병을 무릅쓰고 쓰서 보내니 헤아려주십시오. 학문에 힘쓰고 자신을 보배롭게 여기시길 빌겠습니다. 이만 줄이고 답장을 씁니다. 계유년[1993] 11월 3일, 아우 신사범(愼思範)은 두 번 절합니다.

200 한 밤 중에……우레 : 원문은 '子夜一雷'. 자야(子夜)는 밤 12시 즉 자정을 이르고, 작은 양(陽)은 동지(冬至)에 처음으로 생겨나는 양(陽)의 기운을 이른다.《주역(周易)》64괘(卦) 가운데 10월을 의미하는 중지곤(重地坤 ䷁) 괘는 육효(六爻)가 모두 음효(陰爻)이고 양효(陽爻)가 하나도 없다가, 11월을 의미하는 지뢰복(地雷復 ䷗) 괘에 처음으로 양효 하나가 아래에서 생겨나는데, 이는 땅 밑에 잠복해 있던 양이 가만히 자라나서 동짓날 자정에 이르면 드러나는 것을 표상한다.

201 삼락장(三樂章) : 군자의 세 가지 즐거움, 즉 군자삼락(君子三樂)을 언급한 장으로, 첫째는 부모가 모두 살아 계시고 형제가 무고한 것이고, 둘째는 위로는 하늘에 부끄럽지 않고 아래로는 사람들에게 부끄럽지 않는 것이며, 셋째는 천하의 영재를 얻어 교육하는 것을 말하고 있다.

87. 신사범愼思範의 간찰

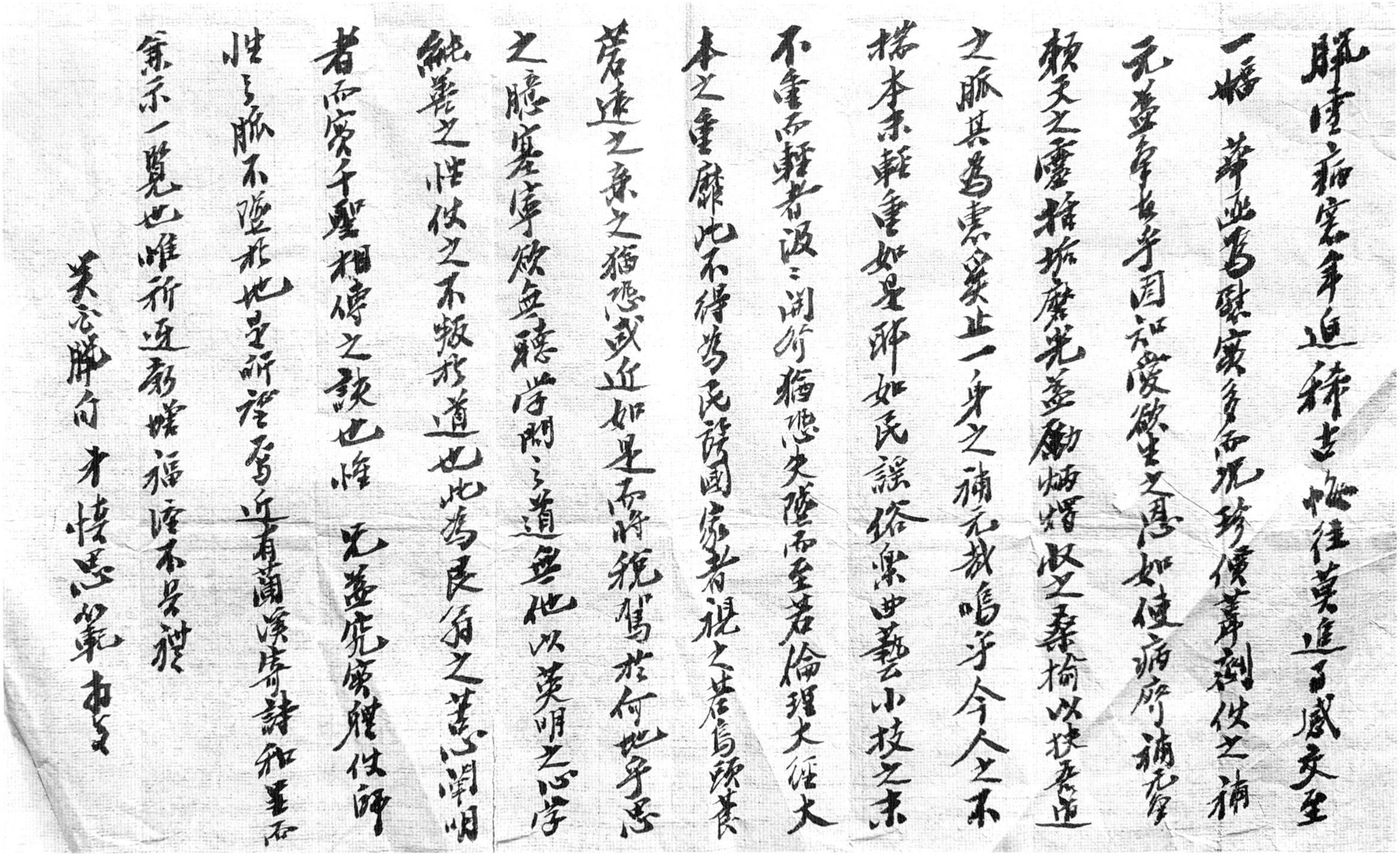

【탈초】

臘雪病窓 年迫稀古 悔往莫追 百感交至 / 一幅華函 爲慰實多 而況珍價〔茸〕茸劑 使之補 / 元益氣者乎 因知愛欲生之恩 如使病廢補元氣 / 賴天之靈 括垢磨光 益勵炳燭 收之桑楡 以扶吾道 / 之脈 其爲惠 奚止一身之補元哉 嗚乎 今人之不 / 揣本末輕重如是耶 如民謠俗樂曲藝 小技之末 / 不重 而輕者 汲汲開發 猶恐失墜 而至若倫理大經 大 / 本之重 靡此不得爲民族國家者 視之若烏頭莨 / 菪 遠之棄之 猶恐或近 如是 而將稅駕於何地乎 思 / 之臆塞 寧欲無聽學問之道 無他 以英明之心 學 / 純善之性 使之不叛於道也 此爲艮翁之苦心闡明 / 者 而實千聖相傳之訣也 惟兄益究實體 使師 / 性之脈 不墜於地 是所望焉 近有蘭溪寄詩和呈 而 / 兼示一覽也 惟祈迓新增福 謹不具禮 / 癸酉 臘旬 弟 愼思範 拜夏

【번역】

섣달 눈 내리는 병든 창가에 일흔이 되어 가는 나이에 지난날을 후회해본들 어찌하지도 못하고 온갖 감정이 교차합니다. 한 폭의 편지는 매우 위안이 되었습니다. 더구나 값비싼 녹용으로 원기를 보충하고 어떠하겠습니까? 이를 통해 저를 아껴 살리시려는 은혜를 알았습니다. 만약 병든 제가 원기를 보충하고 하늘의 신령한 도움을 받아 허물을 갈고닦으며 병촉(炳燭)[202]에 힘써 노년을 잘 수습해서 우리의 도맥에 도움이라도 된다면 그 은혜가 어찌 제 한 몸의 원기를 보충하는데 만 그치겠습니까?

오호라! 오늘날 사람들은 이처럼 본말과 경중을 헤아리지 못합니다. 예컨대 민요와 속악(俗樂)과 곡예와 같은 중요하지도 않고 가벼운 말단적인 작은 재주를 개발하는 데 급급하여 오히려 잃어버릴까 걱정을 하면서 윤리와 같은 큰 법도는 크게 근본이 되는 중요한 것으로 이것이 아니면 민족과 국가를 다스릴 수 없는데도 이를 마치 오두(烏頭)나 낭탕(莨菪)[203]처럼 멀리 하거나 버리면서 가까이 할까 두려워하니 이렇게 한다면 어느 곳에 정착하겠습니까? 생각하면 가슴이 막혀 차라리 학문의 도를 듣지 말았으면 하는 것 외에 달리 도리가 없습니다. 영명(英明)한 마음으로 티끌하나 없는 순수하고 선(善)한 성(性)을 배워서 저들로 하여금 도를 배반하지 않도록 하여야 합니다. 이것이 간재(艮齋)께서 고심하여 천명하신 것이니, 실로 수많은 성인들이 전해준 요결입니다. 형께서도 더욱 실체를 연구하여 사성(師性)의 학맥이 땅에 떨어지지 않도록 하시기를 바랍니다. 요사이 난계(蘭溪)가 보낸 시에 화답하여 지은 시가 있어 함께 보내니 보아주십시오. 새해를 맞아 더욱 복 받으시기를 빌겠습니다. 이만 예를 다 갖추지 못합니다.

계유년[1993] 12월 10일, 아우 신사범(愼思範)은 재배합니다.

202 병촉(炳燭) : 70세의 나이에도 학문을 좋아하는 것을 이른다. 《설원(說苑)》〈건본(建本)〉에, 진(晉)나라 평공(平公)이 사광(師曠)에게 묻기를, "내 나이 칠십이라 배우고자 해도 이미 늦은 듯하다."라고 하니, 사광이 말하기를 "어찌 촛불을 밝히지 않습니까?……신은 들으니, '어려서 학문을 좋아하는 것은 해가 돋아 오를 때의 햇빛과 같고, 장성하여 학문을 좋아하는 것은 해가 중천에 오를 때의 햇빛과 같으며, 늙어서 학문을 좋아하는 것은 촛불을 밝혀 밝게 하는 것과 같다.'라고 하였습니다. 촛불을 밝혀 밝게 하는 것이 어둠 속에 길을 가는 것과 어느 것이 낫겠습니까?[何不炳燭乎……臣聞之少而好學 如日出之陽 長而好學 如日中之光 老而好學 如炳燭之明 炳燭之明 孰與昧行乎]"라는 구절에서 유래한다.

203 오두(烏頭)나 낭탕(莨菪) : 독성이 강한 약재의 이름이다.

88. 신사범愼思範의 간찰

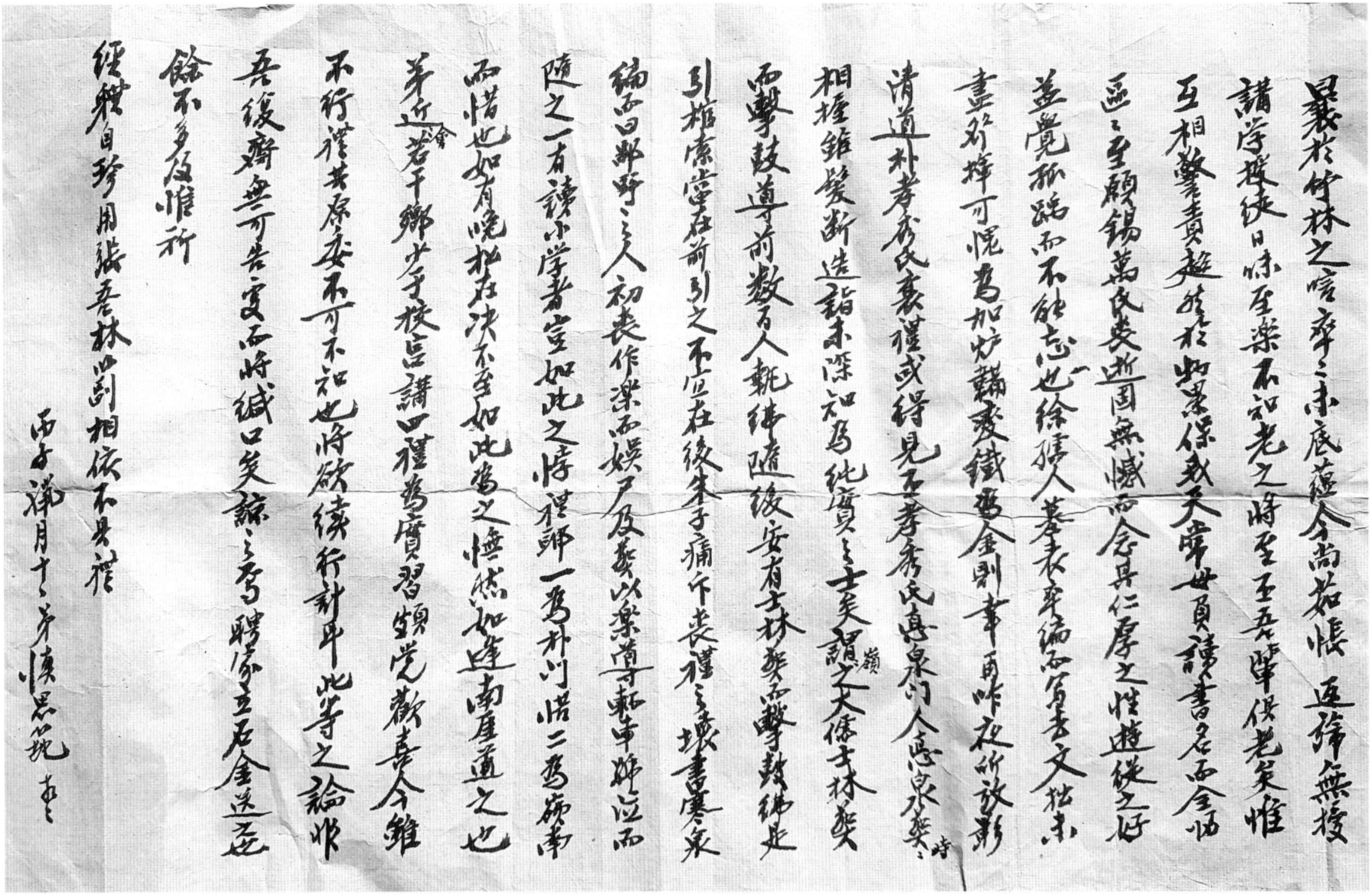

【탈초】

曩於竹林之唁 卒卒未底蘊 今尙茹悵 反旆無擾
講學授徒 日味至樂 不知老之將至否 吾輩俱老矣 惟
互相警責 超然於物累 保我天常 毋負讀書名 而全歸
區區至願 錫萬氏喪逝 固無憾 而念其仁厚之性 遊從之好
盖覺孤踽 而不能忘也 徐孺人墓表 卒編而寫去 文拙未
盡發揮可愧 爲加爐鞲 變鐵爲金則幸 再昨夜所放影
靑道朴孝秀氏襄禮 或得見否 孝秀氏 悳泉門人 悳泉葬時
相握 雖髮斷造詣未深知 爲純實之士矣 謂嶺之大儒士林葬
而擊鼓導前 數百人執紼隨後 安有士林葬 而擊鼓 紼是
引棺索 當在前引之 不宜在後 朱子痛斥喪禮之壞 書寒泉
編 而曰鄙野之人 初喪作樂 而娛尸 及葬以樂導輀車 號泣 而
隨之 一有讀小學者 豈如此之悖禮耶 一爲朴門惜 二爲嶺南
而惜也 如有晩松 在決不至如此 爲之憮然 如逢南厓道之也
弟近會若干鄕少于校宮 講四禮爲實習 頗覺歡喜 今雖
不行禮 其原委 不可不知也 將欲續行計耳 此等之論 非
吾復齋 無可告處 而將緘口矣 諒之焉 聘嫁立石金送之也
餘不多及 惟祈
經軆自珍 用張吾林 以副相依 不具禮
丙子 臘月 十日 弟 愼思範 拜拜

【번역】

지난 죽림(竹林)에서 위문해 주었을 때는 바빠서 마음에 쌓인 이야기를 나누지도 못해 아직도 서운합니다. 탈 없이 잘 돌아가셨는지요? 학도들에게 강학하느라 날마다 지극한 즐거움을 맛보시어 늙어가는 것도 모르지 않는지요? 우리는 모두 늙었습니다. 서로 경책하며 세속의 비루한 일에서 초연하고 우리의 천상(天常)을 보존하여 독서하는 사람의 명예를 져버리지 않은 채 온전히 돌아가기만을 간절히 바랄 뿐입니다.

석만(錫萬) 씨의 초상은 참으로 여한이 없습니다만 그의 인후한 성품과 종유했던 우호를 생각하면 느껴지는 쓸쓸한 마음을 잊지 못하겠습니다.

서유인(徐孺人)의 묘표(墓表)는 다 지어 써서 보내드립니다. 글이 보잘것없어 다 표현하지 못하였으니 부끄럽습니다. 더욱 더 풀무질[爐鞲][204]을 하여 철을 다듬어 금이 되도록 해주신다면 고맙겠습니다.

그제 밤에 방송된 청도(靑道)의 박효수(朴孝秀) 씨의 장례를 보았습니까? 효수씨는 덕천(悳泉)의 문인으로 덕천의 장례 때에 서로 만났는데 비록 단발을 한 조예는 깊이 알 수야 없지만 순실한 선비였습니다. 영남의 큰 선비의 사림장례인데 북을 쳐 앞에서 끌고 수백 명이 줄[紼]을 잡고 뒤를 따르니 어찌 사림의 장례에 북을 칩니까? 줄은 관을 끄는 줄로 마땅히 앞에서 끌어야지 뒤에 있어서는 안 됩니다. 주자(朱子)께서 상례가 무너지는 것을 통탄하여 《한천편(寒泉編)》[205]을 쓰시고 말하기를, "비루한 사람이 초상에 음악을 연주하여 시신을 즐겁게 하며 장례에 음악을 연주하여 상여를 인도하며 울며 따른다."[206]고 하셨으니 한 번이라도 《소학》을 읽은 사람이라면 어떻게 예에 어긋난 짓을 하겠습니까? 첫 번째는 박씨 집안을 위해 애석하게 여기고, 두 번째는 영남을 위해 안타깝게 여깁니다. 만일 만송(晩松)이 계셨다면 결코 이렇게까지는 이르지 않았을 것입니다. 기가 막혀 정신이 멍합니다. 만일 남애(南厓)를 만나거든 말해보십시오. 저는 요사이 몇 명의 고을 젊은이들을 향교에 모아 사례(四禮)를 강의하고 실습하게 하니 자못 기쁩니다. 이제 비록 예를 행하지 않더라도 그것의 전말을 몰라서는 안 되니 앞으로도 계속 할 계획입니다. 이런 등의 논의를 복재(復齋)가 아니면 말할 곳이 없어서 입을 다물고 있어야 할 것이니 헤아려주십시오. 장인의 비석을 세우는 돈을 보내 드립니다

나머지 많은 사연들은 다 언급하지 못합니다. 경체(經體)를 스스로 보배롭게 여기시고 우리 사림에 베풀어주시어 의지하는 마음에 부응해주시기를 빕니다. 예를 다 갖추지 못합니다.

병자년[1996] 12월 10일, 아우 신사범(愼思範)은 재배합니다.

---

204 풀무질[爐鞲] : 원문의 '爐韝'를 바로잡는다.

205 한천편(寒天編) : 《근사록(近思錄)》을 이른다.

206 비루한……따른다 : 《소학(小學)》〈가언(嘉言)〉에, "비루한 사람의 경우 혹 초상에 염도 하기 전에 친구와 빈객이 술과 안주를 가지고 가서 위로하면 주인이 또한 스스로 술과 안주를 갖추어 서로 함께 마셔 술에 취하고 배불리 먹기를 연일하며 장례에 이르러서도 이렇게 하며 심한 자는 초상에 음악을 연주하여 시신을 즐겁게 하고 빈소와 장례에 음악으로 상여를 인도하게 하고는 울며 따라간다.[乃至鄙野之人 或初喪未斂 親賓 則齎酒饌往勞之 主人 亦自備酒饌 相與飮啜 醉飽連日 及葬 亦如之 甚者 初喪 作樂以娛尸 及殯葬 則以樂導輀車而號泣隨之]"라는 구절이 있다.

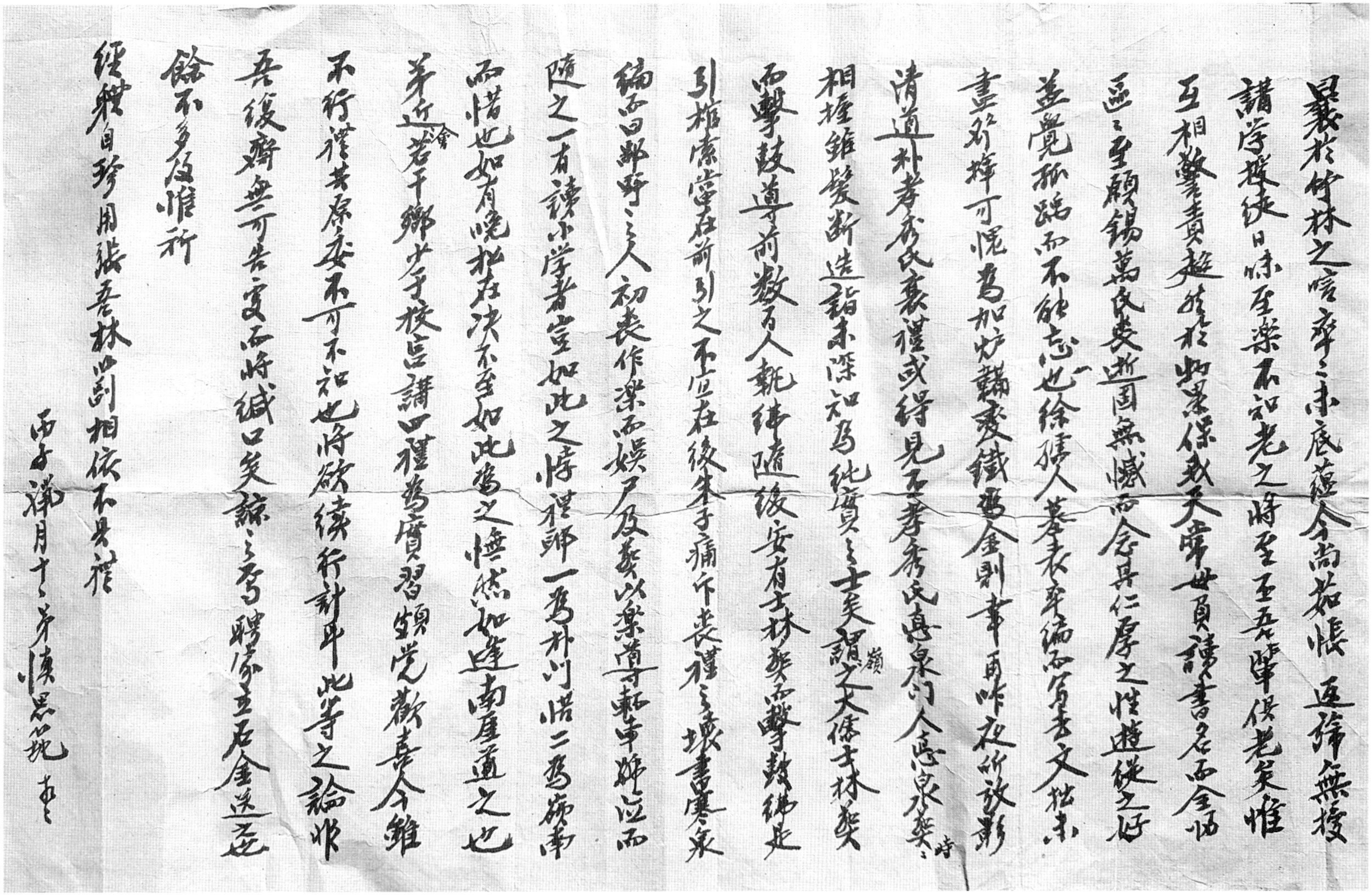

89. 유태석柳泰錫의 간찰

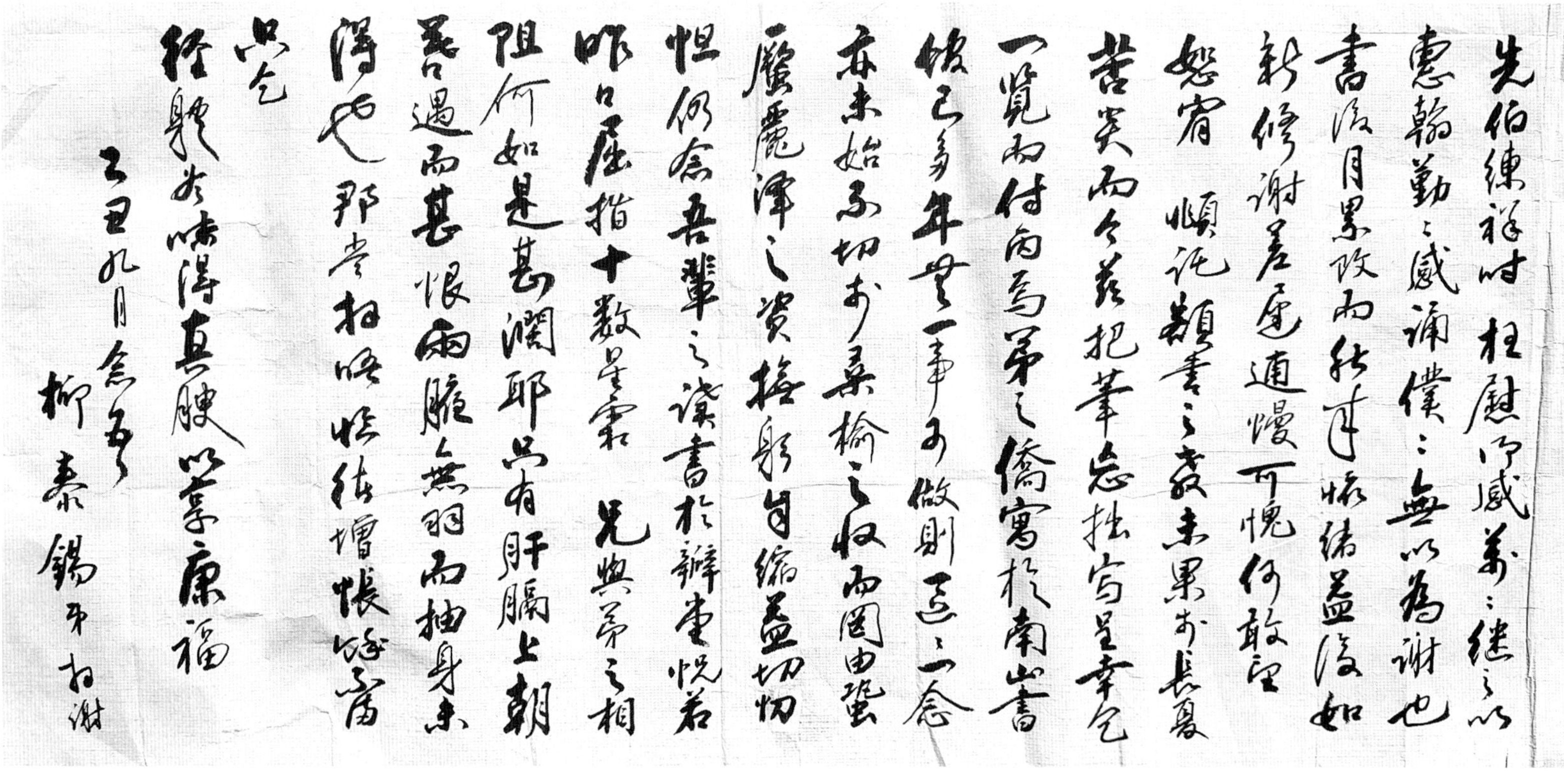

【탈초】

先伯練祥時 枉慰仰感萬萬 繼之以 / 惠翰勤勤 感誦僕僕 無以爲謝也 / 書後 月累改 而秋來 懷緖 益復如 / 新 修謝差遲 逋慢可愧 何敢望 / 恕宥 頫託額書之敎 未果於長夏 / 苦炎 而今玆把筆 忘拙寫呈 幸乞 / 一覽 而付丙焉 弟之僑寓於南山書 / 館 已多年 無一事可做 則區區一念 / 亦未始不切於桑榆之收 而罔由蛩 / 蟨麗澤之資 撫躬自縮 益切忉 / 怛 仍念吾輩之讀書於瓣堂 恍若 / 昨日 屈指十數星霜 兄與弟之相 / 阻 何如是甚濶耶 只有肝膈上 朝 / 暮遇 而甚恨 兩腋無羽 而抽身未 / 得也 那當拜晤 臨楮增悵 餘不備 / 只乞 / 經體候味得眞腴 以享康福 / 乙丑 九月 念五日 / 柳泰錫 弟 拜謝

【번역】

저의 큰형 연상(練祥)[207] 때에 오셔 위로해주시어 매우 감사했었는데, 연이어 정성스럽게 편지를 보내주시니 매우 감사한 마음 어떻게 감사를 드려야 할지 모르겠습니다. 편지를 받고 나서 여러 달이 지나고 가을이 오니 심회는 더욱 새롭습니다. 늦게 답장을 드리니 저의 게으름이 부끄럽기만 하니 어찌 감히 용서를 바라겠습니까? 부탁하신 액자의 글은 긴 여름 더위에 고생하느라 쓰지 못하고 있다가 이제야 붓을 잡고 졸렬함을 잊고 써서 보냅니다. 한번 보시고 불살라[208] 없애버리십시오.

저는 남산도서관에서 우거하고 지낸 지 벌써 여러 해가 되었는데도 한 가지 일도 해 놓은 것이 없으니 간절한 한결같은 염려도 비로소 노년의 수습[209]에 간절하지 않음이 없습니다. 공궐(蛩蟨)[210]이나 이택(麗澤)[211]의 도움을 받지 못해 자신을 돌아보니 스스로 위축되어 더욱 두렵기만 합니다. 우리가 판당(瓣堂)[212]에서 글 읽던 것이 마치 엊그제 같은데 손꼽아 세어보니 수 십 년이 지났습니다. 그런데 형과 제가 서로 소식을 전하지 못하는 것이 어찌 이렇게 심하단 말입니까? 단지 마음속으로만 아침저녁으로 만나고 있으니 매우 한스럽습니다. 두 어깨에 날개가 없어 몸을 빼서 날아 갈 수가 없습니다. 언제나 만날 수 있을는지요? 편지를 대하고 보니 더욱 서운합니다. 나머지는 이만 줄입니다. 경체(經體)의 안부는 참된 공부의 맛을 얻으시고 건강과 복을 누리시기 바랍니다.

을축년[1985] 9월 25일, 아우 유태석(柳泰錫)은 재배합니다.

207 연상(練祥) : 사람이 죽은 지 만 1년 만에 지내는 제사를 이른다.

208 불살라 : 원문은 '付丙'. '부병정(付丙丁)'의 준말로, 병정(丙丁)은 오행(五行)에서 화(火)에 속해 불에 태우라는 의미이다.

209 노년의 수습 : 원문은 '桑榆之收'. 젊었을 때 이루지 못한 임천(林泉)의 생활을 늘그막에라도 이루고 싶다는 의미이다. 《후한서(後漢書)》〈마원열전(馬援列傳)〉에, 마원이 "처음에는 비록 회계에서 날개를 드리웠지만 마침내 민지에서 날개를 떨칠 수 있었으니, 동우[초년]에서는 잃었지만 상유[만년]에서 거두었다 이를 만하다.[始雖垂翅回谿 終能奮翼黽池 可謂失之東隅 收之桑榆]"라고 한데서 유래한다. 하였다.

210 공궐(蛩蟨) : 공(蛩)은 공공거허(蛩蛩距虛)라는 짐승의 약칭인데, 궐(蟨)이라는 짐승은 앞발은 짧고 뒷발은 길어서 잘 달리지 못하므로, 항상 공공거허에게 감초(甘草)를 뜯어 먹여 주고 급한 일이 있을 때 그의 등에 업혀 달아나 위기를 모면한다는 고사에서 유래하여 서로 의지하는 상대를 비유하는 말이다.

211 이택(麗澤) : 벗이 서로 도와 학문을 갈고 닦는 것을 이른다. 《주역(周易)》〈태괘(兌卦)·상사(象辭)〉에, "두 개의 못이 서로 이어져 있는 것이 태이니, 군자는 이를 보고서 붕우와 함께 강습한다.[麗澤兌 君子以朋友講習]"라는 구절에서 유래한다.

212 판당(瓣堂) : 현곡서사(玄谷精舍) 안에 있는 학당(學堂)의 이름이다.

90. 유태석柳泰錫의 간찰

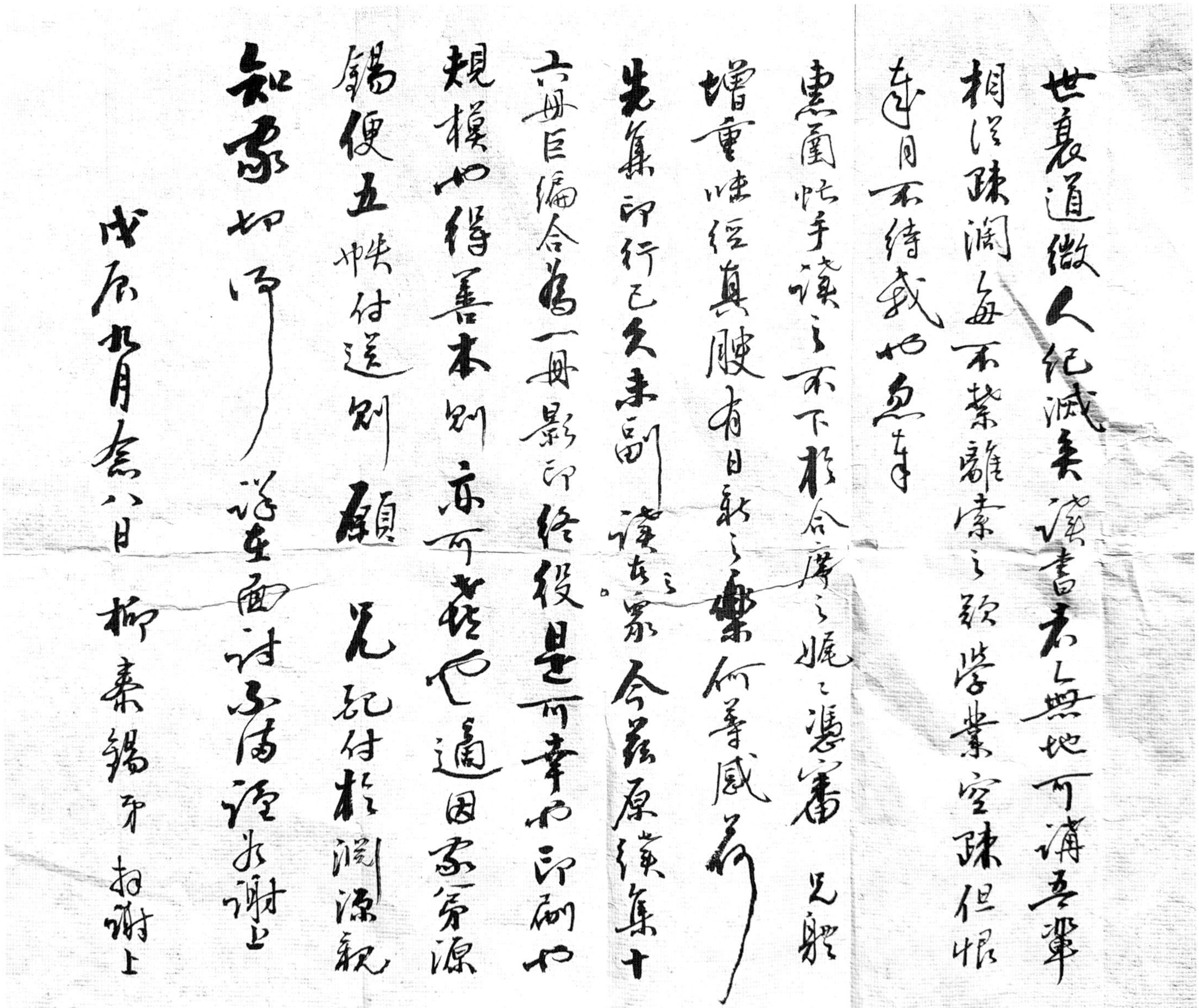

【탈초】

世衰道微 人紀滅矣 讀書者 無地可講 吾輩
相從踈闊 每不禁離索之歎 學業空疎 但恨
歲月不待我也 忽奉
惠函 忙手讀之 不下於合席之媚媚 憑審兄體
增重 味經眞腴 有日新之樂 何等感荷
先集印行已久 未副讀者之衆 今茲原續集十
六冊巨編 合爲一冊 影印終役 是可幸也 印刷也
規模也 得善本 則亦可喜也 適因家弟源
錫便 五帙付送 則願兄配付於淵源親
知家 切仰 詳在面討 不備 謹爲辭上
戊辰 九月 念八日 柳泰錫 弟 拜謝上

【번역】

세상이 쇠하고 도가 희미해져 사람의 도리가 사라져, 경서(經書)를 읽은 사람은 강의할 곳이 없고 우리들의 종유(從遊)도 소홀하여 언제나 쓸쓸한 탄식을 금할 길 없습니다. 학업은 허술하고 다만 나를 기다려주지 않는 세월만 한탄하고 있다가 문득 그대 편지를 받고 손을 바쁘게 펼쳐 읽어보니 함께 자리한 기쁨에 못지않았습니다. 형의 안부 더욱 좋으시고 학문의 진수를 맛보며 날마다 새로운 즐거움이 있으시다니 얼마나 감사하고 기뻤는지 모릅니다.

선친의 문집은 인쇄된 지 이미 오래되어 많은 독자들에게 부응하지 못하다가, 이제 속집 16책의 거편을 한권으로 합쳐 영인 작업을 마무리 하였으니 다행스럽습니다. 인쇄로나 규모로나 좋은 판본을 얻어 또한 기쁩니다. 마침 아우 원석(源錫) 편에 5질을 부치니 형께서 연원이 있는 사람이나 친지의 집에 배부해주시기를 간절히 바랍니다. 자세한 말은 만나서 하기로 하고 이만 줄이며, 삼가 답장 드립니다.

무진년[1988] 9월 28일, 아우 유태석(柳泰錫)은 절하고 답장을 드립니다.

91. 유태석柳泰錫의 간찰

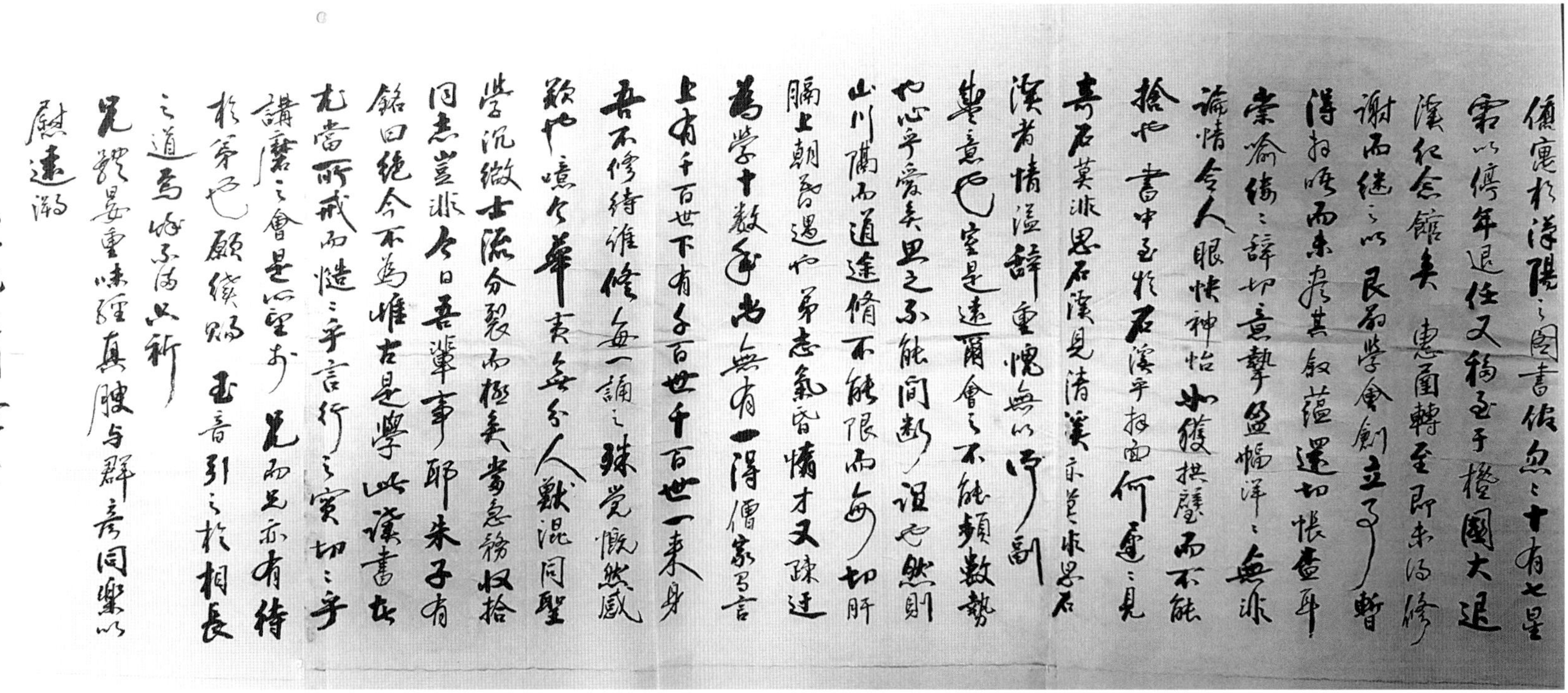

【탈초】

僑寓於漢陽之圖書館 忽忽十有七星 / 霜 以停年退任 又移至于檀國大退 / 溪紀念館矣 惠函轉至 卽未得修 / 謝 而繼之以艮翁學會創立事 暫 / 得拜晤 而未盡其敍蘊 還切悵鬱耳 / 崇喩縷縷辭切意摯 盈幅洋洋 無非 / 論情 令人眼快神怡 如獲拱璧 而不能 / 捨也 書中至於石溪乎拜面 何遲遲 見 / 奇石 莫非思石溪 見淸溪 亦莫非思石 / 溪者 情溢辭重 愧無以仰副 / 盛意也 室是遠爾 會之不能頻數 勢 / 也心乎 愛矣思之 不能間斷詎也 然則 / 山川隔 而道途脩 不能限 而每切肝 / 膈上 朝暮遇也 弟志氣昏惰 才又疎迂 / 爲學十數年 尙無有一得 僧家有言 / 上有千百世 下有千百世 千百世一來身 / 吾不修待誰修 每一誦之 殊覺慨然感 / 歎也 噫今華夷無分 人獸混同 聖 / 學沈微 士流分裂 而極矣 當急務收拾 / 同志 豈非今日吾輩事耶 朱子有 / 銘曰 絶今不爲惟古是學 此讀書者 / 尤當所戒 而慥慥乎言行之實 切切乎 / 講磨之會 是所望於兄 而兄亦有待 / 於弟也 願續賜玉音 引之於相長 / 之道焉 餘不備 只祈 / 兄體晏重 味經眞腴 與群彦同樂以 / 慰遠溯 / 己巳 五月 念三日 柳泰錫 弟 拜謝上

【번역】

서울의 도서관에 우거하며 근무한 지 어느덧 17년이 흘러 정년퇴임하고 단국대학교 퇴계기념관으로 자리를 옮겼습니다. 당신의 편지를 받고도 곧바로 답장을 드리지 못하였습니다. 이어 간재학회(艮齋學會)를 창립하는 일로 잠깐 만났었지만 그간 쌓였던 이야기를 다 나누지도 못하고 돌아와 매우 서운하였습니다. 편지에서 누누이 하신 말씀의 간절함은 폭에 가득하여 정을 논하지 않음이 없으니 사람의 눈과 마음을 상쾌하고 즐겁게 하여 마치 보물을 얻은듯하여 놓아 둘 수가 없었습니다.

편지에서 "석계(石溪)를 만나기가 어찌 이리도 더딘가? 괴석(奇石)을 보면 석계가 그립고, 청계(淸溪)를 보면 석계가 그립다."는 구절에 이르러서는 정다운 말이 넘치고 말이 정중하여 당신의 뜻에 부응할 수 없어 부끄럽기만 합니다. 집이 멀고 자주 모이지도 못하지만 형편이 그러한 것이지 마음이 그래서이겠습니까? 아끼고 그리워하는 마음에 정의가 끊어지지 않을 것입니다. 그러하니 산천이 가로막고 길이 멀어 끊임없지만 늘 간절히 마음으로만 아침저녁으로 만나고 있습니다.

저는 뜻과 기운이 어둡고 게으르고 재주도 우활하여 수 십 년을 공부하였지만 언제나 하나도 얻은 것이라고는 없습니다. 승가(僧家)에 "위로 천백세가 있고, 아래로 천백세가 있는데, 천백세에 한 번 온 몸 내가 닦지 않으면 누가 닦아주기를 기다리겠는가?"라는 말이 있어서 늘 한결같이 외우고 있으니 자못 부끄러워 한탄만 나옵니다.

아! 오늘날 중국과 오랑캐가 구분이 없고 사람과 짐승이 한데 뒤섞여 성인의 학문이 점점 미약해지고 선비들이 점점 분열됨이 지극합니다. 마땅히 서둘러 동지들을 수습하는 것이 어찌 오늘날 우리들의 일이 아니겠습니까? 주자(朱子)의 명(銘)에 "지금에 끊어지고 하지 않던 일 오직 옛 것을 배우는 것이네."라고 하였으니, 이는 글을 읽는 사람들이 더욱 경계하여야 할 것은 말과 행실에 독실해야 되고 학문을 강론하고 닦는데 간절해야 합니다. 이것이 형에게 바라는 것이고 형도 저에게 기대하는 것입니다. 훌륭하신 말씀을 계속 보내주시어 교학상장(敎學相長)의 도로 이끌어주십시오. 나머지는 이만 줄입니다. 단지 형께서 잘 지내시고 공부의 진수를 맛보시며 여러분들과 함께 즐겁게 지내시어 멀리서 그리워하는 저의 마음에 위안이 되도록 하십시오.

기사년[1989] 5월 23일, 아우 유태석(柳泰錫)은 절하고 답장을 드립니다.

92. 유태석柳泰錫의 간찰

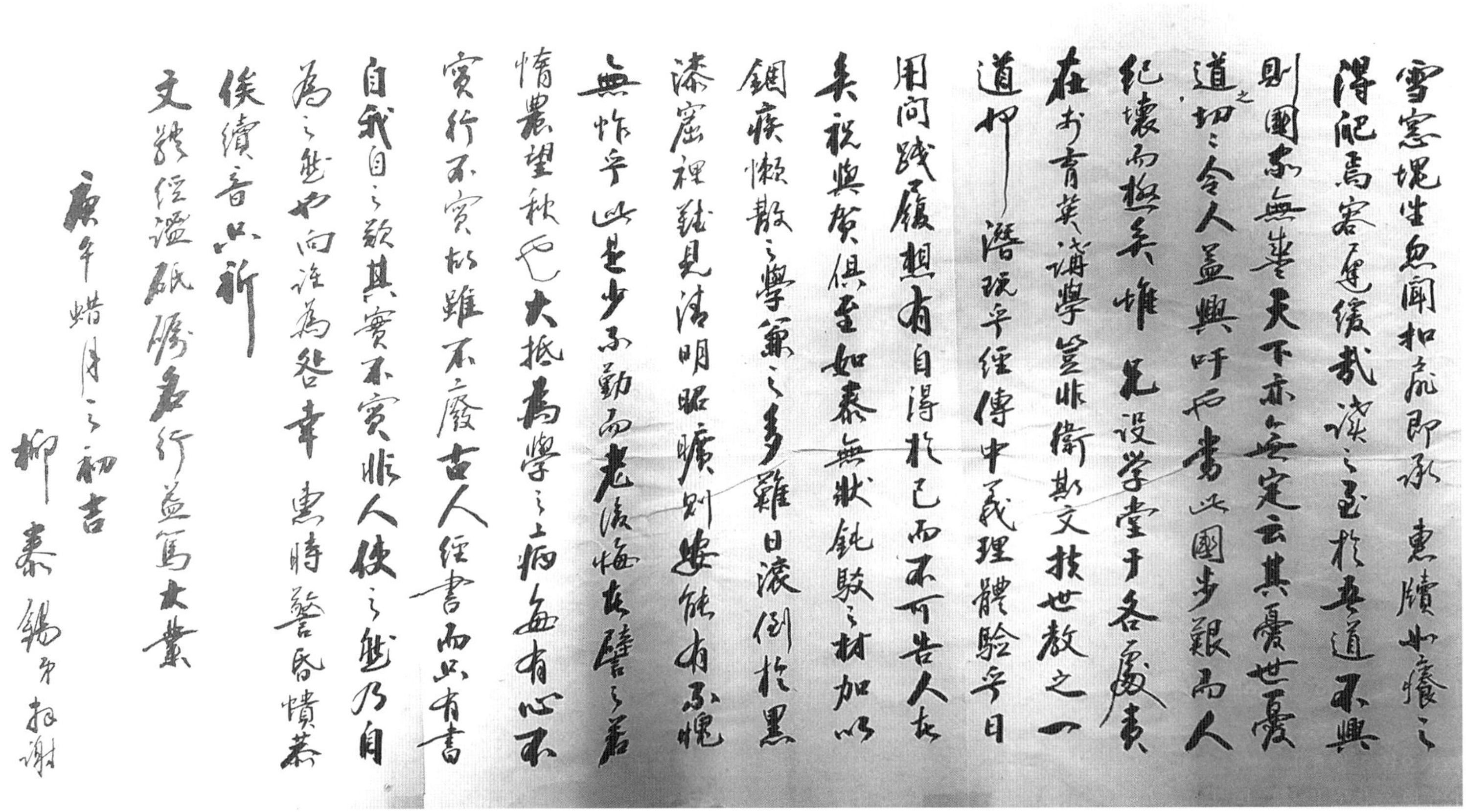

【탈초】

雪窓塊坐 忽聞扣扉 卽承惠牘 如癢之 / 得爬焉 容遲緩哉 讀之至於吾道不興 / 則國家無盛 天下亦無定云 其憂世憂 / 道之切切令人益興吁也 當此國步艱 而人 / 紀壞而極矣 惟兄設學堂于各處 責 / 在於育英講學 豈非衛斯文 扶世敎之一 / 道也 潛玩乎經傳中義理 體驗乎日 / 用間踐履 想有自得於己 而不可告人者 / 矣 祝與賀俱至 如泰無狀 鈍駁之材 加以 / 錮疾 懶散之學 兼之多難 日滾倒於黑 / 漆窟裏 難見淸明昭曠 則安能有不愧 / 無怍乎 此是少不勤 而老後悔者 譬之若 / 惰農望秋也 大抵爲學之病每有心不 / 實 行不實 故雖不廢古人經書 而只有書 / 自我自之歎 其實不實 非人使之然 乃自 / 爲之然也 向誰爲咎 幸惠時警昏憒 恭 / 俟續音 只祈 / 文體經謐 砥礪名行 益篤大業 / 庚午 蜡月之初吉 柳泰錫 弟 拜謝

【번역】

눈 오는 창가에 우두커니 앉아 문득 문 두드리는 소리를 듣고 곧바로 그대가 보내준 편지를 받으니 가려운 곳을 긁는듯하니 지체할 수가 있었겠습니까? “우리 도(道)가 흥하지 않으면 국가가 번성하지 않고 천하도 안정되지 않는다.”는 부분을 읽고는 세상과 도를 근심하는 간절함에 사람을 탄식하게 하였습니다. 나라는 어렵고 사람의 도리는 다 무너졌습니다. 우리 형께서 각 곳에 학당(學堂)을 설치하여 영재를 기르고 학문을 강론하는데 책임을 두시니 어찌 사문(斯文)을 지키고 세교를 붙잡는 하나의 방도가 아니겠습니까? 경전 속의 의리를 잠심하고 완미하며 일상생활에서 실천하는 체험을 통해 스스로 터득하였지만 남들에게 알려주지 못한 것이 있을 것이니 축하하고 경하하는 마음이 아울러 이릅니다.

보잘것없는 저는 노둔한 재주에 고질병이 더해져 나태하고 산만한 학문에 어려움이 심해 날마다 깜깜한 방안에서 이리저리 뒹굴고 있어 밝고 환한 것을 보기 어려우니 어찌 부끄럽고 창피하지 않겠습니까?

이는 젊어서 부지런하지 않다가 늙어 후회하는 것이니, 비유하자면 농사에는 게으르면서 가을걷이를 기다리는 것이나 마찬가지입니다. 대개 학자의 병은 늘 마음이 진실하지 못하고 행실이 진실하지 못한 것입니다. 그래서 비록 옛사람의 경서(經書)를 폐하지는 않더라도 단지 책은 책대로, 나는 나대로일 뿐인 탄식이 있으니 진실하고 진실하지 못한 것은 남이 시켜 그렇게 되는 것이 아니라 자신 스스로가 그렇게 하는 것이니 누구를 탓하겠습니까? 그대께서 은혜롭게 때때로 혼미한 저를 깨우쳐주시기를 바라며 공손히 다음 편지를 기다리겠습니다. 다만 공부하시는 안부가 더욱 좋으시고 명성과 행실을 갈고 닦아 대업에 더욱 돈독히 하시기 바랍니다.

경오년[1990] 12월 1일, 아우 유태석(柳泰錫)은 절하고 답장을 드립니다.

93. 유태석柳泰錫의 간찰

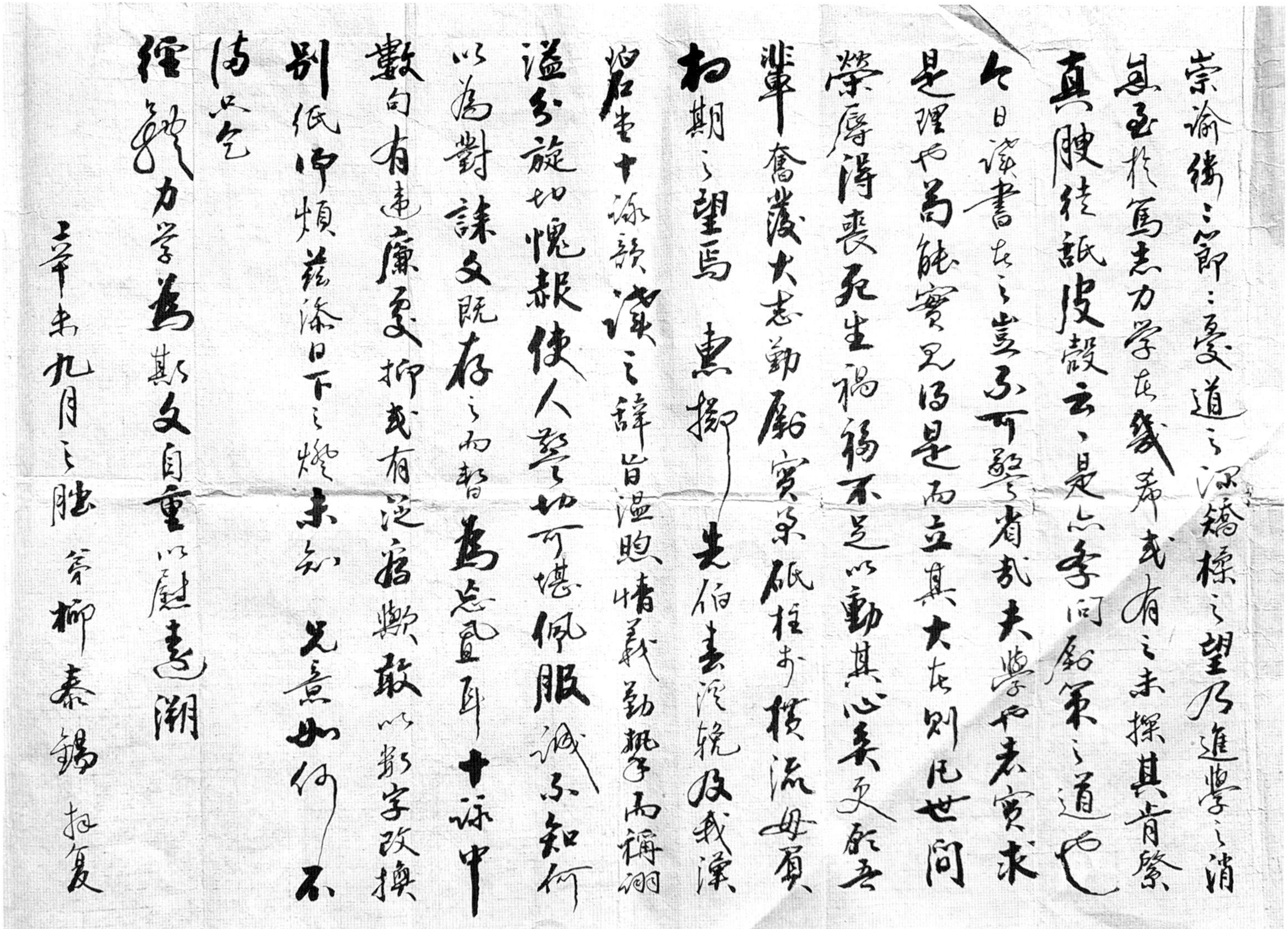

【탈초】

崇喩縷縷節節 憂道之深 矯楺之望 乃進學之消 / 息 至於篤志力學者 幾希 或有之 未探其肯綮 / 眞腴 徒舐皮殼云云 是亦學問勵策之道也 / 今日讀書者之 豈不可警省哉 夫學也者 實求 / 是理也 苟能實見得是 而立其大者 則凡世間 / 榮辱得喪死生禍福不足以動其心矣 更願吾 / 輩 奮發大志 勤勵實業 砥柱於橫流 毋負 / 相期之望焉 惠擲先伯春溪輓 及我漢 / 碧堂十詠韻讀之辭旨溫煦 情義勤摯 而稱詡 / 溢分 旋切愧赧 使人警切 可堪佩服 誠不知何 / 以爲對 誄文既存之 而暫爲忘置耳 十詠中 / 數句有違廉處 抑或有泛看歟 敢以數字改換 / 別紙仰煩 玆添日下之燈 未知兄意如何 不 / 備 只乞 / 經體力學 爲斯文自重 以慰遠溯 / 辛未 九月之朏 弟 柳泰錫 拜夏

【번역】

당신께서 구구절절 말씀하시면서 깊이 도를 걱정하시고 잘못을 바로잡으려는 바람은 바로 학문을 진전시키는 소식이기는 하지만 뜻을 독실하게 하고 학문에 힘쓰는 데 이르는 사람이 몇이나 되겠습니까? 혹시 있다고 하더라도 핵심과 참맛을 탐구하지 않고 한갓 껍데기만 핥는 데 불과하다고 하셨는데 이 역시 학문을 독려하는 도입니다. 오늘날 독서하는 사람이 어찌 경계하고 살피지 않을 수 있겠습니까? 학문이란 실로 옳은 이치를 구하는 것입니다. 진실로 옳은 것을 보고 그 큰 것을 확립시키는 사람이라면 세상의 영욕과 득실, 생사와 화복이 그 사람의 마음을 흔들지 못할 것입니다. 다시 바라는 것은 우리들이 큰 뜻을 분발하고 실제적인 학업에 부지런히 힘써 거센 물결 속에서도 꿋꿋하게 버티는 기둥[213]처럼 기대하는 바람을 저버리지 마십시오.
은혜롭게 보내주신 돌아가신 큰형 춘계(春溪)의 만사(輓詞)와 우리 한벽당(漢碧堂)의 십영운(十詠韻)을 읽어보니 말이 따뜻하고 정이 두터우며 칭찬이 분수에 넘쳐 도리어 부끄러워 사람으로 경책하면서 마음에 새겨두고 어떻게 대답해야 될지 모르겠습니다. 뇌문(誄文)은 이미 잘 보존하고 있었지만 잠깐 잊었을 뿐입니다. 십영운 가운데 몇 구에 염(廉)이 맞지 않는 부분이 있었는데 혹시라도 눈여겨보시지 않으셨는지요? 감히 몇 자를 고치고 바꾸어 별지에 적어 번거롭게 합니다. 태양 아래 등불을 더하니[214] 형의 생각은 어떠하신지 모르겠습니다. 다만 경체(經體)[215]께서는 힘써 공부하시고 사문(斯文)을 위해서 자중하여 멀리 있는 저의 그리움에 위안이 되게 하십시오.
신미년[1991] 9월 3일, 아우 유태석(柳泰錫)은 재배합니다.

213 거센……기둥 : 원문은 '砥柱於橫流'. 지주(砥柱)는 황하의 급류를 버티고 서 있는 산 이름인데, 전하여 급격히 쇠퇴하는 시류 속에 꿋꿋이 정도를 보위하고 있는 사람을 기리는 말로 쓰인다.

214 태양……더하니 : 자신의 글을 낮추어 이르는 말로, 태양과 같은 상대의 글에 등불과 같은 자신의 글을 보탠다는 의미이다.

215 경체(經體) : 경서를 공부하는 상대의 안부를 이른다.

94. 유태석柳泰錫의 간찰

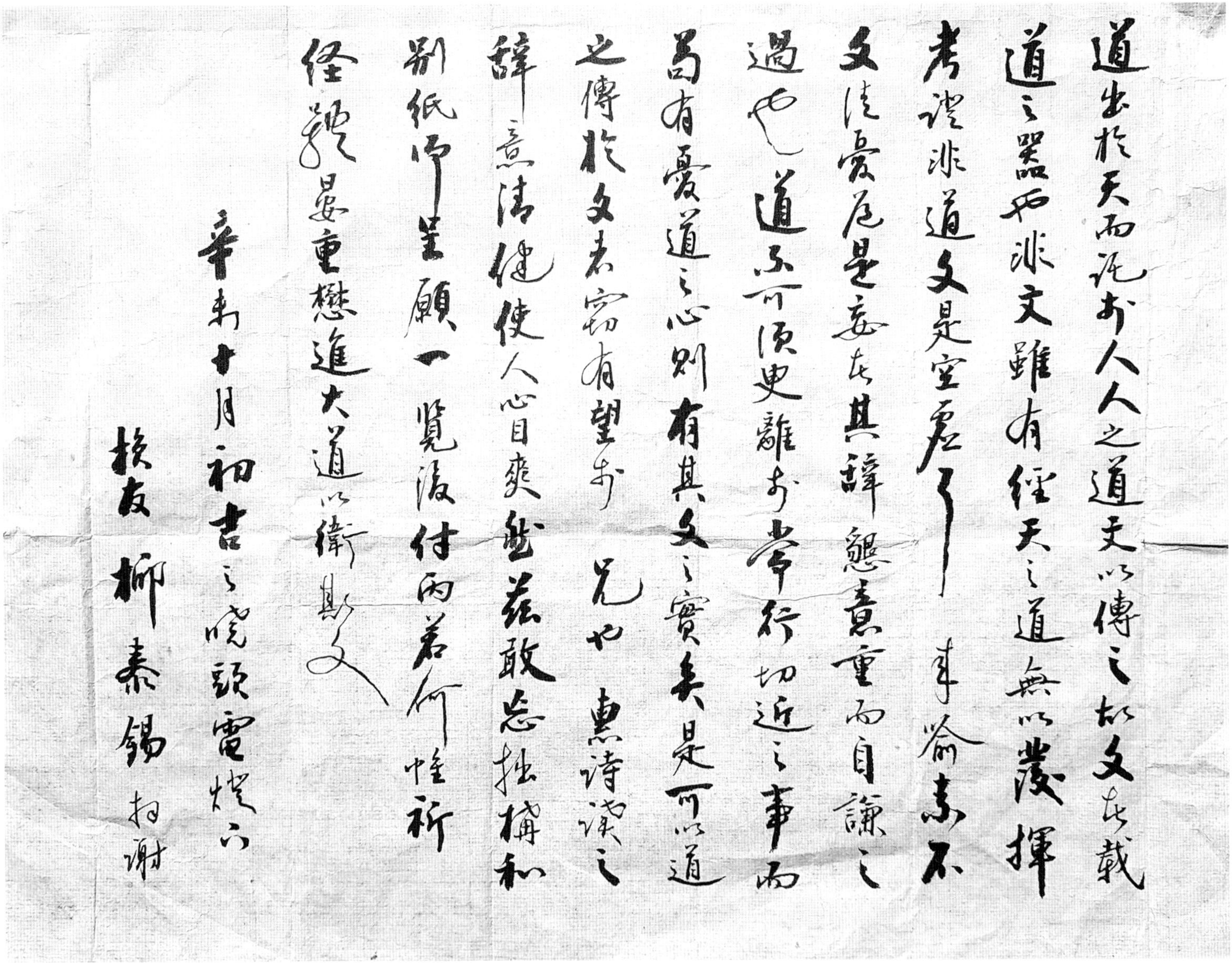

道出於天而施於人人之道文以傳之故文者載
道之器也非文雖有經天之道無以發揮
者謂非道文是空虛了 來諭素不
文徒憂危是妄於其辭 懇意重而自謙之
過也 道不可須臾離於常行切近之事而
爲有憂道之心則有其文之實矣是可以道
之傳於文者竊有望於 兄也 惠詩誦之
辭意淸健使人心目爽[illegible]茲敢忘拙構和
別紙仰呈 顧一覽後付丙若何 悚祈
經體晏重懋進大道以衛斯文
辛未十月初吉之晚頭電燈下
校友 柳泰錫 拜謝

【탈초】

道出於天而託人 人之道 文以傳之 故文者 載 / 道之器也 非文 雖有經天之道 無以發揮 / 考證 非道 文是空虛耳 來喩 素不 / 文 徒憂道 是妄者 其辭懇意重 而自謙之 / 過也 道不可須臾離於常行切近之事 而 / 苟有憂道之心 則有其文之實矣 是可以道 / 之傳於文者 竊有望於兄也 惠詩 讀之 / 辭意淸健 使人心目爽然 玆敢忘拙構和 / 別紙仰呈 願一覽後 付丙若何 惟祈 / 經體晏重 懋進大道 以衛斯文 / 辛未 十月 初吉之曉頭 電燈下 / 損友 柳泰錫 拜謝

【번역】

도는 하늘에서 나와 사람에게 의탁하고 사람의 도는 글로 전합니다. 때문에 글이란 도를 싣는 그릇입니다. 글이 아니면 아무리 하늘을 경영하는 도가 있다고 하더라도 발휘하여 고증할 수가 없고 도가 아니면 글은 공허할 뿐입니다.

보내신 말씀에, "평소 글재주가 없으면서 한갓 도를 걱정하니 망령된 짓이다."라고 하였습니다. 그 말이 간절하고 뜻이 가볍지 않은데 지나치게 겸손하십니다. 도는 일상의 매우 가까운 일에도 잠시도 떠나서는 안 되니 진실로 도를 걱정하는 마음이 있다면 그 글의 실제가 담긴 도를 문으로 전할 수 있는 사람을 형에게 기대합니다.

보내주신 시는 읽으면 뜻이 맑고 강건하여 사람의 마음과 눈을 상쾌하게 합니다. 이에 졸렬함을 잊고 별지에 화답하여 보내드리니 한번 보시고 태워주시면 어떻겠습니까? 경서공부하시는 안부가 편안하시고 힘써 큰 도로 나아가 유학을 호위하여 주시기 바랍니다.

신미년[1991] 10월 1일, 새벽 머리 전등아래에서 벗 유태석(柳泰錫)은 답합니다.

95. 유태석柳泰錫의 간찰

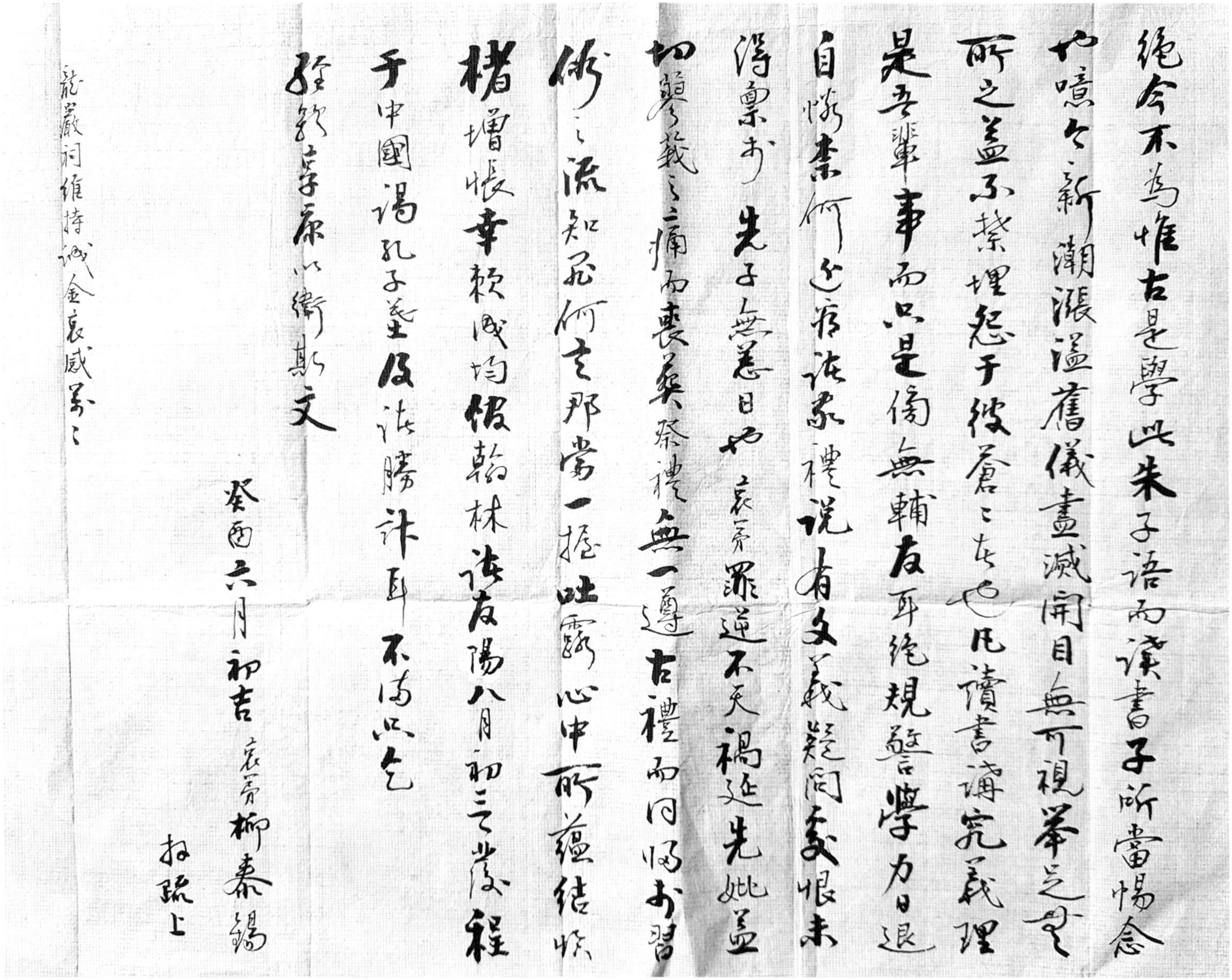

【탈초】

絶今不爲 惟古是學 此朱子語 而讀書子 所當惕念 / 也 噫 今新潮張溢 舊儀盡滅 開目無可視 擧足無 / 所之 盖不禁埋怨于彼蒼蒼者也 凡讀書 講究義理 / 是吾輩事 而只是傍無輔友 耳絶規警 學力日退 / 自憐奈何 近看諸家禮說 有文義疑問處 恨未 / 得稟於先子無恙日也 哀弟 罪逆不天 禍延先妣 盖 / 切蓼莪之痛 而喪葬祭禮 無一遵古禮 而同歸於習 / 俗之流 知罪何言 那當一握吐露心中所蘊結 臨 / 楮增悵 幸賴成均館翰林諸友 陽八月初三日 發程 / 于中國 謁孔子墓 及諸勝計耳 不備 只乞 / 經體享康 以衛斯文 / 癸酉 六月 初吉 哀弟 柳泰錫 / 拜疏上

【추신】

龍巖祠維持誠金 哀感萬萬

【번역】

"지금은 끊어져 하지 않는 것이 옛 학문이다."[216]라고 한 것은 주자(朱子)의 말인데 책을 읽는 사람들이 마땅히 두려워해야 할 것입니다. 아! 이제 새로운 물결이 넘쳐 옛 거동은 다 사라져 눈을 뜨고 볼 수가 없고 발을 디딜 곳이 없으니, 저 하늘을 원망하는 마음 금할 수가 없습니다.

무릇 독서하여 의리를 강구하는 것이 우리들의 일인데 다만 곁에는 친구가 없고 귀에는 규경(規警)이 끊어져, 학문은 날로 퇴보하니 가련함이 어떠하겠습니까? 요사이 여러 사람들의 예설(禮說)을 보고 글 뜻에 의문스런 부분이 있었는데 선친께서 탈 없을 때 여쭈어보지 못한 것이 못내 한스럽습니다.

상중인 저는 이치를 거스르는 죄를 지어 하늘이 도와주지 않아 재앙이 돌아가신 어머니께 미쳐 육아(蓼莪)[217]의 애통함이 간절합니다. 상례와 장례, 제례를 한결같이 옛날의 예법을 따르지 못하고 세속의 흐름에 휩쓸리니 죄를 알지만 어떻게 말씀드리겠습니까? 언제쯤 한 번 만나 마음속에 쌓였던 것을 다 토로하겠습니까? 편지지를 대하고 보니 더욱 서운합니다.

다행히 성균관 한림(翰林)의 여러 벗들에 힘입어 양력 8월 3일 중국으로 출발하여 공자의 묘를 배알하고 여러 명승지를 돌아볼 계획입니다. 이만 줄입니다. 공부하시는 안부 건강하시어 사문(斯文)을 지켜주시기 바랍니다.

계유년[1993] 6월 1일, 상중의 아우 유태석(柳泰錫)은 절하고 편지를 올립니다.

【추신】용암사(龍巖祠) 유지성금(維持誠金)은 매우 슬픕니다.

216 지금은……학문이다 : 주자(朱子)의 〈학고재명(學古齋銘)〉에 실린 구절이다.

217 육아(蓼莪) : 부모의 초상을 이르는 말로, 《시경(詩經)》 〈소아(小雅) · 육아(蓼莪)〉에, "아버지 나를 낳아주시고 어머니 나를 길러 주시니, 나를 어루만지고 나를 길러주시며 나를 자라게 하고 나를 키워주시며, 나를 돌아보고 나를 또 돌아보시며 나가고 들어옴에 나를 가슴 속에 두셨네.[父兮生我 母兮鞠我 拊我畜我 長我育我 顧我復我 出入腹我]"라는 구절에서 유래한다.

96. 유태석柳泰錫의 간찰

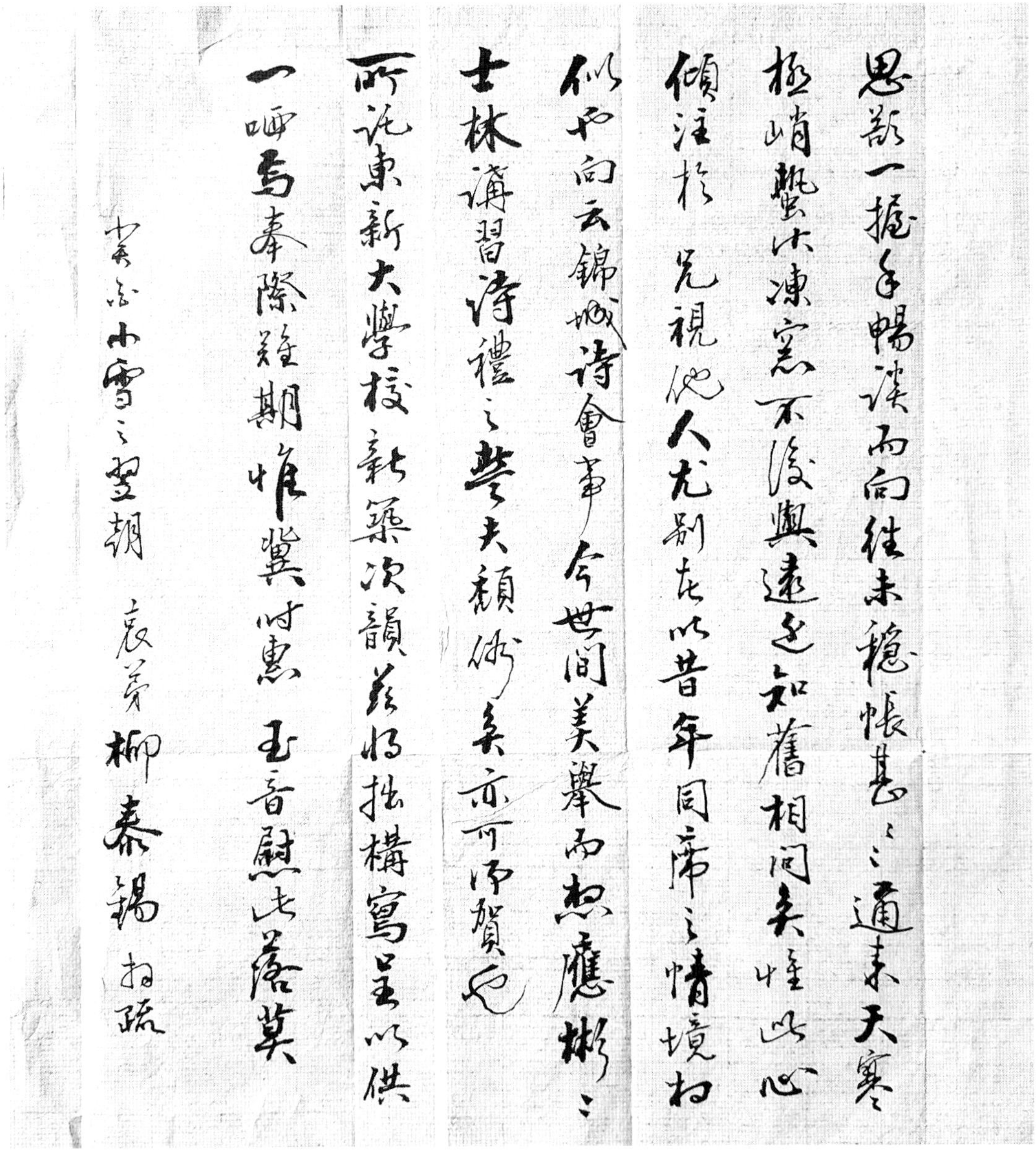

【탈초】

思欲一握手暢談 而向往未穩 悵甚悵甚 邇來天寒
極峭 蟄伏凍窓 不復與遠近知舊相問矣 惟此心
傾注於兄 視他人 尤別者 以昔年同席之情境 相
似也 向云錦城詩會事 今世間美擧 而想應彬彬
士林 講習詩禮之 警夫頹俗矣 亦可仰賀也
所託 東新大學校新築次韻 玆將拙構寫呈 以供
一哂焉 奉際難期 惟冀時惠玉音 慰此落莫
癸酉 小雪之翌朝 哀弟 柳泰錫 拜疏

【번역】

한번 만나 뵙고 이야기를 나누고 싶었는데 그리워만하고 조용히 이야기도 나누지 못해 매우 서운합니다. 요사이 매서운 추위에 언 창가에 엎드려 지내느라 멀고 가까운 친구들과 서로 문안조차 전하지 못하고 있습니다. 오직 형께 달려가는 저의 마음을 다른 사람과 비교하면 더욱 특별하여 예전에 함께 자리하던 정경과 비슷합니다.

지난번 말씀드렸던 금성시회(錦城詩會)는 오늘날의 아름다운 일입니다. 응당 빈빈(彬彬)[218]한 사림들이 시와 예절을 익혀 무너지는 풍속을 경계할 것이라 생각하니 축하할 만합니다. 부탁한 동신대학교 신축시에 관한 차운(次韻)은 졸렬하지만 엮어서 올리니 한번 웃어주십시오. 만날 날을 기약하기 어려우니 때때로 소식을 전해주어 저의 쓸쓸함을 위로해주십시오.

계유년[1993] 소설(小雪) 다음날 아침, 애제(哀弟) 유태석(柳泰錫)은 절하고 소장을 올립니다.

218 빈빈(彬彬) : 문채와 바탕을 함께 갖춘 모양을 이른다. 《논어(論語)》 〈옹야(雍也)〉에, "본바탕이 외관을 이기면 촌스럽고 외관이 본바탕을 이기면 겉치레가 되니 외관과 바탕이 적절히 조화를 이룬 연후에야 군자가 된다.[質勝文則野 文勝質則史 文質彬彬然後君子]"라는 구절에서 유래한다.

97. 유태석柳泰錫의 간찰

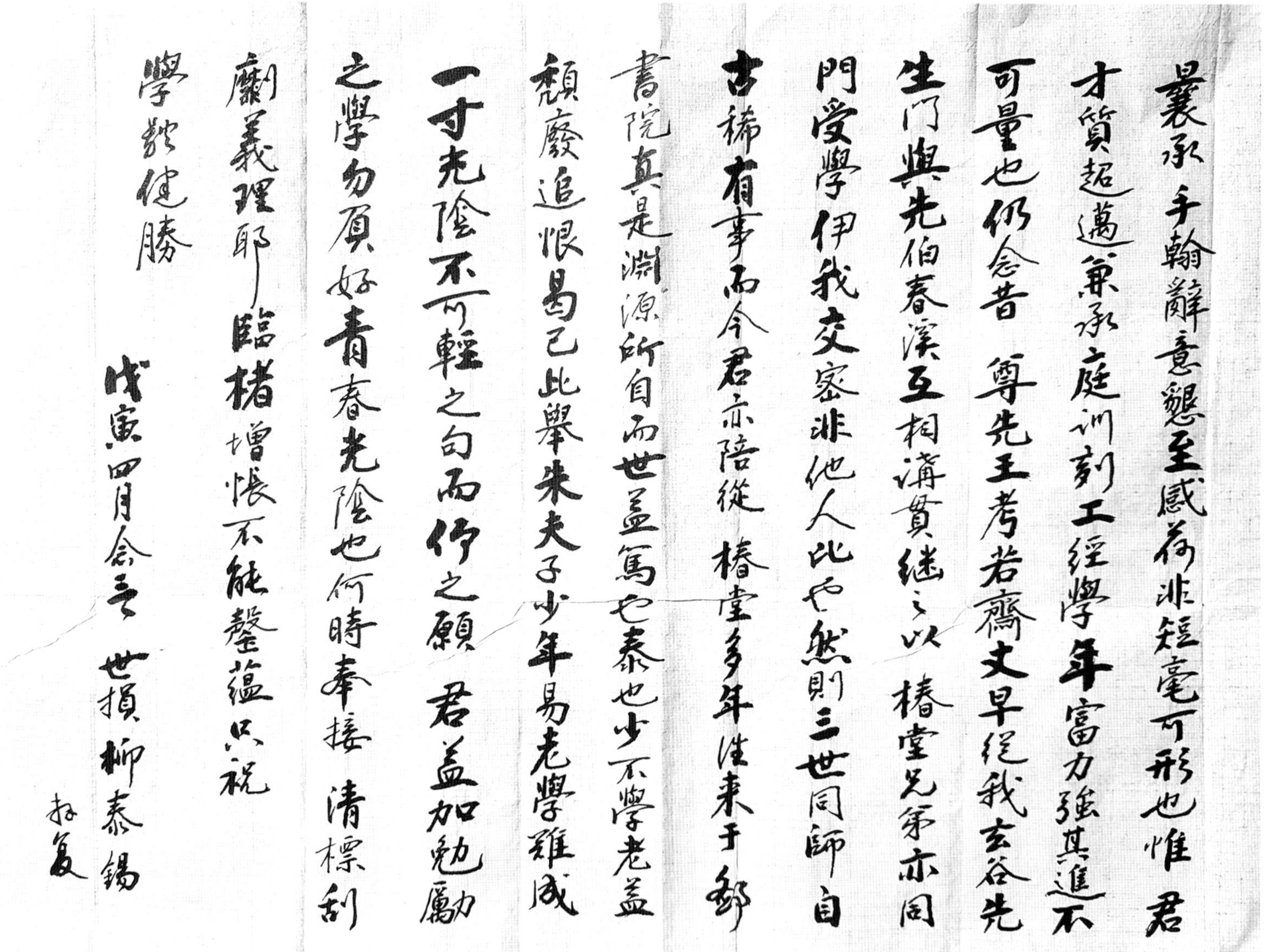

曩承 手翰辭意懇至感荷非短毫可形也惟 君
才質超邁兼承庭訓刻工經學年富力強其進不
可量也仍念昔 尊先王考若齋丈早從我玄谷先
生門與先伯春溪互相講貫繼之以 椿堂兄弟亦同
門受學伊我交密非他人比也然則三世同師自
古稀有事而今 君亦陪從 椿堂多年往來于鄒
書院真是淵源所自而世益篤也泰也少不學老益
頹廢追恨曷已此擧朱夫子少年易老學難成
一寸光陰不可輕之句而仍之願 君益加勉勵
之學勿負好青春光陰也何時奉接 清標剖
劘義理耶臨楮增悵不能罄蘊只祝
學履健勝
戊寅四月念三 世損柳泰錫 拜復

【탈초】

曩承手翰 辭意懇至 感荷 非短毫可形也 惟君 / 才質超邁 兼承庭訓 刻工經學 年富力强 其進不 / 可量也 仍念昔尊先王考若齋丈早從我玄谷先 / 生門 與先伯春溪 互相講貫 繼之以椿堂兄弟 亦同 / 門受學 伊我交密 非他人比也 然則三世同師 自 / 古稀有事 而今君 亦陪從椿堂 多年往來于鄙 / 書院 眞是淵源所自 而世誼篤也 泰也 少不學 老益 / 頹廢 追恨曷已 此擧朱夫子少年易老學難成 / 一寸光陰不可輕之句 而仰之願君 益加勉勵 / 之學 勿負好青春光陰也 何時 奉接淸標刮 / 劘義理耶 臨楮增悵 不能罄蘊 只祝 / 學體健勝 / 戊寅 四月 念三日 世損 柳泰錫 拜復

【번역】

지난번 받았던 편지는 말뜻이 간절하여 저의 짧은 글재주로는 다 형언할 수가 없습니다. 군(君)은 자질이 뛰어난데다가 집안의 가르침을 받아 경학(經學)에 각고의 공부를 하고 있고 나이도 젊고 기력도 왕성하니 학문의 발전을 헤아릴 수 없습니다.

생각해보면, 예전 그대의 조부(祖父) 약재(若齋) 어른께서도 일찍이 우리 현곡(玄谷) 선생의 문하에서 돌아가신 백부(伯父) 춘계(春溪)와 서로 강론하였고 이어서 그대 부친의 형제들과도 동문수학하였으니 그대와 내가 교분이 친밀한 것은 다른 사람과 비교할 바가 아닙니다. 그러하니 3세(世)가 스승을 함께하는 것은 옛날부터 드문 일이었는데 이제는 군도 부친을 모시고 여러 해를 우리 현곡서원(玄谷書院)[219]을 왕래하니 참으로 연원이 있고 세교가 두텁다고 하겠습니다.

나는 젊어서 배우지 않고 늙어서는 더욱 쇠퇴하니 한스러움이 어찌 끝이 있겠습니까? 이는 주부자(朱夫子)의 '소년은 늙기 쉽고 학문은 이루기 어려우니 짧은 시간도 가볍게 여겨서도 안 된다.'[220]는 글귀를 들었으니 군이 더욱 학문에 힘써 좋은 청춘시절을 저버리지 말기 바랍니다. 언제나 그대들을 만나 의리를 닦겠습니까? 편지를 대하니 서운한 마음만 더해 마음 속 쌓인 것들을 다하지 못하고, 다만 학문하는 안부가 건승하기를 빕니다.

무인년[1998] 4월 23일, 세손(世損) 유태석(柳泰錫) 절하고 답장합니다.

219 현곡서원(玄谷書院) : 전라남도 고창군 고창읍에 있는 서원으로, 현곡(玄谷) 유영선(柳永善, 1893~1961)을 기리기 위해 후학들이 세웠습니다.

220 소년은……안 되니라 : 주자(朱子)가 지은 〈권학문(勸學文)〉의 한 구절이다.

98. 유태석柳泰錫의 간찰

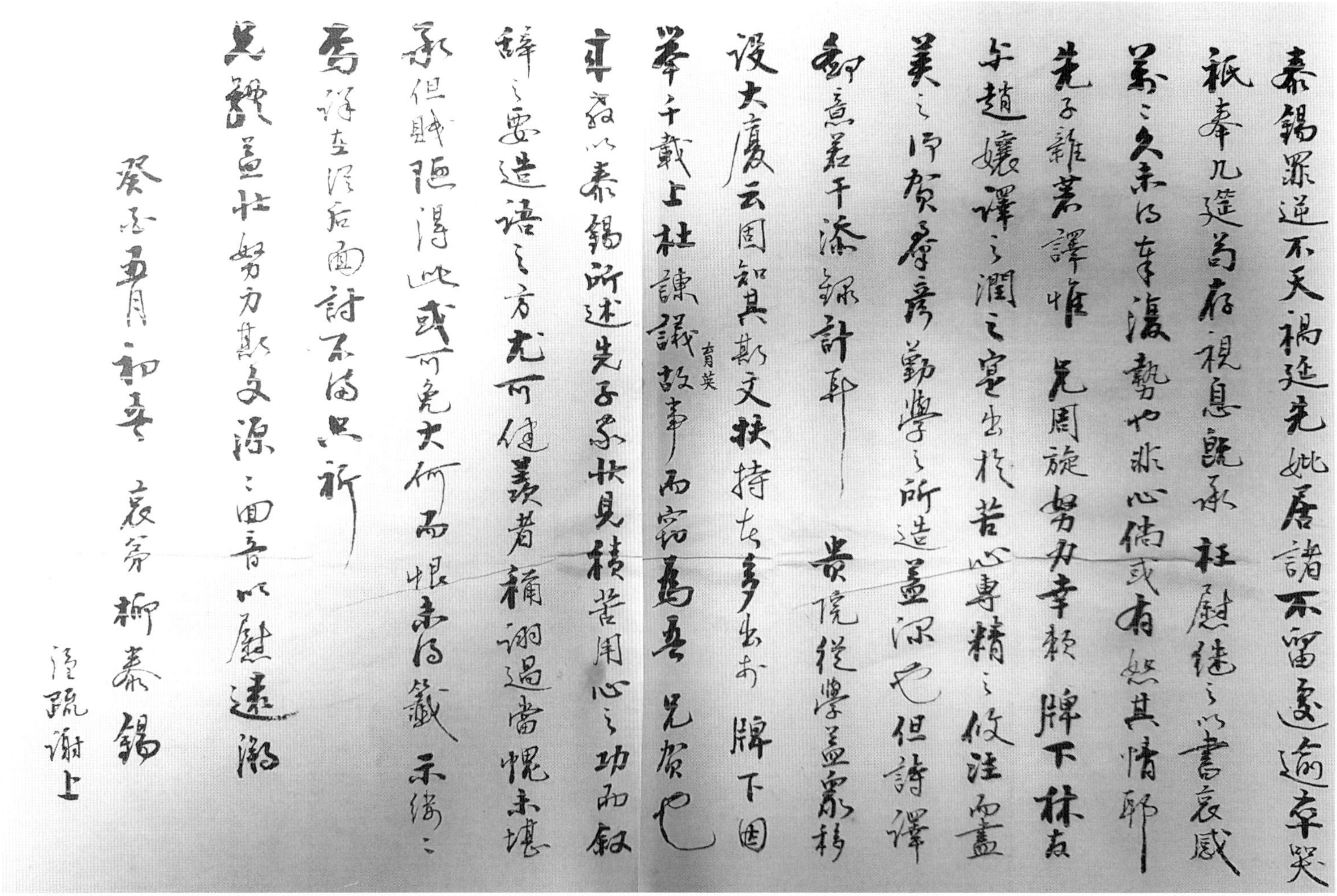

泰錫罪逆不天禍延先妣居諸不留奄逾卒哭
祇奉几筵苟存視息既承 枉慰継之以書哀感
萬萬久未得奉復勢也非心倘或有怒其情耶
先子雜著譯惟 兄周旋努力幸賴 牌下林友
與趙孃譯之潤之室出於苦心專精之攸注而盡
美之仰賀尊府勤學之所造益深也但詩譯
卻意若干添錄許耶 貴院從學益衆移
設大廈云固知其斯文扶持在多出於 牌下固
舉千載上杜諫議故事而窃爲吾 兄賀也 育英
至若以泰錫所述先子家狀見積苦用心之功而叙
錄之要造語之方尤可使羨者補潤過當愧未堪
承但賤陋得此或可免大何而恨未得攄 示條之
爲得查得后面討不倫只祈
兄鑒益壯努力斯文源之由音以慰遠溯
癸丑五月初吉 哀侍 柳泰錫
謹疏謝上

【탈초】

泰錫罪逆不天 禍延先妣 居諸不留 遽逾卒哭 / 祇奉几筵 苟存視息 旣承枉慰 繼之以書 哀感 / 萬萬 久未得奉復 勢也非心 倘或有恕其情也 / 先子雜著譯 惟兄周旋努力 幸賴牌下林友 / 與趙孃 譯之潤之 寔出於苦心專精之攸注 而盡 / 美之 仰賀群彦勤學之所造盖深也 但詩譯 / 鄙意若干添錄計耳 貴院從學益衆 移 / 設大廈云 固知其斯文扶持者 多出於牌下 因 / 擧千載上 杜諫議育英故事 而竊爲吾兄賀也 / 來敎以泰錫所述先子家狀 見積苦用心之功 而敍 / 辭之要 造語之方 尤可健羨者 稱詡過當 愧未堪 / 承 但賤陋得此 或可免大何 而恨未得籤示縷縷 / 焉 詳在從后面討 不備 只祈 / 兄體益壯 努力斯文 源源回音 以慰遠溯 / 癸酉五月 初五日 哀弟 柳泰錫 / 謹疎辭上

【번역】

저의 죄로 하늘이 돌보아주지 않아 어머니께 재앙이 미쳤습니다. 세월은 멈추지 않아 졸곡(卒哭)[221]이 지나 궤연(几筵)[222]만 받들고 구차하게 목숨만 부지한 채 지내고 있습니다. 이미 찾아오셔서 위문해주시고 뒤이어 편지를 보내주셨지만 간절한 슬픔에 오랫동안 답장을 드리지 못하였으니 형편이 그런 것이지 마음이 그러한 것이 아니니 저의 심정을 헤아려주실는지요?

선친의 잡저(雜著)의 번역은 형이 주선하고 힘써주시어 문하의 임우(林友)와 조양(趙孃)의 도움으로 번역하고 윤문하였으니 이는 고심과 정성을 기울인 결과로 아름다움을 다한 것이라 할 만하니, 제자들의 부지런히 공부한 깊은 조예에 축하드립니다. 다만 시 번역에 저의 뜻을 약간 첨부할 생각입니다. 귀하의 서원(書院)으로 배우러 오는 사람이 더욱 많아 큰 집으로 옮긴다 하시니 진실로 사문(斯文)을 지키는 자가 귀하의 문하에서 많이 나왔음을 알았습니다. 천 년 전에 두간의(杜諫議)가 영재를 길렀다는 고사를 들어 형께 축하를 드립니다.

편지에서 제가 지은 선친의 가장(家狀)에 대해 고심하고 마음 쓴 공(功)을 볼 수 있고 서사(敍辭)의 요체와 조어(造語)의 방법이 더욱 부럽다고 하시니 이는 지나친 칭찬이어서 부끄러움을 감당할 수가 없습니다. 다만 보잘것없는 제가 이렇게 인정을 받으니 큰 허물은 면한 것일 테지만 쪽지에 적어 자세히 알려주시지 않은 것이 한스럽습니다. 자세한 말씀은 뒤에 만나서 나누기로 하고 이만 줄입니다. 형의 안부가 더욱 건강하시고 사문(斯文)에 힘을 기울이시며 답장을 전하여 멀리 있는 저의 그리움에 위안이 되게 하십시오.

계유년[1993] 5월 5일, 상(喪) 중인 아우 유태석(柳泰錫)은 답장을 드립니다.

---

221 궤연(几筵) : 죽은 사람의 혼백이나 신주를 모셔놓는 곳을 이르며, 영실(靈室)이라고도 한다.

222 졸곡(卒哭) : 삼우(三虞)가 지난 뒤에 지내는 제사로, 사람이 죽은 지 3달 만에 오는 첫 정일(丁日)이나 해일(亥日)에 지낸다.

99. 유태석柳泰錫의 간찰

【탈초】

惠擲中夏觀光錄 奚觀觀其名山川遺蹟耶 / 其觀之意 非世人貪觀之比也 率牌下群彦 / 始謁孔夫子墓廟 次及於天下名勝 惟在於究 / 實理 得眞見妙道 逸韻發於文詞也 祇誦 / 古人天涯若比隣之句 而爲吾兄仰賀不已 / 來喩縷縷 至於登白頭山 見其石之巖巖則想 / 兄之志堅也 見天池之溪 則想兄之氣淸也 得 / 韓華群英之款待 則恨未與兄偕之也云云 見 / 愛之切 而出於情 則稱詡過分 愧非其人 感悚 / 無極 不知所以爲謝也 弟亦昔遊於此地 未 / 免虛往來耳 今奉讀詩文淸健 感服 / 其盛意攸在 而但白頭山一律次韻 未成字 / 是愧是愧 又有妄論 仰陳瞽見 則盛什中 / 蒼穹隣三字 平則 代以碧穹隣 萬里築三字 / 直則 代以城萬里 起伏[223]

與高低 對句未洽 則代 / 以起伏如何 恐或違廉 恃愛煩瀆 玆添日下之 / 燈 惟希恕其情 而照亮焉 / 丙子 中秋之 念五 弟 柳泰錫 拜謝

【번역】

중국 관광록(觀光錄)을 보내주셨는데, 어떻게 이름난 산천(山川)과 유적을 관광하였는지요? '관(觀)'의 의도가 세상 사람의 탐욕스럽게 보는 것과는 비교할 수 없습니다. 당신 문하의 여러 제자들을 데리고 먼저 공자(孔子)의 무덤과 사당을 배알하고 다음으로 천하 명승지에 이르렀으니 실제적인 이치를 연구하고 참다운 오묘한 도를 터득하며 빼어난 시가 문사(文詞)로 드러나는데 있습니다. 다만 옛 사람의 "외진 곳도 이웃과 같네."[224]라는 구절만 읊으시니 형을 위하여 축하드리는 마음 마지않습니다.

편지에 누누이, "백두산에서 바위를 보니 형의 굳건함을 상상하고 천지의 계곡을 보니 형의 맑은 기상을 상상합니다. 한국과 중국의 뭇 영재들의 환대를 받으니 형과 함께 하지 못하는 것이 한스럽습니다."라고 말씀하시니 간절한 사랑이 실정에서 벗어나 지나치게 칭찬하시니 부끄럽게도 그 말씀에 걸맞지 않아 감사하고 죄송하기 그지없으니 어떻게 감사해야 할지 모르겠습니다.

저 또한 옛날에 이곳을 유람하였는데 헛되게 왕래한 것을 면하지 못하였습니다. 지금 맑고 씩씩한 시와 글을 읽으니 당신의 마음에 감사를 드립니다. 다만 백두산(白頭山)에 관한 한 편의 율시의 차운(次韻)을 아직 짓지 못하고 있으니 부끄럽습니다. 또 망령되게 평론하면서 눈먼 소경의 식견을 늘어놓겠습니다.

그대 시 가운데 '창궁린(蒼穹隣)' 3글자는 음이 낮으니 '벽궁린(碧穹隣)' 3글자로 대신하고, '만리축(萬里築)' 3글자는 음이 높으니 '성만리(城萬里)'로 대신하십시오, 시의 기복(起伏)과 고저(高低)는 대구(對句)가 미흡하니 기복(起伏)으로 대신하는 것이 어떻겠습니까? 혹시라도 염법(廉法)[225]에 어긋날까 두렵지만 저를 아끼시는 마음을 믿고서 번거롭게 말씀을 드립니다. 햇빛아래 등잔불을 비친 꼴이지만 제 마음을 용서하시고 살펴주시기를 바랍니다.

병자년[1996] 8월 25일, 아우 유태석(柳泰錫)은 절하고 답장을 드립니다.

223 起伏 : 원문에는 '起狀'으로 되어 있지만, 문리로 보아 수정하였다.

224 천하가 이웃과 같다 : 원문은 '天涯若比隣'. 당나라 왕발(王勃, 650~676)의 〈두소부지임촉주(杜少府之任蜀州)〉라는 시의, "세상에 자기를 알아주는 이가 있다면 땅 끝 외진 곳도 이웃집과 같네.[海內存知己 天涯若比鄰]"라는 구절을 이른다.

225 염법(廉法) : 평측법(平仄法)을 달리 이르는 말이다.

100. 유태석柳泰錫의 시

次復齋之白頭山韻
往在癸酉余與數三友直抵于中華曲
阜始謁孔夫子墓廟又眺名勝巡廻于
北京之紫禁城萬里長城拜神宗皇帝
定陵觀十三石位等地但恨白頭山未
之目耳今詩以見贈屬意鄭重奉
和以謝之

頂上白頭松萬(碧湧)濤 天池源活潤如膏
海邊絶島還浮動 山外羣峰不敢高
千載怪形皆有骨 四時壯觀幾多豪
借君行盡囊中錄(畫) 萬景探來未一勞

契弟 柳泰錫 稿

【탈초】

次 復齋兄 白頭山韻 / 往在癸酉 余與數三友 直抵于中華曲 / 阜 始謁孔夫子墓廟 又耽名勝 巡廻于 / 北京之紫禁城 萬里長城 拜神宗皇帝 / 定陵 觀十三石經等地 但恨白頭山 未 / 之目耳 今詩以見贈 屬意鄭重 奉 / 和以謝之 / 頂上白頭碧湧濤[226] 天池源活潤如膏 / 海邊絶島還浮動 山外群峯不敢高 / 千載怪形皆有骨 四時壯觀幾多豪 / 借君行盡囊中畵[227] 萬景探來未一勞 / 契弟 柳泰錫 劣稿

【번역】

복재(復齋) 형의 백두산시에 차운하다.

지난 계유년[1993] 내가 몇 명의 벗들과 중국 곡부(曲阜)[228]에 도착하여 공자(孔子)의 사당에 배알하고 명승지를 찾아 북경의 자금성(紫禁城)과 만리장성(萬里長城)을 순회하고 신종황제정릉(神宗皇帝定陵)[229]을 참배하고 13석경(石經) 등을 관광하였다. 다만 백두산은 보지 못해 아쉬웠다. 지금 시를 보내 부탁하신 뜻이 정중하여 운에 화답한다.

백두산 꼭대기엔 푸름이 요동치고
천지(天池)의 물결은 기름처럼 빛나네.
바닷가 외로운 섬은 물 위에 떠 있고
산 넘어 뭇 봉우리 고개 숙이네.
천년의 신비한 모습 모두 뼈대가 있고
사계절 장관 얼마나 호화로운가?
여행하며 담아온 시낭(詩囊)[230]의 그림 빌려보니
경치를 탐구하니 조금도 수고롭지 않네.

계제(契弟) 유태석(柳泰錫)의 졸렬한 원고

226 湧濤 : 원문의 萬濤를 수정하였다.
227 畵 : 원문의 錄를 수정하였다.
228 곡부(曲阜) : 중국 산동성(山東省) 서부 사수강(泗水江) 남쪽 기슭에 있는 도시로, 춘추시대 노나라의 도읍이었으며, 공자가 태어난 곳으로 공자묘가 있다.
229 신종황제정릉(神宗皇帝定陵) : 명나라 13대 신종 만력제(萬曆帝, 1563~1620)의 능이다.
230 시낭(詩囊) : 시고(詩稿)를 넣어두는 주머니라는 뜻으로, '금낭(錦囊)' 또는 '해낭(奚囊)'이라고도 한다.

101. 유태석柳泰錫의 별지

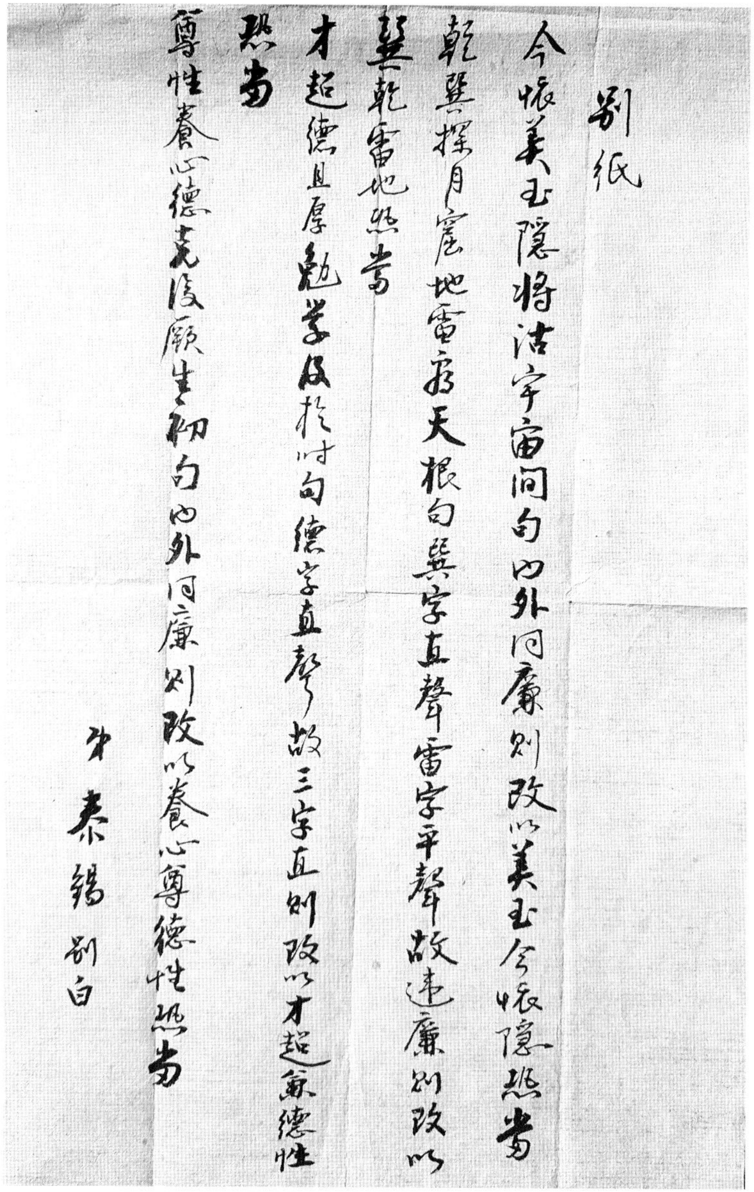

別紙

今帳美玉隱將浩宇宙間句以外同康則改以美玉今帳隱恐當

乾巽探月窟地雷見天根句巽字直聲雷字平聲故連廉則改以

巽乾雷地恐當

才起德且厚勉學及於時句德字直聲故三字直則改以才起兼德性

恐當

尊性養心德亮後願生初句以外同康則改以養心尊德性恐當

弟 泰錫 別白

【탈초】

別紙

今懷美玉隱 將沽宇宙間 句內外同廉 則改以美玉今懷隱 恐當

乾巽探月窟 地雷看天根 句巽字直聲 雷字平聲 故違廉 則改以

巽乾雷地 恐當

才超德且厚 勉學及於時 句德字直聲 故三字直 則改以才超兼德性

恐當

尊性養心德 克復厥生初 句內外同廉 則改以養心尊德性 恐當

弟 泰錫 別白

【번역】

별지(別紙)

‘지금 품은 아름다운 옥을 우주 사이에 팔리.[今懷美玉隱 將沽宇宙間]’라는 구절은 내외구(內外句)의 염법(簾法)이 같기 때문에 ‘아름다운 옥을 지금 품고[美玉今懷隱]’라고 고치는 것이 좋을 듯합니다. ‘건과 손이 만나면 월굴을 찾고 지와 뇌가 만나면 천근을 보네.[乾巽探月窟 地雷看天根]’[231]라는 구절의 ‘손(巽)’ 자는 직성(直聲)[232]이오, ‘뇌(雷)’ 자가 평성이기 때문에 염법에 어긋나니 ‘손건뇌지(巽乾雷地)’로 고치는 것이 좋을 듯합니다. ‘재주는 뛰어나고 덕도 두터운데 때맞게 학문도 부지런하였네.[才超德且厚 勉學及於時]’라는 구절의 ‘덕(德)’ 자가 직성(直聲)이라서 세 글자는 높은 글자이니 ‘재주는 뛰어난데 덕성도 겸하였네.[才超兼德性]’로 고치는 것이 좋을 듯합니다. ‘덕성으로 심덕을 길러 처음을 회복하네.[尊性養心德 克復厥生初]’라는 구절의 내외구(內外句) 염법이 같기 때문에 ‘마음을 기르고 덕성을 높여[養心尊德性]’라고 고치는 것이 좋을 듯합니다.

아우 태석(泰錫)은 별지로 말씀드립니다.

231 건과……보네 : 소옹(邵雍)의 〈관물(觀物)〉 시에, “건(乾 : ☰)이 손(巽 : ☴)을 만날 때 월굴이 되고, 지(地 : ☷)가 뇌(雷 : ☳)를 만난 곳에 천근이 드러난다.[乾遇巽時爲月窟 地逢雷處見天根]”라는 구절이 있다.

232 직성(直聲) : 시를 지을 때, 평성(平聲)이외의 상성(上聲)·거성(去聲)·입성(入聲)을 이르는 말이다.

102. 송하영宋河榮의 간찰

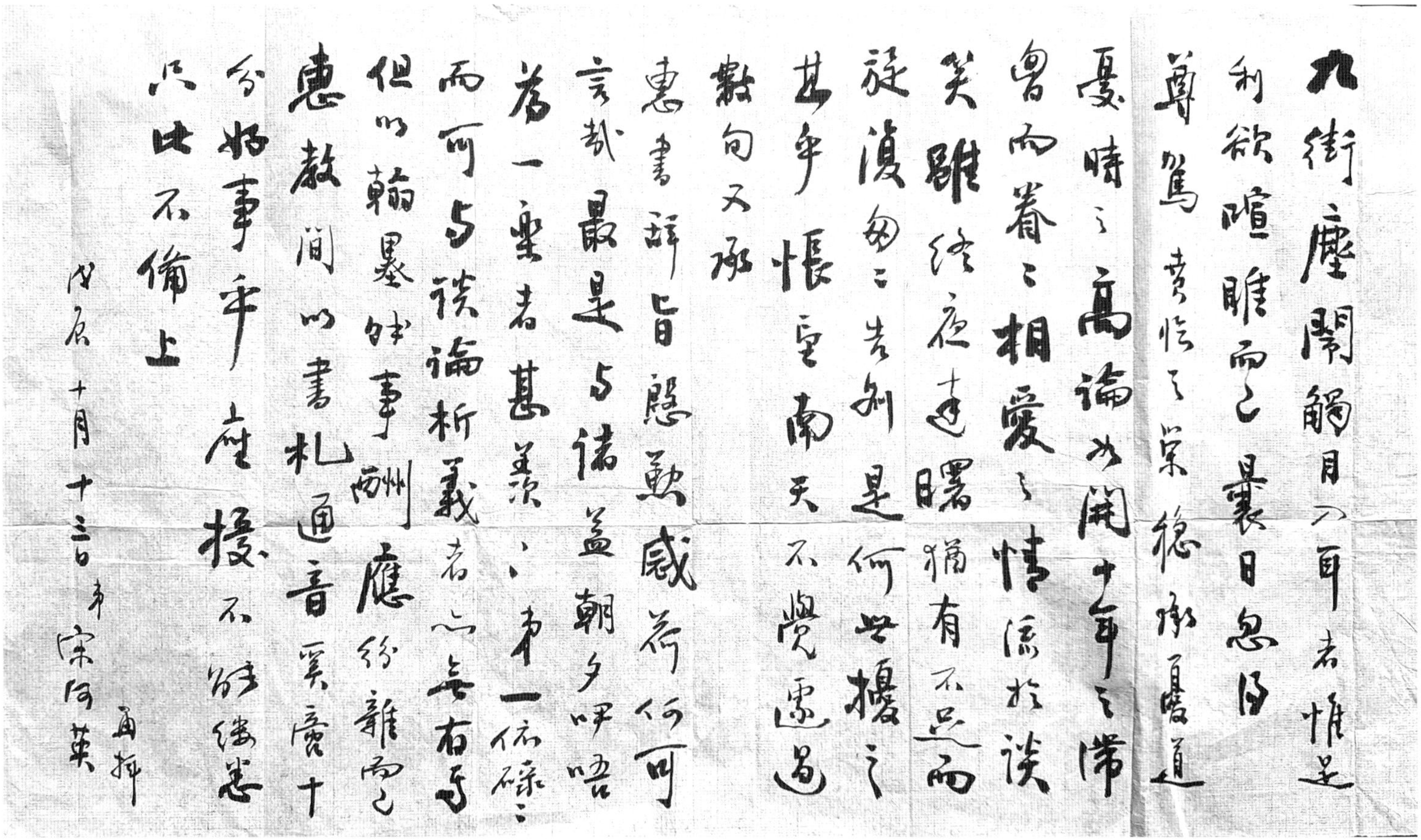

九街塵鬧觸目入耳者惟是
利欲喧豗而已曩日忽得
尊駕賁臨之榮猥聆道
真時之高論爲開十年之滯
魯而眷眷相愛之情流於談
笑雖經夜達曙猶有不足而
旋復匆匆告別是何所據之
其年悵望南天不覺悉爲
數句又承
惠書辭旨懇勤感荷何可
言哉最是與諸益朝夕咿唔
者一業者甚羨羨弟一依碌碌
而何與談論析義者心無有焉
但以翰墨餘事西州應紛雜而已
惠教間以書札通音冀賡十
分好事乎座樓不能繼甚
只此不備上
戊辰十月十三日弟宋河英再拜

【탈초】

九街塵鬧 觸目入耳者 惟是 / 利欲喧豗而已 曩日忽得 / 尊駕賁臨之榮 穩承憂道 / 憂時之高論 爲開十年之滯 / 胸 而眷眷相愛之情 流於談 / 笑 雖終夜達曙 猶有不足 而 / 旋復悤悤告別 是何世擾之 / 甚乎 悵望南天 不覺遽過 / 數旬 又承 / 惠書 辭旨慇懃感荷何可 / 言哉 最是與諸益 朝夕咿唔 / 爲一樂者 甚羨甚羨 弟 一依碌碌 / 而可與談論析義者 亦無有焉 / 但以翰墨餘事 酬應紛雜而已 / 惠教 間以書札通音 奚啻十 / 分好事乎 座擾不能縷悉 / 只此 不備上 / 戊辰 十月 十三日 弟 宋河榮 再拜

【번역】

도성거리와 시끄러운 세상에 눈과 귀에 들어오는 것이라고는 오직 이욕의 다툼뿐입니다. 지난번에 문득 그대께서 영광스럽게 저를 찾아와 도와 때를 근심하는 높은 의논을 듣고 10년 동안 가슴을 막고 있는 체증이 뚫리는 것 같았습니다. 돌보고 아끼시는 정이 담소에 흘러 넘쳐 새벽까지 밤새 이야기를 나누었지만 그래도 오히려 부족하였는데 다시 바삐 이별을 고하니 얼마나 세상의 번요함이 심한 것입니까? 서운한 마음에 남쪽 하늘을 바라보니 수십일이 지난 것도 깨닫지 못하였는데 또 편지를 받고 보니 은근한 말씀에 감사함을 어떻게 말로 하겠습니까?

여러 벗들과 아침저녁으로 글을 읽는 것으로 하나의 즐거움을 삼으시니 매우 부럽습니다. 저는 한결같이 보잘 것 없이 지내며 함께 담론하고 의리를 분석하는 사람이 없어 다만 한묵(翰墨)의 여사(餘事)로 응수하느라 어지러울 뿐입니다. 은혜롭게도 그대가 편지로 간간히 소식을 전해주니 어찌 매우 좋은 일이 아니겠습니까? 자리가 소란하여 자세히 쓰지 못하고 이만 줄입니다.

무진년[1988] 10월 13일, 아우 송하영(宋河榮)은 재배합니다.

103. 정익환鄭益煥의 간찰

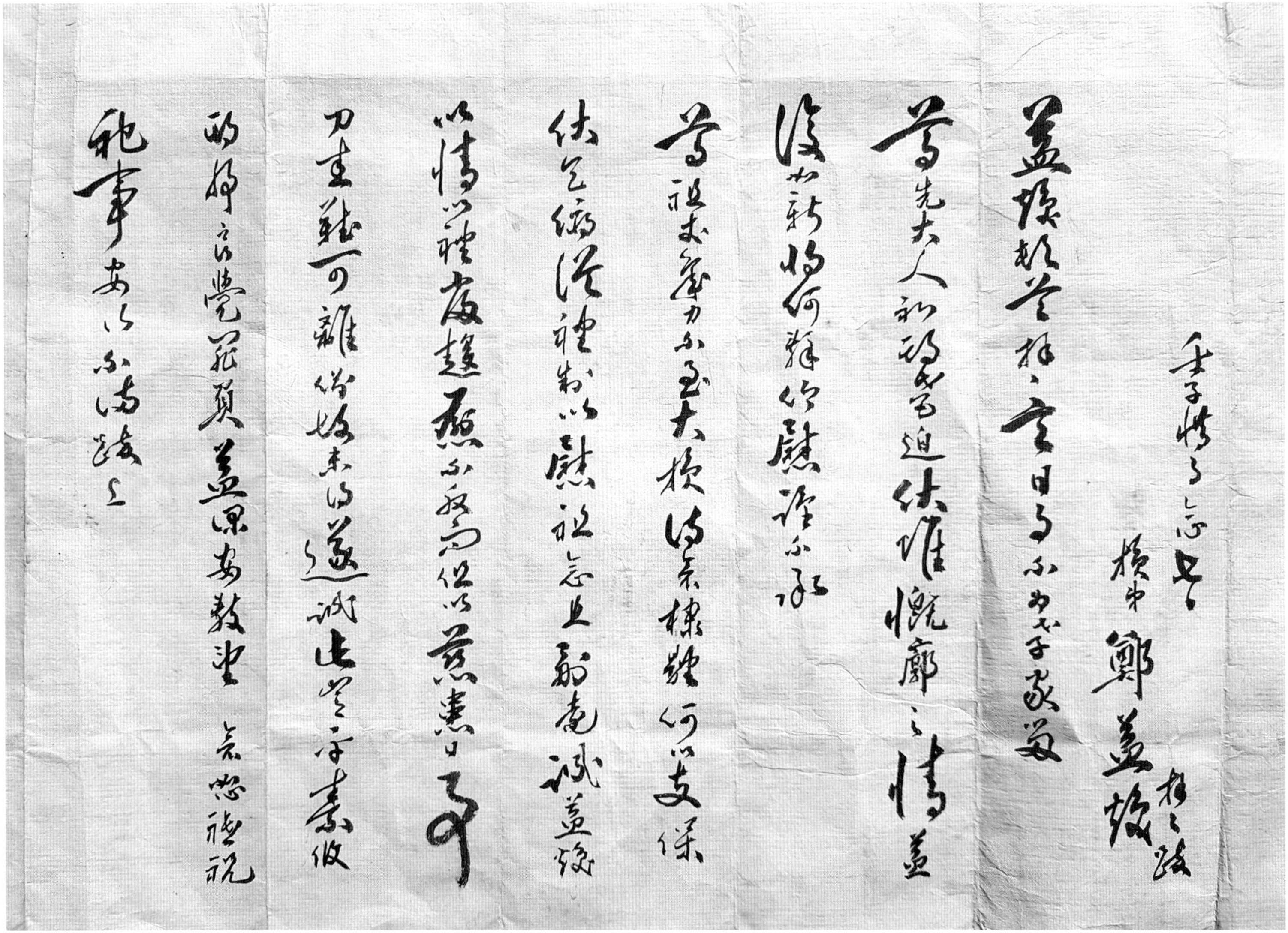

【탈초】

益煥頓首拜拜言 日月不爲孝家留

尊先大人初期奄迫 伏惟慨廓之情 益

復如新 將何辭仰慰 謹不承

尊祖丈氣力 不至大損 侍哀棣體 何以支保

伏乞俯從禮制 以慰祖念 且副遠誠 益煥

以情以禮 當趨慰不外 而但以慈患日事

刀圭 難可離側 未得遂誠 此豈乎素攸

期耶 良覺罪負益深 安敢望哀恕 祇祝

祀事安行 不備疏上

壬子 臘月 念七日 損弟 鄭益煥 拜拜疏

【번역】

익환(益煥)은 머리를 숙여 재배하고 말씀드립니다. 세월은 상주의 집을 위하여 멈추지 않아 선인(先人)의 초기(初期)가 다가오니 개확(慨廓)[233]한 심정이 더욱 새로울 테니 무슨 말로 위로를 드려야 하겠습니까?

조부의 기력은 크게 손상되지는 않으셨는지, 어머니를 모시는 형제들은 잘 버티고 지내시는지 모르겠습니다. 상례에 따라 조부님의 뜻을 위로해 드려 먼 곳에 있는 저의 정성에 부응하여 주십시오.

저는 정으로 보나 예로 보나 당연히 달려가서 당신을 외면하지 말아야 하는데 다만 어머니의 병으로 날마다 병을 치료하느라 곁을 떠나기가 어려워 저의 정성을 이루지 못했습니다. 이 어찌 평소 기대하던 것이라고 하겠습니까? 참으로 죄가 더욱 깊으니 어떻게 용서해 주시기를 바라겠습니까? 제사를 잘 지내시기 빌며 이만 줄이고 위문장을 올립니다.

임자년 12월 27일, 손제(損弟) 정익환(鄭益煥)은 재배하고 위문장을 올립니다.

233 개확(慨廓) : 부모의 상(喪)을 당했을 때, 자식이 슬퍼하는 모습을 나타내는 말이다. 《예기(禮記)》 〈단궁 상(檀弓上)〉에, "돌아가신 처음에는 슬픔에 젖어 궁진함이 있는 것 같고, 빈소에 모신 뒤에는 안타까움이 구하여도 얻지 못하는 모습 같고, 장사 지낸 뒤에는 어찌할 줄 모르고 당황함이 바라보아도 이르지 못하는 모습과 같고, 연제를 지낸 뒤는 탄식하고, 대상을 지내면 아득히 멀어져 가심을 느낀다.[始死 充充如有窮 旣殯 瞿瞿如有求而弗得 旣葬 皇皇如有望而弗至 練而慨然 祥而廓然]"라는 구절에서 유래한다.

104. 변시연邊時淵의 간찰

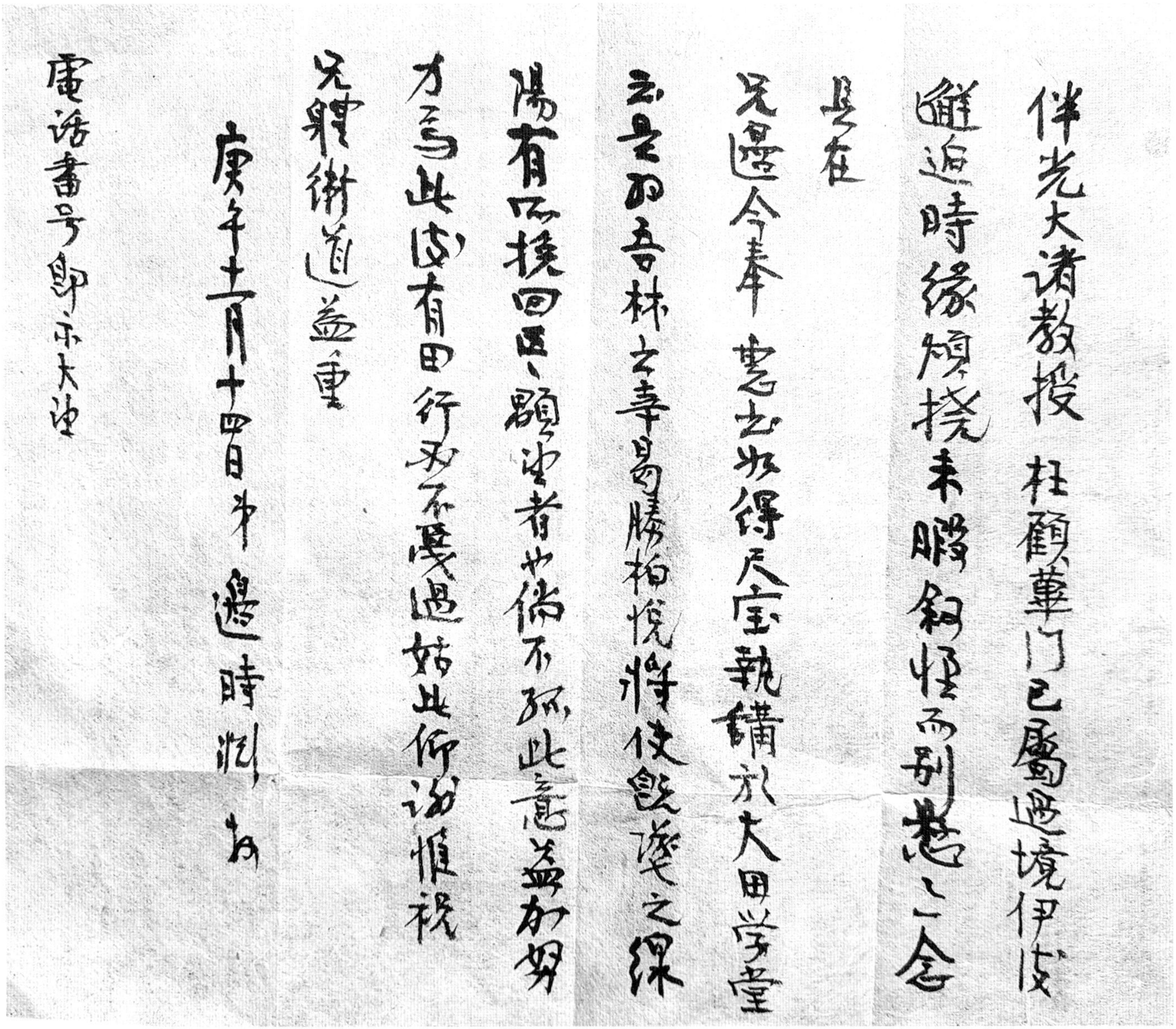

伴光大諸教授 杜顧華门已屬過境伊庋
邂逅時緣頗撓未暇細悟而别悵悵之念
是在
先丈邊今奉 惠書如得尺宝執鏞於大田學堂
云云而吾林之幸曷勝柏悅将使餘族之保
陽有所換回匹匹顧此者也倘不孤此意益加努
力為此皆有田行力不憂過姑此仰謝惟視
先體衛道益重
庚午十二月十四日弟 邊時淵 拜
電話番号即示大望

【탈초】

伻光大諸敎授 枉顧蓽門 已屬過境 伊後 / 邂逅時 緣煩撓 未暇叙懷而別 懸懸一念 / 長在 / 兄邊 今奉惠書 如得尺寶 執講於大田學堂 / 云 是爲吾林之幸 曷勝栢悅 將使旣墜之線 / 陽 有所挽回 區區顒望者也 倘不孤此意 益切努 / 力焉 此後有田行 必不憂過姑此仰謝 惟祝 / 兄體衛道益重 / 庚午 十一月 十四日 邊時淵 拜

【추신】

電話番號 卽示大望

【번역】

원광대학 여러 교수들과 함께 저의 집[234]을 찾아와 주신 것이 벌써 지난일이 되었습니다. 이후 만났을 때 바빠서 마음을 나눌 사이도 없이 헤어져 한결같이 오랫동안 형님이 그리웠습니다. 지금 편지를 받으니 마치 보배를 얻은 것만 같습니다. 대전학당에서 강의를 하신다니 이는 우리 사림의 행운으로 어찌 송무백열(松茂栢悅)[235]을 이기겠습니까? 장차 이미 추락해버린 한 줄기 양(陽)의 기운을 만회하기를 간절히 바랍니다. 만약 저의 이 뜻을 져버리지 말고 더욱 노력 해주십시오. 이후에 대전을 가게 된다면 반드시 그냥 지나치는 일이 없도록 하겠습니다. 이만 쓰고 답장 드립니다. 형께는 도를 수호하시며 더욱 보중하시기를 빕니다.

경오년[1990] 11월 14일, 변시연(邊時淵)[236]은 절합니다.

【추신】

전화번호를 알려주시기를 바랍니다.

234 저의 집 : 원문은 '蓽門'. '규두필문(圭竇蓽門)'의 준말로, 시골 오두막집을 말한다. 《예기(禮記)》〈유행(儒行)〉에, "선비는 일무(一畝) 이내의 담장 안, 사방에 벽만 있는 좁은 방에서 거주한다. 대를 쪼개어 엮은 사립문을 매달고 문 옆으로 규(圭) 모양의 쪽문을 내며, 쑥대를 엮은 문을 통해서 방을 출입하고 깨진 옹기 구멍의 들창을 통해서 밖을 내다본다.[儒有一畝之宮 環堵之室 蓽門圭窬 蓬戶甕牖]"라는 구절이 있다.

235 송무백열(松茂栢悅) : 소나무가 무성하면 잣나무가 기뻐한다는 뜻으로 벗이 잘되는 것을 기뻐하는 것을 비유한다. 육기(陸機)의 〈탄서부(歎逝賦)〉에, "참으로 소나무가 무성하니 잣나무가 기뻐하고, 아, 지초가 불에 타니 혜초가 탄식하네.[信松茂而柏悅 嗟芝焚而蕙歎]"라는 말에서 유래한다.

236 변시연(邊時淵, 1922~2006) : 호는 산암(山巖)이고, 1922년 전라남도 장성에서 태어났다. 퇴계의 정통 학맥을 계승한 서산(西山) 김흥락(金興洛)의 손제자 홍치유(洪致裕) 문하에서 임창순(任昌淳)과 수학하였다.

105. 돈瞰의 간찰

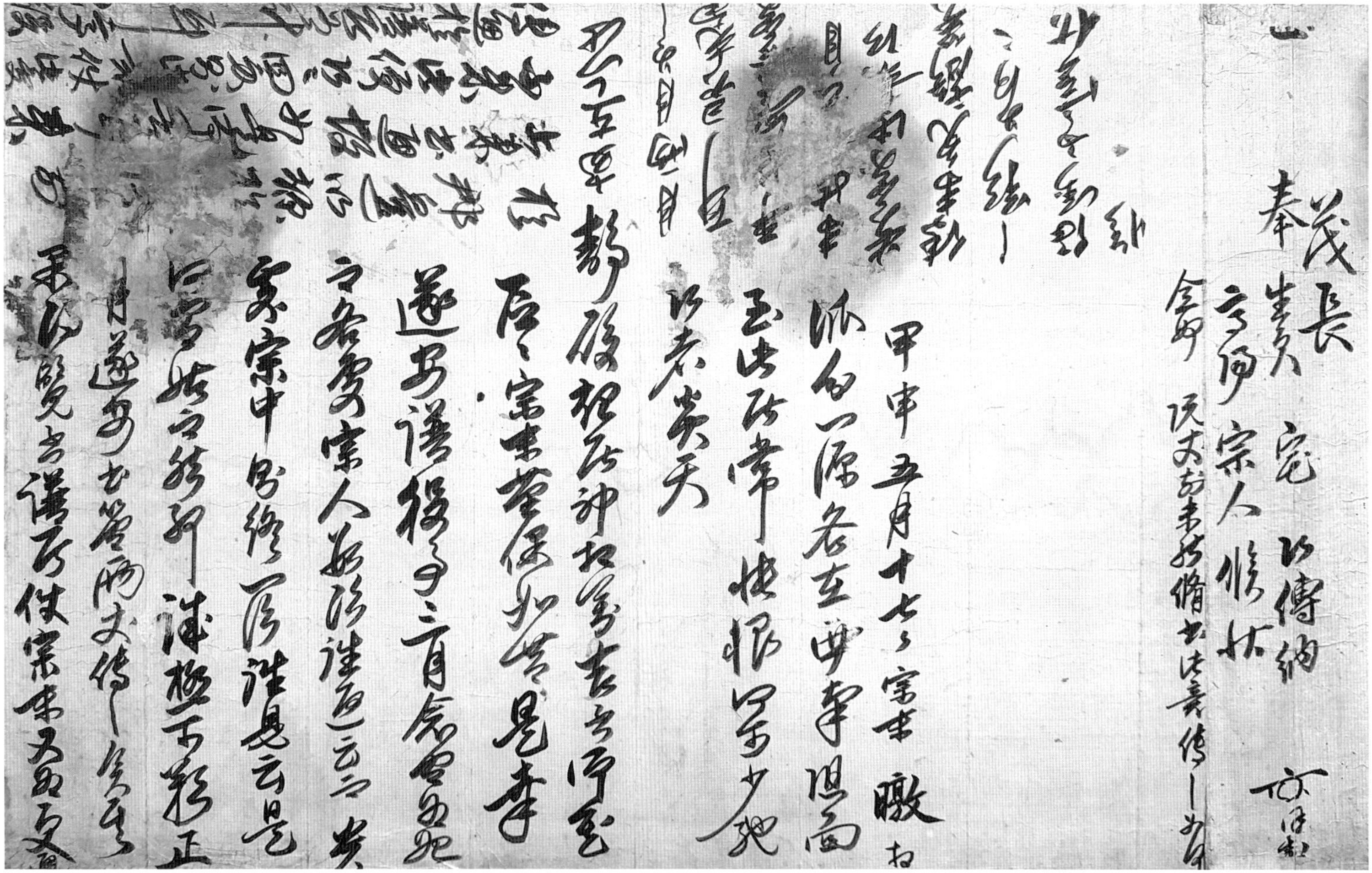

【피봉】
茂長 奉生員宅 卽傳納 / 高陽宗人 候狀

【탈초】
派分一源 各在西南 阻面 / 至此 居常悵恨 何可少弛 / 卽者 炎天 / 靜履起居 神相大吉否 仰慰 / 區區 宗末 堇保如昔 是幸 / 遂安譜役事 三月念間爲始 / 而各處宗人 數次往返云 而貴 / 處宗中 則終一次往見云 是 / 何有姑而然耶 誠極可歎 正 / 月 遂安書簡兩丈 傳之矣 其 / 果得覽否 譜廳 使宗末 又爲更通 / 於那邊 以趁於□…□前 / 上來書通 故如是仰告耳 來 / 不來 此便卽卽回示 則此意 使此處 / 傳通於譜廳爲計耳 停役 / 當在六七 / 月兩月爲之 / 耳 靈光 南 / 平 長興 各處 / 未能傳送 自 / 貴處 此意所 / 傳 未免虧笑 / 之歎 如何如何 / 餘萬不宣 伏 / 惟 / 甲申 五月 十七日 宗末 暾 拜

【추신】 全州阮丈前 未能脩書 此意傳之如何

【피봉】
무장(茂長) 봉생원댁(奉生員宅)으로 즉시 전달 / 고양(高陽) 종친의 안부편지

【번역】
한 근원에서 갈라져 각각 사방으로 흩어져 지금까지도 만나 뵙지 못하고 있으니 늘 서운한 마음 어찌 잠시라도 느슨하겠습니까? 요사이 더운 날씨에 정양(靜養)하시는 안부는 신의 도움으로 잘 지내시겠지요. 간절한 저의 마음에 위안이 됩니다.
저[宗末]는 겨우나마 예전대로 지내고 있어 다행입니다. 수안(遂安)의 족보일은 3월 20일 사이에 시작하여 각 곳의 종친들이 여러 차례 다녀갔다고 합니다. 그런데 귀처(貴處)의 종중에서는 한 차례만 다녀가고 말았다는데 무슨 까닭에서 그랬습니까? 참으로 한숨이 납니다. 정월에 수안에서 2장의 편지를 보냈는데 받아보셨는지요?
보청(譜廳)에서 저에게 다시 그쪽과 연락을 하도록 해서 …에 맞추어 …전까지 올라오도록 전하라고 하기에 이렇게 말씀드립니다. 오실지 말지를 이 인편을 통해 바로 알려주시면 이 뜻을 보청으로 전달할 생각입니다. 일을 쉬는 것은 6,7월 두 달 사이에 있을 것입니다. 영광(靈光)・남평(南平)・장흥(長興) 각 곳에는 아직 전달하지 못하였으니 귀처에서 이 뜻을 전해주시어 잘못되어 웃음거리가 되는 탄식을 면하게 하시는 것이 어떻겠습니까. 할 말은 많지만 이만 줄입니다.
갑신년 4월 17일, 종말(宗末) 돈(暾)은 머리를 조아립니다.

【추신】
전주(全州) 아저씨께는 편지를 쓰지 못했으니, 저의 뜻을 전해주시는 것이 어떻겠습니까?

106. 봉기종奉奇鍾의 간찰

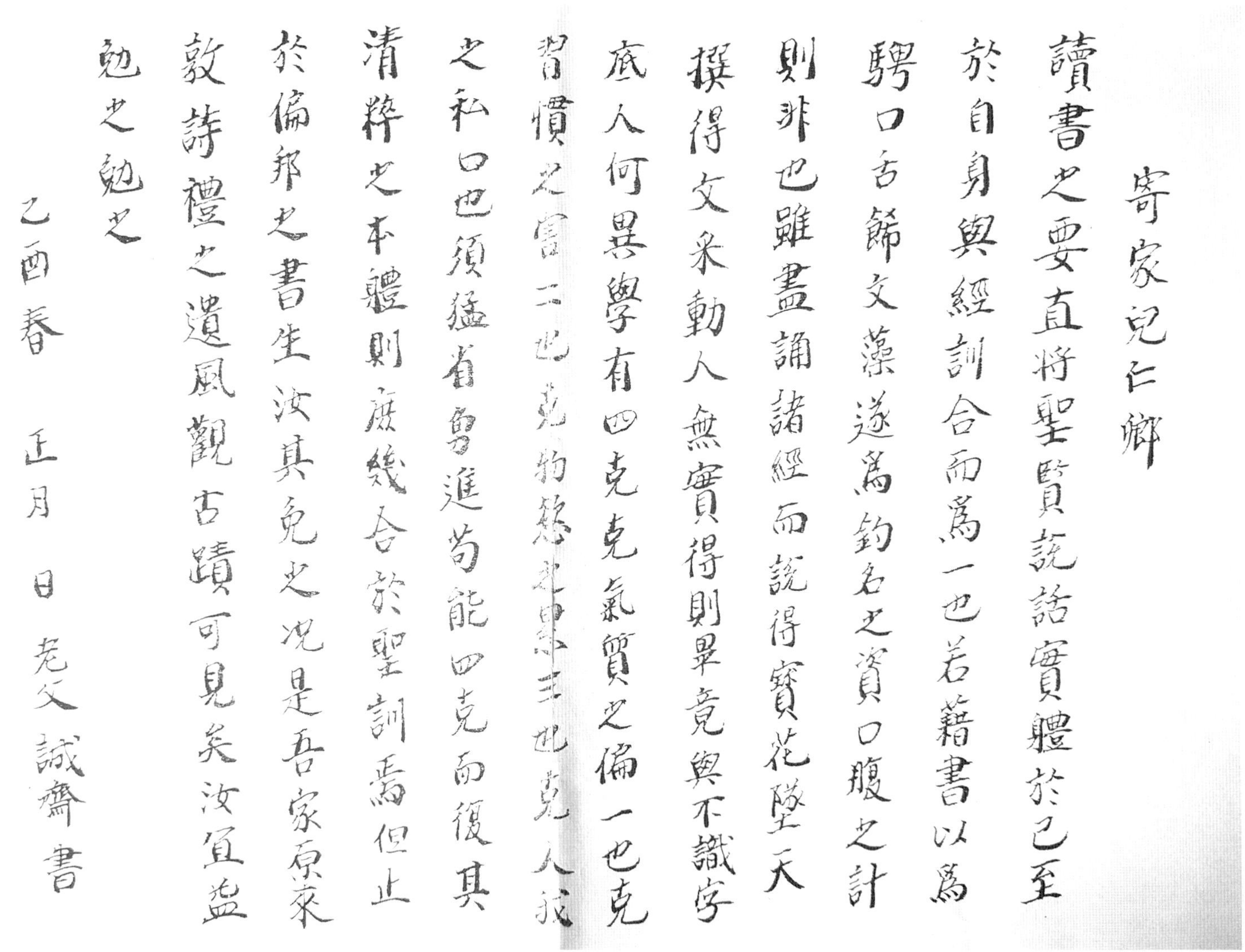

寄家兒仁卿

讀書之要直將聖賢說話實體於己至於自身與經訓合而爲一也若藉書以爲騁口舌餙文藻遂爲釣名之資口腹之計則非也雖盡誦諸經而說得寶花墜天撰得文采動人無實得則畢竟與不識字底人何異學有四克克氣質之偏一也克習慣之害二也克物慾之累三也克人我之私四也須猛省勇進苟能四克而復其清粹之本體則庶幾合於聖訓焉但止於偏邦之書生汝其免之況是吾家原來敦詩禮之遺風觀古蹟可見矣汝宜益勉之勉之

乙酉春 正月 日 老父 誠齋 書

【탈초】

寄家兒仁卿

讀書之要 直將聖賢說話 實體於己 至 / 於自身與經訓 合而爲一也 若藉書以爲 / 騁口舌 飾文藻 遂爲釣名之資 口腹之計 / 則非也 雖盡誦諸經 而說得寶花墜天 / 撰得文采動人 無實得 則畢竟與不識字 / 底人何異 學有四克 克氣質之偏一也 克 / 習慣之害二也 克物慾之累三也 克人我 / 之私四也 須猛省勇進 苟能四克 而復其 / 清粹之本體 則庶幾合於聖訓焉 但止 / 於偏邦之書生汝其免之 況是吾家原來 / 敦詩禮之遺風 觀古蹟可見矣 汝宜益 / 勉之勉之

乙酉 春 正月 日 老父 誠齋書

【번역】

집 아이 인경(仁卿)에게 부친다.

독서의 요체는 다만 성현의 말씀을 몸에 실천하여 자신과 경서의 말씀이 하나로 합치되는데 있다. 만약 글을 빙자하여 함부로 말을 하고 문장을 꾸며 마침내 거짓으로 명예를 구하는 바탕으로 삼는다거나 먹고살 계책으로 삼는다면 잘못이다. 비록 여러 경전을 다 외우고 설법을 잘해 하늘에서 보화(寶花)가 떨어지고 지은 글이 화려해서 사람을 감동시킨다고 하더라도 제대로 얻은 것이 없다면 끝내는 글자를 모르는 사람이나 무엇이 다르겠는가?

학문에는 '네 가지 이길 것[四克]'이 있다. 기질의 편벽된 것을 이기는 것이 첫 번째, 습관의 해를 이기는 것이 두 번째, 물욕에 얽매이는 것을 이기는 것이 세 번째, 남과 나의 사사로움을 이기는 것이 네 번째이다. 모름지기 맹렬히 반성하고 용감히 나아가 진실로 '4극'에 능하여 맑고 순수한 본체를 회복한다면 성인의 가르침과 하나가 될 것이다. 다만 편방(偏邦)[237]의 서생에 그친다고 하더라도 너는 아마도 벗어나야 할 것인데, 더구나 우리 집안은 원래 시(詩)와 예(禮)의 유풍을 돈독히 하였으니 옛 자취를 살펴보아도 알 수 있다. 너는 더욱 힘쓰라.

을유년[2005] 봄 1월 ○일, 늙은 아비 성재(誠齋) 쓰다.

237 편방(偏邦) : 멀리 외따로이 동떨어져 있는 나라를 의미하는 말로, 우리나라를 이른다. 편국(偏國)이라고도 한다.

107. 미상未詳의 간찰

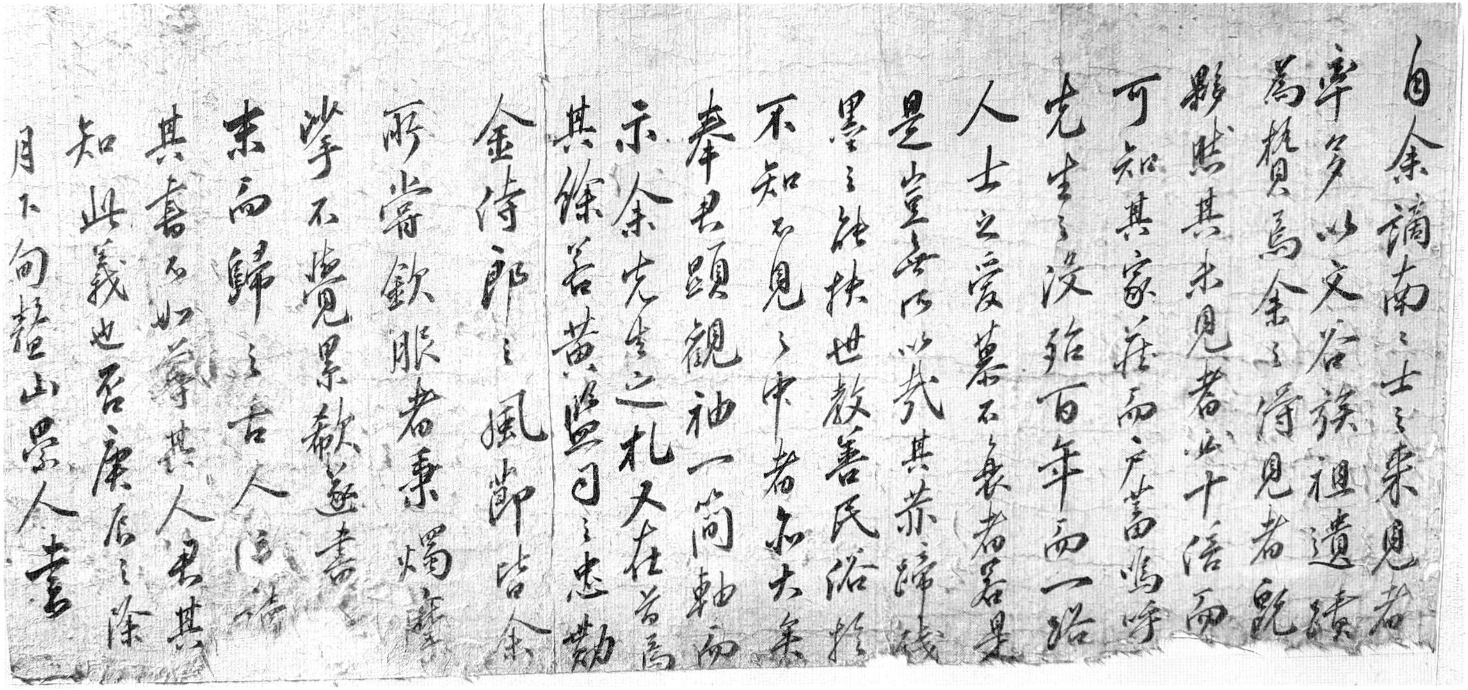

【탈초】

自余謫南 南之士之來見者 / 率多 以文谷族祖遺蹟 / 爲贄焉 余之得見者 旣 / 夥 然其未見者 必十倍 而 / 可知其家藏而戶蓄 嗚呼 / 先生之沒 殆百年 而一路 / 人士之愛慕不衰者 若是 / 是豈無所以哉 其赫蹄殘 / 墨之 能扶世敎 善民俗 於 / 不知不見之中者 亦大矣 / 奉君顯觀 袖一簡軸而 / 示余 先生之札 又在首焉 / 其餘 若黃監司之忠勩 / 金侍郞之風節 皆余 / 所嘗欽服者 秉燭摩 / 娑 不覺累欷 遂書〔軸〕 / 末 而歸之 古人云 讀 / 其書 不如尊其人 君 / 其知此義也否 庚辰之除 / 月下旬 鰲山 纍人 書

【번역】

내가 남쪽으로 귀양 가니 남쪽 선비들이 나를 만나러 오는 사람들 대부분 문곡(文谷) 족조(族祖)의 유적(遺蹟)으로 집지례(執贄禮)[238]로 삼았다. 내가 본 것이 이미 많기는 하지만 보지 못한 것도 필시 열배는 될 것이니 집집마다 보관하고 쌓아 둔 것임을 알 수 있었다. 아! 선생께서 돌아가신지 100년은 되었는데 한결같이 사랑하고 사모하는 마음이 시들지 않으니 어찌 아무런 이유도 없이 그러하겠는가? 그 편지[赫蹄]와 남아 있는 글씨가 세상의 교화를 돕고 민속을 이끈 점은 인식하지 못하는 사이에 컸기 때문이다.

봉현관(奉顯觀)군이 소매에 넣고 온 편지두루마리 하나를 나에게 보여주는데 선생의 편지가 첫머리에 있었다. 그 나머지는 황감사(黃監司)의 충성과 공로, 김시랑(金侍郞)의 풍모와 절개는 모두 내가 일찍부터 흠모하고 공경하던 분들이었다. 촛불을 비춰가며 어루만지니 나도 모르게 감탄이 나와 마침내 두루마리 끝에 글을 써서 돌려보낸다. 옛사람들이 이르기를, "그의 글을 읽는 것이 그 사람을 존경하는 것만 못하다."라고 하였는데 그대는 이 뜻을 아는가?

경진년[1760] 12월 하순, 오산(鰲山)[239] 죄인[纍人][240] 쓰다.

238 집지례(執贄禮) : 제자가 스승을 처음 뵐 때 예물을 가지고 가서 공경을 표하던 예를 이른다. 《논어(論語)》〈술이(述而)〉에, "공자께서 말씀하셨다. '포(脯) 한 속(束) 이상을 가지고 와 집지(執贄)의 예를 행한 자에게는 내 일찍이 가르쳐 주지 않은 적이 없었다.'[子曰 自行束脩以上 吾未嘗無誨焉]"라는 구절이 있다.

239 오산(鰲山) : 전라남도 장성군의 옛 이름이다.

240 죄인[纍人] : 죄를 지어 귀양 가 있는 사람을 이른다.

108. 미상未詳의 간찰

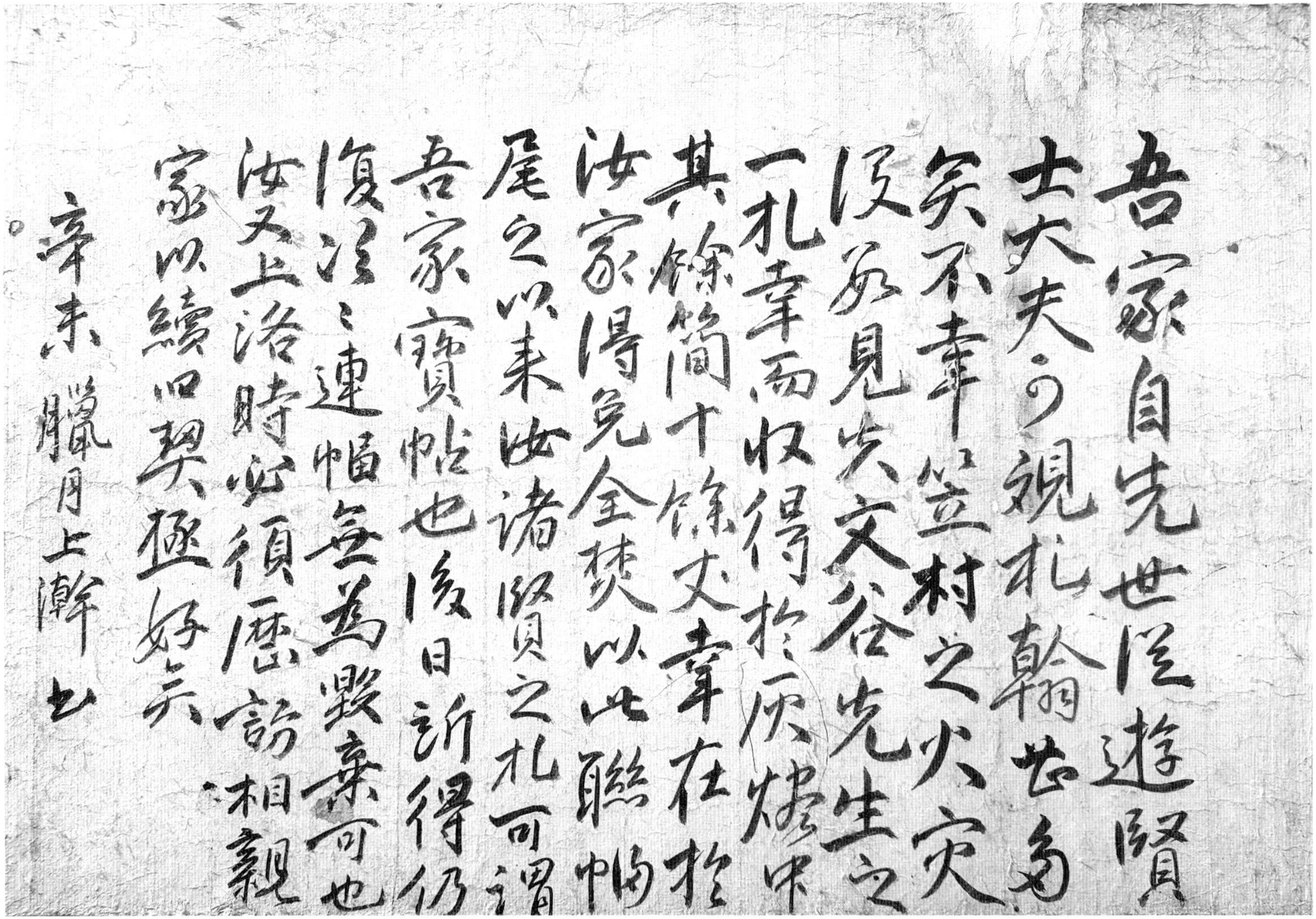
吾家自先世從遊賢
士大夫〃親札翰甚多
矣不幸笠村之火灾
復及見失文谷先生之
一札幸而收得於灰燼中
其餘簡十餘丈幸在於
汝家得免全焚以此聯幅
屋之以來此諸賢之札可謂
吾家寶帖也後日祈得仍
復之連幅無為毁棄可也
汝又上洛時必須歷訪相親
家以續日契極好矣
辛未臘月上澣

【탈초】

吾家 自先世 從遊賢
士大夫 可觀翰札 甚多
矣 不幸笠村之火災
沒數見失 文谷先生之
一札 幸而收得於灰燼中
其餘簡十餘丈 幸在於
汝家 得免全焚 而此聯幅
尾之以來汝諸賢之札 可謂
吾家寶帖也 後日所得 仍
復次次連幅 無爲毁棄 可也
汝 又上洛時 必須歷訪相親
家 以續舊契 極好矣
辛未 臘月 上澣 書

【번역】

우리 집안은 선대로부터 어진 대부들과 교유하여 볼만한 편지가 매우 많았다. 그런데 불행히도 입촌(笠村)의 화재로 모두 소실되었는데, 문곡(文谷) 선생의 편지만은 다행스럽게도 잿더미 속에서 수습하였다. 그 나머지 편지 10여장은 마침 너의 집에 두었기 때문에 몽땅 불타버리는 것을 면하였다. 이 연폭(聯幅)의 뒤에 너에게 보내온 여러 어진 사람들의 편지를 붙이면 '우리집안의 보첩[吾家寶帖]'으로 삼을만하겠다. 앞으로 얻은 것을 차례대로 폭의 뒤에 이어 훼손되거나 버려지지 않도록 하는 것이 좋겠다. 네가 또 서울로 올라갈 때면 반드시 서로 친하게 지내는 집을 차례대로 방문하여 오랜 친분을 이어간다면 매우 좋겠다.
신미년 12월, 상순에 쓰다.

109. 미상未詳의 간찰

【피봉】

奉碩士 靜案 入納 省式謹封

【탈초】

省式 隔歲阻奉 豈勝瞻悵
不審峭寒
靜履佳安 溸昻區區 今則
科期已迫 不多日內 上京然
後 可無未及之患 面商以
定發行日子 玆以送鬣 幸卽
惠然如何 餘不宣狀式
丙申 元月 晦日 朞服人 煩欠頓

【피봉】

봉 석사 정안(靜案)에 드림.　　생식근봉(省式謹封)

【번역】

인사말씀은 생략합니다. 해가 바뀌도록 뵙지 못하였으니 어찌 그립고 서운한 마음을 이기겠습니까? 매서운 추위에 정양(靜養)하시는 안부는 좋으신지요? 간절히 그립습니다.
이번 과거시험이 임박하니 며칠 안으로 서울로 올라와야 제때에 미치지 못하는 걱정이 없을 것입니다. 만나서 상의하여 길을 나설 날짜를 정하려고 이렇게 나귀를 보내니 부디 곧바로 왕림하시는 것이 어떻겠습니까? 나머지는 이만 줄입니다.
병신년 1월 그믐, 기복인(朞服人)은 번흠(煩欠)[241]하고 머리를 조아립니다.

241 번포(煩逋) : 번거로워 자신의 이름을 쓰지 않는다는 말이다. '번흠(煩欠)'으로도 쓴다.

110. 미상未詳의 간찰

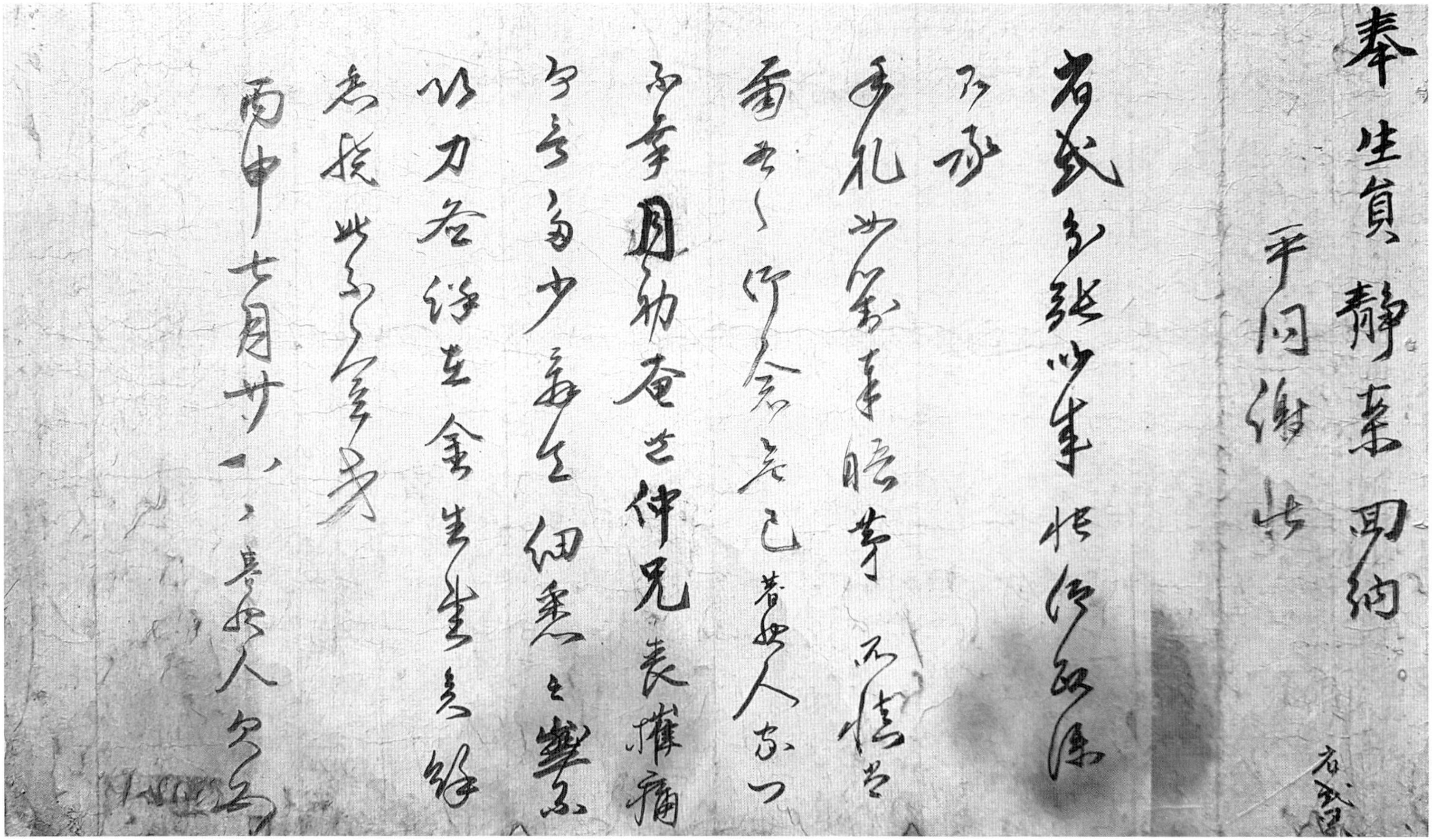

【피봉】

奉生員 靜案 回納

平洞 謝狀　　省式謹封

【탈초】

省式 分張以來 悵仰政深

卽承

手札 如對奉晤 第所愼 尙

爾爲之仰念無已 朞服人 家門

不幸 月初 奄遭仲兄喪 摧痛

何言 多少辭意細悉 而豈不

欲力圖 詳在金生書矣 餘

悲撓 姑不宣式

丙申 七月 卄八日 朞服人 欠頓

【피봉】

봉생원 정안(靜案)으로 보내는 회답

평동(平洞)[242]에서 보내는 답장　　생식근봉(省式謹封)

【번역】

인사를 생략합니다. 헤어지고 나서 참으로 그리움이 간절했었는데 오늘 편지를 받으니 마치 마주하고 말씀을 나누는 것 같습니다. 다만 병은 아직도 낫지 않고 있다니 염려되는 마음 그지없습니다.

기복(朞服)을 입은 저는 집안이 불행하여 이 달 초에 둘째 형님의 초상을 만났으니 가슴 찢어지는 아픔을 어떻게 말로 하겠습니까? 여러 가지 말씀하신 뜻은 잘 알았으니 어찌 힘써 도모하지 않겠습니까? 자세한 내용은 김생(金生)의 편지에 있습니다. 나머지는 슬프고 번요하여 이만 줄입니다.

병신년 7월 28일, 기복인(朞服人)은 이름은 생략하고 머리를 조아립니다.

242 평동(平洞) : 종로구 교남동·평동·충정로1가에 걸쳐 있던 마을로서, 교남동과 평동·충정로1가에 걸쳐 서쪽의 안산기슭과 인왕산 사이에 낀 분지형에 속하는 지역이 서대문을 나서서 무악재에 이르기까지는 거의 평탄한 데서 마을 이름이 유래된 것으로 보인다.

111. 미상未詳의 간찰

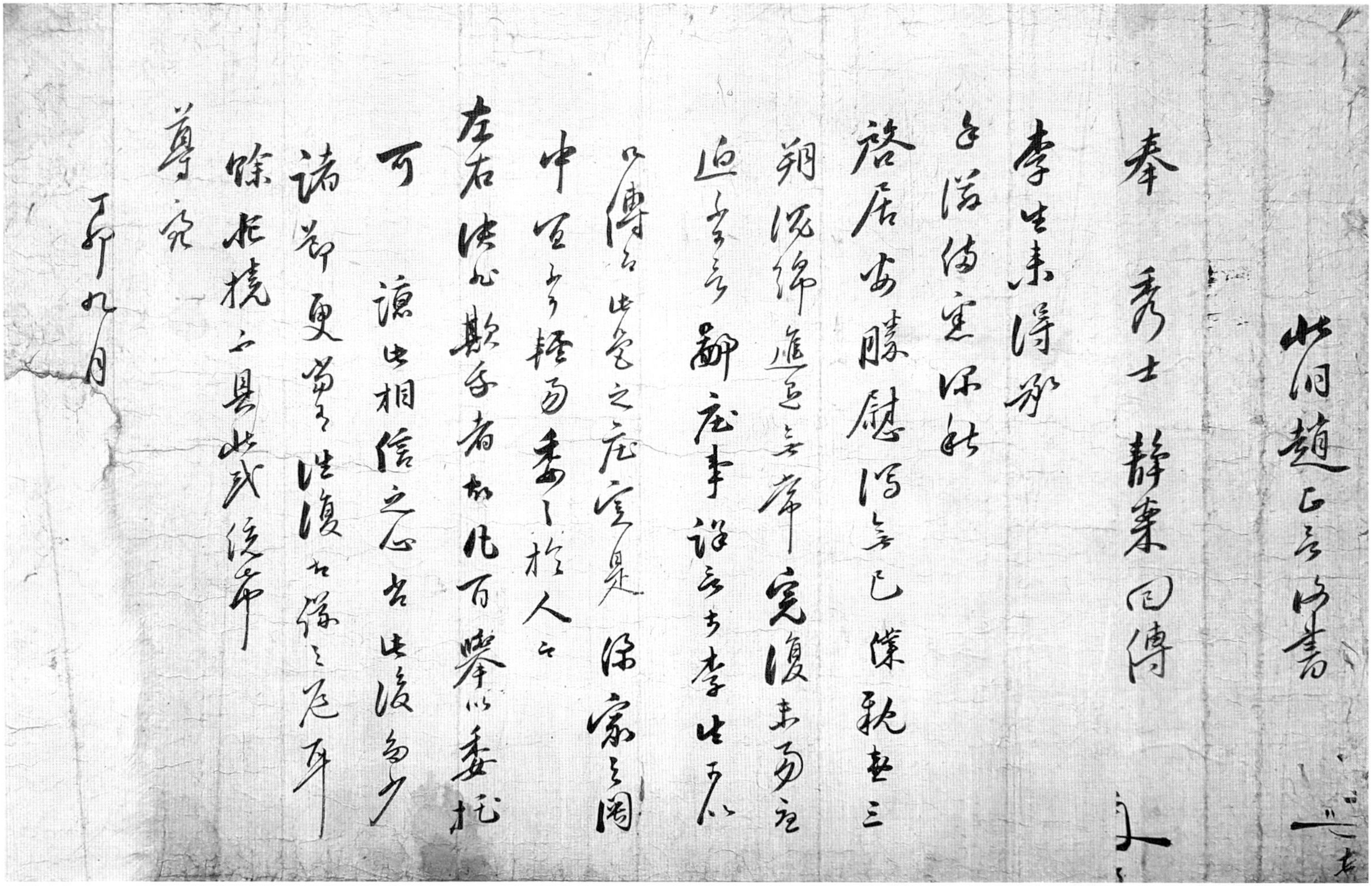

【피봉】

壯洞 趙正言 謝書
奉秀士 靜案 回傳

【탈초】

李生來 得承 / 手滋 備悉深秋 / 啓居安勝 慰瀉無已 僕 親患三 / 朔沈綿 進退無常 完復未易 憂 / 迫不可言 鄙庄事 詳言於李生可以 / 口傳 而此邑之庄 實是僕家之關 / 中 宜不可輕易委之於人 而 / 左右 決非欺我者 故凡百擧以委托 / 可諒此相信之心否此後多少 / 諸節 更當有往復相議之道耳 / 餘忙撓 不具狀式 統希 / 尊亮 / 丁卯 九月 □□

【피봉】

장동 조정언(趙正言)[243] 답서
봉수사(奉秀士)[244] 정안(靜案)에 회답하여 전함

【번역】

이생(李生)이 오는 편에 편지를 받아 보고 깊은 가을에 안부가 좋으시다니 위안이 되는 마음 그지없습니다. 저는 부모님께서 병환으로 석 달을 위중하고 별 차도가 없어 쉽게 회복되기 어려울 듯하니 걱정과 절박함을 말로 못하겠습니까?

저의 장전(庄田)의 일은 이생(李生)에게 자세히 말해두었으니 입으로 전할 것입니다. 이 고을 장전은 실로 저의 집과 관계되어 가벼이 남에게 맡길 수 없으니 그대는 결코 저를 속이지 않을 것이기에 모든 일들을 맡기고 부탁을 하니 저의 신용하는 마음을 헤아리실 수 있을는지요? 이후 여러 가지 절차는 다시 마땅히 편지를 주고받으며 의논할 방법이 있을 것입니다. 나머지는 바쁘고 어지러워 다 쓰지 못하고 이만 줄입니다. 모두 살펴주시기 바랍니다.

정묘년 9월 □

243 조정언(趙正言) : '正言'은 조선시대 사간원의 정6품 관직을 이른다.

244 봉수사(奉秀士) : '秀士'는 덕행과 학술이 뛰어난 선비를 이르는 말로 상대를 높여 이르는 말이다.

112. 미상未詳의 간찰

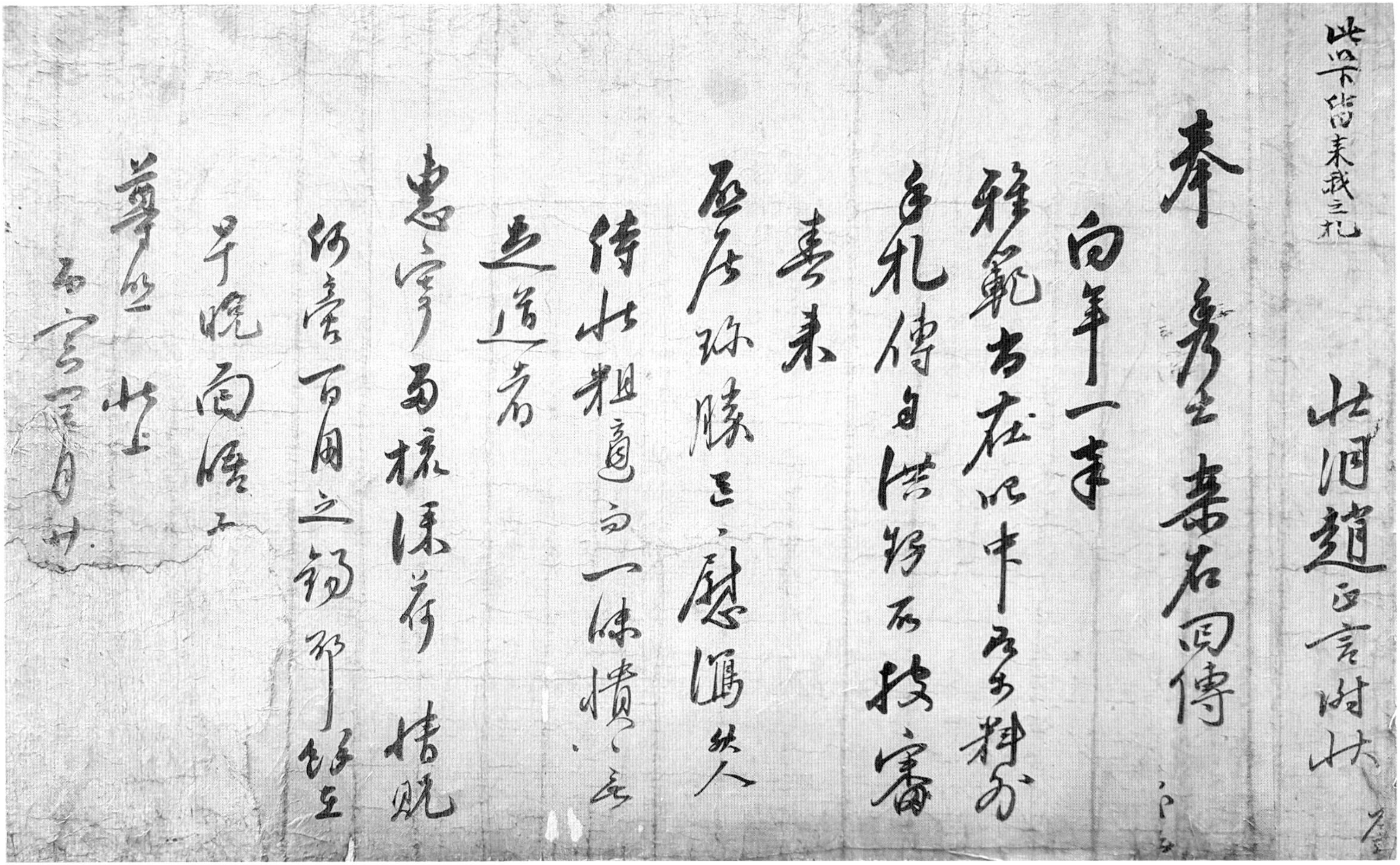

【此以下 皆來我之札】

【피봉】

壯洞 趙正言 謝狀 / 奉秀士 案右 回傳

【탈초】

向年 一奉 / 雅範 尙在眼中 卽於料外 / 手札 傳自洪甥所 披審 / 春來 / 啓居珍勝 區區慰瀉 服人 / 侍狀粗適 而一味憒憒 無 / 足道者 / 惠寄兩梳 深荷情貺 / 何啻百朋之錫耶 餘在 / 早晩面晤 不〔備 伏惟〕 / 尊照 狀上 / 丙寅 潤月 廿□

【이 이하는 모두 나에게 보내온 편지다.】

【피봉】

장동(壯洞)[245] 조정언(趙正言)의 답장

봉수사(奉秀士) 안우(案右)[246]로 회답함

【번역】

지난해 한 번 그대를 만났던 것이 아직도 눈에 선한데 오늘 뜻밖에 편지가 홍생(洪生)이 있는 곳에서 전해와 펼쳐보고 봄 사이에 안부가 좋으시다는 것을 알고 매우 위안이 되었습니다. 상중인 저는 부모님 모시며 겨우 지내고 있지만 한결같은 어수선한 마음을 말로 할 수 없습니다.

보내주신 두 개의 빗은 정으로 보내주신 것이라 깊이 감사드리니 어찌 백붕(百朋)[247]을 주신 것일 뿐이겠습니까? 나머지는 조만간에 만나 뵙고 말씀드리기로 하고 이만 줄입니다. 살펴주시기를 바라며 편지를 올립니다.

병인년 윤달 20일

245 장동(壯洞) : 종로구 통의동·효자동·창성동에 걸쳐 있던 마을로서, 원래 이곳에 창의문이 있으므로 해서 창의동(彰義洞)이라 하던 것이 변해서 장의동(壯義洞)이 되고, 이것이 줄어 '장동'으로 된 것이다

246 안우(案右) : 책상의 오른쪽이란 뜻으로, 편지 봉투에 받는 사람의 이름 아래에 쓰는 말이다.

247 백붕(百朋) : 많은 녹(祿)이나 재물을 선사받는 것을 상징하는 말이다. 《시경(詩經)》〈소아(小雅)·청청자아(菁菁者莪)〉에, "나에게 많은 재물을 준다.[賜我百朋]"라고 한 표현에서 온 말이다. 옛날 화폐로 사용하던 조개에 대패(大貝)·장패(壯貝)·현패(玄貝)·소패(小貝)·불성패(不成貝) 등 5종이 있었는데, 이 중 불성패(不成貝)를 제외한 4종류의 패(貝)를 모두 각각 두 개씩 짝을 지어 놓은 상태를 붕(朋)이라고 하며, 이런 붕(朋)이 백(百)이나 될 정도로 많은 재화(財貨)를 백붕(百朋)이라고 하였다

113. 미상未詳의 간찰

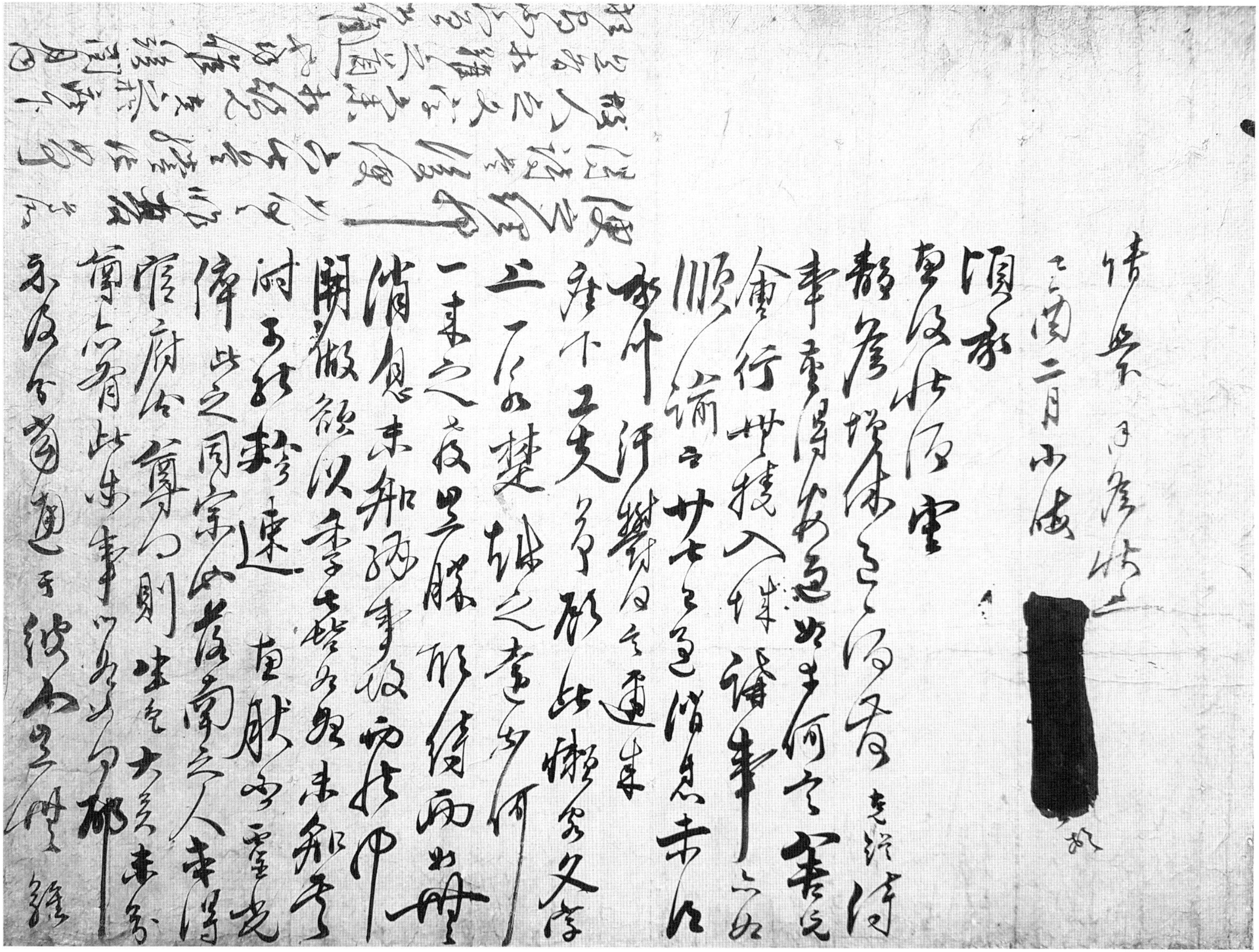

【탈초】

頃承 / 惠復狀 仰審 / 靜候增休 區區仰荷 克鎰 侍 / 事 堇得安過 爲幸何言 舍兄 / 會行 無撓入城 講事 亦爲 / 順諭 而卄七已過 消息未得 / 承聞 紆鬱何言 邇來 / 座下工夫 如何 顧此懶客文字 / 上 一若楚越之遠 奈何 / 一來之教 豈勝欣待 而姑無 / 消息未知緣事故而然耶 / 開做 欲以季喜爲始 未知其 / 時 可能趁速惠然否 靈光 / 倅 此之同宗也 落南之人 或得 / 官府間存問 則生色大矣 未知 / 尊 亦有此等事以爲如何耶 / 示及 則當通于彼人 豈無難 / 便之理耶 如何如何 昨夏 尊所 / 得詩首 後便六七首 謄送如何 / 故人之文字 久未相覽 克之於座下 / 豈有相難之道也 餘唯竢閏月內 / 枉尋 不宣 姑惟 / 情照下 謹候狀上 / 乙酉 二月 小晦 □…□頓

【번역】

지난번 편지를 받고 정양하시는 안부가 더욱 좋으시다니 감사하였습니다. 저는[克鎰] 부모님 모시고 그나마 편안히 지내고 있으니 다행스러움을 어떻게 말하겠습니까? 저의 형은 회시(會試)를 보러 가는 행차는 무사히 서울로 들어갔고 강학하는 일도 잘 일깨워줄 것인데 27일이 벌써 지났는데도 아무런 소식조차 듣지 못하고 있으니 답답함을 어떻게 말하겠습니까?

요사이 좌하(座下)의 공부는 어떠하신지요? 게으른 저 같은 사람의 문자를 돌아보면 좌하와는 한결같이 초(楚)나라 월(越)나라처럼 현격한 차이가 있으니 어찌하겠습니까? 한번 찾아오시겠다는 말씀에 기쁘게 기다리는 마음을 어찌 이기겠습니까? 아직 소식이 없으니 무슨 까닭으로 그러한지 모르겠습니다. 공부는 3월[248]에 시작하려고 하는데 그때 맞추어서 찾아와 주실 수 있을는지요?

영광(靈光) 군수는 저와는 일가로 남쪽에 떨어져 있는 사람이라 간혹 관부(官府)의 사이에서 존문을 얻게 된다면 크게 생색이 날 것입니다. 그대도 이러한 일에 관해 어떻게 생각하시는지요? 말씀해주시면 마땅히 그 사람에게 알릴 것이니 어찌 편하지 못할 리가 있겠습니까? 어떻습니까?

작년 여름, 그대가 지은 시를 이후 인편을 통해 6,7수를 베껴서 보내 주시는 것이 어떻겠습니까? 친구의 문자를 한동안 보지 못했는데 제가 좌하께 어찌 난처하게 할 도리가 있겠습니까? 나머지는 윤달 안으로 왕림해 주시기를 기다리며 이만 줄입니다. 살펴주시기를 바랍니다. 안부편지 올립니다.

을유년 2월 29일, □…□은 머리를 조아립니다.

248 3월 : 원문은 '季喜'. '희(喜)'는 '희월(喜月)'의 준말로 음력 3월의 다른 이름이다.

114. 미상未詳의 간찰

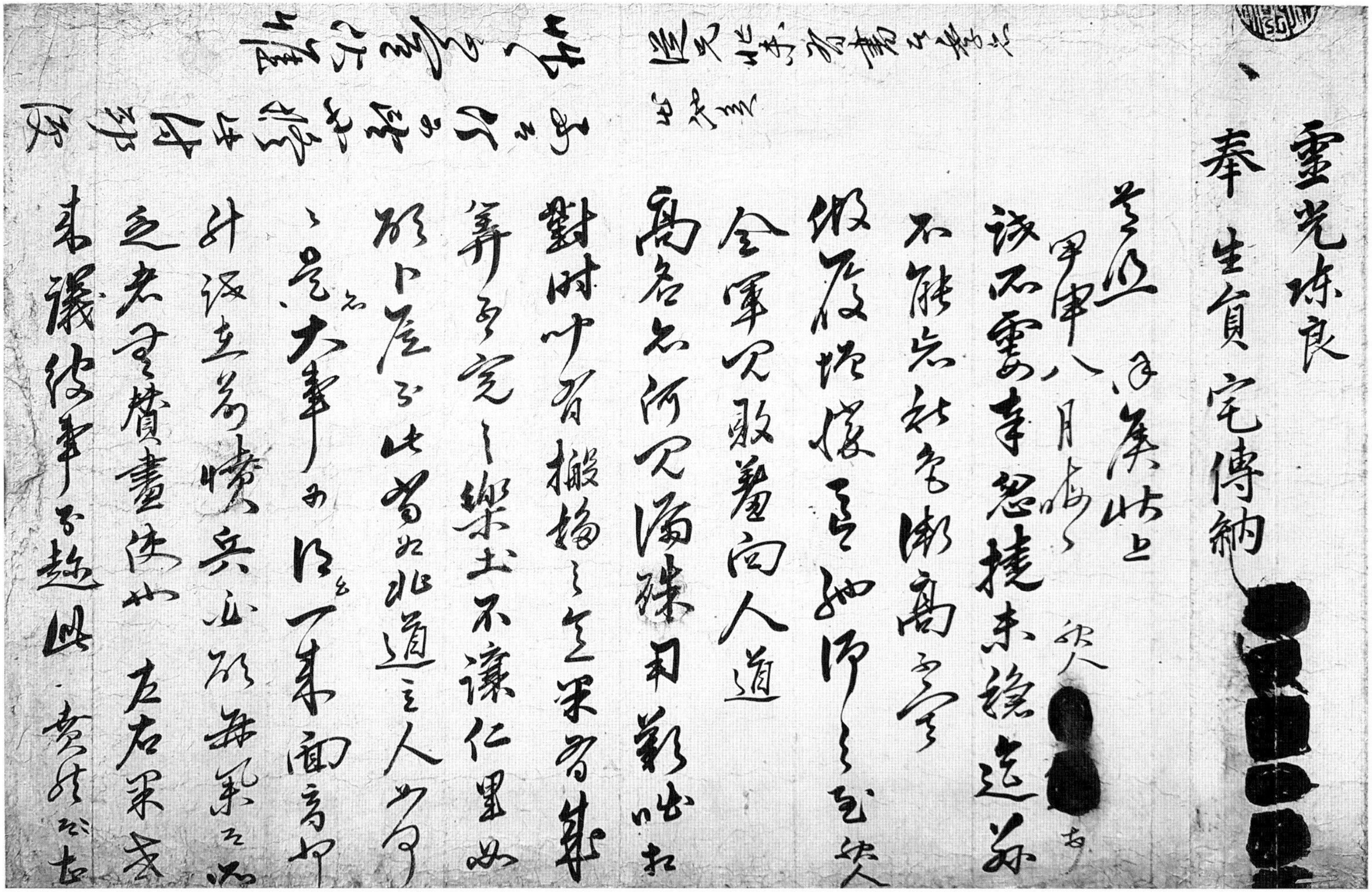

【피봉】

靈光 陳良 / 奉生員宅 傳納

【탈초】

試所雯奉 悤撓未穩 迄玆 / 不能忘 秋色漸高 不審 / 做履增勝 區區馳仰之至 服人 / 全軍見敗 羞向人道 / 高明 亦何見漏 殊用歎

咄 相 / 對時 聞有搬移之意 果有成 / 算否 完之樂土 不讓仁里 如 / 欲卜居 則此當爲北道主人 如何 / 如何 是亦大事 可得一來面晉耶 / 升試在前 憤兵 必欲再擧 而所 / 乏者 無贊畵使也 左右 果或 / 來議彼事 則趁此賁然 ■[249]甚 / 好 而何可望也 修此付邸便 / 草草不宣 伏惟 / 尊照 謹候狀上 / 甲申 八月 晦日 服人 □…□頓

【추신】從兄 忙未有書 而季 亦出他矣

【피봉】

영광(靈光) 진량(陳良) 봉생원댁(奉生員宅)으로 즉시 전달

【번역】

과거 시험장에서 잠깐 만났지만 바빠서 이야기를 나누지 못한 것이 지금까지 잊혀지지 않습니다. 가을이 점점 깊어 가는데 공부하고 지내시는 안부가 좋으신지 간절히 그립습니다.

상주인 저는 전군(全軍)이 패하여[250] 남들에게 말하기조차 부끄럽습니다. 그대도 낙방을 하였으니 사뭇 한탄스럽습니다. 만났을 때 이사할 생각이 있다고 들었는데 생각대로 잘 성사되었는지요? 낙토인 완주는 당신의 고을에도 사양하지 않을 것입니다. 만약 살고 싶다면 마땅히 북도(北道)의 주인[251]이 되시는 것이 어떻겠습니까? 이것 또한 큰일이니 한번 오셔서 만나시는 것이 어떻습니까?

승시(升試)[252]가 눈앞에 있으니 분패(憤敗)한 병사[253]는 반드시 다시 일을 벌일 것이니 부족한 것은 찬획사(贊畵使)[254]입니다. 그대가 혹시라도 그 일을 의논하시려면 이곳에 오시면 매우 좋겠지만 어떻게 바라겠습니까? 편지를 써서 저리편(邸吏便)에 부치고, 서둘러 쓰고 이만 줄입니다. 살펴주시기를 바라며 안부 편지를 드립니다.

갑신년 8월 그믐날, 상주는 머리를 조아립니다.

【추신】 종형께는 바빠서 편지를 쓰지 못합니다. 막내아우도 외출하였습니다.

---

249 ■ : '而'라고 썼다가 글자의 오른쪽에 두 개의 점을 찍어 생략하였다.

250 전군(全軍)이 패하여 : 모든 과거에 낙방한 것을 비유하여 이르는 말이다.

251 북도(北道)의 주인 : 원래 '동도주인(東道主人)'이라는 말에서 유래하였는데, 춘추시대에 진(晉)나라와 진(秦)나라가 연합을 해서 정(鄭)나라를 포위하였는데 정나라 문공이 촉지무(燭之武)라는 신하를 진(秦)나라 목공(穆公)에게 보내서 유세하게 하였다. 정나라는 진(秦)나라의 동쪽에 위치하고 있는데, 진나라에서 동방으로 보내는 사신을 접대하기 때문에 '동도주'라고 일컫게 되었다. 나중에는 그 의미가 확장되어, 연회를 베풀어 손님을 접대하는 주인을 이르는 말로 쓰였다.

252 승시(升試) : '승보시(升補試)'의 준말로, 생원시를 이른다.

253 분패(憤敗) 병사 : 바로 위 '전군(全軍)이 패하여'라는 주석 참조.

254 찬획사(贊畵使) : 원래는 나라에 난리가 났을 때 그 지방에 나아가서 주장(主將)을 보좌하고 전술·전략 등에 관하여 계획하는 일을 맡은 벼슬아치를 이르는데, 여기서는 과거에서 패한 자신을 이끌어줄 사람을 빗대어 이르는 말이다.

115. 미상未詳의 간찰

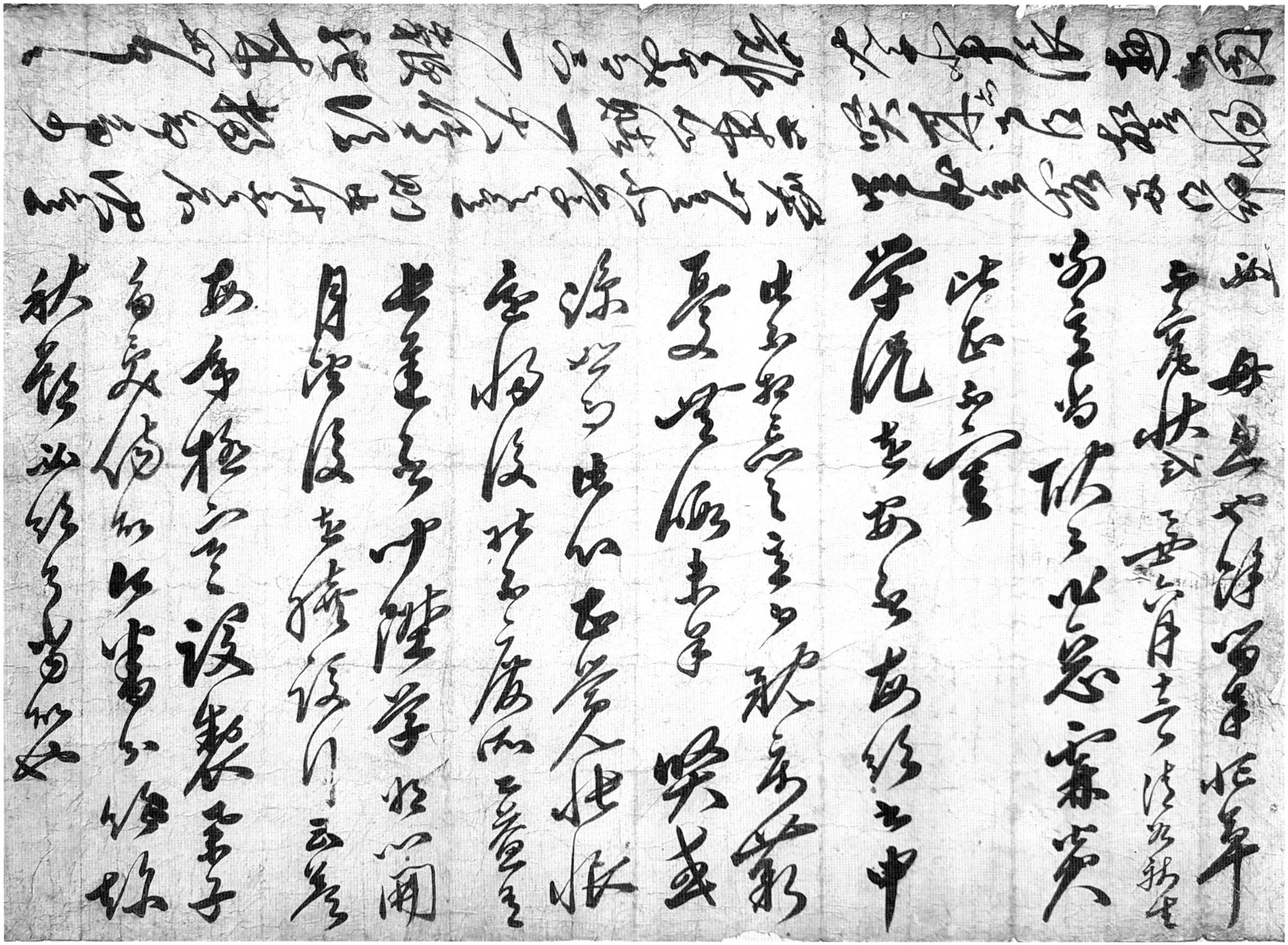

【탈초】

別意 尙耿耿作惡 霖炎 / 比甚 不審 / 學況連安否 每欲書申 / 此不相忘之意 而親病薪 / 憂 無暇未果 賢或 / 諒恕 而此心甚覺悵恨 / 還歸後 能不廢所工 益有 / 長進否 聞陞學 將以開 / 月望後 連續設行云 盖 / 每年極寒 設製 擧子 / 多受傷 故今番 則■趁 / 秋節 必欲了當故也 / 賢 如有北學之意 則此時 不可不決意 / 上來 以賭一大鳴 須掃却多少 / 難處 而只一鞭馳來 如何如何 / 兒子輩 浪遊 今聞 / 賢來 亦可得警惕 / 豈非主客兩得耶 / 必毋忽也 餘留奉 忙草 / 不究狀式 / 己丑 六月 十二日 淸谷病生

【번역】

이별했던 마음은 아직도 서운하고 밉습니다. 무더위가 요즘 심한데 학문하시는 안부는 좋으신지요? 늘 편지로 잊지 못하는 마음을 펴고 싶었지만 부모님의 병환과 저의 병으로 겨를이 없어 그러지 못하였으니 당신께서는 헤아리시고 용서하시겠지만 제 마음은 매우 서운합니다.

돌아가신 뒤에 공부를 그만두지 않고 더욱 발전하시는지요? 승학(陞學)[255]을 다음 달 보름 뒤에 연이어 시행한다고 들었습니다. 이는 매년 매우 추울 때 치러 시험 보는 많은 사람들이 다치기 때문에 이번에는 가을에 치러 적절하게 마치려고 합니다. 당신께서도 만일 북학(北學)에 생각이 있으시다면 어쩔 수 없이 뜻을 정해 서울에 올라와 겨루어 단번에 대명(大鳴)[256]을 떨쳐 모쪼록 다소의 어려움을 쓸어버려야 하니 말에 채찍질하며 서둘러 달려오시는 것이 어떻겠습니까?

아이들이 하릴없이 놀다가 지금 당신께서 오신다는 말을 듣고 경척(警惕)할 수 있으니, 어찌 주인과 나그네가 서로 좋은 일이 아니겠습니까? 꼭 와주시라는 말을 소홀히 여기지 말아주십시오. 나머지 만나서 말씀드리기로 하고 서둘러 쓰느라 편지의 서식을 갖추지 못했습니다.

기축년 6월 12일, 청곡(淸谷)의 병든 사람.

255 승학(陞學) : '승학시(陞學試)'의 준말로, 성균관에서 유생들의 학업 상태를 알아보기 위하여 보던 시험을 이른다.

256 대명(大鳴) : 원래는 《예기(禮記)》 〈학기(學記)〉에, "타인의 질문에 잘 대하는 이는 마치 종을 울리는 것 같으니 작게 치면 작게 울리고 크게 치면 크게 울린다.[善待問者如撞鐘 叩之以小者則小鳴 叩之以大者則大鳴]"라는 뜻이지만, 여기서는 과거에 장원으로 합격함을 비유하는 말이다.

116. 미상未詳의 간찰

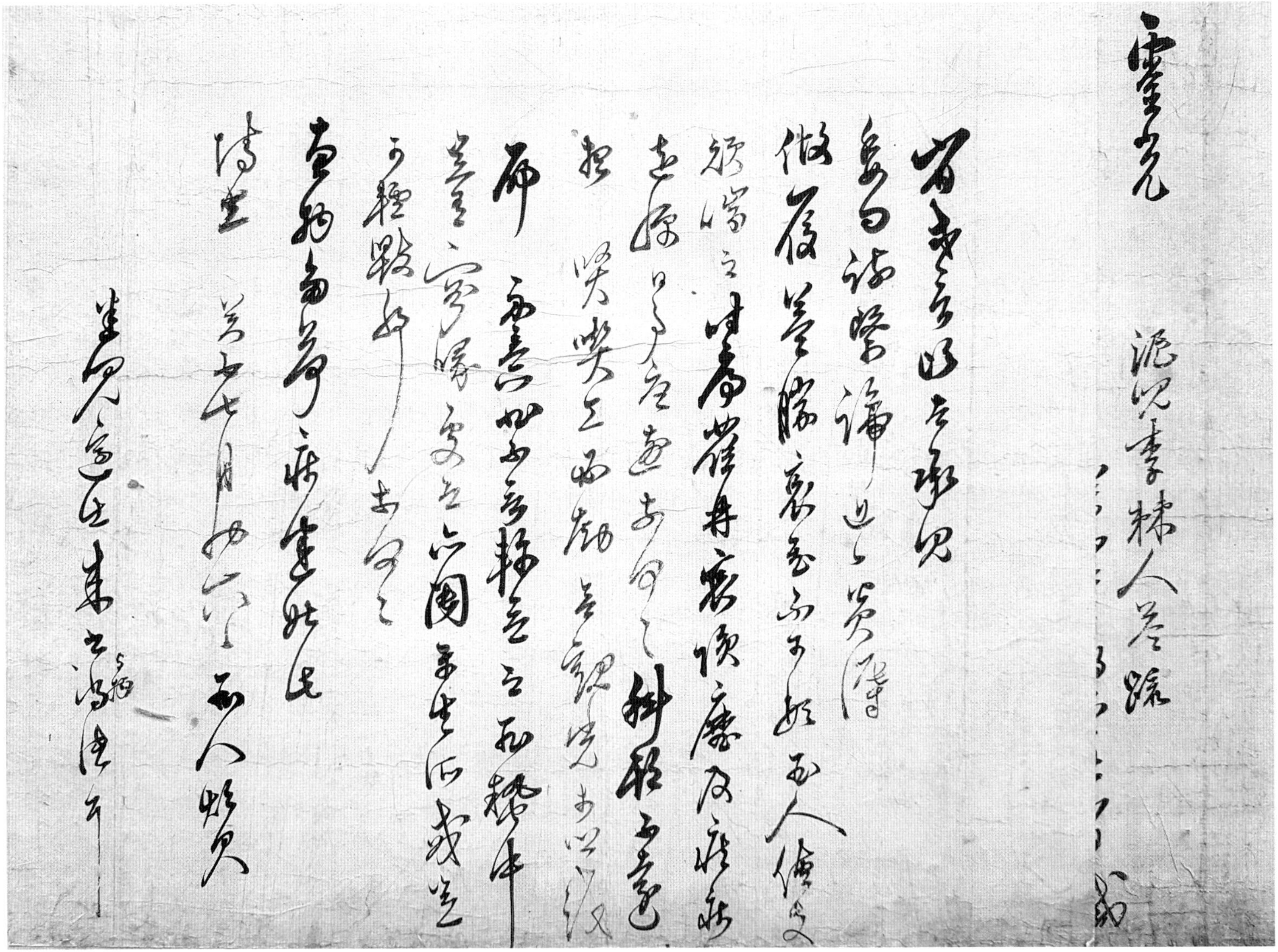

【피봉】

靈光 / 泥峴 李棘人 答疏

□…□

【탈초】

省式言 頃者 承見 / 委問疏 肇諦近日炎溽 / 做履益勝 哀慰不可形 罪人 僅支 / 頑喘 而時序荏苒 哀隕未及 疾病 / 連綿 日事憂煎 奈何奈何 科期不遠 / 想賢喫意必勤 欲觀光於鄕試 / 耶 示意 非不欲軫念 而罪蟄中 / 豈有容喙處 而亦關平生所戒 豈 / 可輕毁耶 奈何奈何 / 惠物多荷 病迷姑此 / 情照 / 癸酉 七月 初六日 罪人 煩欠

【추신】

迷兒 適出來 書與物 當傳耳

【피봉】

영광(靈光) 진고개에서 상주(喪主) 이(李) 아무개의 위문편지

【번역】

격식은 생략하고 말씀드립니다. 지난번에 위문편지를 받고 비로소 요사이 무더위에 공부하시며 잘 지내신다니 저의 위안되는 마음을 형용할 수 없었습니다. 상주인 저는 겨우 모질게 붙어있는 목숨만 부지하며 지내면서 세월만 덧없이 보내니 슬픔을 말로 할 수 없는데, 병도 끊이지 않아 날마다 애를 태우는 것만 일삼고 있으니 어찌하겠습니까?

과거시험 날짜가 머지않으니 그대는 마음을 먹고 필히 부지런히 공부해서 향시에 관광(觀光)[257]할 것이라 생각합니다. 말씀하신 뜻에는 진념(軫念)[258]하고 싶지 않은 것은 아니지만 죄를 지어 칩거하는 중이라 어떻게 입을 놀릴 수 있겠습니까? 또한 평생 경계하던 것과 관계된 것인데 어떻게 가볍게 이를 훼손할 수 있겠습니까? 어찌하겠습니까? 보내주신 물건은 매우 감사합니다. 병들고 어지러워 우선 이렇게만 쓰니 정으로 살펴봐주십시오.

계유년 7월 6일, 죄인(罪人)이라 이름은 생략합니다.

【추신】

저의 아이가 마침 외출하였으니 편지와 물건은 마땅히 전하겠습니다.

257 관광(觀光) : 《주역(周易)》〈관괘(觀卦) · 육사(六四)〉에, "나라의 빛을 보는 것이니, 임금께 손님이 되는 것이 이롭다.[觀國之光 利用賓于王]"라는 구절에서 온 말로, 과거시험을 보러 가는 것을 이른다.

258 진념(軫念) : 윗사람이 아랫사람의 사정을 생각하여 헤아려주다.

117. 미상未詳의 간찰

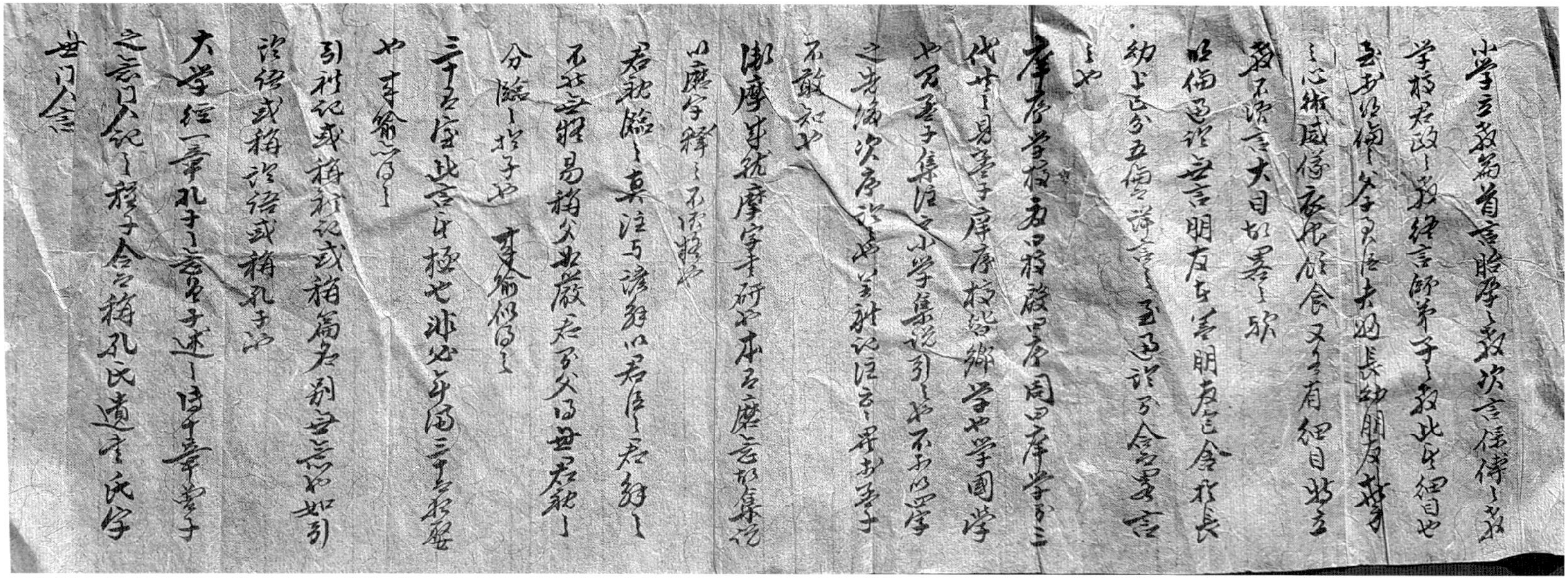

【탈초】

小學立教篇 首言胎孕之教 次言保傳之教 / 學校君政之教 終言師弟子之教 此其細目也 / 至於明倫之父子君臣夫婦長幼朋友 敬身 / 之心術威儀衣服飮食 又各有細目 特立 / 教 不須言大目 故略之歟 / 明倫通論 無言朋友者 盖朋友包含於長 / 幼 上已分五倫 而詳言之 至通論則合 而略言 / 之也 / 庠序學校 夏曰校 殷曰序 周曰庠 學則三 / 代共之見 孟子庠序校 皆鄕學也 學國學 / 也 見孟子集註 而小學集說引之也 不可以四字 / 之先後次序論之也 盖禮記註云云異於孟子 / 不敢知也 / 漸摩成就 摩字書硏 也 本有磨意 故集說 / 以磨字釋之 不須疑也 / 君親臨之 眞註與諺解 以君臣之君解之 / 不能無疑 易稱父爲嚴君 則父得兼君親 之 / 分臨之於子也 來喩似得之 / 三十有室 此言其極也 非必年滿三十 而將娶 / 也 來喩亦得之 / 引禮記 或稱禮記 或稱篇名 別無意也 如引 / 論語 或稱論語 或稱孔子也 / 大學經一章 孔子之意 曾子述之 傳十章 曾子 / 之意 門人記之 程子合 而稱孔氏 遺書 氏字兼門人言

【번역】

《소학(小學)》〈입교편(立教篇)〉에는 맨 먼저 태교의 가르침을 말하였고, 다음으로 보전(保傳) 의 가르침과 학교와 군정(君政)의 가르침을 말하였으며, 끝에는 스승과 제자의 가르침을 말하였으니 이것이 그 자세한 절목입니다. 〈명륜편(明倫篇)〉의 부자(父子)·군신(君臣)·부부(夫婦)·장유(長幼)·붕우(朋友)와 〈경신편(敬身篇)〉의 심술(心術)·위의(威儀)·의복(衣服)·음식(飮食)에 이르기까지 각각 자세한 절목을 두어서 특별히 가르침을 세웠으니 굳이 큰 절목을 말할 필요가 없습니다. 그래서 간략히 한 것입니다. 〈명륜편(明倫篇)〉이라고 통론하고 붕우를 말하지 않은 것은 대개 붕우는 장유(長幼)에 포함되고, 위에서 이미 오륜(五倫)을 구분하여 자세히 말하여 통론에서는 이를 합쳐 대략 말한 것입니다.

상(庠)·서(序)·학(學)·교(校)가 있는데, 하(夏) 나라는 교(校), 은(殷) 나라는 서(序), 주(周) 나라는 상(庠)이라 하였습니다. 학교는 삼대(三代)에서 모두 보입니다. 《맹자(孟子)》에 상(庠)·서(序)·교(校)는 모두 향학(鄕學)이고, 학(學)은 국학(國學)입니다. 《맹자집주(孟子集註)》에 드러난 것을 《소학집설(小學集說)》에서 인용한 것으로, 네 글자의 앞뒤와 순서로 그것을 논할 수는 없습니다. 《예기(禮記)》 주석에는 《맹자(孟子)와 다른데 이는 감히 알 수가 없습니다.

'점차 연마하여 성취한다.[漸摩成就]'라고 할 때의 '마(摩)' 자는 서연(書硏)이다. 본래 '갈다[磨]'는 뜻을 가지고 있기 때문에 《예기집설(禮記集說)》에는 '갈다[磨]'는 글자의 뜻으로 해석한 것은 의심할 필요가 없습니다. '임금과 부모가 임하였다.[君親臨之]'라는 말은 서산(西山) 진덕수(眞德秀) 선생의 주석과 언해에는 '임금과 신하[君臣]'라고 할 때의 '군(君)'으로 해석하였는데 의심이 없지 않습니다. 《주역(周易)》에서는 '부(父)'를 '엄군(嚴君)'이라 하였으니, '부(父)'자가 군친(君親)의 신분으로 자식에게 임하였다는 것을 겸한 것입니다.

보내오신 말씀에 '삼십에 아내를 둔다.'는 구절은 한계를 말한 것이지 꼭 나이가 삼십을 채워 장가들라는 것은 아닙니다. 또 보내오신 말씀에 《예기》를 인용하면서 '《예기》에 일컬었다.[稱禮記]'라고도 하고, '편명에서 일컬었다.[稱篇名]'라고 한 것은 특별한 뜻이 있는 것은 아닙니다. 예컨대 《논어(論語)》를 인용하면서 '《논어》에 일컬었다.[稱論語]'라고도 하고, '공자가 일컬었다.[稱孔子]'라는 경우와 같습니다.

《대학(大學)》 경(經) 1장은 공자(孔子)의 뜻을 증자(曾子)가 기술한 것이고, 전(傳) 10장은 증자의 뜻을 문인이 기록한 것입니다. 정자가 이를 합하여 《공씨유서(孔氏遺書)》라고 하였으니 여기의 '씨(氏)'자는 문인들까지 아울러 말한 것입니다.

118. 미상未詳의 간찰

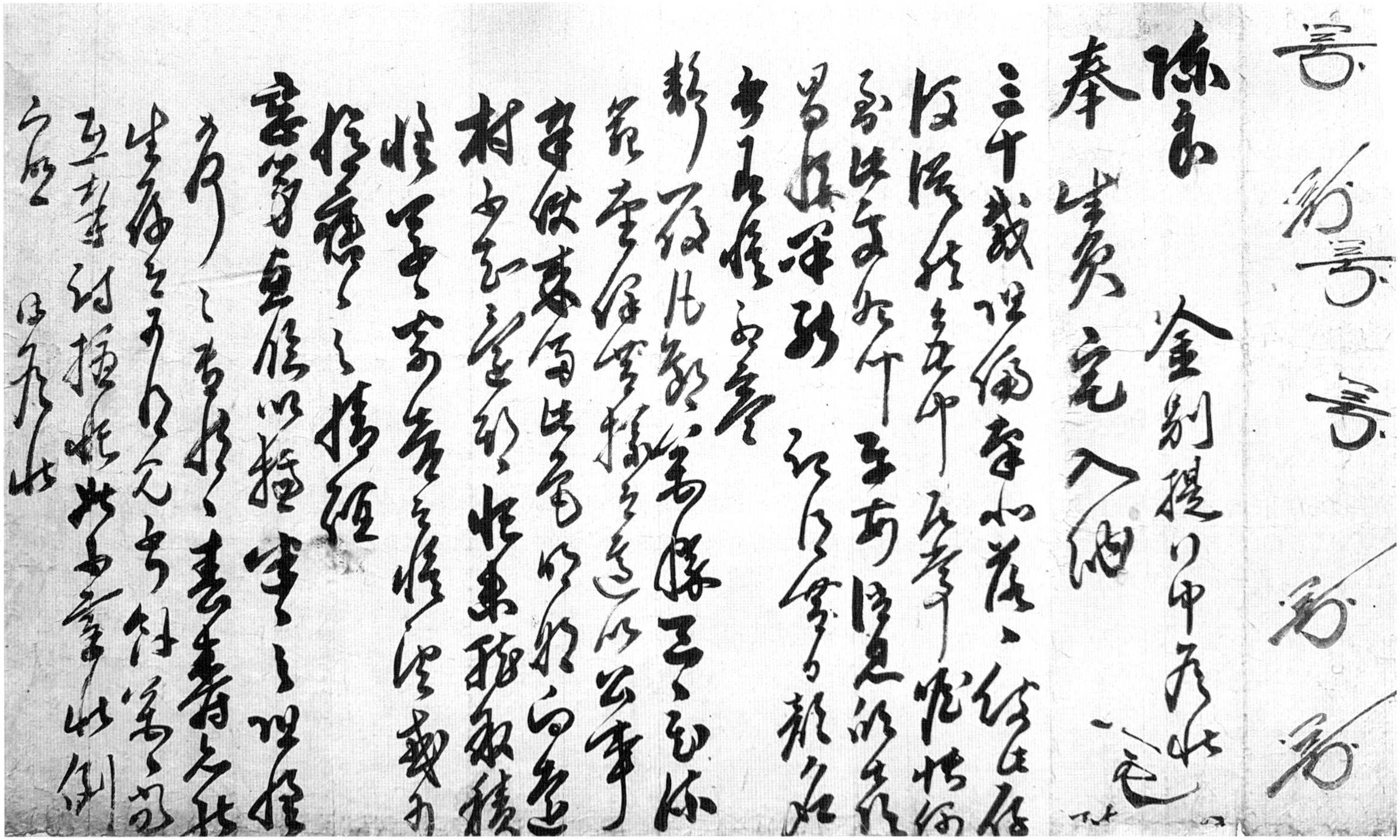

【피봉】

陳良 金別提 行中 候狀

奉生員宅 入納

【탈초】

三十載 阻隔 南北落落 彼此存 / 沒 漠然無聞 居常瞻悵 偶 / 到此處 始聞平安消息 欣喜 / 曷勝 果能記得昔日顔名 / 否 卽惟初寒 / 靜履 凡節萬勝 區區慰溸 / 範 堇保昔樣 而適以公事 / 奉使來留此邑 明將向遠 / 村 不知還期 忙未就敍積 / 懷 草草寄音而惟望 或可 / 憶舊日之情誼 / 忘勞惠臨 以攄半日之阻懷 / 如何如何 專恃專恃 春壽 亦能 / 生存 而可得見否 餘萬萬 當 / 在奉討 擾忙 姑不宣狀例 / 下照 謹候狀

【피봉】

진량(陳良) 김별제(別提)가 여행 중에 드리는 안부편지

봉생원댁에 드림

【번역】

서른 해가 지나도록 소식이 막힌 채 서로 남북으로 헤어져 피차 안부조차 아득히 듣지 못해 늘 서운했었는데 우연히 이곳에 와서 비로소 편안히 지내신다는 소식을 들으니 기쁨을 어떻게 이기겠습니까? 옛날 얼굴과 이름을 기억이라도 하실는지요? 초겨울 추위에 정양(靜養)하시는 모든 안부가 좋으시다니 매우 위안이 되었습니다.

저는 근근이 예나 다름없이 지내고는 있지만 마침 공무(公務)로 사명을 받들고 이 고을에 와서 머물고 있는데, 내일 원촌(遠村)으로 가지만 돌아올 기약은 알 수가 없습니다. 바빠서 회포는 다 풀지도 못하고 급하게 편지를 부치니, 혹시라도 옛날의 사귀던 우정을 기억하신다면 수고로움을 잊고 와서 한나절 동안이나마 막혔던 회포를 푸는 것이 어떻겠습니까? 믿겠습니다.

춘수(春壽)도 살아 있다면 볼 수 있을는지요? 나머지 많은 사연들은 만나서 말씀드리기로 하고 번요하여 우선 편지의 예를 갖추지 않고 보내니 살펴주십시오. 안부편지를 드립니다.

119. 미상未詳의 간찰

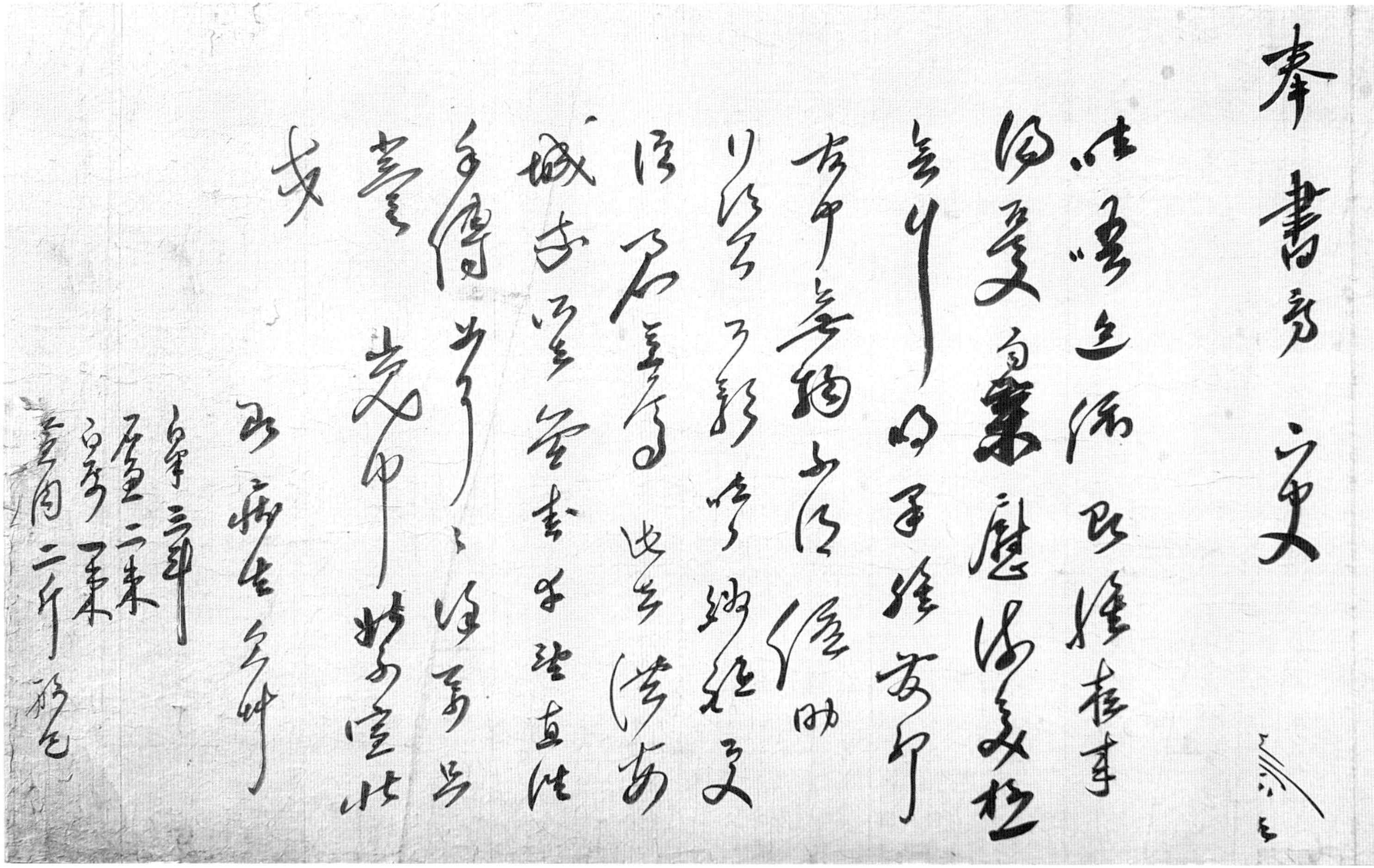

【피봉】

奉書房 下史

【탈초】

昨晤迨依 卽惟夜來 / 湯憂勿藥 慰溸交極 / 會耳 明果登發耶 / 官中無物 不得優助 / 行次 則可歎 昨日酬酢 更 / 須着意焉 此去洪安 / 城家所去簡卦 幸望直往 / 手傳 如何如何 餘萬 只 / 冀嵬中 姑不宣 狀式 / 卽 病生 欠草

【물목】

白米 三斗 / 石魚 二束 / 白紙 一束 / 黃肉 二斤 略送

【피봉】

봉서방 하사(下史)에게

【번역】

어제의 만남은 아직도 눈에 선합니다. 밤사이 부모님의 병이 나았으리라 생각하니 위안이 되고 그리움이 번갈아 지극합니다. 내일 과연 출발하시는지요? 관(官)에 물건이 없어 길을 나서는데 별 도움이 되지 못해 안타깝습니다. 어제의 만남을 마음에 두시기 바랍니다. 이번에 보내는 것은 홍(洪) 안성(安城) 집으로 보내는 편지이니, 곧장 가서 손수 전해주시는 것이 어떻겠습니까? 나머지 할 말은 많지만 다만 과거에 높은 점수로 합격하기를 바라며 이만 줄이며 편지를 올립니다.

당일, 병생(病生)이라 이름은 생략합니다.

【물목】

백미 3되, 조기 2묶음, 백지 한 묶음, 쇠고기 2근을 소략하나마 보내드립니다.

120. 미상未詳의 간찰

【탈초】

奉君回展 / 惠及壽序 擧揚溢分 大非吾輩相與務實之意 而更蹙蹙 / 不寧也 噫 此癡拙 早有志於爲己之學 猥從儒門 而虛度 / 六十光陰 無聞終己 又從 而百病侵尋 日覺昏廢 如此者 / 雖壽百齡 於斯文世道 有何裨益之萬一也 君輩之 / 愛欲生者 或望其少補風化 有若可感 而旋不覺茫然 / 增汗也 顧今大宇晦冥 禮義倫常 無復可問 而皓天有 / 必反之仁 斯文 無終泯之理 惟君輩縮首斂蹤 隨分窮 / 經 實心發誓 立得脚跟 以備異日需用之資 素患行患 / 亦自有居易竢命之道也 所謂道也者 不遠人 而只在吾 / 身心 日用之間 隨事 各得其當而已 惟精密 而力行 / 之也 從古賢聖之做得際天蟠地底德業 無不從 / 臨淵履冰工夫 而〔用〕成之 願與君輩皆勗焉 / 丁酉 季冬 華山 病拙

【번역】

봉군에게 회답함.

보내신 장수를 축원하는 글에 분수에 넘치게 칭찬하니 우리들이 실제에 힘쓰는 뜻이 아니라 겸연쩍어 위축이 되고 편치가 않습니다. 아! 보잘것없는 저는 일찍이 위기지학(爲己之學)[259]에 뜻을 두어 외람되이 유학(儒學)을 좇았으나 60년 세월을 헛되이 보내어 세상에 이름을 알리지도 못하고 죽게 되었습니다. 또 이어 온갖 병들이 침범하여 날로 아무짝에도 쓸모없는 사람임을 깨닫겠습니다. 이러한 사람이 아무리 나이가 100살이 된다한들 유학이나 세도(世道)에 만에 하나라도 무슨 도움이 되겠습니까? 그대들이 저를 아껴 살기를 원하는 것은 혹시라도 풍속에 조금이나마 보탬이 되기를 바라서이니 감사하기는 하지만 도리어 저도 모르게 망연히 땀이 납니다. 오늘날을 돌아보면 세상은 어두워져 예의(禮義)와 윤리와 강상(綱常)이 다시 물을 수도 없게 되었지만 하늘께서는 반드시 인(仁)을 돌려놓아 유학이 끝내 없어질리 없을 것입니다. 그대들은 머리를 움츠리고 종적을 감추어 분수를 따라 경서를 궁리하고 진실한 마음으로 맹서해서 굳건히 버티고 서서 뒷날 쓰이는 자질을 갖추십시오.

환란에 처해서는 환란 속에서 행동하는 것도 절로 편안히 지내며 천명을 기다리는 방법일 것입니다. 이른바 도라는 것은 사람을 멀리하지 않고 다만 내 몸과 마음이 일상생활에서 일마다 마땅함을 얻는 것일 뿐이고, 자세히 살펴 힘써 행할 뿐입니다. 옛 성현들이 하늘에 닿고 땅에 서리는 덕업을 공부했던 것을 따르고 깊은 못에 임하고 얇은 얼음을 밟듯 조심하는 공부를 좇아서 완성하십시오. 그대들 모두 힘써주십시오.

정유년 12월, 화산(華山) 병졸(病拙)

259 위기지학(爲己之學) : 남이 알아주기를 바라면서 공부하는 위인지학(爲人之學)의 상대되는 말로, 오직 자신의 덕성을 닦기 위해 공부하는 것을 말한다. 《논어(論語)》〈헌문(憲問)〉에, "옛날의 학자들은 자신을 위한 학문을 하였는데, 오늘날의 학자들은 남에게 보여 주기 위한 학문을 한다.[古之學者爲己 今之學者爲人]"라는 공자의 말에서 유래한다.

121. 미상未詳의 간찰

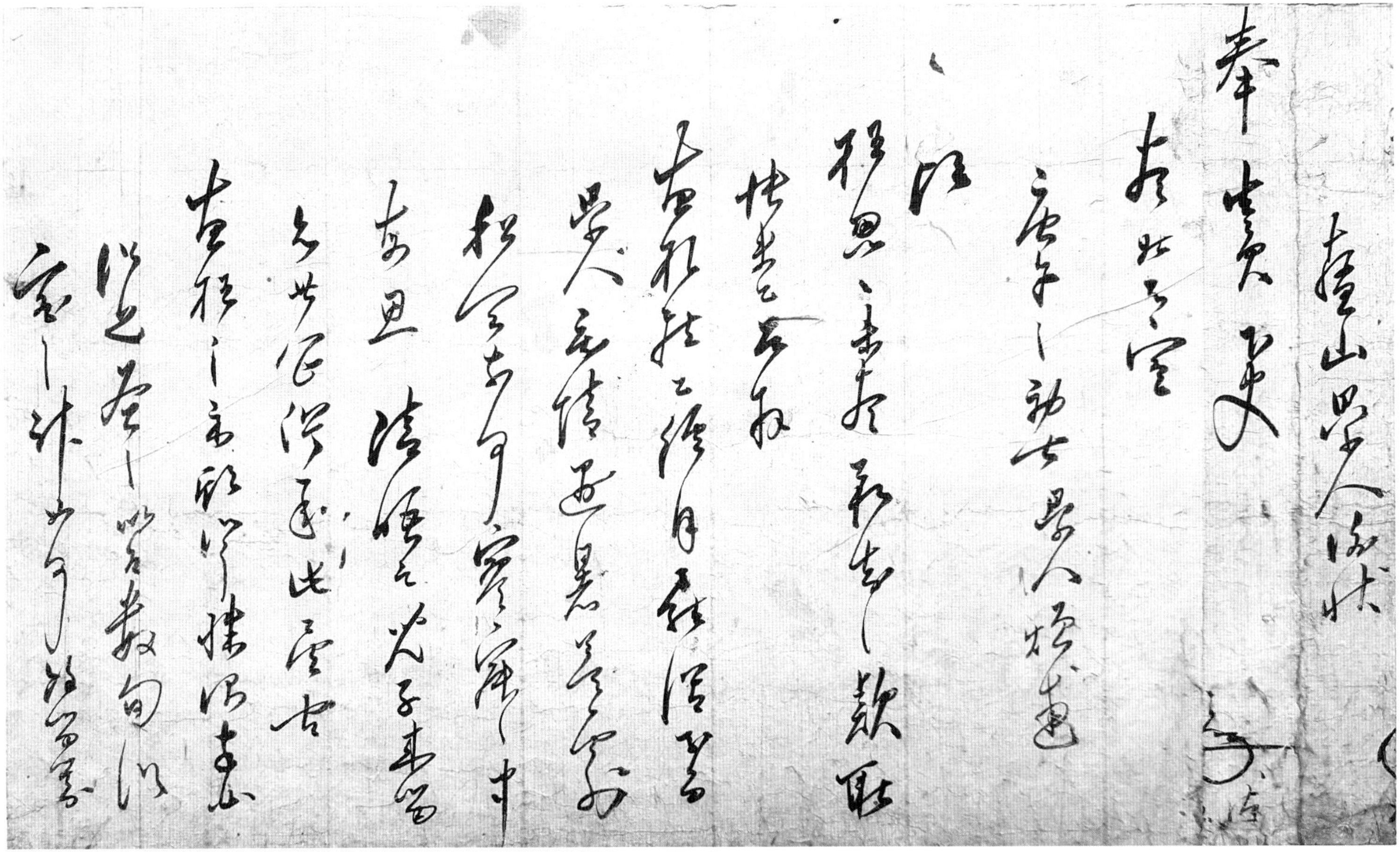

【피봉】

奉生員下史

鰲山纍人謝狀

【탈초】

頃 / 枉悤悤 未盡新知之款 耿 / 悵未已 即拜 / 惠札 雖已經月 慰瀉則多 / 纍人病情 遇暑益劇 / 私悶奈何 寥寂之中 / 每思淸晤而兒子來留 / 亦共企佇 此承望間 / 惠枉之示 欣聳殊深 幸必 / 從近圖之 以爲數旬從 / 容之計 如何 餘留對 / 盡 姑不宣 / 庚午之 初七 纍人 煩逋

【피봉】

봉생원 하사(下史)[260]에게

흑산도[鰲山] 죄인 답장

【번역】

지난번 방문하셨을 때 바빠서 새로 사귄 벗의 정성을 다하지 못해 서운하기 그지없었습니다. 오늘 편지를 받고 이미 달이 지났지만 매우 위안이 되었습니다.

저의 병은 더위를 만나 더욱 심하니 민망함을 어찌합니까? 적막한 가운데 늘 맑게 정담을 나누었던 때가 그립습니다. 아이도 와서 머물며 함께 고대하고 있었는데 보름 사이에 왕림해주신다는 말씀에 매우 기뻤습니다. 반드시 빠른 시일 내로 도모해주시고, 수십 일 정도 조용히 이야기를 나눌 계획을 세우시는 것이 어떻습니까? 나머지 사연은 남겨두었다가 만나서 다하기로 하겠습니다. 이만 줄입니다.

경오년 7일, 죄인은 번포(煩逋)[261]합니다.

260 하사(下史) : 편지 봉투에 수신자의 이름을 직접 쓰는 것은 실례이므로 그 아래에서 일하는 사람을 지칭함으로써 상대방을 높이는 것을 이른다.

261 번포(煩逋) : 번거로워 자신의 이름을 쓰지 않는다는 말이다. '번흠(煩欠)'으로도 쓴다.

吾家寶帖 附錄

1. 문안단자問安單子

2. 문안단자問安單子

3. 문안단자問安單子

4. 문안단자問安單子

5. 문안단자問安單子

6. 문안단자問安單子

7. 문안단자問安單子

1. 문안단자問安單子

奉
生員 德觀德謙兄弟 前
靈光陳良面
問安
昭格洞洪安城請
丙寅三月初二日觀察使洪
生雉貳首
壯紙壹束

2. 문안단자問安單子

奉
生員 德觀德謙兄弟 前
靈光 陳良面

問安

昭格洞洪安城 請

丙寅三月初二日觀察使洪 [illegible]

生雉貳首
壯紙壹束

3. 문안단자問安單子

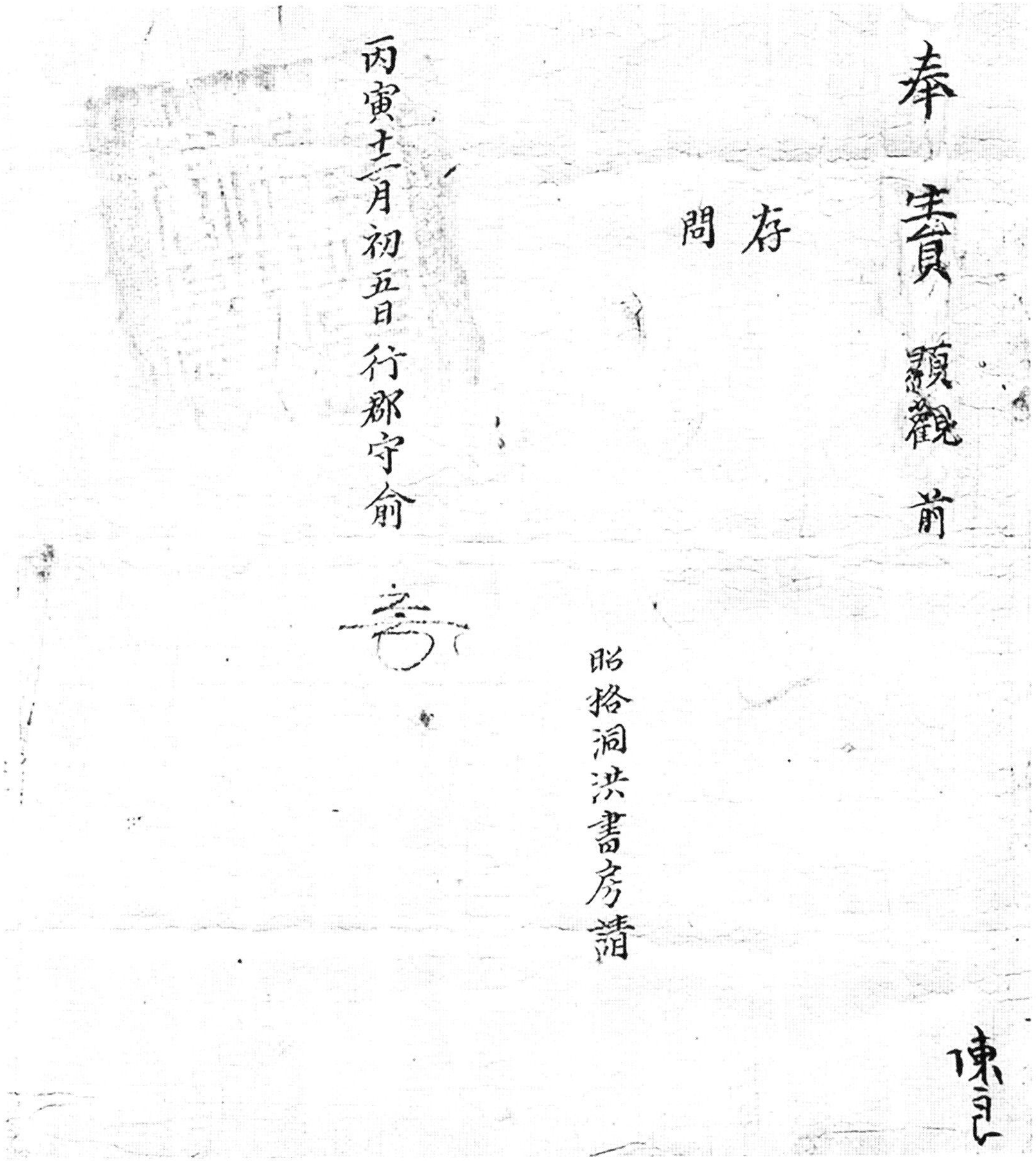
奉書 顯觀 前

存問

昭
拾洞洪書房 請

丙寅十二月初五日 行郡守俞

陳[illegible]

4. 문안단자問安單子

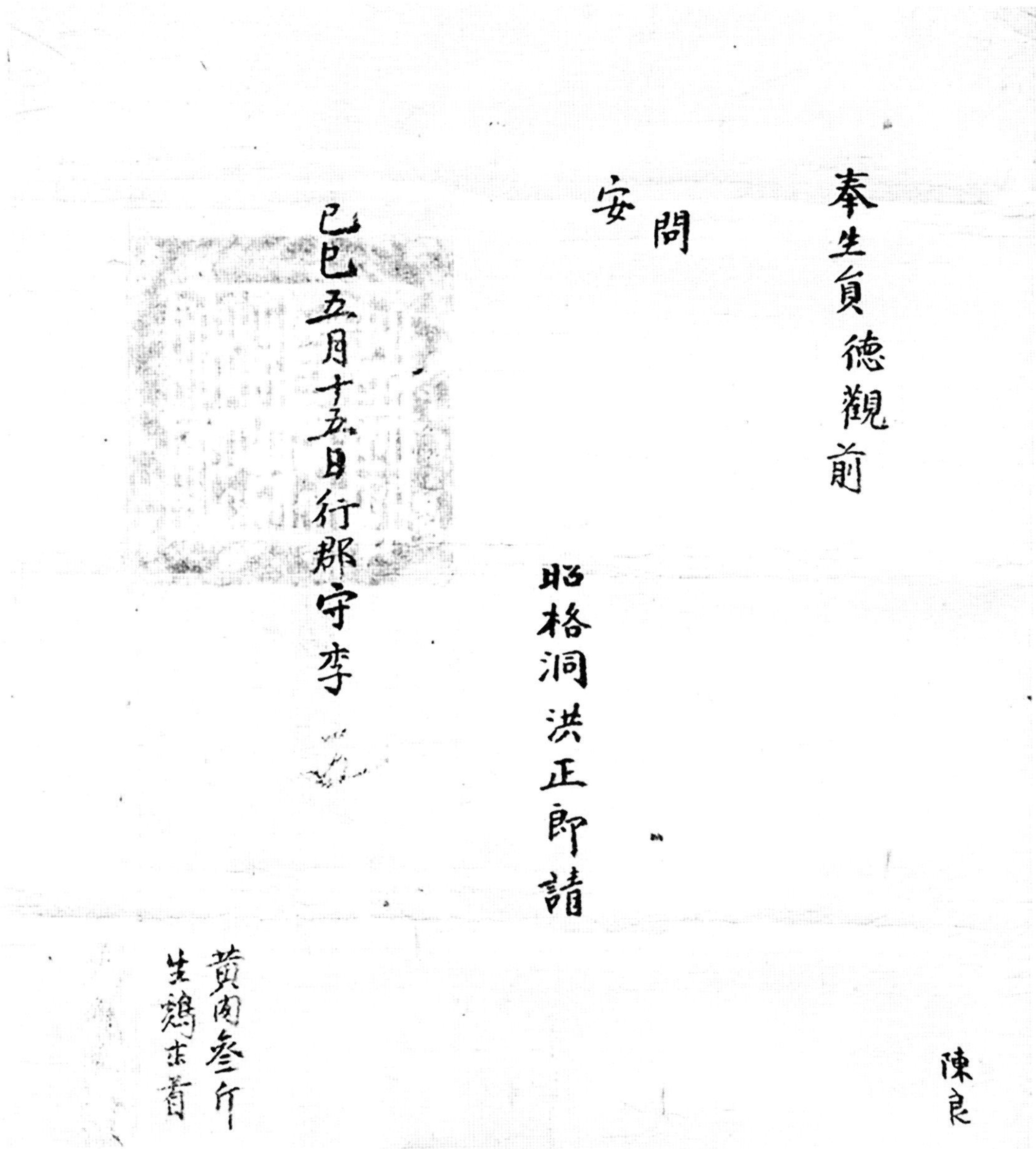
奉生員德觀前

問

安

昭格洞洪正郎請

己巳五月十五日行郡守李

陳良

黃肉叄斤

生鷄壹首

5. 문안단자問安單子

奉 生員 德觀 前
陳良
問 安
李鄕善 請
辛未五月十三日 行郡守朴
燒酒貳鐥
黃肉貳斤

6. 문안단자問安單子

奉
生員德觀前
問
安
辛未五月十三日行郡守朴
陳良
李鄕善請
燒酒貳鐥
黃肉貳斤

7. 문안단자問安單子

奉 生員 顯觀 宅

陳 良

問 安

洪副正 請

己卯十一月初 日行縣監尹

後 際 生鷄壹首

'**초서를 연구하는 모임[究草會,** https://band.us/band/68767667]'은 7여 년 전부터 매주 토요일마다 한주도 빠짐없이 5~6시간씩 초서 자료를 읽고 연구해온 학술모임이다. 처음 초서에 관심 있던 서너 명이 구일헌九一軒으로 찾아오면서부터 모임이 결성되어, 어느덧 6권의 초서간찰자료집을 출간할 정도로 성장하였다. 향후 초서를 공부하려는 초학자들을 위해 초서자형의 원리를 연구한 자료를 발표할 계획이다.

김송자

성균관대학교 유학과 박사과정을 수료하였고, 국사편찬위원회와 한국학중앙연구원 청계서당에서 탈초와 한문을 강의하고 있다.《승정원일기》와《조선왕조실록》을 교정, 교열, 윤문하였고《낙저유고》,《연곡유고》를 번역하였다.

박상수

단국대학교 한문학과 박사과정을 수료하였고, 고전번역연구소, 고전문화연구회, 국사편찬위원회, 전통문화연구회 등에서 탈초와 번역을 하고 있다.《고시문집》,《다천유고》,《붓 끝에 담긴 향기》,《미국 와이즈만 미술관 한국 문화재 도록》,《동작금석문집》,《사상세고》,《초간독》,《간찰, 선비의 일상》,《동국명현유묵》,《사문수간》,《항전척독》,《습재집》,《주자, 스승 이통과 학문을 논하다》,《서포일기》 등을 탈초하고 번역하였다.

박한

일류화물대표이고,《대동아고》와《대동서고》 등을 편저하였다.

박황희

고려대학교에서 문학박사를 취득하였고, 고려대 한문학과 강사로 재직하고 있으며 (사)한국고간찰연구회에서 역자로 활동하고 있다.《연안이씨 간찰첩 전가보묵》,《연안이씨 간찰집 선자수적》,《백곡 김득신의 산문 선역》,《내가 읽은 옛 편지》 등을 집필하고 번역하였다.

봉원동

금곡서당 훈장, 윤리연구원 전임강사, 대한검정회 한자교육연구회 자문위원으로 활동하고 있다.《조선시대 종가간찰집》,《시묘일기》,《사례제요찬》 등을 탈초하고 번역하였다.

안종률

성균관대학교 한문교육학으로 석사를 마쳤고, 고미술애호가이자 한학자이다.

오재일

한국고서연구회 이사이며, 역사학자이자 언어연구가이다.《동작금석문집》 등을 번역하였다.

최웅

고려대학교 언어학과를 졸업하였고, 한·중 고미술아트홀 관장, 완당(阮堂)서법연구회 리더로 활동하고 있다.